Découvrez l'histoire par les archives de presse

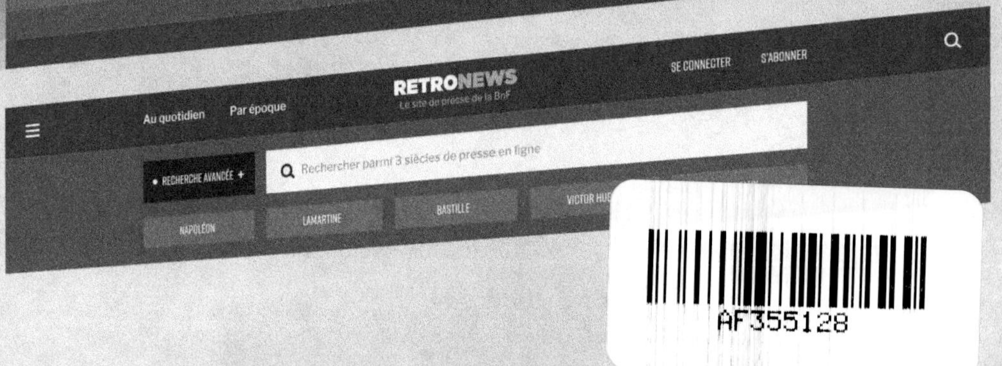

RETRONEWS

Le site de presse de la BnF

www.retronews.fr

REVUE

ÉPIGRAPHIQUE

FONDÉE PAR

AUGUSTE ALLMER

VINGT-SIXIÈME ANNÉE. — NUMÉRO CENT HUIT

TOME V

Janvier, Février, Mars 1903

VIENNE

OGERET & MARTIN

IMPRIMEURS

12 et 12 bis, *place du Palais*

PARIS

ERNEST LEROUX

ÉDITEUR

28, *rue Bonaparte*, 28

REVUE ÉPIGRAPHIQUE

Directeur : M. Espérandieu, 59, route de Clamart à Vanves
(Seine).

Administrateurs : MM. Ogeret & Martin, imprimeurs, à
Vienne (Isère).

Conditions de l'Abonnement :

La *Revue épigraphique*, fondée en 1878 par Auguste
Allmer, est trimestrielle. L'abonnement est annuel et
commence au 1ᵉʳ janvier.

Prix :

France et Etranger. . . . . 4 fr.
Un numéro . . . . 1 fr. 25

Collections de la *Revue*

Tome i. Années 1878 à 1883; du nº 1 au nº 26. Épuisé.
Tome ii. Années 1884 à 1889; du nº 27 au nº 55. Épuisé.
Tome iii. Années 1890 à 1898; du nº 56 au nº 91. Épuisé.

Les numéros 1 à 9, 12, 13, 17, 18, 23, 28, 31 à 33, 35, 59,
62, 64, 70, 71, 75, 76, 78 à 83 et 93 sont épuisés. La
Direction de la *Revue* a l'honneur de faire connaître à ceux
de ses Lecteurs qui les possèderaient et ne tiendraient pas à
les conserver, qu'elle serait heureuse de les reprendre contre
une prolongation d'abonnement de trois mois pour chaque
numéro rendu.

Numéros 10, 11, 19, 28, 35, 56, 58, 60, 61, 62, 66, 67,
69, 73, 74, 77, 91, 96, 97 et 98, dont il nous reste deux
exemplaires, 2 francs.

Autres numéros, 1 fr. 50.

Les livres ou mémoires dont on enverra un exemplaire
au Directeur de la *Revue* seront annoncés ou analysés.

REVUE
ÉPIGRAPHIQUE

N° 108. — Janvier, Février, Mars 1903

1519 à 1520

Estampages, photographies et renseignements de M. l'abbé CHAILLAN,
curé de Beaurecueil (Bouches-du-Rhône).

1519

Epitaphe celtique écrite en caractères grecs

Ventabren. — Dalle de pierre commune découverte « à 500 mètres environ au nord de Ventabren (Bouches-du-Rhône), au quartier dit des Fourrages, à côté d'une aire à fouler le blé, en creusant une route neuve ». Elle était enfouie « dans une cavité qui peut avoir été un four à incinération », au milieu de cendres, de décombres et de résidus charbonneux. Cette dalle a été transportée à la Mairie de Ventabren, où elle est encore. — Hauteur, 0 m. 81 ; largeur, au sommet, 0 m. 45 ; à la base, 0 m. 40. Hauteur des lettres, 0 m. 035.

Ουενιτοουτα Κουαδρουνια.

« Venitouta Quadrunia ».

M. d'Arbois de Jubainville, qui a étudié cette inscription, et en a fait l'objet d'une communication du plus haut intérêt à l'Académie des Inscriptions et Belles-Lettres (séance du 13 mars 1903) est d'avis qu'elle est gallo-ligure, « c'est-à-dire un produit du mélange de l'ancienne population ligure avec les Gaulois, nouveaux venus et conquérants, plus tard soumis, comme les Ligures, à la domination romaine ».

« *Veni-touta*, dit M. d'Arbois de Jubainville, est gaulois. Le premier terme est identique au vieil et moyen irlandais *fin* dans le composé *fin-gal* «meurtre de parent », dont le glossaire des *Ancient Laws of Ireland*, publié par M. R. Atkinson, donne plusieurs exemples, et dont le dérivé *fin-galach* se rencontre au neuvième siècle dans le manuscrit de Würzburg. *Veni* est le premier terme de plusieurs noms d'homme gaulois, tels que *Veni-marus*, *Veni-carus*, etc. *Touta* est un substantif celtique bien connu qui a eu trois formes successives, *teuta*, *touta*, *tôta*, d'où l'irlandais *tuath* « cité, tribu, territoire de la tribu ». (Cf. Whitley Stockes, *Urkeltischer Spraschchatz*, p. 131). *Veni-touta* est donc un nom propre gaulois composé de deux termes et paraissant signifier « tribu parente ».

Quadrunia, d'après M. d'Arbois de Jubainville, n'est pas gaulois. Le gaulois change en *p* la syllabe *qu* de l'indo-européen ; le ligure conserve cette syllabe. *Quadrunia* semble être la forme ligure du latin *Petronia*, mot d'origine ombrienne, déformation de *Petrunia*. (Bréal, *Tables Engubines* p. LXII-LXIII, table II *a* 21, et p. 284).

« *Petru*, dont *Petrunia* dérive, est une variante, écrit M. d'Arbois de Jubainville, de *petur*, forme du nombre quatre, quand il est premier terme de composé ; exemple : l'ombrien *petur-pursus = quadru-pedibus*. Les deux formes *petur* et *petru* se rencontrent en gaulois ; exemples : *petor-ritum*, nom du char à quatre roues, *Petru-corii* « quatre bataillons », nom de peuple, aujourd'hui nom de ville, Périgueux. On dit en sanscrit *catur* : *catur-yuga* « les quatre âges du monde ». Le sanscrit *catur* tient lieu d'un primitif *qetur*, conservé dans l'ombrien *petur*, dans le gaulois *petor=petur* et altéré par déplacement de l'*r* dans le gaulois *petru-corii*, dans le latin *quadrupes* et dans l'ombrien *Petrunia*. Il y a, de plus, dans le latin *quadru*, changement de l'*e* en *a*, et on observe le même phénomène, outre le déplacement de l'*r*, dans le ligure *Quadrunia*. Cette observation est une de celles qui établissent l'intime parenté du ligure avec les langues italiotes, latin, osque et ombrien ».

En définitive, — et ce serait surtout cette constatation qui importerait. — l'épitaphe de Venitouta viendrait à l'appui du témoignage de Strabon (liv. IV, chap. 6, paragr. 23), relativement à cette association des Gaulois et des Ligures que les Grecs ont formulée par le composé Κελτολίγυες, « gallo-ligures ».

1520

Fragment d'épitaphe

Ventabren. — Dalle de pierre commune, incomplète du côté droit, découverte au même lieu, et dans les mêmes circonstances que la précédente. Transportée également à la Mairie de Ventabren, où elle est encore. Haut., 0 m. 52 ; larg., au sommet, 0 m. 35 ; à la base, 0 m. 24. Hauteur des lettres, 0 m. 01.

Vectit... Biraci...

« Vectit... fils (ou fille) de Biracus (?) »

Aucun de ces deux noms celtiques n'est sûrement restituable. Le premier paraît nouveau, mais *Biraçcos*, *Biragus*, *Biracus* sont connus, de même que les formes dérivées *Biracillus*, *Biracattus* et *Biracius*. (Holder, *All-celt. Sprachsch.*, s. v.).

Le nom de *Biragus* a été porté par un village d'Italie, actuellement Birago.

1521 à 1524

Copie et renseignements de M. Dissard, conservateur des musées archéologiques de Lyon, communiqués par M. HÉRON DE VILLEFOSSE, membre de l'Institut, à la Section d'Archéologie du Comité des travaux historiques. (*Extrait des procès-verbaux*, décembre 1902, p. IX et suivantes).

1521

Fragment mentionnant un décret des décurions

« Partie gauche d'une inscription en trois lignes, gravée sur une table de marbre blanc légèrement incurvée longitudinalement et encore pourvue d'un reste d'appendice en queue d'aronde, trouvée dans les fouilles exécutées pour l'établissement du funiculaire de Lyon-Saint-Paul à Fourvière. Hauteur, 0 m. 23 ; largeur, 0 m. 25. Conservée au musée de Lyon ».

. . . .
EX ⚒ DECRE*to* . . . . . .
ADSIG(. . . . .
l.d ⚒ D·D·

« Lettres mal gravées conservant encore des traces de rubrication ».

...*ex decre[to decurionum...] adsig[...L(oco) d(ato)] d(ecreto) d(ecurionum).*
« ...par décret des décurions. . Emplacement donné par décret des décurions ».

Il s'agit, à ce qu'il semble, d'un monument public, élevé par les décurions de la colonie sur un emplacement désigné par eux pour cet usage.

Ce fragment tout réduit qu'il soit, n'est cependant pas sans intérêt, par suite du nombre insignifiant des inscriptions lyonnaises rappelant des magistratures municipales. Cette surprenante rareté de textes de cette nature, dans une ville où les inscriptions d'autre sorte sont extrêmement communes, à fait naître la pensée que Lyon, en raison de son importance comme centre de nombreux services publics, et à l'exemple de Mediolanium (cf. Mommsen, *C. I. L.* V, p. 634), aurait été administré, au temps de son plus grand développement, c'est-à-dire jusqu'à l'époque des Antonins, non par ses propres magistrats, mais directement par l'Etat. (Voy. Allmer, *Musée de Lyon*, II, p. 225).

I 5 2 2

Epitaphe

« Cippe avec base et couronnement, trouvé sur la fin de l'année 1901, dans les fouilles du caisson amont de la culée rive gauche du pont des Facultés, actuellement en construction sur le Rhône. L'inscription est très fruste par suite du séjour prolongé de ce monument dans le lit du fleuve ; en outre, une fracture a fait disparaître les premières lettres des lignes 2 à 7. Hauteur, 1 m. 35, du dé, 0 m. 95; largeur, 0 m. 50. La première ligne est gravée sur le bandeau de la corniche. Conservé au musée de Lyon ».

```
            d (ascia) M
       et QVIETI AETERN
     ae... decl M I S I C O N
      is H O M I N I S  D V L
     cisS I M I  ET  P I E N T I S
      si M I  A N I M A E  I N
       c O M P A R A B I L I  Q V I
        VIXIT ANNIS XXVII
     epiC t ESIS PONEND
       CVRAVIT ET SVB AS
       CIA DEDICAVIT
```

[*D(iis)*] *M(anibus)* [*et*] *quieti aetern*[*ae ...Dec*]*imi Sicon*[*is*] *hominis dul*[*cis*]*simi et pientis*[*si*]*mi, animae in*[*c*]*omparabili, qui vixit annis XXVII.* [*Epi*]*c*[*t*]*esis ponend*(*um*) *curavit et sub ascia dedicavit.*

« Aux dieux Mânes et au repos éternel de ...Decimius Sico, homme excellent et bien aimé, âme incomparable, mort à l'âge de vingt-sept ans. Epictesis a fait construire (ce tombeau) et l'a dédié sous l'ascia ».

La région lyonnaise a déjà fourni de nombreux exemples du gentilice *Decimius*. Le cognomen *Sico* est connu, d'un autre côté, par une inscription de Grenoble. (*C. I. L.* XII, n° 2273).

I 5 2 3

Épitaphe

« Cippe privé de son couronnement et de la partie supérieure du dé, extrait d'une fouille faite au commencement de mai 1902, près et au nord de l'église Saint-Irénée. Une ouverture, communiquant autrefois avec un *loculus* creusé dans une pierre placée sous le cippe et contenant l'urne cinéraire, occupe le milieu de la plinthe de la base sur la face antérieure ; cette ouverture était jadis fermée par une porte de métal dont on voit encore les scellements. Hauteur, 0 m. 73, du dé, 0 m. 45 ; largeur, 0 m. 48. Hauteur des lettres, 0 m. 035 ; dernière ligne, 0 m. 05. Conservé à Saint-Irénée ».

. . . .
Q C A S S I V S · P R O*loge*
N E S · P A T R O N V S · L I B E *r*
T A E · P I I S S I M A E · S V O
I N P E N D I O · P O S V I T
P R O C V R A N T E · C A S
S I O · Z M A R A G D O
M A R I T O   Q V O D
S V B   A S C I A
D E D I C A T V M E S T

Il ne reste que la partie inférieure des six premières lettres de la première ligne conservée.

[D(iis) M(anibus) et *memoriae aeternae Cassiae*...] ; Q(*uintus*) *Cassius Pro[toge]-nes, patronus, libe[r]tae piissimae suo inpendio posuit, procurante Cassio Zma-ragdo, marito, quod sub ascia dedicatum est.*

« Aux dieux Mânes et à la mémoire éternelle de Cassia...; Quintus Cassius Protogenes, son patron, a fait élever à ses frais, à son excellente affranchie, par les soins de son mari, Cassius Zmaragdus, ce tombeau qui a été dédié sous l'ascia ».

Indépendamment des noms de la défunte, la partie disparue du cippe a pu contenir la formule *Diis Manibus et memoriae* (ou *quieti*) *aeternae*, par laquelle débutent, à Lyon, le plus grand nombre des inscriptions funéraires. Des deux hommes que mentionne cette épitaphe, le second était peut-être l'affranchi ou le co-affranchi du premier. On peut le supposer du moins d'après leurs surnoms qui, pour l'un et l'autre, sont des noms serviles d'origine grecque.

I 5 2 4

Fragment d'une épitaphe chrétienne

« Partie supérieure gauche d'une tablette de marbre trouvée pendant les travaux effectués en mai 1902, près de l'église Saint-Irénée. Hauteur, 0 m. 27 ; largeur, 0 m. 21. Conservée à Saint-Irénée ».

I N   H O C   T E*mulo requiescit*
B O N E   M E M*oriae....   vene*
R A B I L I S   P R E*sbyter qui vixit an*
n V S   O V *inquaginta*........
et O *biit in pace*.............

A la deuxième ligne, le B est privé de sa haste et il ne reste que le premier jambage du second M ; à la troisième ligne, le premier R est réduit à une partie de sa boucle ; à la ligne suivante, la troisième lettre est peu visible ; à la dernière ligne enfin, il ne subsiste que la partie supérieure de l'O.

In hoc te[mulo requiescit] bone mem[oriae.... vene]rabilis pre[sbyter, qui vixit ann]us qu[inquaginta.... et] o[biit in pace....

« Dans ce tombeau repose, de bonne mémoire, ...prêtre vénérable, qui vécut ... ans et mourut en paix le .... ».

Ces restitutions, celles des deux dernières lignes surtout, ne sont que probables.

1525

Estampilles sur poterie rouge (suite)

Copies communiquées par M. E. KUHN, receveur à Marcillat (Allier).

Auvergne. — Les estampilles sur poterie rouge dont nous continuons la publication font partie de la collection de M. E. Kuhn et sont inédites. Elles proviennent presque toutes de l'Auvergne et, plus spécialement de Clermont. Les Martres de Veyres, Lezoux, Moulins, le Mont-Dore, Vichy et Royat. Les chiffres que nous donnons entre parenthèses renvoient aux subdivisions du n° 10,010 de la 3ᵉ partie du tome XIII du *Corpus*. Les lettres liées sont, de même, entre parenthèses.

IVARI	Patène. Auvergne. (cf. 1059).
IVCVHIDI	— — (cf. 1061).
IVDI	Petit bol. Clermont.
IVILI FO (F retr.)	Gr. patère. — (cf. 1085).
IVIMI	Petit bol. —
IVIN	— —
IVIXXNI	Patère. Lezoux. (cf. 1088).
IVHANIM	Bol. Clermont. (cf. 1088).
IVLIANI M	— — (1063 *i*).
IVLLIN	Patère. — (cf. 1083).
IVLLINIF	Petit bol. Clermont. (cf. 1083).
IVLLINI OF	Patère. — (1083 *g*).
IVLMM	Petit bol. — (cf. 1083).
IVLOSAVOT	Chenet. Vichy. (cf. 1084).
IVNIMILI	Bol. Clermont, Les Martres.
IVNIVS	Gr. bol. — — Lezoux. (1089 *a*).
IVOXI	Petit bol. —
IVSTIMA	Patère. —
IXIIVII	Petit bol. Les Martres.
IXINIX	Plat. Clermont.
OF LABIO	Gr. bol. Vichy. (1114 *n*).
LA STVCISSA	Patène. Clermont. (1126 *d* 1).
LATINIVSF	Patère. Les Martres. (cf. 1118).
LATINVS	Bol. — (1119 *a* 1).
LAVR.Iº	Gr. bol. Clermont. (cf. 1123).
LENIVF	Gr. plat. — (cf. 113*a*).
LENTISCVS	Gr. patène. Les Martres. (1129 *a*).
LIBERM	Patère. Vichy, Lezoux, Clermont, Mont-Dore. (cf. 1135)
LICINVS	Patère. Clermont. (cf. 1143).
LICM	Petit bol. Vichy, Clermont. (cf. 1143).
LICNIAO	Gr. bol. — (cf. 1142).
LI.M	Patère. Clermont.
LOLLIM	— Les Martres. (cf. 1153).
LOTF.F	Gr. vase à rebord. Les Martres. (cf. 1159).
LOTTF.	Patère. Les Martres. (cf. 1150).
OF.LVCC	Bol. Clermont. (1166 *a*).
OFLVCCE	Patère. Les Martres. (1166 *n*).
VFLVCCEI	Patère. — Clermont. (1166 *b*).
LVPPA F	— Clermont. (cf. 1180).
LVPVS	— — (1181 *e*).
LVPHR.CI M	— — (cf. 1178).

OF MAC — — (cf. 1196).
(MA) CC Petit bol. — (cf. 1196).
OF MACCA Patère. — (cf. 1196).
OF MACCAR — -· (cf. 1196).
OF MACC(AR) — — (cf. 1196).
(MA)CC(AR) — — (cf. 1196 q 8).
OF(MA)CC(AR) G. bol. — (cf. 1196).
OFI·MACCAR Patère. — (cf. 1196).
OFI MACCAR Gr. patère. Clermont. (cf. 1196).
MACCARI — — (cf. 1196 gg).
(MA)CCARI Patère. Lezoux. (cf. 1196 q 5).
MACCELLIO Bol. — (cf. 1205).
(OF) (MA)CCI — Clermont. (cf. 1200).
OF MACCI Petit bol. — (cf. 1200 a).
MACCIVS (retr.) Bol. — (cf. 1200).
MACCIVS·FE· (circ.) Coupe. — (cf. 1200).
MACERA(TI) Patère. — (cf. 1207).
(MA)CINVS F — —
MACONI Gr. plat. Auvergne.
MACRINVS Patère. Clermont. (1214 v).
MACRO⌣ Petit bol. Lezoux, Vichy. (cf. 1216).
MAINCNI Bol. Clermont. (cf. 1234).
MAIOR·I Patène. — (cf. 1242).
MALLEDVF Patère. — (1246 k).
MALERANIM — —
MALLIACI Gr. patère — (cf. 1247).
(MA)LLVROF Patère. — (cf. 1249).
MALLVRVS Bol. — (cf. 1249).
MAN Patère. — (cf. 1260).
M(AN)E(RT) — Lezoux. (cf. 1255).
M(AN)ERTS F Petit bol. Vichy, Lezoux. (cf. 1255).
MAPILLI Patère. Les Martres. (cf. 1261).
(MA)RCHLI M Petit bol. Clermont, Les Martres. (cf. 1266 d 4).
(MA)RCHLLINI Patère. Les Martres. (cf. 1264).
(MA)RCELLINII Patène. Clermont. (cf. 1264).
MARCHLLINI Bol. Les Martres. (cf. 1264).
MARCT: — Clermont. (cf. 1270).
MARCVS F Patère. — (1270 k).
MARITVMI·(MA) — — (cf. 1276).
MARITVMVS Bol. — (cf. 1276).
MARN — —
MARSI Gr. patère. — (1280 e).
MARTINI — — (1283 a).
M(AR)TIO(MA) Patère. — (cf. 1284).
(MA)RTIVS FE — — (cf 1286).
MASCELLIO — — (1293 l).
OF(MA)SCI Bol. Vichy, Clermont. (cf. 1297).
(MA)SCI Petit bol. Clermont. (1297 dd 7).
(MA)SCLVS Patère. Vichy, Clermont. (1297 r 1).
MASCVLINI·O Vase orné. Clermont, Mont Dore.
MASIDVI Gr. bol. —
MATERNI Bol. Lezoux. (1307 h).
OF (MA)TVCI Gr. patère. Clermont. (cf. 1314).
OF MATVG Patère. Clermont, Vichy. (cf. 1314).
MATVRVS·FECIT· (circ.). Bol. Lezoux. (cf. 1315).
(MA)XMO Patère. Clermont. (cf. 1319).
MAXINI MA — Vichy. (cf. 1319;.
MELVS FECI· Gr. patère. Auvergne. (1336 i).
OF MERC Patène. Clermont. (1343 a).
MERCATO Gr. bol. — (1344 kk).

MERCATOR F   (Graffite avant la cuisson). Patère. Clermont. Les Martres. (cf. 1344).
METTI·M   Coupe. Clermont. (1350 *b*).
MINIDIV   Patène. Les Martres.
OF MOA   Patère. Clermont.
OF MOBS   Bol.   —
OF MO.DÉ)S   Gr. bol.   —   (1369 *i* 2).
OF MODES   Patère.   —   (1369 *g* 1).
OF MODESTI   Patène. Vichy, Clermont. (cf. 1369).

(A suivre).

REMARQUES ÉPIGRAPHIQUES
par M. Ant. HÉRON DE VILLEFOSSE
membre de l'Institut

(Suite) (*)

3. — *Inscription de la Roque d'Anthéron (Bouches-du-Rhône)*

En 1872, Quicherat communiquait à la Société des Antiquaires de France le dessin d'une petite plaque d'argent, recueillie à l'état de fragment, à la Roque d'Anthéron (Bouches-du-Rhône) avec quelques objets de parure trouvés dans la tombe d'un enfant. Il avait vu tous ces objets en 1870, à Marseille, chez M. Auger, attaché au musée Borély ; il apprit plus tard qu'ils avaient été dérobés à leur possesseur (1).

Cette plaque portait une inscription difficile à lire que Quicherat prit soin de dessiner. La Société des Antiquaires fit graver le dessin de Quicherat, mais par économie sans doute, on l'inséra sur une planche, déjà chargée de graffites inscrits sur des poteries du Mont-Beuvray. Malgré un avis inséré au bas de la planche, la plaque de la Roque d'Anthéron fut confondue avec ces poteries du Beuvray.

Cette confusion a produit des résultats très regrettables :

1º La plaque a échappé aux excellentes recherches du M. G. Lafaye sur les antiquités de la Roque d'Anthéron (2) ; la note de Quicherat lui a également échappé ;

2º L'inscription n'a pas été insérée dans le volume XII du Corpus avec les autres textes épigraphiques de la Roque d'Anthéron (3) ;

3º Enfin, ce qui est plus grave encore, cette plaque d'argent inscrite, trouvée à la Roque d'Anthéron (Bouches-du-Rhône) est maintenant classée et publiée comme provenant du Mont-Beuvray. MM. Félix et Noël Thiollier (4), dans le bel album qu'ils ont joint à l'ouvrage de F. Bulliot, ont reproduit les graffites du Beuvray d'après la planche du Bulletin des Antiquaires de France, mais le dessinateur, par mégarde, a laissé au milieu de ces graffites le précieux dessin de la plaque d'argent de la Roque d'Anthéron pris en 1870 par Quicherat avant la disparition de l'objet.

Il était donc nécessaire de signaler cette confusion et de rectifier l'état civil d'un texte qui, d'ailleurs, n'a pas été encore expliqué. Je croirais volontiers avec Quicherat qu'il faut le ranger dans la série des tablettes magiques (*tabulae execrationum*). Sa découverte dans un tombeau, le peu d'épaisseur de la feuille de métal, la difficulté que présente la lecture, tout concourt à lui attribuer cette destination.

(*) Voir plus haut, p. 152 à 155.
(1) *Bull. des Antiq. de Fr.*, 1872, p. 76 et pl., I. nº 12.
(2) *Mémoires de la Soc. des Antiq. de France*, XL (1884), p. 44.
(3) *Corp. inscr. lat.*, XII, nºˢ 5794-5795.
(4) *Fouilles du Mont Beuvray. Album*, p. VI, sous la description de la pl. XLI.

4. — *Milliaire de Rennes*

J'ai le regret de ne pas être tout à fait d'accord avec le dessinateur des milliaires de Rennes pour la lecture de la dernière ligne d'un des fragments trouvés dans cette ville en 1890 (1). On sait que la découverte de ces milliaires a eu lieu rue Rallier, dans les anciens murs de la cité, en établissant les fondations du Bazar Parisien. Cette enceinte avait été élevée à la hâte avec les matériaux qu'on avait sous la main. Il est vraisemblable que ces matériaux provenaient tous de la ville ou des environs immédiats. On ne s'était pas donné la peine d'aller les chercher à une distance considérable. Aussi on remarque avec un certain étonnement au milieu de ces milliaires un fragment ainsi conçu :

IIIN

AVG

L·XI (2)

Si le chiffre XI a été bien lu il faut admettre que la borne a été prise à environ six lieues et demie, soit à 26 kilomètres de la ville de Rennes et apportée de ce point pour être employée dans la construction précipitée du mur d'enceinte. Pour quel motif, dans un pays où la pierre abonde, aurait-on été chercher des matériaux à une aussi grande distance ?

Préoccupé de ce fait, j'ai examiné attentivement le fragment en question au mois de décembre 1891 et j'ai acquis la conviction qu'il fallait lire :

L·I

Entre le L et le chiffre I il y a dans le granit des fissures qui ont fait croire à un trait. Les ouvriers après avoir découvert la borne ou ceux qui l'ont tout d'abord examinée ont passé dans ces fissures une pointe de couteau ; ils n'ont pas eu de peine à y tracer un caractère qui n'est pas gravé aussi profondément que le L et le I. Entre L et I il n'y a d'antique qu'un gros point ; le X, d'ailleurs, tracé en travers est moderne. Cela me parait absolument certain.

5. — *Inscription d'Alise-Ste-Reine*

Le 28 octobre 1893, me trouvant à Alise, j'ai eu l'occasion d'examiner un fragment de manche de patère en bronze brisé à droite et à gauche, signalé en 1883 par mon ami H. Thédenat (3).

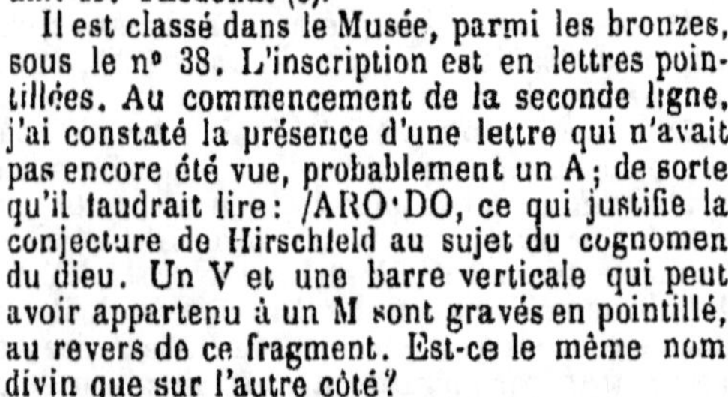

Il est classé dans le Musée, parmi les bronzes, sous le n° 38. L'inscription est en lettres pointillées. Au commencement de la seconde ligne, j'ai constaté la présence d'une lettre qui n'avait pas encore été vue, probablement un A ; de sorte qu'il faudrait lire : /ARO·DO, ce qui justifie la conjecture de Hirschfeld au sujet du cognomen du dieu. Un V et une barre verticale qui peut avoir appartenu à un M sont gravés en pointillé, au revers de ce fragment. Est-ce le même nom divin que sur l'autre côté ?

J'ai remarqué à Alise, le même jour, un monument funéraire en forme de pyramide tronquée, haut de 2 m. 25, large à la base de 0.60, large au sommet de 0.15. Il était couché par terre sur la place de l'église de façon à dérober l'inscription aux regards. Il m'a donc été impossible de la copier. Je suis convaincu que c'est la stèle

(1) Decombe, Bézier, Espérandieu, *Les Milliaires de Rennes*, avec 14 planches dessinées par A. Géron et Louis Esquieu, 1892.

(2) *Ibid.* planche XIV, fig. 5 ; Seymour de Ricci, *Répertoire épigraphique d'Ille-et-Vilaine*, p. 91, n° 18, reproduit la même lecture.

(3) *Bull. des Antiq. de France*, 1883, p. 307. = *Corp. inscr. lat.*, XIII, n° 2875.

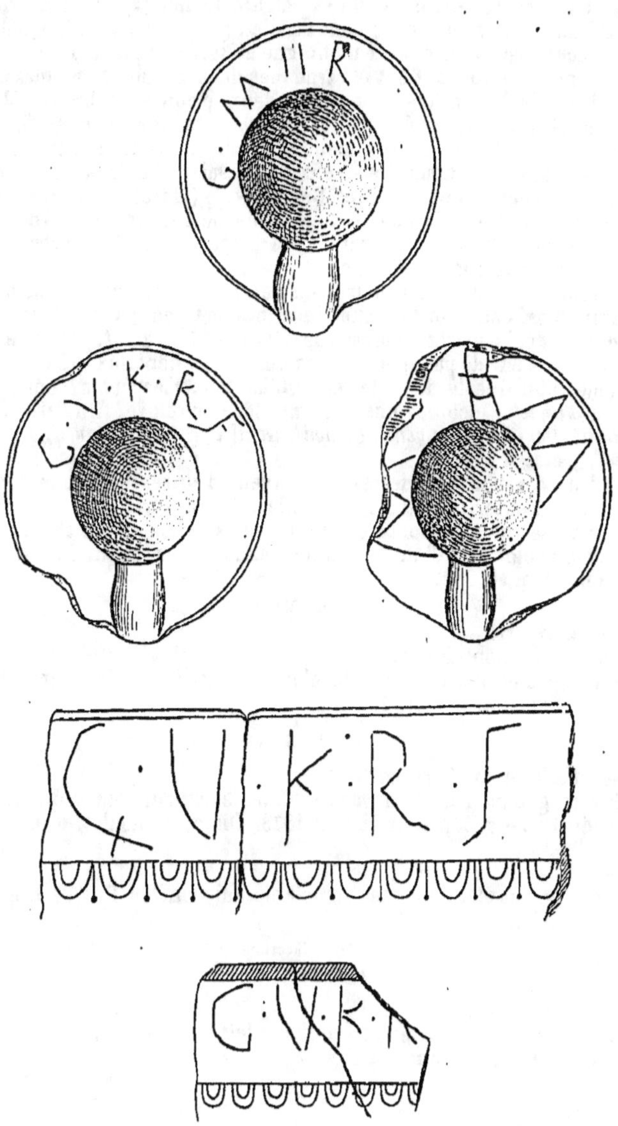

Graffites trouvés au Puy-de-Dôme

publiée au vol. XIII du *Corpus latin*, sous le n° 2881. Il est déplorable que la municipalité d'Alise-Sainte-Reine laisse cette pierre dehors depuis plusieurs années, exposée à être brisée, tandis qu'il serait si facile de la mettre à l'abri dans le musée ou à la mairie.

6. — *Graffites trouvés au Puy-de-Dôme*

Dans le vol. XIII du *Corpus latin* (1). M. O. Hirschfeld a réuni les inscriptions votives provenant du vaste et célèbre temple (2) élevé au sommet du Puy-de-Dôme; elles portent le nom du dieu qui y était adoré. Quelques-unes ont été recueillies au pied de la montagne au territoire de la Tourette, d'autres proviennent du sommet et ont été trouvées dans les fouilles mêmes du temple. A côté des ex-voto en pierre ou des deux plaques en bronze (3) qui rappellent les plaques votives du sanctuaire de Jupiter Pœninus, au Grand Saint-Bernard (4), on n'a découvert aucune offrande en métal précieux, aucun vase d'argent par exemple, analogue à ceux qui faisaient partie du trésor du temple de Mercure Canetonnensis (5) près Berthouville (Eure), ou du trésor du temple de Minerve près Notre-Dame-d'Alençon (Maine-et-Loire) (6). Tous les objets de valeur avaient disparu; ils avaient été emportés par les barbares après le pillage et la dévastation de l'édifice.

Les fouilles ont cependant fourni un certain nombre de fragments de poteries communes, couverts de petites inscriptions tracées à la pointe sèche ; ces fragments ont été déposés au musée de Clermont-Ferrand (7). Ce sont les débris de vases offerts par de pauvres pèlerins qui inscrivaient eux-mêmes leurs noms sur l'objet afin que le dieu ne les oubliât pas. Ces noms sont au génitif : (offrande) *d'un tel*. Quelques-uns sont mutilés ; on relève : [*And*]*erexi*, *Alim*[*eti*]. *Auci*, *Cani*, *Carilli*, *Car*[*ugeni*], *Comodi*, *Gent*[*ilis*], *Lituci*, *Paulli*, *Rionia*... ou *Rionim*..., etc.

A côté de ces noms modestes se trouvent d'autres mentions dont six me paraissent présenter un intérêt particulier. Je transcris ici les copies que j'ai prises au musée de Clermont-Ferrand au mois de septembre 1883.

1· Sur le goulot plat d'un vase jaune, sans vernis, muni d'une seule anse. Diam. du goulot, 0.08.

G·MIIR

G(enio) *Merc*(*urii*).
Musée de Clermont-Ferrand.

2° Sur le goulot plat d'un vase semblable, inscription circulaire à l'intérieur du goulot. Diam. du goulot, 0.07.

G·V·K·R·F

Musée de Clermont-Ferrand.

3° Sur le goulot plat d'un vase semblable que j'ai ramassé moi-même au sommet du Puy-de-Dôme, le 28 mai 1873. Diam. du goulot, 0.065.

M R M

4° Sur le goulot plat d'un vase semblable qui vient du Puy-de-Dôme. Diam. du goulot, 0.075.

lettre incertaine
M ? M

En ma possession.

5° Sur la plate bande extérieure qui bordait l'orifice d'un beau bol à vernis rouge, au-dessus d'une rangée d'oves.

---

(1) N° 1517 et suiv.
(2) Voir dans les *C. R. de l'Acad. des Inscr.*, 1902, p. 305, le plan du temple relevé par MM. Bruyerre et Ruprich-Robert.
(3) N°° 1523, 1524 ; cf. 1528.
(4) *Corp. inscr. lat.*, V, n°° 6863-6894.
(5) *Ibid.*, XIII, n° 3183, 1-30.
(6) *Ibid.*, n° 3100, 1-20.
(7) Dans un rapport de Cohendy sur les fouilles de 1875 ils sont vaguement signalés ; voir Mathieu, *Le Puy-de-Dôme, ses ruines, Mercure et les Matrones*, p, 44, n°° 10-11.

G· V· K· R· F

Musée de Clermont-Ferrand.

Le bol était de grande dimension ; il devait avoir environ 0.20 de diamètre. Le fragment est en deux morceaux recollés.

6° Sur la plate bande extérieure d'un bol semblable, au-dessus d'une rangée d'oves.

G· V· K· R· f.

Musée de Clermont-Ferrand.

Le fragment est en deux morceaux recollés.

La lecture du n° 1 n'est pas douteuse ; celle des n°s 3 et 4 reste incertaine ; quant à celle des n°s 2, 5 et 6, je crois pouvoir en tenter l'explication. Il est hors de doute que les fragments de poteries recueillis dans les déblais du temple proviennent de vases utilisés dans le temple ou d'offrandes faites à Mercure par de pauvres gens. Les caractères G· V· K· R· F. qu'on retrouve sur trois fragments, renferment évidemment une formule votive courante écrite en abrégé mais comprise de tous les fidèles. La première lettre G ne peut être que l'initiale de *G(enio)*. comme sur le n° 1. L'inscription de l'Eduen Sex. Orcius Suavis (1) prouve d'ailleurs que le dieu du Puy-de-Dôme était désigné par le mot *Genius* et qu'on le nommait couramment *Genius Arvernorum*.

D'autre part d'après le passage souvent cité de Grégoire de Tours, le temple des Arvernes était appelé dans le langage gaulois *Vasso Galate* (2). Une inscription trouvée dans le voisinage de Trèves à Bittburg donne le nom de *Vasso-Calete* au dieu lui-même, *deo Mercurio Vasso-Caleti* (3). Il me semble certain que les lettres V· K· représentent le même nom sur les fragments recueillis au sommet du Puy-de-Dôme. Cette explication, si elle est admise, démontrera, avec l'inscription de Bittburg, que *Calete* doit être certainement substitué à *Galate* dans le texte de Grégoire de Tours En outre, l'abréviation de ce nom divin par deux lettres séparées. par un point, vient confirmer l'opinion de ceux qui ont constaté la présence d'un point entre *Vasso* et *Caleti* dans le texte de Bittburg.

Reste à interpréter les deux dernières lettres R. F.

Le Mercure des Arvernes est appelé *Arvernorix* = *Arvernorum rex* dans une inscription de Miltenberg (4). Mercure, d'ailleurs, reçoit le surnom *rex*, dans plusieurs autres textes qui semblent se rapporter au grand dieu des Arvernes. L'inscription de Nimègue (5), consacrée *Mercurio regi sive Fortune*, paraît même démontrer pour quel motif Mercure recevait ce surnom. L'argent passait déjà pour être le roi du monde ; les Arvernes. comme les Auvergnats de nos jours, en appréciaient particulièrement la valeur.

Ce surnom est indiqué, sur nos fragments de poterie. par la lettre R.

Quant à la lettre F elle ne peut signifier que *Felix*. On connaît la monnaie de Postume avec la légende MERCVRIO FELICI (6) ; sur une poterie à relief de la vallée du Rhône on lit aussi *mercu*RIVS FELIX N.... au-dessous d'une représentation de Mercure (7).

De ces différentes observations je crois pouvoir conclure que la lecture complète de la formule G· V· K· R· F·, inscrite sur trois fragments provenant du temple de Mercure, au sommet du Puy-de-Dôme, doit être la suivante :

G(enio) V(asso)-K(aleti) R(egis) F(elicis).

Il faut comprendre que *Vasso-Kalete* est le nom gaulois du génie des Arvernes,

---

(1) *Corp. inscr. lat.*, XIII, n. 1462 ; cf. VII, n. 165.

(2) *Historia Francorum*, I, 32.

(3) Brambach. n° 835 ; H. Dessau, *Inscr. selectae latinae*, n° 4604.

(4) Brambach. n° 1741 : H. Dessau, *Inscr. latinae selectae*, n° 4592.

(5) *Ibid.* n° 70 ; Dessau, n° 3198 — Le n° 79 de Brambach est, d'après les indications de l'éditeur, une base octogonale La pierre a dû être retaillée pour servir de support à une urne funéraire ; les angles ont été abattus et la seconde ligne est probablement mutilée. On peut croire que. dans ce qui reste de cette seconde ligne, se cache un fragment de la formule [*vasso-kal*]ETi REGIS FeL[icis]? Le n° 78 doit se lire : MERCVRIO R F. = r[egi] f[elici]. Cf. le n° 80 où l'on remarque aussi le mot REGIS à côté de MERCVRIO. Ces quatre textes (n°s 70, 78. 79, 80) ont été trouvés au même endroit « in ripa Wahalis ».

(6) De Witte, *Recherches sur les empereurs qui ont régné dans les Gaules*, p 42, n° 156.

(7) *Corp. inscr. lat.* XII, n° 5687,18. Cf. le *Mercurius Felix*, de Pompéi, *Corp. inscr. lat*, IV, 812.

assimilé à Mercure à l'époque romaine. Ce nom s'était maintenu dans le langage populaire pour désigner la divinité du Puy-de-Dôme, et c'est pour ce motif que nous le retrouvons inscrit sur les offrandes des petites gens.

Le nom d'homme gaulois *Vasso-rix* (1) n'est autre chose que *Vasso rex*. Il s'est conservé dans plusieurs noms de lieux français tels que *Chez-Vasson*, maison isolée de la commune d'Orcines, sur la route de Clermont, à peu de distance du Puy-de-Dôme, *Saint-Germain-le-Vasson* (Calvados), *Vasson-ville*, canton de Tôtes (Seine-Inférieure), *Vasson-ville*, commune de Saint-Martin-en-Campagne (Seine-Intérieure). Il s'est également conservé comme nom de famille en Auvergne car Mathieu affirme qu'on trouve encore aux environs de Clermont, à Chanonat et à Orcines, des gens portant le nom de Vasson (2).

Ainsi le dieu adoré au Puy-de-Dôme était appelé *Mercurius*, *Mercurius Dumias*, *Mercurius Arvernus*, *Mercurius Vasso-Kaleta*, *Mercurius Rex Felix*, *Mercurius Arvernorix*, aussi bien que *Genius Mercurii*, *Genius Arvernorum* ou *Genius Vasso-Kaleti Regis Felicis* (3).

7. — *Les inscriptions du podium à l'amphithéâtre d'Arles*

Tous ceux qui ont visité l'amphithéâtre d'Arles connaissent les inscriptions de Junius Priscus, gravées à la partie supérieure du mur du podium (4). Lorsqu'on a déblayé le monument plusieurs des dalles qui forment le revêtement de ce mur et sur lesquelles ces inscriptions sont gravées étaient sans doute détachées ou disjointes. Il est, en effet, certain qu'elles ne sont pas toutes à leur place primitive ; les architectes qui ont restauré l'amphithéâtre ont dû les rétablir à leur manière car la disposition en est sûrement défectueuse. Il est fort possible aussi que ces architectes aient été obligés de faire déposer le revêtement du mur pour exécuter des travaux de consolidation et que les entrepreneurs aient replacé les dalles d'une manière fautive.

On sait d'ailleurs qu'avant les travaux de déblaiement et de restauration, l'amphithéâtre d'Arles était encombré de masures servant d'abris à la partie la plus pauvre de la population de cette ville, même sur les gradins et jusque dans les galeries supérieures. Deux mille personnes y habitaient (5). C'est seulement en 1809 que ces misérables logements furent démolis, mais leur établissement avait laissé des traces dans toutes les parties de l'édifice (6).

Estrangin écrivait en 1838 : « les dalles du podium ont été brisées ; plusieurs « arcs ont fléchi ; les zônes des gradins ont été détruites, ainsi que les paliers « antiques ou précinctions ; les marbres ont disparu, moins *quelques dalles* « *perpendiculaires du podium...* Dans l'intérieur il ne reste que le cadavre du « géant mutilé (7) ».

Si quelques dalles perpendiculaires du podium, étaient seules en place il est probable que plusieurs autres de ces mêmes dalles avaient été arrachées. Les architectes ont donc cherché à remettre à leur place primitive, celles qui existaient encore et ils ont été obligés de remplacer celles qui avaient disparu. C'était un travail assez délicat qui exigeait, pour être mené à bien, de grandes précautions et des connaissances spéciales, étrangères à ceux qui l'ont entrepris. L'état déplorable dans lequel se trouvaient les inscriptions augmentait encore les difficultés. Il fallut cependant prendre un parti. On fit comme on put : on ne réussit pas à retrouver la place de toutes les dalles inscrites ; on remplaça même par des dalles neuves celles qui paraissaient trop abimées et sur lesquelles les traces des lettres n'étaient pas assez nettes. J'ai étudié à diverses reprises l'arrangement adopté ; je puis affirmer l'exactitude de ce que j'avance.

---

(1) Brambach, n° 1858 ; cf. VASSO, *Corp. inscr. lat.*, XII, 5685-16.
(2) *Le Puy-de-Dôme, ses ruines ; Mercure et les Matrones*, p 26.
(3) Sur le temple de Mercure au Puy-de-Dôme, voir l'ouvrage cité de Mathieu : Paul Monceaux, *Revue historique*, XXXV (1887), p. 225-262 ; XXXVI (1888), p. 241-278 ; Hirschfeld, *Corp. inscr. lat.*, XIII, p. 194 : Idem, *Die Haeduer und Arverner unter roemischer Herrschaft* dans *Sitzungsber. der Akad. der Wiss. zu Berlin,* 1897, p. 1112-1113 ; Audollent, *C. R. de l'Acad. des Inscriptions*, 1900, p. 329-331 ; 1902, p. 299-316.
(4) *Corp. inscr. lat.,* XII, n° 697.
(5) J.-J. Estrangin. *Etudes archéologiques, historiques et statistiques sur Arles*, p. 13.
(6) Estrangin, p. 23.
(7) *Ibidem*.

La preuve en est d'ailleurs fournie d'une manière évidente par deux dalles non utilisées jusqu'ici et qui sont encore déposées dans l'amphithéâtre. Elles sont fort abimées, très frustes, mais les traces de lettres et leurs dimensions suffisent à les faire reconnaitre et à en retrouver la place dans l'arrangement général.

a

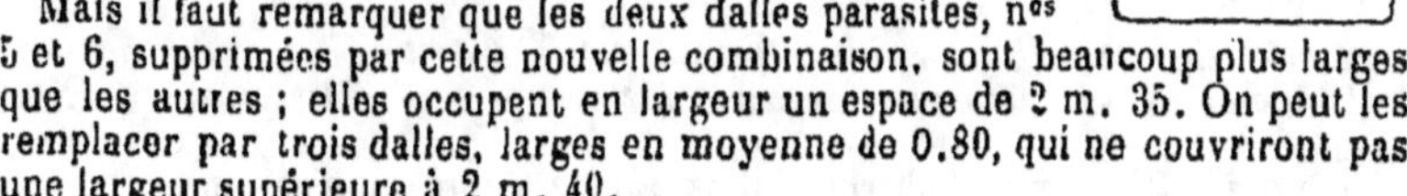

La première dalle est très dégradée; elle est mutilée dans tous les sens. On y reconnait clairement deux lettres de la première ligne ; celles de la seconde ligne, au nombre de trois, sont méconnaissables; à la troisième ligne on ne voit plus rien, la pierre est effritée.

Il est hors de doute que ce morceau appartient à l'inscription du mur du podium, côté gauche, donnée dans le *Corpus* sous la rubrique: 1 *in parte occidentali*. Il provient d'une dalle qui occupait la place de deux dalles anépigraphes numérotées 5 et 6 ; cette dalle devait, quand elle était entière, se raccorder ainsi avec le n° 7 :

C · IVNIVS · PRISCVS · ii Vir QVINQ

ET SIGnum NEPTuni arg EN

Les trois lettres méconnaissables de la seconde ligne sont vraisemblablement ARG.

b

La seconde dalle a conservé à peu près sa forme primitive ; elle est déposée le long du mur à droite de l'entrée principale de l'amphithéâtre. A la première ligne, sur le bord à gauche, on remarque la queue d'une lettre qui ne peut avoir appartenu qu'à la lettre Q dont le corps devait se trouver sur la dalle précédente.

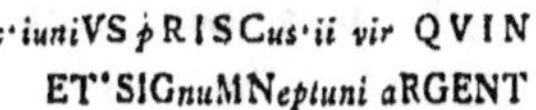

C'est sans le moindre doute la suite du mot *quin*QVENnalis. De même, les lettres de la seconde ligne donnent la suite du mot *arg*ENTEVm.

Il résulte de ces observations que la disposition générale du texte gravé sur le mur du podium doit être modifiée. Les dalles 1 à 4 sont en place ; les dalles 5 et 6 doivent être enlevées et remplacées, le n° 5 par notre première dalle qui, quand elle était intacte, portait à la première ligne [IR]QV, le n° 6 par la dalle n° 7. Notre seconde dalle doit recevoir le n° 7 ; elle était suivie d'une dalle disparue n° 8, dont la première ligne se composait des cinq lettres [NALIS]. Restent trois dalles qui portent actuellement les n°s 8, 9, 10 et qui devront recevoir les n°s 9, 10, 11. On obtient ainsi une dalle supplémentaire avant d'arriver à la porte de la partie occidentale.

Mais il faut remarquer que les deux dalles parasites, n°s 5 et 6, supprimées par cette nouvelle combinaison, sont beaucoup plus larges que les autres ; elles occupent en largeur un espace de 2 m. 35. On peut les remplacer par trois dalles, larges en moyenne de 0.80, qui ne couvriront pas une largeur supérieure à 2 m. 40.

Dans l'inscription de la partie orientale j'ai lu sur les dalles n°s 1, 2 et 4 :

c · iuni VS p R I S C us · ii vir QVIN

ET · SIGnuM Neptuni a RGENT

A la troisième ligne de la dalle 4, ONEM · EDID = [*venati*]*onem edid*[*it*].

7. — *Le Recueil des inscriptions d'Antibes* (1)

Dans son livre intitulé *Itinéraire de Jérôme Maurand, d'Antibes à Constanti-*

<hr>

(1) Cf. *Corp. inscr. lat.*, XII, p. 28.

nople (1544) (1), M. Léon Dorez, conservateur à la Bibliothèque nationale, a reproduit en fac-similé le f° 229 du mss. latin 8957 de la Bibliothèque nationale qui contient le Recueil des Inscriptions d'Antibes. Cette feuille renferme les dessins des inscriptions insérées sous les n°° 171, 173, 178, 186, 188, 196, 204, 215, 228, 234, 241 et 5732 dans le vol. XII du Corpus latin. M. L. Dorez a prouvé, en outre, que le recueil épigraphique de Jérôme Maurand était dédié au premier président du Parlement de Paris, Christophe de Thou, le père de l'illustre historien, *prestantissimo viro de Tullo* (2). Cette découverte a son intérêt et mérite d'être signalée aux épigraphistes.

DIEUX DE LA GAULE
par Auguste ALLMER
I. — LES DIEUX DE LA GAULE CELTIQUE (suite).

1526
RICORIA

Prov. Narbonnaise. (Civitas des Arécomiques; colonia V.... Julia Baeterrae, Béziers).

Trouvée à Béziers, dép. de l'Hérault, au lieu dit le Plateau des Poètes. — Au Musée.

Sur le bandeau de la face antérieure :

	RICORIAc	
C'PEQV	Personnage debout et drapé tenant de la main droite une patère	Patère et guttus à anse
CATLI		
V'S'L'M		

Ci-dessus, I, p. 330, notre copie dessinée. — Noguier, n. 39. — Lebègue, *Hist. de Lang.* XV, 1re partie, n. 1546. — Hirschfeld, *C.* XII, 4225.

Ricoriae, C. Pequ(ii) *Catli v*(otum) *s'olutum*) *l*(ibens) *m*(erito).

« A Ricoria, vœu de Caius Pequius Catlus accompli avec reconnaissance ».

Catlus, c'est-à-dire *Catulus*, avec omission de l'*u* devant *l*, sans doute d'accord avec la prononciation, et à cause de cela très fréquente.

1527
Mars RIGISAMUS

1. — Gaule celtique.— Prov. d'Aquitaine prolongée. (Civitas des Bituriges Cubes).

Autel trouvé à Bourges, dans les assises des anciens murs de la ville. — Au musée.

Marti Rigisamo [*T*]*i. Jul*(ius) *Eunus ex* ϑ *vissu.*

Buhot de Kersers, *Monum. consacrés à Mars*, p. 20. — Hirschfeld, *C.* XIII, 1190.

« A Mars Rigisamus, Tiberius Julius Eunus d'après une vision ».

2. — En Angleterre. — Lamelle de bronze trouvée à Chessels, dans le Somersetshire, aux environs d'Aquae Salis, l'actuel Bath.

Deo Marti Rigisamo J(uventius) *Sabinus v. s. l. m.*

Huebner, *C.* VII, 61.

« Au dieu Mars Rigisamus, Juventius Sabinus, avec reconnaissance et contentement en accomplissement de son vœu ».

Nous ne savons dire ce qu'était le dieu Mars Rigisamus, ni même quelle

(1) Paris, Leroux, 1901, in-8° de 378 pages et XX planches.
(2) Voir p. IV-VIII et la note 2 de la p. IV; p. 291-297, Appendice II et III.

était sa patrie, l'un des deux seuls autels connus à son nom ayant été trouvé dans la Gaule, l'autre en Bretagne. Il y a toutefois moins de probabilité pour la présence d'un breton à Bourges que pour celle d'un biturige à Bath, où se rendaient aux eaux thermales de Salis, non seulement les malades des légions de la garnison de la Bretagne, mais aussi des étrangers du continent.

(A suivre).

CHRONIQUE

Le 19 décembre dernier, l'Académie des Inscriptions et Belles-Lettres a nommé en Comité secret : 1° Correspondants étrangers, MM. Murray, conservateur du Musée Britannique, et Friedlænder, de Berlin ; 2° Correspondants nationaux, MM Brutails, archiviste de la Gironde : Gsell, directeur du Musée d'Alger, et Cosquin, de Vitry-le-François (Marne).

— M. Salomon Reinach, membre de l'Académie des Inscriptions et Belles-Lettres, a été nommé conservateur du Musée des Antiquités nationales, en remplacement de M. Alexandre Bertrand, décédé.

— Dans la séance du 9 février dernier, M. Salomon Reinach, membre de l'Institut, a communiqué à la section d'archéologie du Comité des travaux historiques l'inscription votive dont il a été question ci-dessus, t. IV. p. 277. Nous nous faisons un devoir de reproduire, d'après le procès-verbal de la séance, l'opinion émise par l'éminent et obligeant conservateur du musée de Saint-Germain.

« La cassure de la seconde ligne, dit M. Salomon Reinach, a fait disparaître les deux premières lettres d'une épithète nouvelle du dieu Mars ; la seconde lettre était peut-être un A, dont le jambage de droite paraît avoir laissé une trace sur la pierre. Les noms celtiques de Mars, connus jusqu'à présent par les inscriptions, ont été énumérés dans le *Lexikon der Mythologie*, de Roscher (art. *Mars*, p. 2398); aucun d'eux ne convient pour remplir la lacune. On pourrait songer à suppléer *Magio*, dans le sens de *juvenis*, de *magus*, dont le diminutif *magulus* se trouve dans le nom *Taxi-magulus* (Cf. Ihm, art. *Magl* dans le *Lexikon* de Roscher, p. 2232) ».

— Dans la séance du 20 février dernier, M. Chavannes, professeur au Collège de France, a été élu membre de l'Institut, en remplacement de M. Alexandre Bertrand, décédé.

— M. le duc de Loubat, correspondant de l'Académie des Inscriptions et Belles-Lettres, vient d'accorder une subvention de 30,000 francs à l'Ecole française d'Athènes, pour poursuivre ses fouilles en Grèce et entreprendre des recherches dans ce pays, notamment à Corfou. Ce nouveau don porte à 50,000 francs le chiffre des libéralités faites par M. le duc de Loubat aux œuvres scientifiques que patronne l'Académie.

— « Les fêtes organisées pour célébrer le jubilé de M. Léopold Delisle ont eu leur épilogue le 8 mars dernier, après midi, dans les salles de la bibliothèque de l'Institut. On a remis à l'Administrateur général de la Bibliothèque Nationale le premier exemplaire de la Bibliographie complète de ses œuvres, rédigée par M. Paul Lacombe, sur l'initiative du Congrès des bibliothécaires, réuni à Paris en 1900; catalogue qui ne comprend pas moins de 1889 numéros. M. Emile Picot, qui présidait, a, dans un discours très applaudi, exprimé à M. Léopold Delisle, les sentiments de reconnaissance qu'inspire l'immense labeur de sa vie. Puis, M. Henry Martin a parlé au nom de l'étranger et a donné lecture des nombreux témoignages de sympathie et d'admiration qui étaient venus de tous les points du monde. De Saint-Pétersbourg, de La Haye, de Stockholm, de Madrid, de Rome, de Londres. L'empereur d'Allemagne s'était fait représenter en effigie par une médaille ». (*La Chronique des Arts*, n° 11, 14 mars 1903).

— Les inscriptions suivantes, qui intéressent la Gaule, ont été découvertes depuis peu de temps, en d'autres pays :

1. — A Aquilée. (Graillot, *Revue archéologique*, 1901, 2° volume, p. 436; Cagnat, *Année épigraphique*, n° 41).

```
Q'ETVVIVS SEX F
VOL'  CAPREOLVS
DOMO'  VIENNA
MILES LEG IIII SCYT ANN IIII
EQVES ANN X CENT ANN XXI
PRAEF COH II THRAC IN GERM
ANN V VIXIT ANN LX T F I
ARBITRATV
LIBERTOR IDEMQVE HEREDVM
VIVI FEC PATRONO ET SIBI
ILVS IIIIII VIR F.RIGONVS
SECVNDVS ILLYRICVS
HERACLEA
```

2. — A Guiguen (*Colonia Ulpia Oescus*). (Dobrusky, *Sbornik zu narodni umotvorenia nauka i kniznina*, p. 751.; Cagnat, *Année épigraphique*. 1902, n° 121).

```
D     M
L    FIRMO
L'F  NARBO
VALENTIN
VETERANO
VIX ANN LXX
FIRMIA SE
CVNDA LIB
PATRONO
B     M
```

3. — En Roumélie. (Perdrizet, *Bulletin de correspondance héllénique*, 1900, p. 542; Cagnat, *Année épigraphique*, 1902, n° 155).

```
BONAE MEMORIAE MACCVSAE
MVCERIS ANN'XXII'ET VICTORIAE
SIVE VALERIOSAE'ANN'XIIII QVAE
OB DESIDERIVM AVVNCVLI EORVM
FL' GEMELLI 'V 'P' COMITIS AB VLTIMA
GALLIA PER DIVERSA LOCA PROVIN
CIARVM AD PROVINCIAM MACEDO
NIAM VENERVNT IBIDEMQ POST AM
PLEXVM EIVS ET COMPLETA CVPIDITATE
AMORIS IN CIVITATI IDISSENSI FATI MVNVS
COMPLERVNT QVIBVS MEMORATVS
VIR LAVDABILIS VT COGNOSCERE
TVR IVSSIT EIS MEMORIAM FIERI
```

4. — Près de Magyar-Boly (Hongrie), sur une table de bronze. (Mommsen, *Sitzungsberichte der Akademie der Wissenschaften zu Berlin*, 1902, p. 836; Cagnat, *Année épigraphique*, 1902, n° 245).

```
IVS AD IVSTITIAM REVOCARE AEQVMQVE TVERI
DALMATIO LEX EST QVAM DEDIT ALMA FIDES ꝶ
BIS SEX SCRIPTA TENET PRAETORISQVE OMNE VOLVMEN
DOCTVS ET A SANCTIS CONDITA PRINCIPIBVS ꝶ
HIC IDEM INTERPRES LEGVM LEGVMQVE MINISTER ꝶ
QVAM PRVDENS CALLET TAM BONVS EXEQVITVR ꝶ
MVLTIS PRO MERITIS VALERI IVSTISSIME RECTOR ꝶ
MVLTIS PRO MERITIS HAEC STAT' IMAGO TIBI ꝶ
QVAM POSITI LONGE TESTANTES PVBLICA VOTA ꝶ
VSQVE PROCVL PATRIAE MITTIMVS IN GREMIVM ꝶ
HINC PRAEFECTVRAE SVMMOS VENRAMVR HONORES
HOC TE GAVDENTES OMINE PROSEQVIMVR ꝶ
QVISQVIS SCIRE VOLET QVORVM CELEBRERIS AMORE
ILLE HOC INDICIVM SVMSERIT EX TITVLO
DALMATIO POSVIT PROVINCIA LVGDVNENSIS ꝶ
TERTIA PATRONO GRATA CLIENTA SVO
```

5. — A Rome, dans les feuilles récentes du cimetière de Priscille. (O. Marucchi, *Notizie degli scavi di antichità*, 1902, p. 359 ; Cagnat, *Année épigraphique*, n° 20°).

...EDIDILI.....

...NOVEMPOPV..

...OMNI LAVDE..

honorifi CENTIA DIGnus

...QVI VIXIT *an*

nis...XLV'MENS...

BIBLIOGRAPHIE

D'ARBOIS DE JUBAINVILLE (H.). — *Eléments de grammaire celtique ; déclinaison, conjugaison*. Paris, Albert Fontemoing, 1903, in-16, 180 p. — M. d'Arbois de Jubainville, vient de publier sous ce titre, le cours qu'il a professé, au Collège de France, pendant l'année scolaire 1901-1902. Nous n'avons aucune qualité pour juger cette œuvre d'un savant illustre, mais il nous a paru qu'il serait impossible d'exposer plus clairement, et en moins de mots que M. d'Arbois de Jubainville ne l'a fait, les principes des langues celtiques, de même qu'on ne saurait mettre en évidence avec plus de méthode le rapport qui existe entre elles et les autres langues indo-européennes.

ADDITIONS ET CORRECTIONS AU N° 108

Revue, tome IV, p. 278, inscription n° 1514. M. Héron de Villefosse a bien voulu nous faire connaître que les restitutions que nous lui avons attribuées appartiennent, en réalité, à M. Dissard.

NÉCROLOGIE

M. Alexandre BERTRAND, membre de l'Académie des Inscriptions et Belles-Lettres, conservateur du musée des Antiquités nationales, officier de la Légion d'honneur, est mort à Saint-Germain-en-Laye le 9 décembre dernier, à l'âge de quatre-vingt-deux ans. A côté de ses nombreux travaux qui ont fait de lui un des représentants les plus éminents de l'archéologie française, on ne peut omettre de rappeler le soin et le dévouement admirables qu'il a apportés à la formation, l'organisation et l'administration de la collection, aujourd'hui sans rivale, dont la direction lui fut confiée pendant un quart de siècle.

— M. Gaston PARIS, membre de l'Académie française et de l'Académie des Inscriptions et Belles-Lettres, administrateur du Collège de France, commandeur de la Légion d'honneur, est mort à Cannes, le 5 mars dernier, à l'âge de soixante-trois ans. Avec lui disparaît une des plus belles intelligences de notre époque, un homme dont M. E. Melchior de Vogüé a pu dire avec raison qu'il était « l'exemplaire parfait de tout ce par quoi l'homme est grand: puissance universelle de l'esprit, noblesse du caractère, souveraine bonté ».

— C'est aussi avec une émotion douloureuse que nous avons appris la mort de M. Louis AUDIAT, président de la Société des Archives historiques de Saintonges et d'Aunis, survenue à Saintes, le 6 janvier dernier. D'une activité qui ne s'était jamais démentie, que l'âge n'avait point affaiblie, M. Audiat a rendu, dans l'ouest de la France, des services sans nombre à l'archéologie et à l'histoire. Son existence peut être citée comme un modèle de désintéressement et de travail.

ESPÉRANDIEU,
Correspondant de l'Institut.

Vienne, imp. Savigné — Ogeret et Martin, succr. — *Le Gérant:* J. OGERET ⏀ I.

REVUE

ÉPIGRAPHIQUE

—

N° 109. — Avril, Mai, Juin 1903

1531

Autel à Silvain

Renseignements de M. Albert REYMONET, de Banon (Basses-Alpes), envoyés à M. SAGLIO, membre de l'Institut, directeur du musée de Cluny, et à nous transmis par M. HÉRON DE VILLEFOSSE, membre de l'Institut, conservateur au musée du Louvre. Estampage et renseignements de M. A. Bonnefoy, maire de Montsalier (Basses-Alpes). Notre copie.

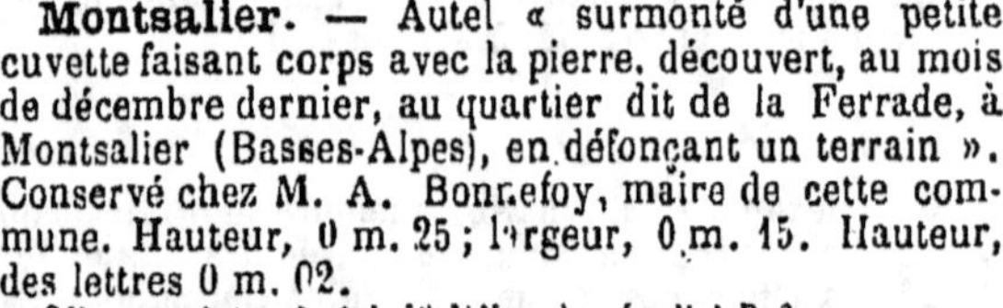

Montsalier. — Autel « surmonté d'une petite cuvette faisant corps avec la pierre, découvert, au mois de décembre dernier, au quartier dit de la Ferrade, à Montsalier (Basses-Alpes), en défonçant un terrain ». Conservé chez M. A. Bonnefoy, maire de cette commune. Hauteur, 0 m. 25 ; largeur, 0 m. 15. Hauteur des lettres 0 m. 02.

Silvano v(otum) s(olvit) l(ibens) m(erito) Pefirus.

« Pefirus, à Silvain, avec reconnaissance, en accomplissement de son vœu ».

« Le village de Montsalier, nous écrit M. Héron de Villefosse, est situé tout près de Banon, à peu de distance du département de Vaucluse et sur un chemin qui vient d'Apt. Ce petit autel fournit une nouvelle preuve de l'extension du culte de Silvain dans la région ; il doit être rapproché des monuments similaires trouvés à Apt et aux environs (*Corp. inscr. lat.*, XII, 1097 à 1103 ; cf. Arnaud d'Agnel, *Revue des études anc.*, 3ᵉ trim. 1903) ».

1532

Épitaphe datée d'un post-consulat d'un empereur Justin

Estampage et renseignements de M. Th. VERNIER, pasteur à La Baume-Cornillane (Drôme).

La Baume-Cornillane. — « Tablette de marbre blanc veiné de noir, fort endommagée sur les côtés », découverte depuis peu à La Baume-Cornillane (Drôme), « dans les ruines de l'ancien prieuré ». Appartient à M. le pasteur Vernier. Hauteur, 0 m. 175 ; largeur, 0 m. 30 ; épaisseur, 0 m. 03. Hauteur des lettres, environ 0 m. 025.

[† *Hic* (ou *In hoc tumulo*) *r*]*equiescit b(o)n(ae) m(emoriae)* [*C*]*onstantinus sub*[*d*(*iaconus*)]*, c*]*ujus d(e)p(osi)t(io) est IIII nona*[*s*] *Aug(ustas) p(ost) c(onsulatum) Justini Aug(usti)*.

« Ici repose de bonne mémoire Constantinus, sous-diacre, dont l'ensevelissement a eu lieu le quatrième jour des nones d'août (2 août) de l'année après le consulat de l'empereur Justin ».

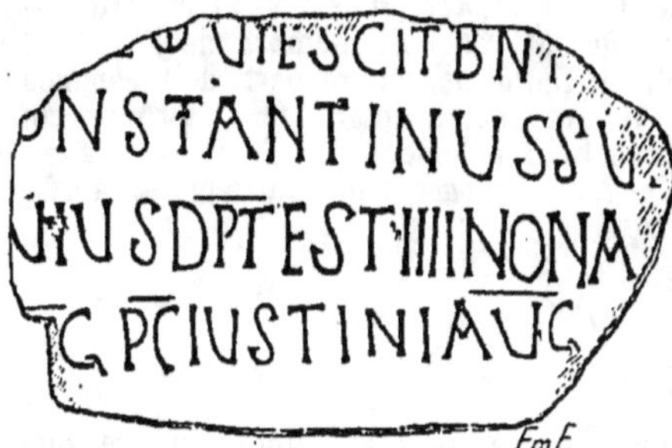

C'est surtout par sa date, et la façon dont elle est exprimée, que ce texte a de l'intérêt, mais nous ne saurions dire d'une manière certaine s'il s'agit de Justin Ier. qui revêtit la pourpre en 518, ou de Justin II, neveu et successeur de Justinien, monté sur le trône en 565. L'un et l'autre de ces deux empereurs s'attribuèrent le consulat, le premier en 519, le second en 566 après une période de vingt-cinq ans duran: laquelle la fonction était restée sans titulaires. Quand Justin Ier arriva au pouvoir, l'Empire romain d'Occident s'était, depuis 476, effondré progressivement sous les coups des Barbares. Le roi goth Théodoric, à qui pesaient les faibles liens de vassalité qui le rattachaient à la cour de Constantinople, ne promulguait pas dans ses Etats, et s'abstenait soigneu·sement de transmettre aux rois soumis à son influence les noms qui lui parvenaient des consuls d'Orient, alors même qu'il s'agissait de celui de l'Empereur. On ne connaissait que les consuls qu'il nommait lui-même ; et lorsque leurs noms faisaient défaut, ce qui se produisait plus particulièrement au début de chaque année, on avait recours à un post-consulat. Ainsi, un obstacle matériel semble de nature à faire écarter l'année 520 comme date de l'inscription qui précède. Mais il faut se rappeler que les précautions de Théodoric ne furent pas toujours efficaces. Sinon par·l'Italie, du moins par d'autres voies, celle de la mer très probablement, les rois burgondes eurent, à diverses reprises, des relations directes avec les empereurs d'Orient. Les noms des consuls de l'an 515 : *Anthemius* pour l'Orient, *Flavius Florentinus* pour l'Occident, que fournissent deux épitaphes de Vienne en sont une preuve (*C. I. L.*, XII, 2067, 2421). Sous l'influence de l'évêque Avitus, et pour des questions religieuses, le roi burgonde Sigismond fut d'ailleurs hostile, dès son avènement, au roi Théodoric, dont il était le gendre, et dont la puissance le garantissait contre les menées ambitieuses des fils de Clovis. En 516, il écrivit à l'empereur Anastase, qui, de son côté, lui confirma toutes ses dignités et lui en accorda de nouvelles, une lettre où il lui disait : « Mon peuple est le vôtre, mais j'ai plus de bonheur à vous servir qu'à lui commander ». (Avitus, *Ep.* 83). Il est permis de croire, par conséquent, que l'avènement de Justin Ier fut l'occasion d'un nouvel échange de députations. En 518, il n'y eut pas de consul d'Occident, et le nom du consul d'Orient, *Magnus*, paraît bien ne pas être parvenu dans les états burgondes. Mais il est fort probable que la nouvelle du consulat de Justin Ier n'eut pas le même sort, et que l'on put, de cette manière, dater l'année suivante par le post-consulat de cet empereur. On a, du reste, une inscription de Lyon, de la fin de cette même année, où le nom du consul d'Orient *Vitalianus* figure à côté de celui de son collègue d'Occident *Rusticius*. (*C. I. L.*, XIII, 2377).

Contre le nom de Justin II, le manque de transmission ne serait pas invocable. Rien ne s'opposait, en 566, à des relations directes entre la cour burgonde et celle byzantine. Mais il ne faut pas oublier que l'institution du consulat était tombée en désuétude, et qu'à partir de l'an 547, les post-consulats de Basile, qui fut le dernier des consuls simples particuliers, se poursuivent à Vienne, et dans la région viennoise, jusqu'en 606. On devrait alors admettre qu'il y eut, en 567, une interruption dans cette façon de dater, et que le nom de l'empereur fut substitué momentanément, d'une manière plus ou moins complète, à celui de Basile. Ce n'est pas impossible, mais cette hypothèse, à notre avis, est beaucoup moins acceptable que la première.

Constantinus a été, à ce qu'il semble, un nom chrétien peu répandu. On n'en connaissait, en Gaule, qu'un seul exemple fourni par une inscription, depuis longtemps perdue, de la Provence. (*C. I. L.*, XII, 944). Les épitaphes qui mentionnent des sous-diacres sont, de même, peu communes, (Edm. Le Blant, *Inscript. chrét. de la Gaule*, I, 293, II, 427, 617 ; *Nouv. rec.*, 110, 131). La restitution du mot *subdiaconus*, que M. Cagnat, membre de l'Institut, a reconnu le premier et dont il a bien voulu nous faire part, doit cependant être considérée comme certaine. Il faut encore noter que la formule *cujus depositio est* est insolite : on trouve habituellement *depositus est*. L'âge du défunt n'est pas indiqué ; enfin, les mots *in pace*, d'ordinaire placés après la formule *hic requiescit*, manquent aussi.

1533

Epitaphe de C. Cluvius Silanus

Notre copie dessinée.

Maguelone. — Pierre rectangulaire, de provenance inconnue, retrouvée à Maguelone (Hérault) en 1872, en refaisant le pavage de la vieille église cathédrale ; elle fait aujourd'hui partie du petit musée constitué par M. Fabrège, dans l'intérieur de cette église, très habilement restaurée par ses soins. Hauteur et largeur, environ 0 m. 55. Hauteur des lettres, 0 m. 05..

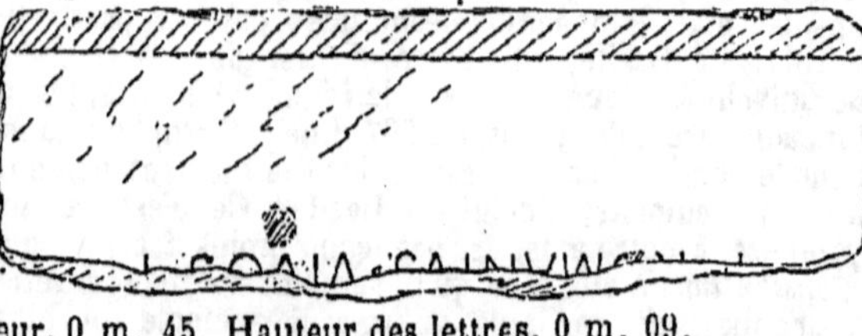

D(iis) M(anibus) C(aii) Cluvi(i) Sila[ni]; Cluvia Sina coniugi karis(s)im(o); v(iva) p(osuit).

« Aux dieux Mânes de Caius Cluvius « Silanus ; Cluvia Sina à son excellent mari. « Tombeau construit par celle ci, de son « vivant ».

Cluvia Sina était probablement l'affranchie de son mari, dont elle portait le gentilice. La rareté de ce gentilice nous conduit à supposer que Silanus l'avait reçu lui-même, ou par ses ascendants s'il était de condition libre, du consul suffect Cluvius Rufus, ou de l'un de ses affranchis. Ce personnage qui fut mêlé aux querelles d'Othon et de Vitellius, gouvernait la Taraconnaise en 69. (*Prosopogr. imp. rom.* I, p. 426, n. 958). Il eut à traverser la Narbonnaise plusieurs fois, et il n'est pas impossible qu'il y ait laissé des affranchis. Peut-être même, ce qui était le cas, semble-t-il, pour plusieurs familles patriciennes, y possédait-il des biens-fonds.

La lecture du cognomen *Sina* n'est pas absolument certaine ; d'autre part les sigles VP sont embarrassantes : il est difficile de dire si elles s'appliquent à Silanus ou à sa femme. Il est probable qu'il faut comprendre que Silanus et sa femme étaient l'un et l'autre vivants lorsque le tombeau fut construit, encore que la lecture *v(ivi) p(osuerunt)* ne soit pas possible, puisque la dédicace du tombeau a été faite par la femme à son mari. La lettre V, gravée sur la bordure, nous a paru parasite et de facture moderne.

1534

Epitaphe

Notre copie dessinée.

Maguelone. — Fragment de table, de provenance inconnue, retrouvé à Maguelone, par M. Fabrège , en refaisant le pavage de la vieille église cathédrale. Conservé dans cette église, à côté de la pierre précédente. Longueur, 1 m. 70 ; largeur, 0 m. 45. Hauteur des lettres, 0 m. 09.

...*T(itus) Romanius, vivos, f(ecit)*.

« ...Titus Romanius a fait, de son vivant, construire (ce tombeau) ».

Le manque de surnom et l'archaïsme *vivos* sont des signes d'une haute époque.

1535

Épitaphe

Notre copie dessinée.

Maguelone. — Fragment de stèle, de provenance inconnue, retrouvé à Maguelone par M. Fabrège, en refaisant le pavage de la vieille église cathédrale.

Conservé dans cette église, à côté des deux pierres précédentes. Hauteur, 0 m. 90 ; largeur, 0 m. 60. Hauteur des lettres, 0 m. 045.

...*? Ma]rci f(ilio), Severo*.

« A ....Severus, fils de Marcus ».

La forme des lettres paraît indiquer le premier siècle.

L'église de Maguelone contient encore, indépendamment de quelques fragments de bas-reliefs inspirés de l'art hellénique, un fragment d'épitaphe païenne connu depuis longtemps (*C. I. L.* XII, n° 4193), et dont nous donnons ci-contre une copie dessinée. Il nous a paru qu'il manquait dans le sens vertical à peu près le quart de la pierre et que le second des deux noms incomplets devait se lire : *Soteria*.

Une épitaphe chrétienne, remarquable par sa concision, et pour cette cause considérée par Edmond Le Blant comme non postérieure au III· siècle, est aussi au même lieu. (*Nouv. recueil des inscript. chrétiennes*, p. 372, n· 324).

Toutes ces inscriptions ont été publiées par M. Fabrège, dans son *Histoire de Maguelone* (Montpellier, 1894, in-4), tome I. pp. 29 à 31.

1536

Matrice de sceau de bronze

Renseignements communiqués par M. Emile **Bonnet**, conservateur du musée archéologique de Montpellier, extraits des notes laissées par Etienne-Joseph Sicard, conseiller à la Cour d'appel de Montpellier (1765-1850). Ces notes font actuellement partie de la bibliothèque de M. Joseph Sicard, son petit-fils.

Béziers. — « En 1833, on trouva à Béziers, dans un tombeau, un petit instrument de bronze consistant en une plaque de deux pouces et demi de longueur, de 9 ou 10 lignes de largeur et de l'épaisseur d'une ligne et demie. Sur cette plaque on lisait, en caractères renversés, l'inscription suivante :

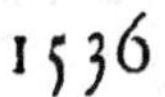

HERMOD   Hermodori collyrium.
ORI COL

« Au derrière de cette plaque, on voyait un anneau faisant corps avec la plaque, sur la partie supérieure duquel on lisait aussi, en caractères renversés, ces trois lettres DEM. Le métal de cet instrument était devenu noir. C'est ici un de ces instruments dont se servaient les médecins oculistes pour marquer leurs drogues. Ils ont été décrits par plusieurs savants, entre autres par Saxius et par M. Tochon. (V. le *Journal des Savants* de 1817, p. 166) ».

Nous avons tenu à reproduire intégralement la note d'Étienne-Joseph Sicard, à laquelle est jointe une empreinte que nous donnons aussi, en demi grandeur, du cachet lui-même ; mais autant par sa forme que par sa nature et ses dimensions, il est bien certain qu'il ne s'agit pas d'un cachet d'oculiste. D'après ce que l'on sait des cachets d'oculistes, le timbre décrit par Sicard, et dont les lettres étaient en relief, ainsi qu'en témoigne l'empreinte qu'il en a prise, ne peut pas avoir servi pour marquer directement un remède pour les yeux. L'hypothèse même d'un sceau destiné à être apposé, avant leur cuisson, sur des vases de terre fabriqués pour contenir un collyre pâteux ou liquide n'est guère probable. Nous lisons de préférence :

Hermodori col(oniae servi).

« Marque d'Hermodore, esclave de la colonie ».

Le timbre trouvé à Béziers n'a rien qui le distingue de la nombreuse catégorie des sceaux de bronze pourvus d'un appendice ajouré, dont la partie supérieure légèrement aplatie, est fréquemment chargée d'une figure ou de lettres ayant rempli l'office de contre-sceau.

1537

Milliaire de Maximien de la voie de Reims à Bavai

Copie et renseignements de M. Louis DEMAISON, archiviste de la ville de Reims.

Reims. — Fragments de borne découverts à Reims le 29 janvier dernier, par des ouvriers occupés à des travaux de terrassement au faubourg de Laon, dans le voisinage de la chapelle Saint-Benoit, au lieu dit les *Trois-Piliers*. « La pierre, qui a subi l'action du feu, était taillée à quatre faces, arrondie aux angles et assez grossièrement équarrie. Elle pouvait avait avoir, lorsqu'elle était intacte, 1 m. 75 de haut, sur 0 m. 45 de large, et 0 m. 30 d'épaisseur ». Ces fragments ont été transportés au musée lapidaire installé dans le cloître de l'Hôtel-Dieu.

          DN · IMPCAESA
          MARCAVRVAL.
          MAXSIMIANO
          SENIORI PIO
          FEL*ici i*NVIC
          to . . . .

« Les lettres ont une forme assez barbare. La fin de l'inscription manque. On distingue seulement sur des fragments isolés, éclats détachés de la stèle, la lettre G et la lettre R suivie de la trace d'un jambage vertical : RI ou RL ».

D(omino) n(ostro) imp(eratori) Caesa(ri) Marc(o) Aur(elio) Val(erio) Maxsimiano seniori, pio, fel[ici, i]nvic[to, Aug(usto)] . . . . .

« A notre maître l'empereur Caesar Marcus Aurelius Valerius Maximianus l'Ancien, pieux, heureux, invincible, Auguste.....».

« Cette borne, nous a écrit M. Demaison, devait être placée au bord de la voie antique de Reims à Bavai, qui passait tout près du lieu de la trouvaille. On a mis au jour, dans le même terrain, au cours des travaux, des restes d'une colonne cannelée et d'une frise sculptée, ainsi que des blocs de pierre informes portant des traces de calcination ».

1538

Estampilles sur poterie rouge

Copies communiquées par M. E. KUHN, receveur à Marcillat (Allier).

Auvergne (*suite*). — Voy. ci-dessus, t. IV, p. 267 et 278 ; t. V, p. 5.

OF MOI	Patère. Clermont.		(1372).
MOM	Coupe.	—	(1374 *e* 4).
MONM	Patène.	—	
OF MO(NT)C	Patère.	—	(cf. 1379).
MOXIM	—	—	(1391 *a*).
MOXSIVS	—	—	(1391 *q* 1).
OF(MV)RA	Gr. patène.	—	(cf. 1394).
OF(MVR)RA	Patère. Clermont.		(cf. 1394).
MVR(AN)VS'F	—	—	(1354 *k* 1).
MVSICI M	Patène.	—	(cf. 1397).
NABR	Bol.	—	
NATTVS'F	Lampe.	—	(cf. 1414).
NIIN	Bol. Les Martres.		
NESTOR FEC.	Patère. Vichy. (cf. 1422).		
NIIVI	— Les Martres.		
NICEPHOR F	Grand plat, petite patère. Les Martres (1426).		
NICEPHORE	Petite patère. Les Martres (cf. 1426).		
NIC'F	Petit bol. Clermont. (cf. 1425).		
OF NIGRI	Patère.	—	(1428 *t*).
OF NGR	Bol.	—	(1428 *nn*).
OF NGRI	—	—	(cf. 1428).
OF NI	Petit bol.	—	(1423 *a*).
OF N	Grande soucoupe. Clermont.		
NIMI OF	Petite patère. Les Martres.		
NIRANI	Patère. Clermont.		
NIRITI	Cône.	—	
NISASIO	Petit bol. Vichy.		
NONA	Grande patère. Clermont.		
NOVEMBRIM	Bol. Lezoux. (1445 *b*).		
OCCIC'M	Patère. Clermont.		
OCCOCI	Petit bol.	—	
IIRIITXIIO	Patère.	—	
OFERMO	Grande patère. Clermont.		
OICO	Petit bol.	—	
OIS	—	—	
OMILLINI	Patère.	—	
OMOS	Petit bol.	—	
O(NN)C	— Les Martres. (cf. 1464).		
ORII	— Clermont.		
OSBIANI	Grande patère. Lezoux. (cf. 4475).		
OSSAIV	Bol. Auvergne.		
OTINIO	Petit bol. Les Martres.		
O(VA)RTVS F	Patère. Auvergne.		
OVIDIM	Petit bol. Les Martres. (cf. 1479).		
OVINTI	Bol. Clermont. (cf. 1607).		
OVINTIOM	Cône — (cf. 1605).		
OVINT(TI)MA)N(I)O	Petit bol. Clermont (cf. 1607).		
PAET	—	—	
PAIALV	Patère. Clermont.		
PAISTOR	Bol.	—	(cf. 1487).
OF PARENI	Patène	—	(cf. 1490).
O'PASAI	Grand bol. Auvergne (cf. 1491).		
PASSI OF	Patère. Clermont (cf. 1495).		
OF PASSIENI (rétr.)	Patère. Clermont (cf. 1495).		

FO·PASSIEA	Patère. Clermont. (cf. 1495).	
PASTEN	— Auvergne (cf. 1495).	
PASTORCE	— Clermont. (1497).	
PATERCLOS F	Grande patère. Les Martres (cf. 1503).	
PATERCLOS FE	— — (cf. 1503).	
PATERCLVS F	Patère. Les Martres (1504 a).	
PATIIRNIANI	— Clermont (cf. 1505).	
PATERNI F (rétr.).	Vase orné. Les Martres, Issoire, Clermont (cf. 1508).	
PATERNI M	Moule, Clermont (cf. 1505).	
PATRNI:	— — (cf. 1505).	
PATRNI: (rétr.)	Vase orné. Clermont (cf. 1505).	
PATERNVS F	Bol. Les Martres (1505 g 1).	
PATNA F	Patène. — (cf. 1509).	
PATRICI	Bol. — (cf. 1511).	
PATRICI·M	Patène — (1511 g).	
PAV	Bol. Clermont (1515).	
PAVLLVS	Vase orné. Vichy (1520 b 2).	
OF PAVI (rétr)·	Bol. Clermont (cf. 1516).	
(PE)CVAR·F	Patène. — (cf. 1521).	
(PE)C(VL)I(AR)I	Cône — (cf. 1521).	
PERECRIN	Patère — (cf. 1524).	
PERECRIV	Grande patère — (cf. 1524).	
PERIS	Petit bol. — (cf. 1527).	
PETRECVS	Bol. — (1529 h).	
PERRVS	— — (cf. 1527).	
PERRVS F	— — (cf. 1527).	
PERV F	Patère. — (cf. 1527).	
PLAVIINI OF	Patène. — (cf. 1538).	
PLAVTINI OF	Bol. Les Martres. (1538 e).	
POLLIOF	— Clermont. (cf. 1540).	
POT·TACVS	Grande patère. Clermont. (1552 b).	
PRIMANI	Patène. Les Martres, Clermont, Lezoux. (1560 k).	
PRIMI M	— Vichy, Clermont. (cf. 1569).	
PR(IMI)M	Grand bol. Clermont. (cf. 1569).	
OF PRIMI	Patère. — (1569 h 1).	
OFIC·PRIMI	— — (cf. 1569).	
PRIMIS O	— — (cf. 1569).	
PRIMVS	— — (1569 b).	
PRIMVS F	— Les Martres, Clermont. (cf. 1571).	
OF PRMS	— Clermont. (cf. 1571).	
P·RO·T	Grand bol. Clermont.	
PRM·	Patère. — (cf. 1569).	
PRISCINIM	Bol. — (cf. 1574).	
PRVDIC·L:I	Patène. —	
OF PODEN	Grande patère — (cf. 1590).	
P·V·DE(NT)IS	Patère. — (cf. 1590).	
PVTRIV (rétr.)	Moule. Lezoux.	
QVARTO	Patère. — (cf. 1597 a).	
QVARTIO	Bol. — (cf. 1597).	
QVARTVS	Grande patère — (1598 x).	
Q(VA)TVS F.	Patère. — (1578 n).	
Q(VA)RTVS I	Bol. — (cf. 1598).	
QVART	(Graff. av. la cuisson). Fond de vase. Clermont. (1598 t).	
QVIN	Patère. Clermont, Moulins, Lezoux. (cf. 1606 h 2).	
QVINTI·M	Bol. Clermont. (cf. 1607).	
QVINTILLIANI.	Moule. Clermont, Moulins, Lezoux. (cf. 1602).	
QVIRILLI	Petit bol. Clermont.	
QVRI	Patère. —	
RASN	— —	
REBVRRI OF	— — (cf. 1614).	

REC·ENVS	Patère.	Clermont.	(cf. 1618).
RECVLIANI	—	—	(cf. 1619).
RI·CVLIVS F	Grand plat.	—	(cf. 1621).
REGALIS F	Patère.	—	(cf. 1616).
REGINI·M	—	—	(cf. 1618).
REGINVS F	Patène.	Les Martres.	(cf. 1618).
REGVLIV	Patère.	Clermont.	(cf. 1621).
RETINI CI M	Grande patère.	Clermont.	
RT·IVSFE (rétr)	Patère.	—	(cf. 1632).
RICIOM	Bol.	Auvergne.	
RICVIVI	—	Clermont.	
RIDIS	Patère.	—	
RIPANI M	Grande patère.	Auvergne.	(cf. 1637).
OF RIS	Petit bol.	Clermont.	(cf. 1638).
RISPI·M·	Patère.	—	(cf. 1638).
ROCAI	Bol	—	
ROILLVS	Patère.	—	
ROPPERVI·M	Grand bol, grande patère.	Les Martres.	
ROPPI·RVM	Patène.	—	(cf. 1652).
ROPVSI FE	Grand bol, grande patère.	—	(1651).
ROS —	Bol.	—	
ROTTALIM	Cône.	Clermont.	(cf. 1655).
OF·RV	Petit bol.	—	(cf. 1662).
RVFFI·MA	Patère.	Clermont, Les Martres.	(cf. 1662).
OF RVFI	Bol.	Clermont.	(1662 o).
RVFFVS	Patère.	—	(cf. 1662).
RVFVS·A	Vase orné.	Les Martres.	(cf. 1662).
OF·RVFIN	Patère.	Clermont.	(cf. 1659).
RVIIN	—	—	(cf. 1659).
OF RVS	Bol.	—	(cf. 1667).
RVSI	—	—	(cf. 1667).
RVSSAC	Patère.	Lezoux.	
OF RVSTIC	—	Clermont.	(cf. 1667).
RVSTIO (R rétr.)	Bol.	—	(cf. 1667).
RVTEN | FECI·A	Patène.	—	(cf. 1670).
RVTENO	Patère.	Les Martres.	(cf. 1670).

(à suivre).

DIEUX DE LA GAULE
par Auguste ALLMER

I. — LES DIEUX DE LA GAULE CELTIQUE (suite).

1539

RITONA

Prov. Narbonnaise. (Civitas des Arécomiques ; colonia Augusta Nemausus, Nimes).

Pierre quadrangulaire engagée extérieurement dans le mur d'une tour renfermant l'escalier d'une maison du moyen-âge à Montaren, canton d'Uzès, dép. du Gard.

L. Gellius Sentronis f(ilius) Ritonae aede v. s. l. m.

Ci-dessus, I, p. 222, d'après un estampage de Rochetin ; lettres d'apparence très ancienne ; II, p. 318. Hirschfeld, *C.* XII. 2927. — Allmer et Germer-Durand, *Hist. de Lang.*, XV, Nimes, 1618.

« A Ritona, Lucius Gellius, fils de Sentro, a élevé ce temple, avec reconnaissance en accomplissement de son vœu.

Sentro, nom celtique. *Ritona,* nom de source, et alors celui d'un petit cours d'eau qui passe à proximité de Montaren et est aujourd'hui sans nom.

Aede, avec suppression de l'*m* finale, orthographe archaïque. La désignation par le gentilice non suivi d'un cognomen est aussi un indice d'archaïsme. L'inscription est certainement du i^{er} siècle.

1540

ROSMERTA

Voir aux dieux de la Gaule Belgique.

1541

Mars RUDIANUS

1. — Prov. Narbonnaise. (Civitas des Voconces).
Trouvée à Saint-Etienne-en-Quint, canton de Die, dép. de la Drôme.

Deo Marti Aug(usto) Rudiano curatores curaverunt.

Hirschfeld, *C.* XII, 1566: « litteris malis ». — Long, *Ant. des Voconces,* p. 371. — F. Vallentin, *Div. indig.*, p. 15. — Ci-dessus, II, p. 318. Notre copie dessinée.

« Au dieu Mars Auguste Rudianus, par les soins des curateurs ».

Mars Rudianus, c'est le dieu Mars de la région, appelée le Royans ; les *curatores* sont, croyons-nous, les curateurs du temple du dieu.

2. — Trouvée à Rochefort-Sanson, canton de Bourg-du-Péage, dép. de la Drôme, au quartier de Saint-Genis, dans les ruines d'une ancienne église et transportée à Alixan.— Montélimar, chez M. le baron de Coston.

Marti Aug(usto) Rudiano.

Hirschfeld, *C.* XII, 2204, d'après un estampage. — Coston, *Bull. de la Drôme*, 1869, p. 265. — F. Vallentin, *Div. indig.*, p. 16. — Ci-dessus, II, p. 318. — Notre copie dessinée.

« A Mars Auguste Rudianus ».

3.— Prov. Narbonnaise. (Civitas des Oxybiens, peuple probablement ligure ; colonia Pacensis Classica Forum Julii. Fréjus).
A la Cabasse, canton de Besse, dép. du Var, dans le cimetière, près de l'église.

M(arti ?) R(....), M. Julius Januarius v. s. l. m.

Hirschfeld, *C.* XII, 341 : « descripsi », et *Add.*, p. 810.

« A Mars R...: Marcus Julius Januarius, avec reconnaissance en accomplissement de son vœu ».

La lecture des lettres M R en *Marti Rudiano* n'est nullement certaine.

4. — Entre Fréjus et Marseille.
Autel trouvé à Saint-Michel-de-Valbonne, canton du Bar, dép. des Alpes-Maritimes. — Hyères, à la villa de Luynes.

Deo Rudia[no ?] votum lib[ens] solvi L. Lu[cre]tius, L. lib(ertus), [Basi]leus.

Hirschfeld, *C.* XII, 331 ; lignes 4 et 5: « fuerit *Basileus*, vel simile nomen ».

« Au dieu Rudianus, Lucius Lucretius Basileus, affranchi de Lucius (Lucretius) avec reconnaissance en accomplissement de son vœu ».

La restitution de RVDIAI... par *Rudiano* n'est pas entièrement sûre, d'autant plus que le dieu n'est pas associé à Mars.

5. — Trouvée à Saint-Michel-de-Valbonne.— Hyères, à la villa de Luynes.
[Deo ?] Rudia[....]au[.....].
Hirschfeld, *C.* XII, 382.

« Au dieu Rudianus; ...Aurelius ?,... ».

Mars Rudianus des autels trouvés chez les Voconces paraît bien être la personnification du Royans, qui devait peut-être son nom primitif « à la couleur rouge que présentent souvent, dans le Royans et dans le Vercors, les flancs des montagnes, lorsqu'ils sont entamés par des éboulements récents ». (Fl. Vallentin, *l. c.*, p. 20, note). Nous ne savons pas si quelque particularité semblable se remarque dans les lieux situés entre Fréjus et Marseille, d'où proviennent les autels dédiés au dieu Rudia(nus ?), ni même si ce dieu, qui n'est pas associé à Mars, et dont le nom n'est pas complet, s'appelait réellement Rudianus. Quant au dieu de l'autel de la Cabasse, ses noms, indiqués par les initiales *M. R.*, sont d'une interprétation tout à fait conjecturale.

Rodium dans la Table de Peutinger, *Roudium* sur le milliaire de Tongres, est le nom d'une station routière qu'on identifie avec Roye, dans le département de la Somme. (*A suivre*).

Chronique

— Le 42e Congrès des Sociétés savantes s'ouvrira à la Sorbonne le mardi 5 avril 1904. Toute lecture sera, comme les années précédentes, subordonnée à l'approbation du Comité des travaux historiques et scientifiques, et les mémoires devront parvenir, avant le 20 janvier prochain, au 5e bureau de la Direction de l'Enseignement supérieur.

— Dans le *Bulletin de la Société historique et archéologique de Langres* (t. V, pp. 91 à 94), M. de Confevron a publié une série de « marques relevées sur des poteries ou fragments de poteries romaines en terre rouge vernissée », et découvertes à Langres « pendant la période de construction de la citadelle et les fouilles qui en sont résultées ». Quelques-unes de ces marques auraient besoin d'être revues.

— Le musée de Meaux s'est enrichi, en 1901, par les soins éclairés de M. G. Gassies, d'une urne funéraire, de provenance romaine, portant dans un cartouche une inscription dont voici le texte :

D . M
ANICIAE·VENERIAE
COIVG·SVAE·BEN·MER·ET
ANICIAE·ELPIDI·VERNAE
SVAE·D·ANICIVS·PHILETVS·FEC

Cette urne, trouvée au XVIIIe siècle, dans la villa des Sinibaldi, fut acquise par le duc de Rohan, qui la fit transporter au château de Reuil, dans le département de Seine-et-Marne. Elle y resta jusqu'en 1870, complètement ignorée, et devint à cette époque la propriété du curé Thiercelin. Alors placée dans l'église de Reuil, où sa présence était passablement déconcertante ; elle fut vendue à la mort du curé et acquise, au prix de 300 fr., par M. Lambert-Térouenne, de Meaux, qui vient de s'en dessaisir au profit du musée. L'inscription a été publiée, d'après une copie de Séguier, dans le tome VI du *Corpus*, 2e partie, sous le n° 11,650.

— Trois fragments d'inscriptions découverts à Rumilly, et connus depuis longtemps (*C. I. L.* XII, 2509, 2510, 2511) viennent d'être rapprochés de cette manière par M. Charles Marteaux. (*Revue Savoisienne*, 1903, p. 85).

	2510	2509	2511	
	ET·MEMORIAE	AETERNAE		
D	ROMANIAE·VE*ra*	TIAE·CONIVGI·KARIS*si*	MAE QVAE VIXIT	M
	ANNIS·XI·MENS*ib*	VS III·DIEBVS·V·A$_u$RE*li*	VS DOMITIANVS	
	VI*r*ANIMAE·INCOMP	ARABILI·F·C·ETSVBA*scia*	DEDICAVIT	

« Si l'on s'étonne, dit M. Marteaux, qu'une épouse ait pu vivre onze ans, il ne faut pas oublier qu'il s'agit ici du temps que cette femme a passé avec son mari ». Il nous paraît plus probable que ce chiffre XI est le résultat d'une erreur. Le fragment n° 2510 a disparu et n'est connu que par une copie de

Philibert de Pingon (1525-1582) conservée aux archives de la Cour, à Turin. On peut donc supposer que la pierre portait XL et que le second chiffre de ce nombre a été mal lu.

BIBLIOGRAPHIE

— RUDOLF WEYNAND. *Form und Dekoration der rœmischen Grabsteine der Rheinlande im I Iahrhundert.* Extrait des *Bonner Iahrbücher*, fasc. 108/9, année 1902).

M. Rudolf Weynand a publié dans le fascicule 108/9 des *Bonner Iahrbücher* un important article sur *la forme et la décoration des tombes romaines dans la région du Rhin, au Ier siècle de l'ère chrétienne.* Les motifs d'ornementation que l'on y rencontre ne sont pas sans varier dans le cours de cette période ; il est possible de les classer chronologiquement, et ainsi, à défaut ou à l'appui des autres indications, la décoration d'une tombe peut servir à en déterminer la date. C'est là l'idée directrice du travail de M. R. W. ; et les résultats auxquels il arrive sont assez précis pour que nous essayions d'en donner un aperçu général.

Une étude aussi délicate que l'histoire des motifs de l'ornementation funéraire exigeait une méthode rigoureuse et pleine de circonspection. Aussi l'auteur commence-t-il par établir avec la plus grande précision les bases de son classement chronologique des tombés romaines en Germanie. Elles lui sont fournies naturellement par les inscriptions.

Les provinces du Rhin offrent cet avantage, que la plupart des monuments funéraires qu'on y rencontre, appartiennent à des soldats ; l'histoire très bien connue des légions et des cohortes auxiliaires en garnison dans cette région, permet d'en fixer la date à quelques années près (1).

L'étude épigraphique des différentes parties de l'inscription conduit également à des conclusions très précises.

1° *La dédicace aux dieux Manes.* — L'usage de cette formule ne se répand en Italie que sous le principat d'Auguste. Sauf dans le sud de la Gaule, où elle parait d'assez bonne heure, on ne la rencontre qu'exceptionnellement dans les provinces avant l'époque des Flaviens (2). Sur le Rhin, si l'on ne tient pas compte d'une inscription dont on ne possède plus qu'une copie, évidemment fautive (3), le premier exemple de cette dédicace se trouve sur la tombe d'un soldat de la *légion XIV Gemina Martia Victrix*, et se place entre les années 70 et 90, période durant laquelle la XIVe légion séjourna en Germanie, après avoir conquis en Bretagne les titres de *Martia Victrix*. La formule est encore très rare à la fin du Ier siècle et même au commencement du second. Elle ne devient commune que vers le milieu du IIe siècle, et encore les inscriptions où elle manque sont elles au moins aussi fréquentes durant les IIe et IIIe siècles, que celles où elle se rencontre.

L'usage de l'abréviation *D. M. S.* est naturellement postérieur à celui de la formule entière. L'adjonction d'autres termes, tels que : *Diis Manibus et memoriae*, dénote encore une époque plus tardive, et date une inscription du IVe siècle ou de la fin du IIIe.

2° *La manière dont est donné le nom du défunt* varie également suivant la

---

(1) Pour ne pas risquer d'être incomplet, M. R. W. donne un tableau résumé de cette histoire. Il renvoie pour plus de détails au chapitre du *Manuel des Antiquités romaines* de Marquardt et Mommsen. (Trad. franç., XI, p. 160), et à la bibliographie qui y est donnée. — Il y ajoute: E. Ritterling, *De Legione X Gemina.* (Dissertation *Leipzig*, 1885). — Du même, *Zur rœmischen Legionsgeschichte am Rein.* (*Westd. Zeitsch*, XII, 155 seq., 203 seq.). — Domaszewski, *Die dislocation des rom. Heeres im Jahre 66.* (*Rhein. Mus.*, XLVII, p. 207 seq.). — Les renseignements sur les garnisons des cohortes auxiliaires nous sont fournis par *les diplômes du 21 mai 74* (C. I. L., III, p. 852), *du 19 sept. 82* (III, *Suppl.*, p. 1960), *du 27 octob. 90* (*ibid.*, p. 1965), *et du 8 sept. 116* (III, p. 870).

(2) *En Dalmatie*, sur un très grand nombre d'inscriptions, antérieures aux Flaviens, on n'en trouve qu'un seul exemple (C.I.L., III, p. 2678), qui appartient d'ailleurs au monument d'un officier, dont les parents ont sans doute tenu à employer la nouvelle formule de dédicace en usage à Rome.

(3) Brambach, C. I. Rh. 1120. La pierre est perdue, nous n'avons qu'une copie de Fuchs, *Alte Geschichte von Mainz.* t. 2, p. 67. Il lit, l. 7 : *LEG. IIII. M. G. V.*, ce qui est impossible, la lég. IV n'ayant pas les titres de *Martia Gemina Victrix. Gemina* d'ailleurs serait placé avant *Martia.* S'il faut lire *LEG. IIII MAC.* et entendre qu'il s'agit de la *lég. IV Macedonica*, l'inscription serait antérieure à Vespasien. Elle se rapporte également à un officier.

date de l'inscription. — *L'absence du cognomen* caractérise les plus anciennes. Le cognomen ne devint en effet d'un usage courant chez tous les citoyens romains, que vers le milieu du Ier siècle. Les monuments funéraires de Germanie nous permettent de fixer assez exactement la date de ce changement. Sur 17 tombes de la *légion XIV Gemina* qui part en Bretagne en 43, 13 ne portent pas de cognomen. Nous possédons 22 monuments provenant de la *légion IV Macedonica*, qui vint la remplacer sur le Rhin : tous donnent le cognomen (1). *L'omission du praenomen* au contraire est un indice de basse époque, les premiers exemples s'en trouvent sur deux autels votifs datés de 148 (2). Sur les monuments funéraires le praenomen manque très rarement avant le début du IIIe siècle. Ce n'est qu'à partir du milieu de ce siècle qu'il disparaît peu à peu.

Du gentilice on peut également tirer une indication sur l'âge d'un monument. Au IIe siècle, se multiplient les gentilices impériaux : *Ulpius, Aelius, Aurelius, Flavius*. Plus tard, dès la fin du siècle, on forme des noms nouveaux terminés en *ius* (3). *Les cognomina* se modifient également à cette époque. Ce sont particulièrement des dérivés en *inus* ou *ianus* (4), ou de simples adjectifs (5).

L'indication de la tribu à laquelle appartient le soldat, et *du lieu dont il est originaire* vient généralement s'ajouter au nom. Cette règle est rarement violée, durant le Ier siècle. En Germanie, deux inscriptions seulement y font exception (6). On trouve quelquefois l'une des deux mentions sans l'autre, dès l'époque des Flaviens. Trois inscriptions donnent le lieu d'origine et non la tribu (7) : plus souvent c'est le lieu d'origine qui est omis.

A partir du IIe siècle s'introduit l'habitude du recrutement régional des légions. Il devient dès lors superflu d'indiquer spécialement la patrie du légionnaire. L'extension du droit de cité dans le courant de ce siècle, droit accordé à tout l'Empire par Caracalla, fait perdre sa valeur à la mention qui était faite de la tribu. Sans que le fait présente de régularité, on peut dire que ces indications disparaissent peu à peu des inscriptions au IIe et au IIIe siècle, et que leur présence simultanée décèle un monument du Ier siècle ou de la première moitié du second siècle.

Le style même d'une inscription peut enfin nous renseigner sur la date du monument. Jusque sous Hadrien c'est une juxtaposition de petites phrases indépendantes. Un seul membre, embarrassé d'incidentes, dénote une époque plus tardive. Chaque époque a de plus certaines formules qu'elle emploie de préférence. *H(ic) s(itus) e(st)* est propre au Ier siècle et disparaît complétement après 90. *T(itulum)* et *T(estamento) f(ieri) j(ussit)* sont particulièrement fréquents sous les Flaviens. Les formules finales offrent d'ailleurs au Ier siècle une variété qu'on ne rencontre plus dans la suite.

Au Ier siècle, appartient encore exclusivement l'indication de l'âge et des années de service par les simples génitifs *annorum, stipendiorum*, la plupart du temps en abrégé. Plus tard, on omet ces mentions ou on les introduit par une proposition relative : *qui vixit*.

On remarque enfin qu'au Ier siècle *les abréviations* coïncident avec la fin de la syllabe, méthode moins observée plus tard.

Toutes ces remarques permettent à M. R. W. de distinguer parmi les monuments funéraires de Germanie ceux qui appartiennent au Ier siècle. Il en compte 200, qu'il groupe en trois grandes périodes : avant Claude, sous

---

(1) Le même fait se produit *en Dalmatie*, à la même époque. En 42 les VII et XI légions reçoivent les titres de *Pia Claudia Fidelis*. Sur 20 inscriptions de légionnaires antérieures à cette date, 4 seulement présentent un cognomen. Sur 17 postérieures 2 seulement n'en portent pas.

(2) *C. I. Rh.* 1583-1509. Elevés par *Nasellius Proclianus, centurion de la leg. VIII Augusta*. Un troisième autel élevé par le même personnage nous donne son prénom *P(ublius)*. (*C. I. Rh.* 1584).

(3) *Albanius* (Brambach, *C. I. Rh.* 1301. Année 185). *Senilius* (956. An. 198). *Maximius* (481. An. 201). *Longinius* (1597 An. 201), etc.

(4) *Sanctinus* (1325. An. 183). *Peregrinus* (12. An. 189). *Marcellinus* (647. An. 190). *Paulinus* (481. An. 201). *Marcianus* (1284. An. 210). *Priscillianus* (1284. An. 210), etc.

(5) *Sanctus* (101. An. 185). *Paternus* (1313 An. 208). *Perpetuus* (1444. An 230). *Victor* (1076. An. 180/92). *Vitalis* (1617. An. 186).

(6) *C. I. Rh.* App. VII, 27, *et Westd.* XI, p. 268. — *Korrespondenzblatt der Westd. Zeitschr.* an. 1900, n° 50.

(7) *C. I. Rh.*, 116, 146, 1178.

Claude et Néron, des Flaviens jusqu'à Hadrien, les monuments de la Germanie supérieure étant distingués de ceux de la Germanie inférieure. Après avoir donné une brève description de chacune de ces tombes, il ne lui reste plus qu'à formuler les conclusions qui se dégagent d'elles-mêmes du classement ainsi établi. C'est ce qu'il fait en étudiant à part chacun des éléments qui composent les monuments funéraires.

1° *La forme des tombes et le caractère général de la décoration.* — Les tombes de Germanie durant le Ier siècle sont toutes *des stèles*. On ne trouve de cippes ou de monuments en forme d'autels qu'à partir du second siècle. Si, dans la vallée de la Moselle certaines tombes, imitant l'aspect d'un temple ou d'une tour, peuvent dater du Ier siècle, on ne rencontre rien de tel à cette époque sur les bords du Rhin.

L'ornementation de ces stèles et l'art qui s'y déploie varie naturellement à l'infini. Les plus simples ne portent que l'inscription, encadrée seulement de lignes droites, les plus riches se composent de plusieurs étages de décorations. On y voit souvent le *portrait du mort*, représenté en buste ou jusqu'aux hanches avant le milieu du siècle, en pied durant tout le siècle. Les plus anciennes représentations du défunt debout remontent très haut. Elles rappellent, dit M. R. W., les statues archaïques grecques par le soin minutieux des détails et la raideur de l'attitude (1). Les lapicides ne tardent pas à devenir plus habiles, et dès avant Claude ils savent faire reposer le corps sur une seule jambe, tandis que l'autre reste libre et légèrement ployée (2).

Il y a plus de mouvement dans la *représentation des cavaliers*. Ils sont figurés sur leur cheval qui se cabre et souvent, avant Claude, foule aux pieds un ennemi terrassé.

Ce motif devient rare pendant la seconde moitié du siècle, tandis que se multiplient, surtout à l'époque des Flaviens *les scènes de banquet*, sujet imité de l'art hellénique. Le mort, revêtu de la toge est étendu sur un lit de festin : il a devant lui une petite table à trois pieds, il est entouré des membres de sa famille et quelquefois de ses esclaves.

Exceptionnellement le *mort est représenté assis*, comme sur le monument de *Blussus*, riche *nauta* de Mayence. C'est là un motif gaulois plutôt que romain (3). Il en est de même des scènes de genre destinées à rappeler la profession qu'exerçait le mort (4). Il n'est d'ailleurs aucune de ces sculptures qui ait la moindre valeur artistique.

2° *Le fronton.* — La tablette qui porte l'inscription est presque toujours surmontée d'un fronton dont la bordure rejoint souvent celle qui encadre l'inscription.

Ce fronton est généralement *triangulaire*. On trouve cependant à Mayence quelques frontons *demi-circulaires* sur des tombes antérieures à Claude. *Une tablette rectangulaire* transformant le triangle en pentagone, se rencontre sur deux monuments provenant de la même région, dont l'un est antérieur à Claude, tandis que l'autre date de Néron ; le fronton triangulaire *à angle obtus* est de l'époque des Flaviens.

Une ornementation qui varie avec les époques et les lieux occupe généralement le champ du fronton. Un simple bouton, une patère ou une rosette, soit isolée au centre du triangle, soit entre deux autres plus petites, indiquent une tombe antérieure à Claude. Dès cette époque cependant, une tombe, de Mayence présente la double rosette, c'est-à-dire que derrière les six pétales d'une rosette on en aperçoit six autres un peu plus grands (5).

(1) Monument de l'aquilifer *Musius* à Mayence, *de la lég. XIIII Gemina*, donc antérieur à 43. Cf. Lindenschmidt *Alterthümer unserer Heidnischen Vorzeit* I, 4, 6.

(2) Notamment sur 6 tombes à peu près de même modèle provenant de Bingerbrück et la dernière de Wiesbaden

(3) Blussus d'ailleurs est un Gaulois comme le montre son costume et sa filiation : *Blussus Atusiri filius.* Au revers de cette stèle une barque avec ses rameurs fait songer au fameux monument de Neumagen.

(4) Les exemples en sont rares : le plus curieux est un monument de Mayence. (*Bonner Iahrbücher*, 70. pl *I.*). Un berger vêtu du sagum, assisté de son chien, garde son troupeau figuré par cinq brebis. Deux arbres représentent le paysage. Le reste de l'ornementation permet d'assiger à ce monument une date antérieure à Claude.

(5) Ce sont les monuments portant les inscriptions données par Brambach *C. I. Rh.* aux numéros 233 et 1208.

Une décoration de feuillages garnit quelquefois le fronton durant la première moitié du siècle, et presque sans exception durant la seconde moitié. Les feuilles en forme de lance, se détachant de la rosette vers les angles du triangle, les rameaux bipennés disposés de même façon, sont antérieurs à Claude. Les feuilles d'acanthe, seules ou combinées avec la rosette, se rencontrent durant tout le siècle. Dans la Germanie inférieure la feuille d'acanthe est l'ornement exclusivement employé dès l'époque des Jules, tandis qu'en Germanie supérieure elle ne se substitue que peu à peu aux autres motifs, rosettes, couronnes, palmettes, vases, dauphins, mascarons ou mufles d'animaux.

Le fronton des monuments funéraires est souvent à l'imitation de celui des temples surmontés d'*acrotères*. Elles se dressent *indépendantes* à chacun des angles du fronton, ou bien, lorsque le fronton n'est que dessiné, sur le haut de la stèle laissée quadrangulaire, elles sont seulement *gravées* sur les triangles formés ainsi de part et d'autre du fronton.

La présence de trois *acrotères* indépendantes ou gravées indique un mouvement antérieur à Claude.

Deux acrotères seulement, sur les côtés, ne se rencontrent indépendantes en Germanie inférieure et en Germanie supérieure, que jusqu'à Claude et Néron au plus tard. Dans cette province à partir de cette époque, et en Germanie inférieure dès le début du siècle les deux acrotères sont simplement gravées.

Avant l'époque de Claude les acrotères sont formées par *des palmettes stylisées*. Plus tard, surtout lorsque l'acrotère n'est que gravée, les feuilles de la palmette s'allongent en s'inclinant jusqu'au sommet du fronton, puis sont remplacées par des feuilles d'acanthe ou d'autres motifs analogues à ceux qui décorent le fronton.

Les coquilles, rosettes, rameaux, pampres, bandelettes, etc., gravés au lieu d'acrotères au dessus du fronton sont de l'époque antérieure à Claude. La décoration en forme de ω ou ω caractérise les monuments de l'époque des Jules. Sous les Flaviens l'acanthe s'enroulant en spirale se substitue à tous ces ornements.

3° *La frise sculptée.* — Une petite frise court quelquefois entre le fronton et la tablette qui porte l'inscription. Sur un monument de l'époque d'Auguste provenant de Mayence (1), elle réunit les chapiteaux des deux colonnettes qui encadrent l'inscription. Sur un autre, antérieur à Claude. elle forme la base même du fronton (2). Le plus souvent elle constitue la partie supérieure de l'encadrement de l'inscription.

Cette frise est ornée de guirlandes, de pampres sortant d'un vase placé au milieu de la frise, et sur quelques autres monuments qui semblent dater de l'époque de Claude et de Néron, de feuilles d'acanthe mêlées de pampres et de fleurs. Cette décoration végétale est remplacée, sur deux tombes provenant de Cologne, par deux lions stylisés posant la patte sur une tête de bélier (3), sur deux autres, provenant de la même ville, par deux griffons affrontés (4).

4° *La tablette portant l'inscription et la niche contenant la représentation figurée.* — Une seule fois sur les 200 monuments étudiés par M. K. W., l'inscription se trouve placée, comme sur les tombes gauloises, *immédiatement sous le fronton*, au dessus du relief représentant le défunt (5).

La tablette qui constitue le corps de la stèle se termine souvent à sa partie supérieure par un *demi cercle formant arc*, et bordé suivant les époques d'une série de moulures et de gorges, avant Claude ; de bandelettes, sous Claude et

---

(1) Inscription C. *I. R.* 228 a. Cf. *Westd. Zeitschr.* xi. p. 267 et seq.
(2) C. *I. Rh.* App. VII, 24 *Westd. Zeitschr.*, ibid. Tombe de *Nasidienus Agripp(a) tribun. leg. XIII Gem.* au Louvre.
(3) *Korrespondenzblatt,* 1891, 47, II, et répétition du même modèle, sans inscription.
(4) *Ibid.* 47. III. et 47. I.
(5) Voir p. e., pour cette forme des tombes gauloises, *Catalogue du musée de Dijon* (1894), n° 182, etc. Robert-Cagnat. *Épigraphie gallo-romaine de la Moselle,* II, pl. viii, 2, X. 3. La tombe mentionnée ici est d'ailleurs celle d'un esclave représenté avec le costume national gaulois. *Korrespondenzblatt,* 1892-94.

Néron ; de torsades, dès avant Claude jusqu'aux Flaviens inclusivement ; de feuilles de chênes, de pampre et d'acanthe sous les Flaviens.

Sous cet arc se creuse *la niche* où est logée la protome du défunt. Dès l'époque antérieure à Claude, cette niche prend la forme d'une *coquille*. Généralement les sillons verticaux qui y sont tracés viennent se terminer sur une même ligne horizontale et sont réunis entre eux par un petit bandeau qui remonte et se prolonge sur les bords antérieurs de la pierre.

Les angles formés entre l'arc curviligne et la base du fronton, quelquefois restent vides, plus souvent sont remplis par des ornements variés. A l'époque des Jules, on y trouve une fois par erreur les acrotères, puis des oiseaux, rosettes, torques, fleurs, rameaux. La rosette est usitée jusque sous Claude et Néron. La feuille d'acanthe, courante pendant tout le siècle, domine au temps des Flaviens.

L'inscription est durant tout le siècle *encadrée de moulures* de même style que celles qui entourent le fronton. Une bordure formée d'un rang de perles ou de torsades caractérise les tombes qui datent des Flaviens.

En marge de cet encadrement, on sculpte encore quelquefois, sous Claude et Néron, des pièces d'armure, des pampres, des feuilles et des fleurs.

Quelquefois aussi, de chaque côté de l'inscription, se dressent des *pilastres*, sur lesquels vient reposer l'arc formant la partie supérieure de l'encadrement. A l'époque des Jules ces pilastres en supportent d'autres plus petits, qui soutiennent le fronton. Le fût en est alors lisse et le chapiteau appartient à l'ordre dorique ; mais dès l'époque antérieure à Claude on voit apparaître le fût cannelé et le chapiteau corinthien. Il arrive dès cette date que le fût soit tordu à sa partie supérieure et orné d'écailles à sa base. Le pilastre complètement tordu est propre à l'époque des Flaviens.

A l'intérieur du cadre ainsi formé peuvent encore trouver place quelques ornements. Ce sont : *au-dessus de l'inscription*, des guirlandes, à l'époque des Jules, une cuirasse avant Claude, un vase sur les bords duquel sont perchés deux oiseaux sous Claude et Néron ; *au-dessous*, des couronnes, anneaux ou phalères sous les Jules, des rameaux à l'époque de Claude et de Néron, et sous les Flaviens, quelquefois un médaillon portant un buste.

Le bas de la pierre ne reçoit la plupart du temps aucun ornement ; c'est la partie la moins en vue et la plus négligée du monument. Une seule fois, sur une tombe antérieure à Claude (1), l'inscription est bordée en bas par une petite frise portant des armes. De la même époque sont encore : de petits pilastres semblant porter la tablette de l'inscription, des rosettes, des festons, des vases et des oiseaux, ou bien des sortes d'armes parlantes, comme la tête de taureau entre deux couteaux que l'on voit sur la tombe d'un boucher. Une seule fois, sur un monument datant de Claude ou Néron, on trouve la représentation de *l'ascia* (2). Des rameaux, des branches de laurier et des palmes se rencontrent à cette place de Claude jusqu'aux Flaviens. Des reliefs plus importants sont quelquefois relégués en cet endroit : une danseuse (3), le berger gardant son troupeau (4), un cocher conduisant son char (5), la scène du banquet, plus souvent le cheval du mort conduit à la main par un écuyer.

Les côtés de la stèle sont généralement frustes. On y voit cependant quelquefois des armes, une danseuse, un Attis jouant de la flûte, ou, sous les Flaviens, une décoration de feuillages.

Tous ces ornements sont d'un style aussi gauche que les représentations figurées qu'ils encadrent souvent. La netteté du coup de ciseau leur donne cependant quelquefois, au début du siècle, une certaine élégance froide, mais le trait ne tarde pas à s'épaissir. On saisit particulièrement bien cette décadence dans le dessin des feuilles d'acanthe, sous Claude et Néron.

(1) Tombe de *Nasidienus*. Cf. ci-dessus.
(2) Provenant de Bade. *C. I. Rh.* 1659.
(3) Provenant de Birten ; à Bonn. *C. I. Rh.* 159.
(4) Cf. ci-dessus.
(5) Provenant de Karlsruhe. *C. I. Rh.* 1658.

Quelques traces de peinture que l'on relève sur le monument de Blussus et sur un autre fragment conservé à Worms (1), ainsi que l'exemple des monuments de Neumagen, permettent de supposer que toute cette décoration était polychrome. La couleur donnait sans doute à ces sculptures une vie qu'elles ont complètement perdue aujourd'hui. — A. GRENIER.

— [FROEHNER (W.)]. *Médailles fausses recueillies par H. Hoffmann pour servir à l'étude de l'authenticité des monnaies antiques.* Paris, 1902, in-8, 56 p. — M. Hoffmann, dans sa longue et irréprochable carrière, mettait de coté les contrefaçons qui lui passaient par les mains. Ce sont ces contrefaçons données à la Bibliothèque nationale par Mme Hoffmann, « pour rendre service aux numismates et leur apprendre à se méfier », que M. Frœhner a décrites dans cette brochure, dont il n'existe qu'un très petit nombre d'exemplaires, et que son intérêt et sa rareté rendent doublement précieuse.

— STAPPERS (A). *Les milices locales de l'Empire romain, leur histoire et leur organisation d'Auguste à Dioclétien*, 1re partie: *Histoire des milices locales.* Louvain, 1903, in-8, 136 p. — En s'aidant à la fois des documents littéraires et des renseignements que fournissent les inscriptions, M. A. Stappers, docteur en philosophie et lettres de l'Université de Liège, professeur au collège communal de Bouillon, a commencé dans le *Musée Belge*, d'où son travail est extrait, l'histoire des milices locales de l'Empire romain. La partie qui vient de paraître contient l'histoire de chaque troupe en particulier; dans une seconde partie, l'auteur se propose de donner une idée de l'organisation commune à toutes les milices. L'œuvre de M. Stappers est une de celles que la publication du *Corpus* a rendues possibles. La science et le soin qu'il aura mis à l'accomplir en feront un chapitre de premier ordre de l'histoire de l'armée romaine.

— ORT (Kolonel S. A.). *Lugdunum (Leiden).* Den Haag, 1903, in-8, 20 p. — M. le colonel Ort, dans cette brochure, explique le mot *Lugdunum* par la langue germanique. Il croit que *Lug* signifie « place de justice, place ouverte dans une forêt », et que les surnoms *Leucetius* (ou *Loucetius*) et *Leucimalaco*, donnés à Mars, correspondent à « législateur ou protecteur du droit ». Les *Lugoves* seraient « des génies de la Justice ou de la Législation ». Le *Lug* irlandais ne serait qu'un héros et non un dieu. M. le colonel Ort est d'avis, comme le plus grand nombre de ses prédécesseurs, que le mot *dunum* signifie « colline ». En Hollande, ce mot est devenu *duin*; *Lusidunum* se nomme de nos jours *Loosduinen*. Une petite colline de la Gueldre a conservé son ancien nom et s'appelle le *Duno*. *Lugdunum* signifierait, par suite, « la colline de la place de Justice ». Il est à craindre que cette étymologie ne soit pas acceptée sans discussion. Le travail dont nous parlons n'en mérite pas moins d'être lu par tous ceux qui s'intéressent à nos origines.

— WILLEMS (J.). *Le Sénat romain en l'an 65 après Jésus-Christ*, publié d'après les notes de P. Willems. Louvain, 1902, in-8, 140 p. — Cette œuvre posthume de P. Willems est pieusement publiée par son fils, qui l'a comparée aux données de la *Prosopographie*. Elle est extraite d'une étude inachevée, qui était destinée à faire suite au *Sénat de la République romaine* et devait compléter le tableau du Sénat romain aux différentes époques de son histoire. Elle est remarquable d'érudition et rendra de grands services.

(1) Weckerling, *Rœmische Abtheilung des Paulus-Museums*, II, p. 58.

ESPÉRANDIEU,
Correspondant de l'Institut.

Vienne, imp. Savigné — Ogeret et Martin, succrs. — Le Gérant : J. OGERET ﬁls.

REVUE

ÉPIGRAPHIQUE

Nᵒ 110. — Juillet, Août, Septembre 1903

1541

Autel à Minerve

Photographie communiquée par M. l'abbé ARNAUD D'AGNEL, de Marseille. Notre copie sur l'original.

Les Milles. — Autel de grès rouge, avec base et couronnement, découvert aux Milles, près d'Aix (Bouches-du-Rhône), le 1ᵉʳ septembre 1903, dans une carrière appartenant a M. Albert Rastoin. Transporté à Marseille, chez M. l'abbé Arnaud d'Agnel. Hauteur, 0 m. 19: largeur, 0 m. 12; épaisseur, 0 m. 07. (Voir la planche II).

///NERVE
ANILLA
V·S·L·M

Les lettres N et E à la première ligne, A et N à la seconde ligne, sont peu lisibles.

[Mi]nerv(a)e; Anilla v(otum) s(olvit) l(ibens) m(erito).

« A Minerve; Anilla, avec reconnaissance, en accomplissement de son vœu ».

On sait, par le témoignage de César (*Bell. Gallic.* VI, 17, 2), qu'une divinité gauloise, personnification des métiers et des arts, était renommée et ressemblait à la déesse Minerve du Panthéon classique gréco-romain. Pourtant, la Gaule n'a fourni qu'un très petit nombre de statues, de statuettes et d'inscriptions qui soient relatifs à cette déesse, avec laquelle la divinité gauloise fut sans doute identifiée de bonne heure. Il est même remarquable que presque toutes les dédicaces à Minerve que l'on possède proviennent des environs de Nîmes ou de localités peu éloignées du Rhône, sur les territoires des Salluves, des Cavares et des Voconces. Nous ne saurions dire, d'une manière sûre, à quelles causes il faut l'attribuer. Il se peut que cette particularité ne soit due qu'au hasard ; il se peut aussi qu'elle résulte d'une faveur plus grande et difficile à expliquer, dont la déesse aurait joui chez les peuples du bas Rhône. Mais la découverte, faite à Poitiers, d'une fort belle statue de Minerve, l'inscription du temple d'Yzeures dédiée *Numinibus Augustorum et deae Minervae,* quelques autels trouvés en différents lieux, et sur lesquels la déesse est représentée avec d'autres divinités, sont autant de preuves de la diffusion de son culte, et viennent à l'appui du récit de César. Il semble même que le culte de Minerve a persisté longtemps en Gaule, avec des modifications plus ou moins profondes dans sa nature. Sulpice Sévère, qui en a été le témoin au IV° siècle, fait de Minerve une incarnation du diable (*Vita S. Mart.*, XXII, 1); Salvien, au V° siècle, atteste qu'elle était honorée dans les théâtres (*Gubern. Dei*, VI, 60); enfin, durant ce même siècle, la *Passion de Saint Marcel* (au 3 septembre), nous la représente comme une sorte de divinité Lare, protectrice des demeures, où sa statue aurait été placée à côté de celle de Mars *à cheval*, ce qui, à la vérité, est peu croyable puisqu'il n'existe pas de figure équestre de ce dieu. Le rédacteur de la *Passion de Saint Marcel*, peu au courant des pratiques païennes, aura peut-être confondu le dieu Mars avec la déesse Epona, gardienne des chevaux, dont l'image équestre bien connue avait effectivement sa place toute naturelle sur le seuil ou à l'intérieur même, non des maisons, mais des écuries. (Voy. Salomon Reinach, *Epona*).

1542 à 1543

Renseignements de M. Félix DIGONNET, administrateur du musée Calvet, publiés dans le *Courrier du Midi* du 6 septembre 1903. Nos copies et photographies.

1542

Autel à Silvain

Ménerbes. — Autel de pierre commune, avec base et couronnement, découvert en 1903, « au territoire de Ménerbes (Vaucluse), dans une propriété rurale appartenant au secrétaire de la mairie, M. Rivoire ». Acquis par le bureau de l'administration du musée Calvet. Hauteur, 0 m. 55; largeur, 0 m. 20; épaisseur, 0 m. 10. Hauteur des lettres, 0m. 03. (Voir la planche III).

D(e)o Selvano ; soci(i) Sextus Julius Belatullus, G(aius) Atulius Marcellinus v(otum) s(olverunt) l(ibentes) m(erito).

« Au dieu Silvain ; les associés Sextus Julius Belatullus et Gaius Atulius Marcellinus, avec reconnaissance, en accomplissement de leur vœu ».

Ainsi que l'a fait observer M. Félix Digonnet, *Silvanus* a été, par excellence, le dieu protecteur des paysans, de leurs champs et de leurs troupeaux : *Omnis possessio Silvanum colit*, dit un ancien texte (*Vetus auctor, de limilibus*, édit Gœs., p. 294). Les autels qui lui sont consacrés sont fort nombreux ; le musée Calvet, où celui de Ménerbes vient d'entrer, en possédait déjà cinq provenant de différents lieux du département de Vaucluse. Le nom de Silvain est assez souvent précédé ou suivi de *deus*. C'est sans doute ce mot qu'il faut reconnaitre au datif, dans la dédicace qui nous occupe ; toutefois, la lecture *domino*, que l'on pourrait justifier par d'autres exemples, dont un serait fourni par une inscription de Saint-Rémy de Provence (*C. I. L.* XII, 1001), n'est pas impossible. Comme on peut s'en rendre compte par les fac-similés que nous en donnons, cette dédicace, œuvre probable de pauvres gens, a été fort mal gravée. Ceux qui l'ont faite étaient pourvus cependant des *tria nomina* et possédaient, par suite, la qualité de citoyen romain. Le surnom *Belatullus*, que portait l'un d'eux, est celtique et déjà connu, mais assez rare (Thédenat, *Noms gaulois*, p. 18). Dans la Narbonnaise, une inscription de Genève l'a fourni sous sa forme féminine. (*C. I. L.* XII, 2627). Les deux dédicants de Ménerbes se disent associés, sans indiquer pour quel genre d'opérations. L'autel votif ayant été trouvé contre une carrière de pierres, M. Félix Digonnet a supposé qu'ils l'exploitaient en commun.

AUTEL A MINERVE

(Revue épigraphique, t. 5, p. 33).

AUTEL A SILVAIN

(Revue épigraphique, t. 5, p. 24).

EPITAPHE DE ST ESMERIUS

(Revue épigraphique, t. 5, p. 35.)

1543

Epitaphe de Q. Esmerius

Vaison. — Cippe de pierre commune, en forme d'autel, découvert en 1901, près de Vaison, « dans l'enclos de M. Buffaven, fabricant de semelles en bois ». Acquis par le bureau de l'administration du musée Calvet. Hauteur, 0 m. 70 ; largeur, 0 m. 33 : épaisseur, 0 m. 23. Hauteur des lettres comprise entre 0 m. 04 et 0 m. 05. (Voir la planche IV).

<pre>
          Q · ESMERIVS
          ANNORVM
          VIII·M·DVO
          RVM·D·X·
          IVLIA·AFRO
          DITE·FILIOc
</pre>

Q(uintus) Esmerius annorum VIII, m(ensium) duorum, d(ierum) X. Julia Afrodite filio c(arissimo).

« Quintus Esmerius, mort à l'âge de huit ans, deux mois et dix jours. Julia Aphrodite à son fils bien aimé ».

Le gentilice *Esmerius*, nouveau sous cette forme, est sans doute le même que celui de *Smerius*, dont la Narbonnaise a fourni différents exemples (*C. I. L.* XII, 2461, 2767, 2802, 3920). *Afrodite*, est mis pour *Aphrodite*, suivant une erreur assez fréquente. Il faut noter cependant que le mot *Esmeria* apparaît à Vienne comme nom chrétien, dans une inscription du VIᵉ siècle. (*Ibid.*, 2169). S'il ne fallait pas y trouver le résultat d'une autre erreur, le manque de surnom porté par le défunt serait enfin un témoignage de haute antiquité et pourrait faire remonter l'inscription au temps d'Auguste.

1544 à 1546

Copies, estampages et renseignements de M. Fernand SAUVE, membre de l'Académie de Vaucluse, à Apt.

1544

Autel à Mars

Apt. — Autel avec base et couronnement, découvert à Apt (Vaucluse), en 1903, au lieu dit le Clos, en ouvrant de nouvelles voies publiques. Donné au Musée. Hauteur 0 m. 25 ; largeur, 0 m. 14 ; épaisseur, 0 m. 13 ; Hauteur des lettres, 0 m. 32.

<pre>
DEO
MARTI
T·T·OP
TATVS
P
</pre>

Deo Marti, T(itus) T(....) Optatus p(osuit).

« Au dieu Mars ; Titus T...: Optatus a érigé cet autel ».

1545

Autel à Mercure et à Mithras

Apt. — Autel avec base et couronnement, découvert à Apt (Vaucluse), en 1903, au lieu dit le Clos, en ouvrant de nouvelles voies publiques. Donné au Musée.

<pre>
          DEO
          MERCV
          RIOMI
          THRAE
          T·T·O·P
</pre>

Deo Mercurio, Mithrae ; T(itus) T(.....) O(ptatus ?) p(osuit).

« Au dieu Mercure, à Mithras; Titus T... Optatus a érigé cet autel ».

Il ne saurait être question, comme on l'a supposé, d'un Mercure Mithras, mais il est remarquable de trouver, dans une dédicace, le nom de Mithras associé à celui de Mercure.

1546

Inscription relative à un personnage municipal

Apt. — Fragment de table découvert à Apt (Vaucluse), en 1903, au lieu dit le Clos, en ouvrant de nouvelles voies publiques. Donné au Musée.

Hauteur, 0 m. 17 ; largeur, 0 m. 18 ; épaisseur, 0 m. 02. Hauteur des lettres, 0 m. 045. La pierre est brisée de tous les côtés

Ce fragment d'inscription parait provenir d'un édifice public. Comme toutes les cités de droit latin de la Narbonnaise, celle d'Apt avait à sa tête des *quattuorviri*. Mais il ne nous est pas possible de décider s'il s'agit de l'un d'eux ou d'un sévir.

Les trois inscriptions qui précèdent ont été publiées par M. Fernand Sauve, dans les *Mémoires de l'Académie de Vaucluse*, 1903, p. 155 et suivantes.

1547

Epitaphe chrétienne

Copie dessinée et renseignements communiqués par M. LACROIX, archiviste départemental à Valence.

Ourches. — Tablette de marbre, incomplète, découverte au mois de juin 1903 à Ste-Cerbelle, commune d'Ourches (Drôme). Hauteur, 0 m. 20 ; largeur, 0 m. 25 ; épaisseur, 0 m. 02. Hauteur des lettres, environ 0 m. 025.

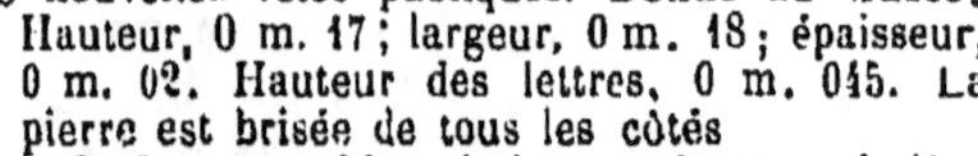
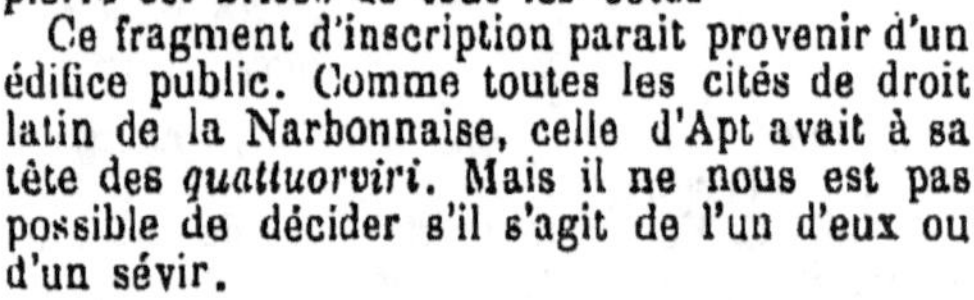

[*I*]*n* (*h*)*oc tomul*[*o*] *requiescet in* [*pa*]*ce bon*(*a*)*e memoriae Genesius* [*qui*] *vixit a*[*nnis*]....

« Dans ce tombeau repose en paix, de « bonne mémoire, Genesius, mort à l'âge « de..... ».

Le nom chrétien *Genesius* a été rendu célèbre par un jeune martyr d'Arles. (Voir à ce sujet Edmond Le Blant, *inscript. chrét. de la Gaule*, I, p. 365 ; *nouveau recueil*, p. 376 ; *sarcophages d'Arles*, p. 34).

1548

Autel au Numen *impérial, à la* Mère des dieux *et aux* Matrones Salvennae

Estampages et renseignements de M. L. BORREL, architecte à Moûtiers, correspondant du ministère de l'Instruction publique.

Moûtiers. — Table de marbre découverte en juillet 1897, par M. L. Borrel, à l'angle sud-ouest de la tour féodale de l'hôpital-hospice de Moûtiers (Savoie), ancien prieuré Saint-Martin ». La pierre était resté cachée jusqu'à cette époque par un mur, aujourd'hui démoli, de l'ancienne chapelle. Hauteur, 0 m. 76 ; largeur, 0 m. 50 ; Hauteur des lettres, 0 m. 036. L'inscription est dans un encadrement de moulures.

NVMINIBVS

AVGG

MATRI DEVM

ET MATRONIS

SALVENNIS

T(&)ROMANIVS

MERCATOR

EX VOTO

« Lettres belles et bien tracées ». A la troisième ligne, les deux dernières lettres forment un monogramme.

Numinibus Aug(ustorum duorum), Matri deum et Matronis Salvennis ; T(itus) Romanius Mercator ex voto.

« Aux divinités des deux empereurs, à la Mère des dieux et aux Matrones *Salvennae* ; Titus Romanius Mercator, en accomplissement de son vœu ».

Le Numen impérial l'emportant sur tous les dieux depuis Auguste, il n'est pas rare de le trouver, par déférence pour l'empereur régnant, rappelé sur des autels avant le nom de quelque autre divinité. Il est de même très fréquent de rencontrer les noms de plusieurs divinités dans une seule dédicace, mais il est peu commun qu'il en soit ainsi pour Cybèle, à moins qu'il ne s'agisse d'Atys.

En raison de la beauté de ses caractères, l'inscription peut remonter au temps de Marc-Aurèle et de Verus. Nous ne savons ce qu'étaient ces *Matronae Salvennae* auxquelles se rapporte l'acte de dévotion de T. Romanius Mercator. Il faut y reconnaître certainement des divinités locales, mais nous ne trouvons pas, dans les environs de Moûtiers, de désignation topographique moderne qui soit à rapprocher de leur surnom. (Sur les Mères et les Matrones, voir Friederichs, *Matronarum monumenta*, Bonn, 1886, in-8).

1549

Autel à Auguste

Copie et renseignements de M. MARTEAUX, professeur au Lycée d'Annecy. (*Revue savoisienne*, 1901, p. 34, et lettre particulière du 5 juillet 1903).

Curty. — « Coin gauche supérieur d'une pierre en calcaire à double moulure », découvert en 1901, à Curty, près de Seyssel (Haute-Savoie). « Longueur, 0 m. 21 ; hauteur, 0 m. 23. La hauteur des lettres qui ne varie guère, est en moyenne de 0 m. 03. La facture en est soignée et parait indiquer le premier siècle ».

AVGVST *o. sacr·*

C·MARIVS·D *f vol.*

I̅I̅VIRVM· *I raef.*

FABRVMI̅I̅I̅ *·vir*

l OCOR·PVB *l.pers.*

...*ma*RIVS·D·*f.vol.*

· · · · · · · · · · · ·

5

August[o sacrum]. C. Marius, D(ecimi) [f(ilius), Vol(tinia tribu)], (duum)vir(o r)um. p[raef(ectus)] fabrum (trium)[vir l]ocor(um) publ(icorum) pers(equendorum) [...Ma]rius, D(ecimi) [f(ilius), Voltinia tribu).....

« A Auguste. C. Marius, fils de Decimus, de la tribu Voltinia, duumvir, préfet des ouvriers, triumvir conservateur du domaine municipal ; ...Marius, fils de Decimus, de la tribu Voltinia.....».

Il existe au musée de Nimes un autel dédié *Augusto sacrum* (*C. I. L.*, XII, 5894), dont il est possible de s'autoriser pour justifier la restitution de la première ligne de l'inscription qui précède. Allmer s'est bien demandé, à la vérité, si cet autel avait été consacré à Auguste ou à quelque autre dieu qualifié *Auguste*, et dont le nom, gravé sur la plate-bande d'une corniche, aujourd'hui mutilée, aurait disparu, mais sa préférence est, à ce qu'il semble, pour la première hypothèse. (*Inscript. ant. de Nimes*, p. 489). M. Hirschfeld l'a admise sans hésitation, et elle est d'autant plus probable, que la pierre trouvée à Curty, intacte du côté gauche et à la partie supérieure, n'a jamais contenu d'autre mot avant celui d'*Augusto* Le D qui suit, par deux fois, le mot *Marius*, à la seconde ligne et à la sixième, paraît indiquer que cette lettre est le sigle du prénom *Decimus* et non pas l'initiale d'un surnom. L'inscription, attribuée par M. Marteaux au premier siècle, peut avoir été gravée peu de temps après la mort d'Auguste, c'est-à-dire à une époque où il n'était pas rare de rencontrer des personnes dépourvues de surnom. La dédicace serait ainsi l'œuvre de deux frères, inscrits l'un et l'autre dans la tribu *Voltinia*, qui était celle des citoyens romains de la colonie de Vienne.

Le triumvirat *locorum publicorum persequendorum* était une magistrature particulière à Vienne, « motivée, dit Allmer, par l'extrême richesse de la colonie en biens communaux ». (*Inscript. de Vienne*, 2, p. 189). C. Marius ne l'avait obtenue qu'après avoir exercé la questure, qui constituait le premier degré de la hiérarchie, et si l'inscription est muette sur ce point, c'est évidemment parce qu'il n'y avait pas lieu de rappeler une fonction de début, le même pour chacun. Le second degré, au contraire, se composait de l'édilité et du triumvirat *locorum publicorum persequendorum* ; il suffisait de remplir l'une ou l'autre de ces fonctions pour parvenir au collège suprême des magistrats municipaux, et la spécification avait ainsi sa raison d'être. Ce collège se composait, à Vienne, de quatre membres: deux *duumviri jure dicundo* et deux *duumviri aerarii*, appelés collectivement, au moins à l'origine, du nom de *quattuorviri*. Plus tard, cette dernière appellation disparut et les magistrats du premier collège ne furent plus désignés que par leurs titres distinctifs. L'inscription trouvée à Curty, qui se borne à rappeler que le personnage a été du nombre des duumvirs (*duumvirum*), appartient peut-être à l'époque où l'habitude de nommer les quattuorvirs par leur titre collectif cessa de prévaloir, ce qui est constaté formellement à partir de Claude (Allmer, *loc. cit.*, p. 184), mais a pu se produire bien avant, sous Tibère ou Caligula. En tout cas, cette forme : *duumvirum*, employée dans le sens de *unus* (*alter*) *dumvir(or)um*, est nouvelle dans la colonie et mérite d'être signalée. On peut la rapprocher des formes analogues: *triumvirum, sexvirum, vigintivirum*, dont il existe en d'autres lieux une foule d'exemples. (Voir à ce sujet: *Neue Formenlehre der lat. Sprache*, 3ᵉ édit., 1902, t. I, p. 159 et suiv.) Le duumvirat conduisait aux fonctions équestres du tribunat légionnaire ou de la préfecture des ouvriers. Le premier rang devrait donc appartenir à celle-ci dans le *cursus honorum* de C. Marius, où les charges sont énumérées dans l'ordre inverse, c'est-à-dire en finissant par la moins élevée.

1550

Epitaphe

Renseignements communiqués par M. Emile BONNET, conservateur du musée archéologique de Montpellier, extraits d'un manuscrit de sept feuillets in-4°, ayant pour titre : « *Antiquités du département de l'Hérault* », par Mazel, de Pézenas, et appartenant à la Société archéologique de Montpellier, qui le conserve dans ses Archives.

Roujan. — Note de Mazel: « ...J'ai réuni, en dernier lieu, à ma collection de monuments antiques un fragment assez considérable de sarcophage en marbre blanc. Ce fragment, qui a 2 pieds, 5 pouces, 4 lignes de longueur, sur 1 pied, 5 pouces de hauteur, était placé autrefois au-dessus de la porte d'entrée extérieure du jardin du monastère de Cassan, à deux lieues de Pézenas. Il tait partie de la face antérieure de ce monument, qui offrait un cartouche portant une inscription entre deux guirlandes de fruits sculptées en relief et ornées, à leurs extrémités, de banderoles. Il reste une de ces guirlandes entière, et les deux tiers du cartouche, où on lit encore très distinctement :

. . . . . E

. CIL

. . . . . AN🍂

. . . ◇ XVI

. . . . . ALVI

. . . . FILIAE ·

. . . . . CIT🍂

« Le travail de la guirlande, qui n'est pas très correct, et la forme des lettres, qui n'est pas très élégante, indiquent que ce monument est postérieur au régime de Septime Sévère *.

[D(iis)] M(anibus\...ia]e [Lu]cil[lae, v(ixit) an(nis)...] XVI; [...C[alvi[na] filiae [p(ientissimae) fe]cit.

« Aux dieux Mânes de ...ia Lucilla, morte à l'àge de .. ans ; ...Calvina a fait construire (ce tombeau) à sa fille bien aimée ».

Il est à peine besoin de faire observer que les restitutions qui précèdent sont presque toutes conjecturales. D'autres noms que *Lucilla* et *Calvina* pourraient aussi convenir. En outre, rien ne s'oppose évidemment, à l'hypothèse d'une tombe construite par un père à sa fille.

Le monastère (aujourd'hui château) de Cassan, où a été trouvé le fragment d'inscription signalé par Mazel, est situé dans la commune de Roujan (Hérault).

M. Emile Bonnet nous fait connaître que ce monastère était occupé, avant la Révolution, par des chanoines réguliers de Ste-Geneviève. (V. *Gallia christiana*, VI, vol. 417).

I₵₵I

Fragment d'une inscription impériale

Renseignements de M. l'abbé CHARTRAIRE, communiqués par M. HÉRON DE VILLEFOSSE, membre de l'Institut, à la section d'archéologie du Comité des travaux historiques. (*Procès-verbaux*, 1903, p. XCVII) Notre copie.

Sens. — Bloc de pierre découvert à Sens, dans les soubassements d'une portion de l'enceinte romaine, située cours Chambonas, nº 9. Au musée. Les lettres qui étaient de bronze et retenues par des crampons de même métal ont disparu. « Comme pour l'inscription de l'arc de Suse, il en reste les traces, ou plutôt les formʾs exécutées en creux dans la pierre ». Hauteur des lettres, 0 m. 22.

. . . *imp. caesar* ʾ . . . . .

. . . *impe*RATOR ʾ VIii . .

Le chiffre qui suit le mot *imperator* était presque certainement VIII ou VIIII. Il est possible de s'en rendre compte par la présence, exactement au dessus de l'V, d'un trou de scellement qui servait à fixer la barre numérale, et auquel devait correspondre un deuxième trou sur une pierre adjacente, qui n'a pas été retrouvée. Comme le premier de ces trous n'est pas à l'extrémité de la barre, il est présumable qu'il a dû en être de même pour le second. Et celui-ci serait-il alors supposé contre le bord gauche du bloc disparu, qu'il resterait encore assez de place pour la restitution de deux I. Par la forme de certaines lettres, notamment celle de l'O, qui est très ovale, on ne peut dater ce fragment, à ce qu'il semble, que de la première moitié du second siècle. Hadrien et Antonin le Pieux devant être écartés, par suite du trop petit nombre de leurs salutations impériales, on serait alors obligé de s'arrêter à Trajan, ce qui nous reporterait à l'an 114. Mais il est à peine besoin de faire remarquer combien sont fragiles des arguments de date qui ne reposent que sur la forme des lettres d'une inscription.

I ſ ſ 2

Estampilles sur poterie rouge

Copies communiquées par M. E. KUHN, receveur à Marcillat (Allier).

Auvergne (*suite*).—Voy. ci-dessus, t. IV, p. 267 et 278 ; t. V, p. 5 et 23.

OFF'SAB	Còne. Clermont. (cf. 1682 *x*).
OF SABI	Patère. — Lezoux. (1682 *t*).
SABINIANI	Vase orné. Lezoux. (1681 *e*).
SABINI	— Clermont. Lezoux. (1682 *dd*).
SABINIM	Còne. — (1682 *q*).
NSABINI	Patène. — (cf. 1682).
OSABINI	Grand bol. — (cf. 1682).
SABINVSF	Patène. — Vichy. (1682 *qq*).
SACER(VA)SILI	Petite coupe. Les Martres. (cf. 1685).
SACII(AMV)TRO	Petit bol. — (cf. 1687).
SACIRAPO	Còne. Clermont. (cf. 1688).
SACRAPV	Petite patère. Clermont. Les Martres. (cf. 1695).
SACROT'(MA)S	Grande patère. — — (cf. 1699).
SALVETV	Patère. — (1707 *f*).
SALVETV	Bol. — (cf. 1707).
SAIVI	Bol. Lezoux. (cf. 1709).
OF SALVI	— Clermont. (1709 *e* 2).
SAMILLIM	Patère. — (cf. 1710).
SANANVIOFI	(circ., Frétr.) Grand bol. Les Martres. (cf. 1719).
L'SANIOF	Bol. Les Martres.
FI.SANIATI	(F rétr.) Petite coupe. Clermont.
SANIV	Patère. Les Martres. (cf. 1718).
SARILLIV	Lampe. Clermont.
SARILLII	Patère. —
SARINVSF	— — (1727 *b*).
SARRAF	Bol. — (1728 *a*).
OF SAT	Petit bol. — (cf. 1734-1736).
SATERCLOS FE	Gr. patère — Les Martres.
SATVFEC	(S rétr.) Petite coupe. Les Martres.
SBC	Petit bol. Clermont.
SCLINIOF	Plateau. —
SCOINS	Patère. — (cf. 1746).
OFISCOINS	— — (cf. 1746).
SCOTT:OF	— — (cf. 1748).
SCOTN	Bol. — (1746 *r* 2).
SCOTNS	Patère. — (1746 *e*).
LSCRE	— —
SCRILIMETTIM	— —
SCVLLIMETTI'M	Grande patère. Les Martres.
OFIF SEC	(rétr.) Moule. Clermont. (cf. 1754).
SECCNDI	(N rétr.) Patère. — (cf. 1764).
SECONDI	— — (cf. 1764).
SIICVDIM	Patène. Vichy. Les Martres. (1764 *pp*).
SECV(ND)	Patère. Clermont. (1764 *d* 1).
OF SECV(ND)	— — (1764 *m* 5).
SECVNDI	(D rétr.) Petit bol. — Lezoux. (1764 *c*).
SECANDI	Patère. — (cf. 1764).
SECVNDINI	— — (1763 *b*).
SECVNDINIM	Grande patère. Les Martres. (cf. 1763).
SECVNDINIOF	Grande patène. Clermont. (cf. 1763).

SEDASMI OF   Patère. Royat.
SIIDATI M   —   Clermont. (cf. 1769).
SELVCI   —   —
SELVSIDI   Gr. plateau. —
SEM   Petit bol. —
SENECAM   Patène.   —   (1772 a).
SENECIO·F   Patère.   —   (cf. 1773).
SENI   Petit bol.   —   (1784 a).
SENICER   Patère.   —   (cf. 1781).
SENICIO   —   —   Vichy. (1776 a).
SERI·M   Bol.   —
SERVM (rétr.)   Vase orné. —   (cf. 1793).
SIIV   Bol.   —   (cf. 1798-1802).
OF SEVEI   Patère.   —   (cf. 1800).
SEVERIAN   Patène.   —   (cf. 1798).
O SEVERI   Patère.   —   (cf. 1800).
(OF) SEVERI   Bol.   —   (cf. 1800).
SEVE(RVS)   Patère.   —   (1800 γ γ 2).
SEVVO FEC (rétr.) Fond de vase noirâtre. Moulins. (cf. 1803).
SIIXTIM   Patère. Clermont. (c'. 1807).
SEXTIM   Gr. bol.   —   (1807 v).
SIL(VA)N   Bol.   —   (1813 zz).
OF SIL(VA)N (s rétr.) Patère —   Moulins (1813 g).
SILVA(N)I   Bol.   —   (1813 n).
SILL(VA)NI M   Cône.   —   Lezoux. (cf. 1813 e 2).
OF SILVANI   Gr. plateau —   (1813 i).
SILVIƆMƆ   —   —   (cf. 1815).
OF SILVINI   Patère.   —   (1814 v).
SILVINVS F   Petite patère. Les Martres. (1814 d).
SILVINVS·FE   Bol.   Clermont. (cf. 1814).
SILVRIMA   Gr. patère. —
SITALIM   Patère. —
SIXTIM   Bol.   —   (cf. 1807).
SOLIIMNI   Patère.   —   (1830 a).
SOLLEMN   Cône.   —   (cf. 1830).
SOLLEMNI·O   Bol.   —   (cf. 1830).
SOLLEMNI OF (circ) Bol noir —   (cf. 1830).
OFSPAG   Bol. Auvergne.
SVARA   Patère. Clermont. (1847 a).
SVCIM   Petit bol. Auvergne.
SVMANNI   Patère. Clermont.
SVOBNEDOI   Patène. Les Martres. (cf. 1855).
SVOBNIƆM   Grande patere. —   (1856 d).
SVRDNVI   Petite patère.   —   (cf. 1862).
SVRDILLIVI .   Grand plat.   —   (cf. 1861).
SVRDILVI   Petit bol.   —   (cf. 1861).
SVRDILLV   —   —   (cf. 1861).
SVRILLI   Lampe. Clermont. Vichy. (1863).

T(AM)IVS   Bol. Clermont.
TAPPIM   —   —   (1877 a).
TASCILIVS F   Plat. Les Martres. (cf. 1885).
VILICSAT (rétr.) Patère. —   (cf. 1885).
SVILICSAT (rétr.) Bol. Clermont. (cf. 1885).
TASCVS   Vase orné. Auvergne. (cf. 1887).
TERTII   Bol. Clermont. (cf. 1902).
(TE)RTIVSF   Patère. —   (cf. 1902).
TERTIVSFE   —   —   (cf. 1902).
OFTESEC (s rétr) Grande Patène. Clermont.
TETTAO   Bol.   —   (cf. 1906).
TITTILIO   Patère.   —

TITTVS	Patère.	Clermont.	(cf. 1918).
TITVRONIS(OF)	—	—	(cf. 1916 *l*).
M.ITTOT (rétr.)	Patène.	—	
N.ITTOT (rétr.)	Patère.	—	
SVITTOT (rétr.)	Patène.	—	
TOVTIO	Patère.	—	(cf. 1935).
TVLO	Bol.	—	(1946).
PTVRICIM	Patère.	—	
VCV	Petit bol. Les Martres.		
VCVNI	Bol.	Clermont.	
VCVNIS	Grand bol.	—	
VNIAM	Petit bol.	—	
VNNIV	Bol.	—	Les Martres.
VNNIVOF	Bol. Les Martres.		
VPIS	Petit bol. Auvergne.		
VRBICVS	Moule.	—	
VRMILLIM	Cône.	Clermont.	
VRMO	Bol.	—	
VSCILIA (S rétr.)	Petit bol.	—	
VVIOX	Bol.	—	
VXIIVSI	Patène.	—	
VXOPILLIIM	Patère.	—	
VACVSI M	Bol.	Auvergne.	
VAD	Petit bol.	—	(1956).
VARIVCI	Grand bol.	Clermont.	
VAVERIO	Patène.	—	
VAVI	Bol.	—	
OFVAV.I	—	—	
VECTI	—	Auvergne (cf. 1991).	
VELV | SOIF	Grand plateau. Clermont.		
VENI	Petit bol.	—	
VIINVIOF	Paière. Les Martres.		
VIIRI	Grande patère. Clermont. (2020 *c* 1).		
VERII	Bol.	—	(cf. 2009).
VERTECISSA	Patère.	—	(cf. 2917).
VIAMIVSF	Fond de vase.	—	(cf. 2028).
VIASIO	Cône. Auvergne.		
VID.I	Bol.	Clermont.	
VICIXTILLI	—	—	
VIDVCIM	Grand plateau. Les Martres. (cf 2040).		
VIDVCOS (D rétr)	Bol.	—	(cf. 2050).
VIDVCOC	Plat.	—	(cf. 2040).
VIDVCOS. F	Petit bol, plat.	—	(2940 *f*).
VIDVCOS.O	Petite patère.	—	Clermont. (cf. 2040).
VIDVCVSF	—	—	(2040 *a*).
VIDVCVSF (S rét)	Patène.	Clermont.	(2040 *g* 3).
OFVIMI	Bol.	—	(cf. 2044).
VIMOCI	Petit bol. Les Martres.		
VINDI (graffite)	Fond de vase.	Clermont.	(cf. 2047).
VINDI M	Patère,	—	(cf. 2047).
VINTIONIS	Petit bol.	—	
VIR(TH)VS FE	Petite patère.	—	(2059 *c*).
VIRTIVS FEC(IT)	Petit bol.	—	(cf. 2059).
A.I.R.T.V.S.	—	—	(2059 *h* 1).
SVTRIV (rétr.)	—	—	(cf. 2050).
VIRTVTIS	—	—	(2051 *d*).
VITA	Cône.	—	(2062 *h* 10).
OFVITA	Patère.	—	(2062 *k*).
VITAI	Petit bol.	—	(cf. 2062).
VITAL	—	—	(2062 *g*).

VITALI	Bol.	Clermont. (2062 q).
OFVITALI	Grand bol.	— (2062 p. 7).
VITALIS.MFE	Grande patère. Les Martres. (cf. 2063).
VITALIS(MA)SF	—	— (cf. 2063).
VITALIS OF	Petite patère. Clermont. (cf. 2062).
OVITALIS	Grande patère.	— (2062 p. 4).
OFVITS	Patère. Les Martres. (cf. 2062(.
VIVI	Petit bol. Clermont.. (cf. 2070).
VIVIIX	Graud bol. Lezoux.
VIXI.M	Petit bol. Clermont.
VONI	Bol.	—
VOPANCIV	Patène.	—
VOSEGVS	Patère. Auvergne.
XIINO	— Clermont.
XIXIXX	—	—
XIX	Bol.	—
XIXIXIM	Patène.	—
XXXII	—	—

(à suivre).

DIEUX DE LA GAULE

par Auguste ALLMER

I. — LES DIEUX DE LA GAULE CELTIQUE (suite).

1553

RUDIOBUS

Prov. Lyonnaise. (Civitas des Carnutes ; Autricum, Chartres ; Aureliani, Orléans).

Statuette de bronze représentant un cheval en marche ; hauteur, 0 m. 65. Trouvée à Neuvy-en-Sullias, arrondissement de Gien, département du Loiret. L'inscription sur le côté étroit du socle. — Orléans, au musée historique.

AVG · RVDIOBO SACRVM
CVR CASSICIATE D S P D
SER·ESVMAGIVS·SACROVIB·SERIOMAGLIVS·SEVERVS
F   C

Hirschfeld. *C.* XIII, 3071 ; litteris bonis.

Aug(usto) Rudiobo sacrum. Cur... Cassiciate d(e) s(ua) p(ecunia) d(edit); Ser-(vius?) Esumagius Sacrovi[r], Ser(vius ?) Iomaglius (ou Seriomaglius ?) Severus f(aciendum) c(uraverunt).

Le donateur s'appelait peut-être *Curius* ; les deux exécuteurs paraissent s'être appelés d'un même nom : *Magius* ou *Maglius*, combiné, pour l'un avec le nom divin celtique *Esus*, pour l'autre avec le nom divin romain *Iovis*.

Que signifie le mot *Cassiciate?* Nous ne le savons.

Sacrovib, faute évidente de gravure à corriger en *Sacrovir*.

En présence des incertitudes de cette inscription, ne pourrait-on penser à quelque autre lecture: *Augusto Rudiobo sacrum ; cur(sores?) Cassiciate de sua pecunia dederunt (?)* Cassiciate serait un nom de lieu, peut-être la station *Fasciaca* de la Table de Peutinger, qui serait Chissay (voir Desjardins, *Table*, p. 37, col 2), sur la route de Decize à Tours, par Bourges.

L'offrande d'un cheval par les *cursores* d'un relai du *cursus* se comprendrait tout naturellement.

I 5 5 4

Dea SEGETA

1. Prov. Lyonnaise. (Civitas des Ségusiaves; Rodamna, Roanne, Forum Segusiavorum, Feurs).

Poids en bronze découvert à Feurs, dép. de la Loire; l'inscription en lettres d'argent incrustées. — Paris, au musée du Louvre.

DEAE·SEG·F
P·X

Bernard, *Pays des Segusiaves*, p. 12, pl. 2. — De Villefosse, *Bull. des Ant. de Fr.*, 1879, p. 162.

Deae Seg(etae) F(ori), p(ondo) (libras) X.

« A la déesse Segeta de Forum; poids de dix livres ».

L'objet a la forme d'un tronc de cône, dont le sommet est presque aussi large que la base. Le poids constaté par l'historien De la Mure (*Hist. du pays de Forez*, p. 90, 91), « à sept livres et demie poids de roy », équivaudrait à peu près exactement aux dix livres romaines indiquées.

La sincérité du poids était garantie par la consécration à la déesse de Feurs.

2. — Fragments trouvés dans la démolition de l'ancienne église de Bassy-Albien, canton de Boen, dép. de la Loire. — Montbrison, au musée de la société de la Diana.

. . . .
. . . IL'A . . . .
. . . ITA . . . .
. . . EFECTO TEN . . . .
. . . DEAE SEGETAE FO . . .
. . . ALLECTO AQVAE . . . . .
. . . MPVLI DVNISIAE . . . . .
. . . AEFECTORIO MA . . . . .
. . . MEIVSDEMTEM . . . . . .
. . .   PAG . . . . . .
. . . . . . VBLOCNVS . . . . . .
. . . . PC . . . .

De Villefosse, *Bull. des Ant. de Fr.*, 1879, p. 160. — Ci-dessus, I, p. 115. Notes explicatives de M. de Villefosse.

« *Praefecto templi* (?); — *deae Segetae Fori*; — *allecto a quaestoribus* (?); — *Dunisiae*, nouvelle divinité locale (?); — *praefectorio magistro* ou *praefecto Riomagensium* (?); ... »

Les mots *deae Segetae Fo*[ri], de la quatrième ligne, justifient la lecture parallèle des sigles *deae Seg. F.* de l'inscription du poids de bronze découvert à Feurs.

Qu'était la déesse *Segeta* de Feurs? On ne le sait. Les explications tirées de l'étymologie latine sont de simples conjectures peu vraisemblables; celles qu'on pourrait tirer de l'étymologie celtique nous apprendraient peut-être quelque chose, si la connaissance de la langue celtique ne nous était hermétiquement fermée.

Le nom de *Segeta* se retrouve dans celui des *Aquae Segetae*, qu'on identifie avec Saint-Galmier, du même département que Feurs; avec une légère différence dans celui des *Aquae Segeste*, qu'on n'est pas parvenu à emplacer sûrement, mais qui appartenaient à une route d'Auxerre à Paris, et alors très loin du pays ségusiave. (Voir la *Table de Peutinger*, p. 26).

Il y a grande apparence que *Segeta* est un nom celtique de même racine que beaucoup de noms topographiques de la Gaule, dans la composition desquels entre la syllabe initiale *Seg*, dont on ignore toutefois la signification. L'identification de la déesse gauloise Segeta avec Segetia, la déesse romaine qui présidait à la moisson, est dépourvue de vraisemblance.

I555

Mars SEGOMO

1. — Prov. Lyonnaise. (Colonia Copia Claudia Augusta Lugudunum, Lyon).
Lyon. Autrefois « en la tour de Sainct-Pierre-lès-Nonains au cimetière ». — Perdue.

[...et] *Marti Segomoni sacrum* [*ex stipe*] *annua, Q. Adginnius* [....] *Urbici fil., Martinus,* [*Sequanus*], *sacerdos Romae et Aug.* [*dedicavit*], *M. Neratio Pansa cos.,* [*postulante*] *civitate Sequanorum.* [*Tres provincia*]*e Galliae honores* [*conservatoribus*] *suis decreverunt.*

Paradin, p. 423, corrigé par Renier dans la réédition de Spon, 1857, pp. 154, 155. — De Boissieu, p. 9. — Allmer et Dissard, II, p. 111.

« A ... et à Mars Segomon, du produit des offrandes d'une année; Quintus Adginnius Martinus, de la tribu... fils d'Urbicus, Sequane, prêtre de Rome et d'Auguste, a fait la dédicace (de cet autel) sous le consulat de Marcus Neratius Pansa. — A la demande de la cité des Séquanes, les Trois provinces de Gaule ont décrété des honneurs à leurs sauveurs ».

Renier restitue le nom, aujourd'hui manquant, de la première divinité par *Eponae*, la déesse des chevaux et, par extension, de la cavalerie militaire. Toute séduisante qu'elle soit, cette restitution est peu vraisemblable ; aucune des très nombreuses inscriptions au nom de la déesse n'offrant d'exemple de son association avec le dieu Segomon. Puis, il fait suivre de l'explication ci-après le texte par lui redressé et complété : « C'est un monument de la victoire remportée par les Séquanes sur les Lingons conduits par Julius Sabinus, le mari d'Eponine (Tacite, *Hist.*, 67), victoire qui, en arrêtant les progrès de l'insurrection vers le sud-est, sauva la colonie de Lugudunum ». Cette victoire, pourrait-on ajouter, sauva surtout les grands seigneurs gaulois qui, représentant comme prêtres de Rome et d'Auguste le dévouement à la domination romaine, auraient été les premières victimes d'un réveil national embrassant la Gaule entière. (Voir *Inscr. de Lyon*, II, p. 111). Ce n'est d'ailleurs pas la colonie de Lyon, ce sont les délégués des 60 cités des Trois Gaules réunis à l'autel romain du Confluent qui décrètent aux divinités, qu'ils appellent « leurs sauveurs », des honneurs et des actions de grâces.

Une inscription, autrefois au même endroit que celle-ci, était une dédicace par le même Adginnius à Jupiter Optimus Maximus, peut-être le dieu dont le nom manque au commencement de la première ligne. Une dévotion particulière à Mars pourrait s'expliquer chez cet Adginnius en cela qu'il s'appelait de son surnom Martinus. L'année du consulat de M. Neratius Pansa, substituée par correction au Munacius Pansa de la copie de Paradin, est inconnue ; elle ne peut pas être de beaucoup postérieure à l'évènement qui a motivé l'inscription.

Adginnius, nom celtique qui se rencontre aussi sous la forme *Adgennius*. On trouve *Adgenna* comme nom de femme. ·

2. — Prov. Lyonnaise. (Civitas des Eduens ; Augustodunum, Autun).
Statuette de bronze trouvée à Nuits (Côte - d'Or) représentant, d'une exécution médiocre, un mulet, dont le socle porte sur ses faces antérieure et gauche une inscription au pointillé. — Nuits, au musée :

GALLIO · L
MATVRCI

V · S · L · M · DEO
SEGOMONI · DONAVI

Mowat, *Notice épigr.*, 1887, p. 73, avec renvoi à *Autun archéol.*, de la Soc. éduenne, 1848, p. 262. — Lejay, *Inscr. de la Côte-d'Or*, p. 184.

Gallio, libertus Maturci, votum solvi libens merito; deo Segomoni donavi.

« Gallio, affranchi de Maturcus, avec reconnaissance en accomplissement son vœu, ai fait don (de cette statuette) au dieu Segomon ».

Maturcus, peut être une forme contracte de *Maturicus*, et alors un diminutif de *Maturus*. Dans ce cas, le nom ne serait pas celtique.

C'est le mulet figuré par ce bronze qui a donné lieu à la supposition que Mars Segomon était un dieu muletier.

3. — Gaule Celtique. — Prov. de Belgique prolongée, puis de Germanie Supérieure. (Civitas de Séquanes ; Vesontio, Besançon).

Autel trouvé à Culoz, canton de Seyssel, département de l'Ain, au sommet du monticule situé au sud-est du village. Un trou de scellement sur la face supérieure de la pierre semble indiquer que l'autel était surmonté d'une statue.

N(uminibus) ❦ *Aug(ustorum), deo* ❦ *Marti* ❦ *Segomoni* ❦; *Dunati* ❦ *Cassia* ❦ *Saturnina ex voto v* ❦ *s* ❦ *l* ❦ *m* ❦.

Allmer, *Inscr. de Vienne*, III, p. 409 ; ci-dessus II, p. 318. — Sirand, *Ant.' de l'Ain*, p. 194. — Renier, *Rev. arch.*, 1855 ; lettres fortement gravées mais d'assez mauvaises formes.

« Aux *Numina* des empereurs, au dieu Mars Segomon Dunas; Cassia Saturnina, avec reconnaissance en accomplissement de son vœu ».

Le surnom *Dunas*, qui paraît faire allusion au rocher (*dunum*) sur le sommet duquel s'élevait l'autel, fait de Mars Segomon ainsi qualifié, un dieu local particulier à Culoz, c'était « le dieu Mars Segomon du Rocher ». Ce rocher forme l'angle d'un chaînon de montagnes et domine de loin, à l'est et au sud, une vaste étendue de marais qui va jusqu'au Rhône.

4. — Trouvée à Arinthod, chef-lieu de canton de l'arr. de Lons-le-Saulnier, département du Jura.

Marti Segomoni sacrum...

De Boissieu, p. 9, d'après Monnier, *Annuaire du Jura*, 1852, pl. 1.

« A Mars Segomon...... ».

L'association ou l'identification de Ségomon avec Mars ferait présumer un dieu particulier à Arinthod, personnifiant quelque passage dangereux où l'on risquait d'avoir à se défendre à main armée.

5. — Prov. des Alpes-Maritimes. (Civitas des Vediontii, peuple ligure ; Cemenelum, Cimiez).

Trouvée à l'Escarène, arrond. de Nice, département des Alpes-Maritimes.

[S]egomoni Cuntino ; vicani Cuntinenses posuerunt.

Mommsen, *C. V*, 7868 ; ci-dessus, II, p. 318.

« A Segomon Cuntinus; les habitants du vicus Cuntinus, ont élevé cet autel ».

« *Contes* » est le nom d'un bourg situé à peu de distance de l'Escarène.

Il se peut que l'inscription ne soit pas complète et qu'une première ligne disparue ait contenu le mot *Marti*. Quoiqu'il en soit, le Segomon de Contes était comme le dieu Mars Segomon Dunas, du monticule de Culoz, un dieu local propre à Contes.

Le dieu Ségomon, Mars Ségomon paraît avoir été en honneur surtout chez les Séquanes. Il se montre comme dieu local peut-être à Arinthod, où son association à Mars fait présumer un passage dangereux, mais certainement à Culoz, où il a le surnom de *Dunas*, et à Contes, où il a celui de *Cuntinus*.

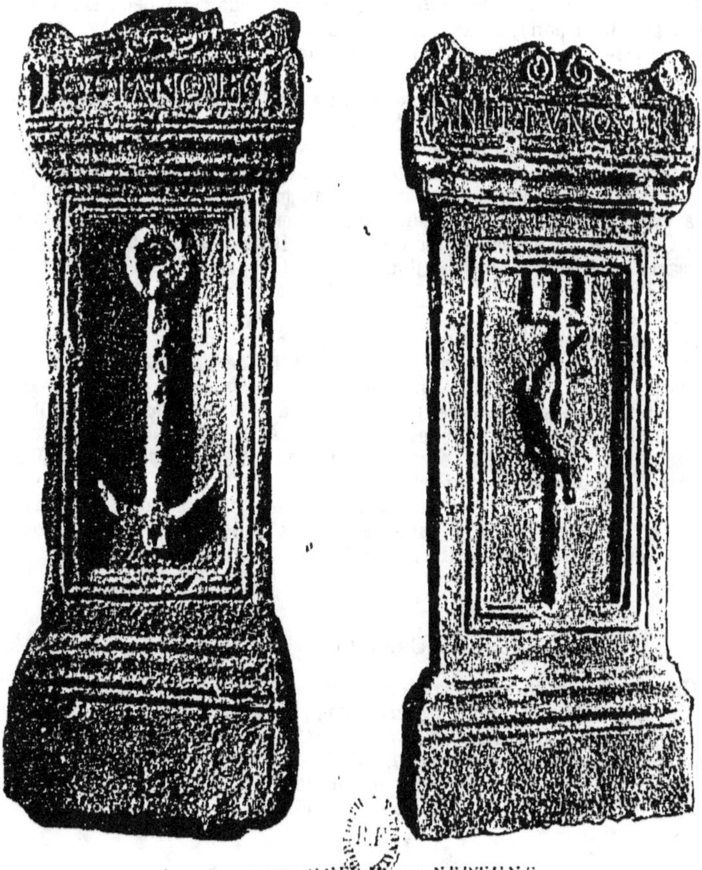

AUTELS AU DIEU OCEAN ET A NEPTUNE

(Revue épigraphique, t. 5, p. 47).

(Gravure extraite des *Proceedings of the Society of Antiquaries of Newcastle-Upon-Tyne*, année 1903).

L'inscription de Nuits se lisant sur le socle d'une statuette qui représente un mulet, on a eu la pensée que Segomon aurait été le dieu protecteur des convois de mulets et l'on a attribué à ce dieu plusieurs inscriptions de lecture peu certaine, trouvées en divers lieux de la Lyonnaise occidentale, et dédiées, croyait-on, à Mars muletier : à Nantes, *Aug. Marti M[.....]oni signum cum suo templo et ornamentis omnibus, suo et Toutillae filiae nomine. Agedevirus, Morici filius, v. s. l. m.*; à Craon dans la Mayenne : *Aug. Marti Mulioni* (?). *Tauricus, Tauri filius, v. s. l. m.*; à Provenchères, près Craon *Mulionis* (??.) Puis, on ne s'en est pas tenu là sur le chemin des suppositions ; l'identité de Mars Ségomon avec Mars muletier une fois admise, on a vite cédé à la tentation d'associer Mars muletier à Epona, la déesse protectrice des chevaux et l'on s'est, comme d'habitude, empressé d'ériger l'hypothèse en vérité prouvée et de généraliser le prétendu culte à la Gaule entière : « Mars Mulio « semble avoir été (*Inscr. de la Côte-d'Or*, p. 184) le dieu protecteur, en « Gaule, des chevaux et des bêtes de somme. On a trouvé à Nantes et à « Craon des dédicaces *Marti Mulioni* Considéré sous cet aspect, Mars Mulio « a pour parèdre Epona, dont plusieurs bronzes nous offrent l'image, et qu'on « voit, sur les bas-reliefs, portée par une jument accompagnée de son pou- « lain ».

A cela s'oppose pourtant que sur aucune des dédicaces à Epona jusqu'à présent connues, et elles sont nombreuses : plus de trente, ne s'est rencontrée, ni en Gaule, ni ailleurs, la moindre trace de cette espèce de mariage, ce qui serait tout à fait inconcevable s'il avait été réel. De plus, le culte de Ségomon parait avoir été à peu près limité au pays des Eduens et des Séquanes; le culte d'Epona était, au contraire, européen et même moins répandu dans la Gaule que dans les pays du Danube. Il faudrait cependant bien, dès qu'on parle de la religion des Gaulois. ne pas tout de suite perdre la raison et laisser l'irréflexion s'ébattre à vol éperdu à travers le monde désordonné des conjectures !

Deux inscriptions récemment trouvées (1896) à Rennes, portent très lisiblement, et en lettres de bonne époque, *Marti Mulloni*, et une nouvelle vérification faite à cette occasion des inscriptions de Craon et de Nantes a permis de reconnaître que sur celle de Craon, il y a à lire *Mulloni* « plutôt que *Mulioni* » et que sur celle de Nantes, le mot est incomplet et se présente de cette manière : *M[...]oni*; en sorte que le dieu qu'on supposait de confiance être Mars *Mulio* parait s'être appelé Mars *Mullo* et n'avoir alors probablement rien de commun avec un Mars muletier, qui n'a peut-être pas même existé.

Quant au fragment de Provenchères, il est tellement tronqué qu'on ne sait si la lecture est exacte, ni s'il s'agit d'un nom divin.

(*à suivre*).

Chronique

— Un autel avec base et chapiteau à volutes entourant un foyer sacrificatoire a été retiré du lit de la rivière Tyne le 21 mai dernier, à Newcaste-Upon-Tyne (Angleterre), l'ancien *Pons-Aelius*, deuxième station Est du grand retranchement construit par Hadrien de la mer du Nord à la mer d'Irlande ; hauteur 1 m. 50. La face antérieure est ornée d'une ancre verticale en relief encadrée par le haut dans l'inscription (Voir pl. V).

OCIANO⚓LEG·

VI   ancre   VI

P   F

Ociano (pour *Oceano*), *leg(io) sexta Vi(ctrix) P(ia) F(idelis)*.

L'autel gisait à l'emplacement même de l'ancien pont romain, où a été construit de nos jours le pont tournant *Swing bridge*. Il y a une vingtaine d'années on avait découvert précisément en ce point un autre autel, de mêmes dimensions, de même forme et de même style que le précédent, orné d'un dauphin plongeant autour d'un trident qu'encadre une inscription.

NEPTVNO꿈LE

V I		V I
P	dauphin et trident	F

Neptuno, le(gio) sexta Vi(ctrix) P(ia) F(idelis).

De cette remarquable coïncidence et de l'évidente symétrie de structure des deux autels, il faut conclure qu'ils ont été employés comme motifs de décoration géminée et qu'ils se faisaient *pendant* l'un à l'autre de chaque côté de l'entrée du pont jeté en travers de l'estuaire de la Tyne, sans doute à l'endroit même où la légion sixième victorieuse, venant de Germanie Inférieure sur l'ordre d'Hadrien et probablement lui servant d'escorte, avait débarqué vers 122, après la traversée de l'Océan Germanique.

Ces deux monuments nous apparaissent donc comme les témoins survivants de la construction du Pont Aelius par les légionnaires et sous les yeux de l'empereur P. Aelius Hadrianus. Les autels consacrés à Neptune ne sont pas rares; quant au dieu Océan, il ne s'en est encore rencontré aucune mention, ni dans l'épigraphie romaine, ni dans l'épigraphie grecque, A ce titre, l'autel récemment découvert à Newcastle est d'autant plus intéressant qu'il rappelle un exemple historique mémorable. Quand Alexandre le Grand parvint au rivage de l'Océan Indien, il fit élever par son armée des autels non seulement aux divinités des cours d'eau qu'il venait de descendre: l'Hydaspe, l'Acésinès, l'Indus, mais à toutes les divinités maritimes: Poseidon, Amphitrite, les Néréides, y compris l'Océan, καὶ αὐτῷ τῷ Ὠκεανῷ, dit Arrien. (*Indica*, 18. Diodore de Sicile ne mentionne que Téthys et l'Océan. Cf. Plutarque, *Alex.*, 66 ; Q. Curce, IX, 9)

Il semblerait donc que l'armée d'Hadrien ait voulu renouveler à l'extrémité septentrionale de l'empire l'acte accompli par l'armée d'Alexandre à la limite méridionale de ses conquêtes. — Robert MOWAT.

— Nous devons à la bienveillance de M. l'Intendant général Courtot de posséder l'inscription suivante qu'il a découverte, en 1881, près de Philippeville. Elle est gravée sur une plaque de marbre grossier. Hauteur, 0 m. 23 ; largeur, 0 m. 29 ; épaisseur, 0 m. 024. Hauteur des lettres, 0 m. 025. La quatrième ligne est incomplète d'une lettre, et peut-être en est-il aussi de même de la cinquième.

MEMORIAE

VALERIÆ HERA

CLIÆ V A'L I I I

F I D E N T I V s

T E C V S A E

Le nom de *Fidentius* a déjà été relevé sur une tombe chrétienne d'Afrique. (*C. I. L.*, VIII, 8771).

BIBLIOGRAPHIE

DÉCHELETTE (J.). *La fabrique de la Graufesenque* (Aveyron), nouvelle étude sur les origines de la poterie sigillée gallo-romaine.— Paris. Fontemoing, 1903, in-8, 42 p., une planche hors texte et figures dans le texte. (Extrait de la *Revue des études anciennes*, t. V, 1903, n. 1, p. 37 à 78). — Dans cette étude du plus haut intérêt, M. Déchelette s'attache à démontrer « que les ateliers du Condatomagus des Rutènes (aujourd'hui la Graufesenque) constituèrent, durant la seconde moitié du premier siècle de notre ère, le centre de céramique le plus important, non seulement de la Gaule, mais de tout l'empire romain ». La création de ces ateliers, qui périclitèrent au IIe siècle, quand ceux de l'Auvergne atteignirent l'apogée de leur développement, serait due à des potiers d'Arezzo « attirés dans la Gaule méridionale par l'espoir d'accaparer la grande clientèle celtique récemment conquise à la civilisation romaine ».

ESPÉRANDIEU,
Correspondant de l'Institut.

Vienne, imp. Savigné — Ogeret et Martin, succrs. — Le Gérant: J. OGERET ⊕ I.

REVUE
ÉPIGRAPHIQUE

Nᵒ 111. — Octobre, Novembre, Décembre 1903

1556 à 1558

Copie et renseignements de M. Lieutaud, notaire à Volone (Basses-Alpes).

1556

Autel à Mars Belado

Limans. — Table incomplète, en pierre du pays, découverte par M. V. Lieutaud, à Limans (Basses-Alpes), où elle sert de chambranle à une fenêtre de grenier de l'habitation de M. Mary Testanière. Hauteur, 0 m. 69 ; largeur, 0 m. 22 ; épaisseur, 0 m. 0125.

> *marti*
>
> B E L A *doni*
>
> V · S *l. m*
>
> TV E N *idius*
>
> CILA I*iiiiivir*
>
> Aug.

[*Marti?*] *Bela*[*doni*] ; *v(otum) s(olvit)* [*l(ibens) m*[*erito*)] *T(itus) Veni*[*dius ?*] *Cila, sevir Aug*(*ustalis*).

« A Mars *Belado* ; Titus Venidius Cila, sévir augustal, avec reconnaissance en accomplissement de son vœu ».

Les restitutions des trois dernières lignes ne sont pas certaines.

1557

Autel à Mars Belado

Limans. — Table incomplète, en pierre du pays, découverte, comme la précédente, par M. V. Lieutaud, à Limans (Basses-Alpes), où elle sert de montant à la porte d'entrée de l'habitation de M. Charles Canal, en face du jardin du presbytère. Hauteur, 0 m. 50 ; largeur, 0 m. 15.

> *marti*
>
> BELA*doni*
>
> C O N *nius*
>
> VR*sus*
>
> V S *l m*

[*Marti?*] *Bela*[*doni*] ; *Con*[*nius*] *Ur*[*sus*] *v(otum) s(olvit)* [*l(ibens) m(erito)*].

« A Mars *Belado* ; Connius Ursus, avec reconnaissance en accomplissement de son vœu ».

Une inscription trouvée à la Tour d'Aigues (Vaucluse), et conservée au musée Calvet, d'Avignon (*C. I. L.*, XII, 503), a déjà fait connaître le nom *Beladoni* (au datif) de la divinité à laquelle se rapportent, très probablement, les deux dédicaces qui précèdent. On sait, par cette inscription, qu'il s'agissait d'un Mars local, personnification peut-être de quelque cime ou rocher « présentant, d'une manière plus ou moins saisissable, dit Allmer, la vague silhouette d'une forme humaine à laquelle l'imagination populaire aurait même trouvé une belle prestance. Mars Beau-Don serait ainsi le parallèle de la Belle-Donne ». (*Rev. épigr.*, III, p. 360).

M. V. Lieutaud nous écrit qu'il existe, près de Limans, un ancien oppidum gaulois, appelé *les Bornes de Segriès*, où se voient « des excavations nombreuses, creusées de main d'homme, et communiquant entre elles ».

1558

Epitaphe

Meyrargues. — Fragment de table encastré à Meyrargues (Bouches-du-Rhône), « dans le vestibule du vieux château féodal, à gauche, en entrant, devant la porte de la chapelle gothique ».

```
. . . . . . . se PTVMIO FLA . . . . . . . .
. . . . . au RELIANO⏤PAtri? . . . . .
. . . . . sept VMIO FLACCo . . . . . . .
. . . . . septu MIA L F ᴰᴰ . . . . . . .
```

« Caractères de basse époque ». Il ne reste que la partie supérieure des lettres de la dernière ligne.

Ce fragment paraît se rapporter à quelque tombeau de famille, mais on ne peut le restituer, en raison surtout du manque de renseignements sur l'étendue des lacunes.

1559 à 1560

Renseignements communiqués par M. BONNET, conservateur du musée archéologique de Montpellier, extraits des notes laissées par Etienne-Joseph Sicard, conseiller à la Cour d'appel de Montpellier (1754-1850). Ces notes font actuellement partie de la bibliothèque de M. Sicard, son petit-fils.

1559

Epitaphe

Montbazin. — « Pierre sépulcrale qu'on voit à Montbazin (Hérault) dans la construction d'une hutte bâtie par un travailleur de terre nommé *Gros*, près du chemin de Gigean ; elle a de hauteur, 2 pieds ; 1 pied 4 pouces de largeur et 10 pouces d'épaisseur. Elle a éprouvé des accidents qui l'ont ébréchée en plusieurs endroits. On y lit cependant encore les mots suivants, en caractères de 1 pouce 8 lignes :

```
            D   ·   M
        C·IVLI·FIRMIv
           T TAVIVS
   ici on aperçoit des traces
     de lettres effacées ».
```

D(*iis*) *M*(*anibus*) *C*(*aii*) *Juli*(*i*) *Firmin*[*i*] ; *T*(*itus*) *Tavius*...
« Aux dieux Mânes de Caius Julius Firminus ; Titus Tavius...... (a fait construire ce tombeau ?) ».

Plusieurs exemples du cognomen *Firminus*, du reste très répandu, sont fournis par d'autres inscriptions de la Narbonnaise. (*C. I. L.* XII, 2711, 2892,

3583, 3584, etc.). Le gentilice *Tavius* n'est pas connu, mais sa forme n'a rien d'impossible.

1560

Épitaphe

Montbazin. — « Fragment d'une autre pierre tumulaire qui se trouve dans une muraille construite pour soutenir une terre appartenant à un nommé Balsan, boucher, et située à un petit quart d'heure de distance de Montbazin. La pierre est entourée d'une bordure en festons. Les lettres ont environ 1 pouce et demi de hauteur. On ne distingue que les suivantes :

M

NNI1

N'NIANI

ORNELIA

OTVLLMTR   ».

Dans la copie de Sicard, les lettres N et E forment un monogramme à la quatrième ligne.

[D(iis)] M(anibus) [...A]nnii [A]nniani ; [C]ornelia.....m[a]t[e]r.

« Aux dieux Mânes de ...Annius Annianus ; Cornelia..., sa mère ».

La restitution certaine du mot *Cornelia* paraît prouver qu'il ne manque qu'une seule lettre au commencement de chaque ligne, sauf à la deuxième où la sigle d'un prénom peut aussi faire défaut. La cinquième ligne contenait presque sûrement des lettres liées qui ont échappé à l'attention de Sicard.

Le village actuel de Montbazin paraît avoir succédé à l'ancienne station de *Forum Domitii*. Cette identification, proposée dès 1820 par Jean-Pierre Thomas, archiviste de l'Hérault, et depuis acceptée par M. Hirschfeld, vient d'être appuyée de nouveaux arguments par M. Berthelé. Notre ami et savant confrère est persuadé que le *Forum Domitii* s'élevait au tènement d'Escaffiac, où se trouvait un centre d'habitation aujourd'hui disparu, mais qui avait une certaine importance, puisqu'à l'époque carlovingienne il formait deux paroisses: Saint-Martin-d'Escaffiac et Saint-Julien-d'Escaffiac. Cette localité se trouvait sur la voie romaine, à l'endroit où elle est coupée par le chemin de Cournon à Gigean, à 2 kilomètres de Montbazin, dans la direction de Pignan. (Voir, à ce sujet : *Mém. de la Soc. archéol. de Montpellier*, 2ᵉ série, t. II, p. 459).

REMARQUES ÉPIGRAPHIQUES

par M. Ant. HÉRON DE VILLEFOSSE

membre de l'Institut

(Suite) (1)

9. — *Vienne (Isère). Médaillons romains en terre cuite avec légendes explicatives*

Au mois d'octobre 1892, pendant un très court séjour à Vienne (Isère), j'ai eu l'occasion d'examiner la collection formée à Sainte-Colombe (Rhône) par M. Louis Chaumartin. Cette collection offre un intérêt particulier parce qu'elle se compose uniquement d'objets recueillis sur place, à Vienne, à Sainte-Colombe ou à Saint-Romain-en-Gall. On sait que ces deux dernières localités ont remplacé un quartier de la Vienne antique, situé sur la rive droite du Rhône, quartier qui, à l'époque romaine, était occupé par de riches et élégantes habitations.

C'est sur le territoire de Sainte-Colombe que se trouvent les ruines d'une somptueuse villa à laquelle on a donné depuis longtemps le nom singulier de

(1) Voir plus haut, IV, p. 152 à 155 ; V. 7 à 13.

Palais du Miroir (1) et dont l'emplacement fait partie de la propriété Michoud (2). C'est là qu'on a découvert la célèbre Vénus accroupie du Louvre (3), un torse d'Hygie, une statue de la ville de Vienne (4) et beaucoup d'autres morceaux importants. C'est tout près de là que la magnifique mosaïque d'Achille à Scyros, détruite en une nuit par son irascible propriétaire (5), avait été exhumée en 1775: le sol y est encore pavé de mosaïques ; il ne se passe pas d'année sans qu'on en signale de nouvelles (6).

La collection de M. Louis Chaumartin renferme quelques médaillons en terre cuite, ornés de scènes en relief avec inscriptions explicatives, ou bien ornés de scènes sans inscriptions, ou ornés simplement d'inscriptions. Ces médaillons méritent d'être signalés ; la plupart sont inédits; ils ont été recueillis à Saint-Romain-en-Gall ou à Sainte-Colombe, dans les terrassements opérés avenue de la Gare.

Je voudrais dire quelques mots de ceux que j'ai examinés et qui malheureusement sont tous plus ou moins mutilés. J'y joins trois médaillons que j'ai remarqués dans la belle collection de mon collègue et ami M. Ernest Bizot, architecte honoraire de la ville, conservateur de la Bibliothèque et des Musées de Vienne. Je le remercie de son obligeance : c'est à sa bienveillante amitié que je dois les dessins insérés dans cette note ; c'est lui qui a bien voulu, demander pour moi à M Louis Chaumartin la permission de faire reproduire tous ces médaillons. M. Louis Chaumartin a répondu à cette demande avec la plus entière bonne grâce. A tous deux j'offre ici l'expression de ma reconnaissance. Les dessins ont été exécutés par M. Babut, professeur à Vienne.

∗
∗ ∗

A). — Fragment d'un médaillon. — *Ganymède offrant à boire à Jupiter.*

De Jupiter on ne voit plus que le genou drapé ; il était assis à droite.

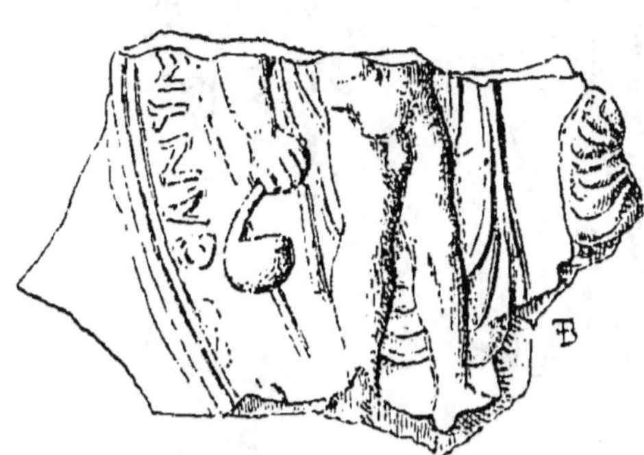

A. — *Ganymède et Jupiter*

Ganymède entièrement nu est debout en face du maître des dieux; son manteau tombe par derrière, découvrant tout le devant du corps ; dans la main droite abaissée il tient un *simpulum* (7); de la main gauche avancée il présentait sans doute une coupe à Jupiter. Le long du bras droit, on lit de bas en haut :

GANYM[edes]

La tête avec le haut de la poitrine et du bras droit, le bras gauche et les pieds de Ganymède manquent.
Coll. Louis Chaumartin.

(1) N. Chorier, *Recherches sur les antiq. de la ville de Vienne*, édition Cochard, 1828, p. 160-162.
(2) Savigné, *Histoire de Ste-Colombe-les-Vienne*, p. 191.
(3) Chorier-Cochard, p. 161; Perrot, *Lettres sur Nismes et le Midi*, 1840, p. 365 ; Darcel, *Gazette des Beaux-Arts*, 2e période, XVI, p. 180 : Ravaisson-Mollien, ibid, XIX, p. 401 à 414 ; E. de Chanot, *Gazette archéologique*, IV, 1878, p. 68 à 73, pl. 13 ; *Intermédiaire des Chercheurs et des Curieux*, 10 décembre 1902 ; Savigné, *op. cit.*, p. 192, avec une pl.
(4) Savigné, *op. cit.*, pl. jointe à la p. 17 ; cf., *Bull. des Antiq. de Fr.*, 1894, p. 237 à 241.
(5) Artaud, *Hist. de la peinture en mosaïque*, p. 78 ; *Atlas des mosaïques de Lyon et des départements méridionaux de la France*, pl. XVIII et XIX (planche en couleur d'après un dessin de Schneyder; Otto Jahn, *Archaeolog. Zeitung*, XVI (1858), p. 157 à 160, taf. CXIII (gravure en noir du panneau principal, indiqué à tort comme se trouvant au Musée de Lyon).
(6) Cf. *Bull. des Antiq. de Fr.*, 1902, p. 133 à 136, avec une planche reproduisant la dernière mosaïque découverte, *Hylas enlevé par les Nymphes*. Cette mosaïque a été achetée par le général de Beylié et donnée par lui au Musée de Grenoble.
(7) C'est un vase à puiser, auquel le modeleur a donné une importance un peu exagérée ; il est muni d'un manche perpendiculaire à l'orifice ; ce n'est pas un *pedum* comme l'a cru Allmer.

Ganymède est donc représenté dans l'exercice de ses fonctions d'échanson de l'Olympe, versant le nectar dans la coupe de Jupiter.

> .... *qui nunc quoque pocula miscet,*
> *Invitaque Jovi nectar Junone ministrat.* (1)

Ce médaillon a été déjà décrit par Allmer, d'après un moulage (2). Ma description diffère de la sienne; nous n'avons pas ici l'Enlèvement de Ganymède comme il l'a supposé (3).

B). — Fragment de la panse d'un vase à couverte rouge lustrée, d'une exécution soignée; médaillon circulaire dont le haut manque ainsi que le bas à droite. — *Mercure, l'enfant Bacchus et une nymphe de Nysa.*

Une nymphe, drapée, est assise à droite, la poitrine nue, allaitant l'enfant qu'elle porte sur son genou droit. Au dessus de l'enfant, et en travers, on lit son nom :

· LIBER

Mercure nu, chaussé de ses talonnières, portant le caducée de la main gauche, se tient debout à gauche, la main droite avancée ; sa tête manque. Derrière Mercure apparait un homme nu, aux formes vigoureuses (Hercule) la main droite sur la hanche et la jambe croisée dans l'attitude du repos ; sa tête manque ; vient ensuite une femme nue (Ménade), debout, dont la tête manque également. Travail très fin.

Coll. Louis Chaumartin.

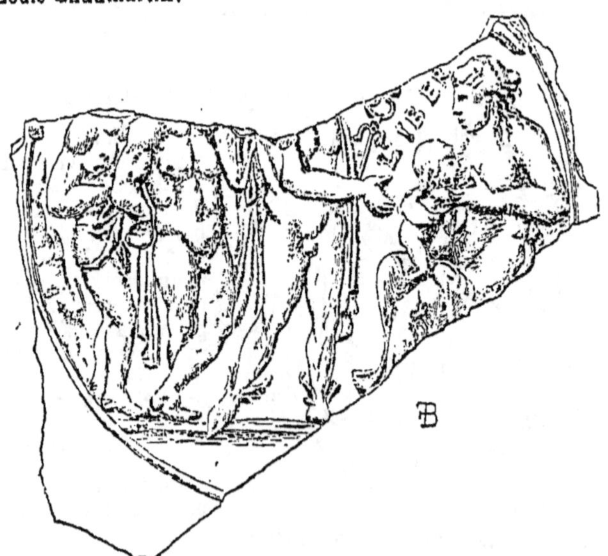

B. — *Education de Bacchus*

Le meilleur commentaire de cette petite scène se trouve dans Ovide, à la fin de l'aventure de Jupiter et de Sémélé.

> *Furtim illum primis Ino matertera cunis*
> *Educat. Inde datum Nymphae Nyseides antris*
> *Occuluere suis, lactisque alimenta dedere* (4).

La scène est tout à fait analogue à celle qui orne le vase de Salpion conservé au Musée de Naples. Le sculpteur athénien a représenté Mercure au

----

(1) Ovide, *Métamorphoses*, X, 160-161.
(2) *Revue épigr. du midi de la France*, II, p. 133, n. 558; *Corp. inscr. lat.*, XII, 5687, 2.
(3) Bazin, *Vienne et Lyon gallo-romains*, a répété l'erreur d'Allmer.
(4) *Métamorphoses*, III, 313-315.

moment où, penché vers la nymphe assise, il lui présente Bacchus ; la nymphe avance les deux mains pour recevoir l'enfant dans un lange qu'elle a préparé (1). Sur notre médaillon l'enfant est déjà sur les genoux de sa nourrice et se jette sur le sein qui lui est offert.

C). — Fragment d'un médaillon dont il ne reste que la partie centrale, réplique d'un sujet déjà connu. — *Hippomènes victorieux d'Atalante.*

En commençant à gauche il reste la jambe droite, une partie du torse, et le coude droit de la figure d'Atalante qui est vêtue d'une courte tunique serrée à la taille. Après elle vient un homme nu, aux formes vigoureuses, fièrement campé, le bras droit sur la hanche ; le haut de sa poitrine, son bras gauche et sa tête manquent : le long de sa jambe droite, on lit de bas en haut :

HIPPOMEDON

Ce nom est une variante de celui d'Hippomènes.

Après cette seconde figure on lit, dans le même sens, une autre inscription :

PALAESTR[a]

qui désigne une troisième figure assise dont il ne reste plus que le bas de la jambe droite avancée : c'est la Palestre personnifiée.

Au bas de la composition et au-dessous des pieds de ces trois personnages, dans un espace libre, on lit horizontalement :

[fe]LICIS CERA

Coll. Louis Chaumartin.

En publiant le vase complet à trois médaillons de la collection Julien Gréau, M. W. Frœhner a fait remarquer que deux des médaillons de ce vase reproduisaient le même sujet, la victoire d'Hippomènes sur Atalante, et que, mutilés tous deux, ils se complétaient cependant, de telle sorte qu'il n'a pas eu de peine à rétablir le tableau entier (2).

En commençant par la gauche ce tableau comporte quatre personnages : *Schœnée*, père d'Atalante. *Atalante, Hippomènes* et la *Palestre* personnifiée, assise sur un rocher à l'extrémité droite, sous les traits d'une femme tenant une palme et couronnée de laurier. Au-dessus des deux personnages principaux on remarque une table de jeux, chargée d'un vase, d'une palme et d'un sac ouvert. Une inscription métrique de trois lignes se déroule dans le champ, le long du bord supérieur.

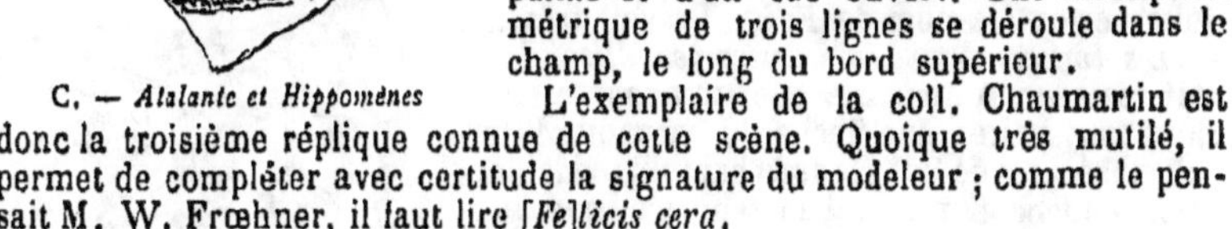

C. — *Atalante et Hippomènes*

L'exemplaire de la coll. Chaumartin est donc la troisième réplique connue de cette scène. Quoique très mutilé, il permet de compléter avec certitude la signature du modeleur ; comme le pensait M. W. Frœhner, il faut lire [*Fe*]*licis cera.*

D). — Médaillon plus grand que les autres, avec le bord du vase auquel il appartient, eu plusieurs morceaux recollés. — *Hercule et l'Hydre de Lerne.*

Il reste la tête d'Hercule couverte de la peau du lion, sa jambe gauche avancée, son bras droit, l'hydre, l'arc, le carquois avec les flèches. Au-dessus de la tête d'Hercule, on lit :

LATIN[i]
CERA

Hercule est imberbe. L'hydre occupe la plus grande place : sur un corps de

(1) *Museo Borbonico*, I, tav. 49.
(2) *Médaillons romains en terre cuite* dans la *Gazette archéologique*, XIV, 1889, p. 56.

reptile le monstre porte une tête de femme entourée de dix serpents qui se dressent en guise de chevelure. Hercule, de la main droite, saisit une des têtes de l'hydre.

Coll. Louis Chaumartin.

E). — Médaillon dont il ne subsiste que la partie droite (en deux fragments recollés). — *Hercule vainqueur.*

Le héros est nu, debout; il soutient de la main gauche la massue posée sur son épaule, le gros bout en l'air; la peau de lion est enroulée sur son bras; sa poitrine est traversée par le baudrier de son carquois. Peut-être, dans la main droite avancée qui manque, tenait-il les pommes des Hespérides? Il est tourné à gauche, de profil, abaissant ses regards vers une autre figure disparue. Cette seconde figure, placée à l'ombre d'un arbre dont on aperçoit le faite, était probablement assise; son nom se lisait de bas en haut devant Hercule : il n'en reste que les deux dernières lettres : M R, selon le dessinateur; II R, selon M. Bizot. Le petit fragment qui porte ces caractères incertains n'était pas rapproché du plus grand lorsque j'ai visité la collection Chaumartin

Sur le bord du médaillon on lit en une seule ligne :

E. — *Hercule vainqueur*

HERCVL ES FELICIS CE[ra]

Le nom d'Hercule est divisé en deux par le gros bout de la massue.
Coll. Louis Chaumartin.

F). — Fragment gauche d'un médaillon en poterie d'un beau rouge clair, à pâte serrée, ce qui est la caractéristique des produits portant le nom de *Felix*. Travail très fin.
— *Les Amours s'emparant des armes d'Hercule.*

Il reste un Amour nu, ailé, un genou à terre, cherchant à tirer une flèche du carquois d'Hercule posé près de lui. Dans le haut du médaillon, partie gauche d'un cartel soutenu par une guirlande; sur ce cartel on lit :

FELIC[is]
CER[a]

F. — *Les Amours s'emparent des armes d'Hercule*

Coll. Ernest Bizot.

On peut comparer le sujet de ce médaillon avec celui du médaillon dit *Le Repos d'Hercule*, découvert à Nîmes (1). Les différentes lampes portant l'inscription ADIVVATE SODALES offrent aussi une composition analogue. On y voit d'ordinaire des Amours occupés à transporter la massue

(1) Héron de Villefosse, *Gazette archéologique*, VI (1880), p. 178 et pl. 30.

d'Hercule ; un Amour vide la coupe laissée par le héros ; le carquois et la peau de lion sont suspendus dans le champ (1).

G). — Fragment d'un médaillon, partie gauche. — *Hercule et Antée.*

G. — *Hercule et Antée*

Le géant est entièrement nu, la jambe gauche repliée et le haut du corps tourné vers la gauche ; il est soulevé de terre par Hercule, dont l'avant-bras gauche seul subsiste encore La main droite d'Antée cherche à écarter le bras du héros pour se dégager de son étreinte. A gauche, sur le bord du médaillon on, lit :

ANTAEVS

La plus grande partie du médaillon manque à droite.

Coll. Louis Chaumartin.

Ce médaillon a été décrit par Allmer, d'après un moulage (2). Je n'ai vu aucune trace de la lettre O indiquée dans sa copie. Il est certain que le médaillon complet représentait Hercule et Antée comme il le suppose (3).

H). — Vase à couverte rouge, orné de trois médaillons. — *a. Apollon* ; *b. La louve et les jumeaux* ; *c. Neptune.*

a. — Apollon est nu, debout, tenant son arc dans la main droite avancée et portant une branche de laurier dans la main gauche ; derrière lui on aperçoit le trépied sur lequel est posé un corbeau.

b. — Le berger Faustulus, nu et debout, regarde dans la caverne la louve qui nourrit Romulus et Remus ; l'un des enfants tète la louve. A côté de l'enfant le plus voisin de Faustulus on lit :

REMVS

Au dessus de la louve le médaillon est brisé (4).

c. — Neptune est nu ; la tête du dieu est brisée ; son pied droit est posé sur un support ; la jambe droite, recouverte d'une draperie, est à demi pliée et avancée, elle supporte le bras droit ; de la main gauche élevée, le dieu s'appuie sur la haste du trident, dont la partie supérieure est brisée (5). A droite, entre la figure et le cadre du médaillon, inscription de quatre lignes, assez mal venue :

NEET
VNI
NA///
///EF

Lecture incertaine. Peut-être *Ne[p]tuni?*
Coll. Louis Chaumartin.

(1) *Corp. inscr. latin.* X, 8053, 8 ; Minervini, *Bull. arch. napol.*, n^{elle} série, III, p. 12. pl. II ; Otto Benndorf *Die Antiken von Zurich*, n. 281 ; *Rœmische Mittheil*, 1889 ; *Anzeiger*, p. 168 ; Allmer et Dissard, *Trion*, II, n. 1491.
(2) *Revue épigr. du midi de la France*, II, p. 133, n. 557 ; *Corp. inscr. lat.*, XII, 5687, 1.
(3) Cf., Hygin, *Fab.*, 31.
(4) Sur les répliques de cette scène. voir I. Bachofen, *La lupa romana su monimenti sepolcrali dell' Impero*, dans *Annali dell' Instituto*, 1867, XXXIX, p. 183-200 ; 1868, XL, p. 421-432, tav. d'agg., O-P, Q-R ; 1869, XLI, p. 288-308, tav. d'agg. O. Un vase d'Arezzo trouvé à Veies présente la même scène accompagnée de l'inscription LVPA GEMINI ; cf Lanciani. *Notizie degli scavi*, 1889, 10 ; *Corp. inscr. latin.*, XII. 6702, 24.
(5) Type du Neptune attribué à Lysippe et connu par plusieurs statues conservées au Musée de Latran, à la Villa Albani et à Dresde, Collignon, *Histoire de la sculpture grecque*, II, p. 419. Cf. en particulier la monnaie d'Hadrien dont le revers représente Neptune dans la même position, avec la légende NEP. RED. *Nep[tuno] red[uci]*, et avec l'adjonction d'une draperie sur la jambe, comme sur ce médaillon.

I). — Fragment d'un médaillon. — *La folie d'Ajax* (1).

Ajax est debout, la tête coiffée d'un casque à haute *crista*, retenu sous le menton par des géniastères : il porte un glaive du côté gauche ; le reste du corps est entièrement nu. Il tourne la tête à gauche d'un air menaçant : de la main droite levée à la hauteur de son casque, il tient une grosse pierre qu'il va lancer devant lui ; le pied droit repose sur un support plus élevé que le sol ; le poids du corps porte sur la jambe gauche. Devant le casque, restes d'une inscription :

A[iax]

A gauche le bras d'une autre figure est tendu vers la poitrine d'Ajax. Est ce le bras d'Ulysse, comme pourrait le faire croire l'inscription

VLIXES

placée un peu plus haut, entre le bras et le casque d'Ajax.

Coll. Louis Chaumartin.

I. — *La folie d'Ajax*

J). Fragment d'un médaillon. — *Jason*.

Le chef des Argonautes est représenté jeune, debout, le bras droit levé. Près de la tête on lit :

[i]ASO[n]

Les jambes manquent.

Coll. Louis Chaumartin.

C'est une réplique de l'exemplaire signalé par M. André Chavassieux fils (2). Il est possible aussi que ce soit le même.

K). Moitié gauche d'un médaillon ; travail fin et soigné. — *Médée endormant le dragon de Mars*.

K. — *Médée endormant le dragon de Mars*

A gauche une femme drapée (Médée) est assise sur un rocher ; le bras, l'épaule et le sein droit sont nus ; elle tient, dans la main droite avancée, une coupe qu'elle présente à un serpent enroulé autour d'un tronc d'arbre. Entre la femme et le serpent s'élève la plante qui a servi à fabriquer le philtre magique. Le serpent tire la langue ; sa tête est surmontée d'une crête : *crista linguisque tribus praesignis* (3). Le médaillon pouvait être complété à droite par une figure de Jason enlevant la toison d'or, comme dans la seconde scène du bas-relief de Vienne (4).

Au dessus de cette représentation on lit :

NEDIA

(1) Cf. Ovide, *Métamorphoses*, XIII, 1-398.
(2) Allmer, *Revue épigr. du midi*, II, p. 150, n. 572 : *Corp. inscr. latin.*, XII, 5687, 13.
(3) *Métamorphoses*, VII, 150.
(4) *Archæolog. Zeitung*, 1866, taf. 215.

Peut-être [*M*]*edia* ?
La première lettre se trouve tout à fait sur le bord du médaillon, dans la cassure, et n'est pas aussi nette que le dessin le ferait croire.
Coll. Ernest Bizot.

L). — Fragment de la panse d'un vase à couverte rouge lustrée. Médaillon entouré d'un cercle d'oves; une inscription de trois lignes, en gros caractères, occupe tout le champ.

Accipio bonu[m] *fruct*[um].
Coll. Louis Chaumartin.

M). — Fragment de la panse d'un vase à couverte rouge lustrée; médaillon entouré d'un cercle d'oves; une inscription de trois lignes, en gros caractères, occupe tout le champ.

M. — *Parthenopaeus*

Brisé à droite et en bas.
Calo P.art[*he*]*nop*[*aeu*(*m*)].
Encadrement formé par des feuilles de laurier.
Coll. Louis Chaumartin.
Le nom de *Parthenopaeus* a été relevé déjà deux fois sur des médaillons trouvés dans la vallée du Rhône (1), notamment sur un médaillon de la collection Emilien Dumas, de Sommières, provenant d'Orange, qui porte l'acclamation *nica Par*[*theno*]*paee*, sois vainqueur Parthenopaeus! Roulez a supposé qu'il s'agissait d'un pantomime en renom. Cette acclamation s'adresse, en effet, à un personnage tenant un masque tragique et un thyrse; devant lui se tient debout un autre personnage plus petit, qui lui présente une palme (2).

Sur le médaillon Chaumartin, immédiatement après le nom de Parthenopaeus, on remarque aussi une palme couchée en travers et qui semble séparer nettement les trois premières lignes de la quatrième.

Cette quatrième ligne, malheureusement brisée, était en effet en caractères plus petits: les deux premières lettres, qui seules subsistent, paraissent descendre et suivre le bord inférieur du médaillon. Faut-il compléter SY[*rinx*] ?; la syringe servait à accompagner le chœur sur la scène. Ou bien faut-il transcrire SY[*ringis cera*] ?, en tenant compte de l'ingénieuse supposition de M. W. Frœhner, à propos d'un médaillon de sa collection (Thésée et Ariane) à l'exergue duquel on lit le mot CERA à côté d'une syringe couchée (3). Dans cet instrument joint au mot *cera*, M. Frœhner a vu une allusion au nom du

(1) *Corp. inscr. lat..* XII, 5687, 24 et 25.
(2) J. Roulez, *Trois médaillons de poterie romaine*, dans *Gazette archéologique*, III (1877), p. 76 et pl. 12.
(3) W. Frœhner, *Les Musées de France*, p. 62-63, n. XIV.

modeleur, ajoutant que les noms empruntés aux instruments de musique sont très rares et qu'il lui semblait embarrassant de retrouver celui qui se cache sous une flûte de Pan. Le nom d'homme *Syrinx* existe cependant, comme le prouve une petite inscription de Pavie ainsi conçue (1) :

SYRINGIS. LIB

NOMINE

ETRVSCVS

Le petit texte de Pavie apporte donc à la supposition de M. Frœhner un appui indiscutable.

N). — Fragment de la panse d'un vase à couverte rouge ; médaillon presque complet, en deux morceaux recollés. — *Gladiateurs combattant dans un ludus.*

N. — *Combat de gladiateurs*

Au premier plan sont deux gladiateurs : le vainqueur, représenté de face, est armé d'une lance et d'un bouclier rond ; il porte sur la tête un casque qui laisse le visage à découvert ; l'adversaire, se retire devant ce vigoureux rival ; il est blessé et quitte le lieu du combat en chancelant, entraîné et soutenu par le maître d'armes à tunique courte qui vient d'interrompre la lutte. A terre gît le bouclier du vaincu. La scène se passe dans une école de gladiateurs (*ludus*) : l'instructeur principal, vêtu d'une tunique courte, la tête nue, portant à la main sa baguette (*rudis*), est debout au second plan derrière les deux combattants. A l'arrière plan on aperçoit encore deux autres instructeurs drapés, la tête nue. Au dessous de cette scène, inscription en relief :

FELICIS

CERA

Felicis cera.
Coll. Louis Chaumartin.

(1) *Corp. inscr. lat.,* V, 6453.

O). — Fragment d'un médaillon ; il ne subsiste qu'un morceau infime portant quelques lettres disposées sur trois lignes :

> .....SIMVS.ET
> .....ENIO
> [*vin*]CAS

Le sujet est brisé. Si la restitution du dernier mot est juste, la scène était relative aux jeux.
Coll. Louis Chaumartin.

N. — *Fragment d'une inscription*

P). — Très petit fragment d'un médaillon en poterie rouge ; partie droite.

> .....[*glor*]IOSVS
> ....[*i*]MP. II

Le sujet manque complètement.

Mes restitutions sont incertaines. Il est peu probable que ce médaillon ait été entièrement rempli par une inscription ; il y avait peut-être au dessous du texte l'image d'un empereur ?
Coll. Ernest Bizot.

A cette série de seize médaillons que j'ai examinés moi-même dans les collections Chaumartin et Bizot, j'ajoute ici dix fragments plus ou moins mutilés de la collection L. Chaumartin qui n'avaient pas attiré mon attention en 1892, ou qui ne s'y trouvaient pas encore à cette date. M. Bizot a eu l'extrême obligeance de les faire dessiner cette année à mon intention. N'ayant pas vu les originaux, j'en donne la description d'après les dessins qui m'ont été adressés, quoique plusieurs ne portent pas de légendes explicatives. Les lecteurs de la *Revue épigraphique* me pardonneront de les avoir réunis aux médaillons à légendes ; ce sont des produits des mêmes fabriques, bons à signaler d'ailleurs, il n'est pas démontré que des inscriptions n'aient pas disparu avec les parties brisées. Comme les précédents fragments, ceux-ci sont reproduits à la dimension des originaux.

Q). — Le premier et le plus important de ces nouveaux fragments (en deux morceaux recollés) offre un intérêt particulier. Il porte une représentation du *Cheval de Troie*. L'ensemble de la composition est suffisamment conservée pour que l'interprétation de la scène ne donne lieu à aucun doute. Le médaillon complet avait un diamètre supérieur à celui de la plupart des médaillons qui viennent d'être décrits.

Au premier plan se dresse le Cheval de bois, reconnaissable à ses dimensions. Il est évident que le cheval occupe la place principale ; c'est le point de mire de tout le médaillon. La fatale machine a franchi les portes de Troie ; déjà un guerrier grec, armé de deux lances et d'un bouclier, coiffé d'un casque, le corps protégé par une armure, est sorti de ses flancs. Au second plan sont représentés les Troyens qui, sans défiance et sans crainte, couronnent, par un festin accompagné de danses, une journée passée dans la joie :

> ....*Scandit fatalis machina muros*
> *Feta armis, pueri circum innuptaeque puellae*
> *Sacra canunt* (1).

Telle est la légende qu'il conviendrait de placer sous ce médaillon.

Au second plan, en effet, est représenté un banquet de fête. On y voit un grand lit demi-circulaire (*sigma*), sur lequel sont étendus, dans des poses différentes, cinq personnages ; primitivement ils étaient six ou sept ; une cassure

(1) Virgile, *Eneide*, II, 37.

en a fait disparaître deux probablement. A gauche, le premier de ces personnages est jeune et imberbe ; le bonnet phrygien qui lui sert de coiffure indique
qu'il est Troyen ; ses compagnons appartiennent à la même nationalité. Devant,
dans l'hémicycle, est placée une table ronde à trois pieds, supportée par des
griffes de lion (*delphica*): cette table est chargée de vases à boire ou à puiser.
A côté apparaissent deux figures plus petites que les personnages couchés:
l'une, debout, se livre à la danse en agitant les bras et les jambes ; l'autre,
assise, paraît exciter la première ; elle tient dans la main gauche avancée un
bâton en forme de pedum, ou peut-être un instrument de musique recourbé,
terminé par un pavillon, une sorte de trompette. A gauche se trouve une
boîte ronde, assez haute et partagée en plusieurs compartiments superposés:

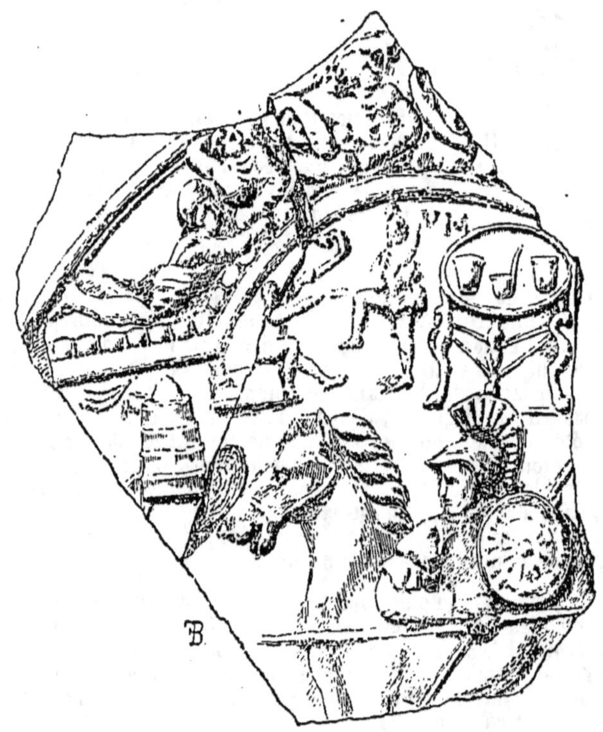

Q. — *Le Cheval de Troie*

c'est le *repositorium* dans lequel on déposait les différents mets constituant le
repas.

Cette scène représente l'état de la ville de Troie, au moment où les Grecs
sortent du Cheval de bois. Virgile a dépeint cet état dans un vers qu'il est
bon de rappeler :

Invadunt urbem somno vinoque sepultam (1).

Le dessinateur a cru voir les lettres VM près de la table ronde, et la lettre
T près du meuble à mettre les plats.

La partie inférieure du médaillon est brisée. Il est possible qu'il y ait eu,
au dessus du cheval, une inscription explicative assez longue, en prose ou en
vers.

Encadrement mouluré.

Une urne étrusque de la Galerie de Florence est ornée d'un bas-relief

____
(1) *Enéide,* II. 265.

grossier, dont la composition doit être rapprochée de celle du médaillon de Ste-Colombe; le sujet est toutefois plus sommairement traité. On y voit aussi, d'un côté, le Cheval de bois et les Grecs sortant de ses flancs; de l'autre côté, les Troyens couchés sur un lit et se livrant à une orgie autour d'une table chargée de mets (1).

(à suivre).

DIEUX DE LA GAULE

par Auguste ALLMER

I. — LES DIEUX DE LA GAULE CELTIQUE (suite).

1561

Dea SEQUANA

Prov. Lyonnaise (Civitas des Eduens ; Augustodunum, Autun).

Autel trouvé dans des fouilles exécutées aux sources de la Seine, à Saint-Germain-la-Feuille, canton de Flavigny, dép. de la Côte-d'Or. — Dijon, au Musée.

Mariola, Maiumel(i) fil(ia), dea Sequana, v(otum) sol(vit) lib(ens) merit(o).

Mowat *Inscr. des Lingons*, p. 15, d'après un estampage. — Lejay, *Inscr. de la Côte-d'Or*, p. 202. C. XIII, 2864.

« Mariola, fille de Maiumelus (?), à la déesse Sequana, avec reconnais-« sance en accomplissement de son vœu ».

Noter la rédaction défectueuse *dea Sequana*, au lieu de *deae Sequanae*.

2. — Autel trouvé à Saint-Germain-la-Feuillée. — Dijon, au musée.

Aug(usto) sacr(um), deae Sequanae); F(lavia) Flavil[la] pro sal[ute] Fl(avii) Luna[ris ?] nep(otis) sui ex voto v. s. l. m.

Mowat, *Inscr. des Lingons*, p. 14, d'après un estampage. — Lejay, *Inscr. de la Côte-d'Or*, page 203, copie à peu près inintelligible. — C. XIII, 2862.

« A Auguste, à la déesse Sequana ; Flavia Flavilla pour la conservation de « Flavius Lunaris, son petit-fils, avec reconnaissance en accomplissement de « son vœu ».

Lecture du *Corpus: Flavius Flavialis pro salute Flavii Lunaris.*

3. — Stèle trouvée à Saint-Germain-la-Feuille. Une femme, vêtue d'une tunique et portant de la main droite un petit vase à deux anses, est appuyée sur un fond dont les angles supérieurs sont tronqués circulairement. Dans l'angle, à gauche, est l'inscription. Il manque la tête et le bas de la stèle au dessous du genou de la figure ». — Dijon, au musée.

DAE

Lejay, *Inscr. de la Côte-d'Or*, p. 204.

D(e)ae — « A la déesse ».

La déesse, c'est-à-dire la Seine, serait peut-être la femme au petit vase à anses de la sculpture.

(1) Raoul-Rochette, *Monuments inédits d'antiquité figurée*, p. 296-298, pl LVII, 1; J. Overbeck *Die Bildwerke zum thebischen und troischen Heldenkreis*, taf. XXV, 20.

4. — Sur une jambe votive trouvée à Saint-Germain-la-Feuille. — Dijon, au musée.

<table>
<tr><td colspan="2" align="center">Copie de M. Lejay :</td><td colspan="2" align="center">Copie de M. Mowat :</td></tr>
<tr><td align="center">AVG SAC' DONV</td><td></td><td align="center">AVG'SAC'DOA</td><td></td></tr>
<tr><td align="center">B R O S E C V A N</td><td></td><td align="center">PRO SEC VAN</td><td></td></tr>
<tr><td align="center">PRO.........</td><td></td><td align="center">PRO OM</td><td></td></tr>
<tr><td align="center">.........CM</td><td></td><td align="center">V.S.L.M.</td><td></td></tr>
<tr><td align="center">V   S   L   M</td><td></td><td></td><td></td></tr>
</table>

Lejay, *Inscr. de la Côte-d'Or*, p. 204. — Mowat, *Inscr. des Lingons*, p. 15, d'après un estampage. — C. XIII, 2863.

Aug(usto) sac(rum), d(e)a(e?) Secuan(ae) pro Om(......) v. s. l. m.

« A Auguste, à la déesse Secuana, pour Om....; vœu accompli avec reconnaissance ».

Toute corrompue par l'ignorance ou la maladresse du graveur : DOA à corriger probablement en *deae* ; PRO répété fautivement.

5. — Bague octogonale trouvée à St-Germain-la-Feuille. « Une inscription est gravée sur les huit facettes, dont la cinquième est façonnée en forme de chaton ovale ».

DSE / QVA / NE / CLE / $^{M'M}_{ONT}$ / IOL / AVS / LM

Mowat, *Inscr. des Lingons*, p. 16. — Lejay, *Inscr. de la Côte-d'Or*, p. 206, — C. XIII, 2861.

Lecture de M. Mowat : *Deae Sequane Clementia Montiola v. s. l. m.*

« A la déesse Sequana ; Clem(entia) Montiola avec reconnaissance en accomplissement de son vœu ».

6. — Trouvée à St-Germain-la-Feuille. « Jambe votive appliquée à un fond qui porte l'inscription :

V

S

L

M

Lejay, *Inscr. de la Côte-d'Or*, p. 205. — Mowat, *Inscr. des Lingons*, p. 16.

V(otum) s(olvit) l(ibens) m(erito).

« Avec reconnaissance en accomplissement de son vœu ».

Le dévòt ou la dévòte n'a pas jugé à propos de se nommer.

7. — Amphore trouvée en 1836 à St-Germain-la-Feuille, contenant des ex-voto découpés dans des feuilles de bronze et d'argent, et un petit vase, dans lequel étaient 830 pièces de monnaie d'Auguste à Magnus-Maximus (381 à 388) ; l'inscription empreinte en creux sur le col. — Dijon, au musée :

DEAE' SEQVANAe RVFVS DONAVIT

Lejay, *Inscr. de la Côte-d'Or*, p. 206 : « gravée en deux fois ; DEA sur la terre crue, le reste après la cuisson ». — « Les A à barre horizontale et trait vertical au-dessous ; V ronds ; F à branche supérieure montante ». — Mowat, *Inscr. des Lingons*, p. 16.

« A la déesse Sequana ; don de Rufus ».

C'est la seule des inscriptions trouvées aux sources de la Seine, où le nom du dévòt soit sûrement lisible.

La déesse Sequana, c'est la Seine divinisée à sa source. Non seulement des inscriptions, mais aussi des ex-voto anépigraphes y ont été trouvés en grand nombre. Ces ex-voto, qui sont le plus souvent des feuilles de bronze ou d'argent représentant des parties du corps, font voir qu'on reconnaissait à la source de la Seine des vertus salutaires très recommandables. Beaucoup de représentations des plus caractéristiques paraissent mettre en première ligne de ces vertus celle de favoriser la fécondité des mariages.

La déification de la rivière n'a pas capitulé devant le christianisme. A peine dissimulée sous le déguisement d'une sainte, la déesse du paganisme celtique s'est maintenue au ciel et y est pour longtemps encore ; l'actuel bourg de Saint-Seine, dont le nom n'est que la prononciation contracte de Sainte-Seine, en fait témoignage.

On aurait volontiers pensé que du nom de la déesse Sequana la cité des Sequanes aurait tiré le sien : il n'en est rien. La source de la Seine se trouve à la limite de la cité des Eduens et des Lingons, chez les Lingons d'après M. Mowat ; chez les Eduens d'après M. Lejay, conformément à la circonscription diocésaine, en tout cas hors et loin de la Sequanie, dont toutes les eaux vont à la Méditerranée. La Saône, au contraire, naît chez les Sequanes, traverse la partie septentrionale de la cité et en limite, dans presque toute son étendue, la partie occidentale. Son nom primitif, inconnu, reparaît tardivement sous ceux de *Saccona* et de *Sagona*. Ne serait-ce pas de ce nom primitif, revenu plus ou moins défiguré, que les Sequanes auraient tiré le leur, plutôt que de celui de la Seine, qui ne naissait ni ne coulait chez eux, et appartient, dès sa source, à un bassin fluvial dont les eaux vont à la Manche ? Pour que les Sequanes puissent avoir tiré leur nom de celui du fleuve *Sequana*, il faudrait leur supposer, aux dépens des Lingons et des Eduens et peu vraisemblablement, un primitif territoire beaucoup plus étendu que celui qu'on leur connaît.

(à suivre).

BIBLIOGRAPHIE

MOWAT (Robert). *Les essais monétaires de répétition et la division du travail.* Paris, 1902, in-8°, 30 p. et une planche. (Extrait de la *Revue numismatique,* 1902, p. 179 et suiv.). — On sait avec quelle pénétrante sagacité M. le commandant Mowat cherche à éclaircir les problèmes grands ou petits de numismatique vers lesquels se porte son attention. Le travail dont nous venons de donner le titre en est une nouvelle preuve. M. le commandant Mowat y examine les monnaies dites de répétition, c'est-à-dire qui présentent, sur leurs deux faces, la même tête ou le même type. Il arrive à cette conclusion que « les pièces de ce genre n'étaient que des essais de modèles spécialement créés par le maître graveur pour l'usage des copistes chargés de reproduire à profusion les coins dont il était fait une prodigieuse consommation dans la frappe ».

DUMUYS (Léon). *Catalogue des estampilles de potiers gallo-romains du musée historique d'Orléans.* Orléans, 1903, in-8, 24 p. (Extrait des *Mémoires* de la Société archéologique de l'Orléanais). — C'est avec beaucoup de plaisir que nous signalons à nos lecteurs ce travail récent de M. Léon Dumuys. Les marques y sont groupées en deux séries : d'une part, celles du musée historique d'Orléans dont la provenance est inconnue, ou tout au moins douteuse ; de l'autre, celles de provenance orléanaise dûment établie, possédées par le même musée ou mentionnées dans les mémoires rédigés par les archéologues de la région, sur les fouilles qu'ils ont suivies ou fait pratiquer à diverses époques, depuis 1831 jusqu'à nos jours.

Em. ESPÉRANDIEU,
Correspondant de l'Institut.

REVUE
ÉPIGRAPHIQUE

N° 112. — Janvier, Février, Mars 1904

1564 à 1568

Copies et renseignements de M. Fernand SAUVE, membre de l'Académie de Vaucluse, à Apt.

1564

Autel à un Mars local

Oppedette. — « Pierre assez grande utilisée depuis longtemps comme montant d'une porte à Oppedette (Basses-Alpes) ».

```
        MARTI BRVATO
        S I C C I V S
        S E C V N D V S
        V · S · L · M
```

Marti Bruato ; S(extus) Iccius Secundus v(otum) s(olvit) l(ibens) m(erito).

« A Mars *Bruatus* ; Sextus Iccius Secundus, avec reconnaissauce en accomplissement de son vœu «.

Mars *Bruatus* (si ce surnom a été bien lu) était probablement la personnification divinisée de quelque détail de topographie locale.

1565

Epitaphe

Vachères. — Table de pierre commune découverte, en 1904, à Vachères (Basses-Alpes), au lieu dit la Grange-du-Bois, par M. Antonin Benoît, cultivateur. Hauteur, 0 m. 60 ; largeur, 0 m. 57 ; épaisseur, 0 m. 39 ; hauteur des lettres, 0 m. 05.

```
        C A L V E N T I V S
        ET · BIRRO · PATRI
        ET · MATRI DESVO
        PECVLIO
        FECERVNT
        SILVANI · FI
```

« La forme générale des lettres est plutôt allongée ; les barres transversales

"

des E sont ascendantes, celle des L est descendante ; les O sont des ronds parfaits ; la barre des T est très courte ; les R sont raides ».

Calventius et Birro patri et matri de suo peculio fecerunt, Silvani fi(lii).

« Calventius et Birro, fils de Silvanus, ont, de leur argent, fait construire (ce tombeau) à leur père et à leur mère ».

La dernière ligne de cette épitaphe se rapporte, vraisemblablement, à Calventius et à Birro. Le nom de leur père se trouve, de la sorte, indirectement exprimé, mais l'omission complète de celui de leur mère est surprenante. *Birro* est un nom celtique.

1566

Fragment d'autel

Bonnieux. — Fragment d'autel « trouvé vers 1896 au château de Thourame, commune de Bonnieux (Vaucluse) et conservé au même lieu ». Hauteur des lettres, 0 m. 075.

```
. . . . . . . . . .
   V   S   L   M
   ) CORNELIVS
   ʌ A X S V M V S
```

....*v(otum) s(olvit) l(ibens) m(erito) Q(uintus) Cornelius Maxsumus.*

« A.....; Quintus Cornelius Maxsumus avec reconnaissance en accomplissement de son vœu ».

Le nom de la divinité a disparu.

1567

Epitaphe

Apt. — « Pierre encastrée dans la maçonnerie moderne des caves de l'ancien cloître capitulaire d'Apt. L'inscription est très fruste et peu lisible ».

```
D        ʌ //
CORN////
PIN// E///
N EL.////
//////////
```

« La lecture de la troisième ligne est certaine ».

D(iis) M(anibus) Corn[eliae Al]pin[a]e; [Cor]nel[ius.....]

« Aux dieux Mânes de Cornelia Alpina ; Cornelius...... ».

Ce tombeau paraît avoir été construit par les soins d'un homme, pour sa mère, sa fille ou sa sœur. Les caves du chapitre d'Apt sont les restes d'une vaste construction gallo-romaine, dont les murs subsistent jusqu'à 2 mètres de hauteur environ.

1368

Epitaphe

Copie et renseignements extraits d'une note de M. David MARTIN, publiée dans la *Revue des études provençales*, numéro de mars 1904, p. 68 à 72.

Fos. — Tablette de marbre blanc, en deux fragments, découverte à Fos

(Bouches-du-Rhône), en 1897, en extrayant, sur le plateau dit de la Roquette, de la terre destinée à être transportée à St-Louis-du-Rhône, pour des travaux de remblaiement. Recueillie d'abord par M. Artigues, instituteur à Fos, cette tablette appartient aujourd'hui à M. David Martin, de Gap. Longueur, 0 m. 40 ; largeur, 0 m. 20 ; épaisseur, de 0 m. 20 à 0 m. 32. Hauteur des lettres, 0 m. 02.

> D ' EXPENTANIVS ' M.
> LVCRITIANVS ' EXPENTA
> NIAE ' ERM¹ONINIS ℬ
> LIBERTE ' SIVE ' CONIVGI '
> INCONPARABILI ' P ' O ' S ;

Les lettres, « gravées d'une main sûre et rapide, n'ont pas reçu le fini du poli ». Une palme, à la première ligne, suit le mot *Expentanius*. A la troisième ligne, la cassure de la pierre a fait disparaître, à ce qu'il semble, le premier I du mot *Ermioninis*.

D(iis) M(anibus). Expentanius Lucritianus Expentaniae Erm[i]oninis, libert(a)e sive, coniugi inconparabili, pos(uit).

« Aux dieux Mânes. Expentanius Lucretanius a fait construire (ce tombeau) à Expentania Hermione, son affranchie, épouse incomparable ».

Le gentilice *Expentanius* s'est déjà rencontré dans la région du bas Rhône : à Arles (*C. I. L.* XII, 868) et à Trinquetaille, près d'Arles (*ibid.*, 5813). *Lucritanius* pour *Lucretanus*, *Ermioninis*, ou peut-être *Ermoninis*, pour *Hermionenis*, sont des fautes de rédaction ou de gravure comme il en existe souvent dans les inscriptions funéraires. Mais la formule *liberta sive coniux incomparabilis* est plus intéressante et mérite d'être notée. Dans la *Revue des études provençales*, M. F. N. Nicollet, professeur au lycée Mignet, à Aix, a fait de *sive* le datif féminin « correspondant au latin classique *suae* » d'un possessif ligure *sivos*, *siva*. En vieux latin, *sivos*, *siva*, pour *suvos*, *suva*, ne serait pas impossible ; mais l'inscription présente assez d'incorrections, pour qu'on puisse penser aussi à une faute de gravure : *siue* pour *sue*.

1569

Epitaphe d'un esclave de l'Etat

Estampage et renseignements de M. Constantin VIOLET, propriétaire aux Vans.

Les Vans. — Tablette de marbre récemment découverte, par M. Adolphe Audibert, au lieu dit *les Armas*, commune des Vans (Ardèche), près de la route nationale n° 101. Hauteur, 0 m. 12 ; largeur, 0 m. 15. Hauteur des lettres, 0 m. 015.

> ALBANVS
> SERVS PVBL
> IVNIANVS
> V . A ' X L

Albanus, serv(u)s publ(icus), Iunianus, v(ixit) a(nnis) quadraginta.

« Albanus, esclave de l'Etat, antérieurement esclave de Junius, mort à l'âge de 40 ans ».

On sait que les esclaves n'étaient désignés, d'habitude, que par un seul surnom, fréquemment d'origine grecque. Lorsqu'on leur en trouve un second, sa terminaison *anus* est une preuve que celui qui le portait a changé de maître par héritage ou par achat. Le nom du premier possesseur est alors indiqué par le gentilice dont dérive le deuxième surnom. (Voir, à ce sujet,

Cagnat, *Cours d'épigr. latine*, 3ᵉ édition, p. 78). La ville actuelle des Vans faisait probablement partie de la cité des Helves, à l'extrême limite de son territoire, du côté des Arécomiques. La présence en cet endroit d'un esclave de l'Etat a pu être motivée par la surveillance que nécessitaient les mines d'argent du voisinage.

REMARQUES EPIGRAPHIQUES

par M. Ant. HÉRON DE VILLEFOSSE

membre de l'Institut

(*Suite*) (1)

R). — Le second fragment provient d'un médaillon de dimensions plus petites. Un homme nu, assis, tient de la main gauche un quadrupède par les cornes ou par les oreilles.

Il ne peut être question ici du dressage d'un animal. Le bateleur, dans ce cas spécial, serait représenté debout, regardant l'animal et faisant avec la main un geste d'autorité, afin de le contraindre à l'obéissance. Au contraire l'homme est assis : il ne regarde pas l'animal, mais tourne la tête de côté, comme s'il s'adressait à une personne placée plus bas que lui dont il voudrait attirer l'attention ; de la main droite il retient sa draperie que le vent a soulevée. Le bas du visage de l'homme est seul conservé ; le front et les yeux manquent.

Il faut reconnaître sur ce fragment *Polyphème amoureux de Galatée*. Ovide a décrit la scène dans tous ses détails (2).

Le Cyclope gravit une colline en forme de pyramide qui domine la mer et *vient s'y asseoir* ; ses troupeaux le suivent par habitude.

Huc ferus ascendit Cyclops, mediusque resedit ;
Lanigerae pecudes, nullo ducente, secutae.
Cui postquam pinus baculi quae praebuit usum,
Ante pedes posita est, antennis apta ferendis,
Sumptaque arundinibus compacta est fistula
centum.

L'objet qu'on aperçoit sous la jambe droite de Polyphème n'est pas la flûte composée de cent roseaux ; c'est un instrument de musique à cordes, une lyre ou une cithare. Sur les peintures de Pompeï, où Polyphème apparaît

R. — *Polyphème amoureux*

assez fréquemment ; une lyre ou une syrinx est toujours placée près du Cyclope (3).

Pour mieux comprendre le sujet il est bon d'avoir sous les yeux d'autres monuments représentant la même scène, c'est-à-dire Polyphème énumérant à Galatée les cadeaux dont il la comblera si elle cède à ses supplications. Le relief funéraire où le Cyclope montre à la Néréide, afin de la séduire, un agneau qu'il tient par la peau du cou entre ses deux doigts est surtout digne d'attention (4). Sur le médaillon de Sainte-Colombe un chevreau a remplacé l'agneau ; c'est le moment où Polyphème parle à Galatée de ses troupeaux et des présents qu'il lui réserve. Son corps est tourné vers la droite, mais le

(1) Voir plus haut, IV. p. 152 à 155 ; V. 7 à 13 ; 51 à 62.
(2) *Métamorphoses*, XIII, 780 et s.
(3) Helbig, *Campanische Wandgemälde*, n. 1042 et s.
(4) *Monumenta Matthaeiana*, III, XI, 1 ; cf. X, 2 ; P. Engelmann, *Bilder-atlas zu Ovids Metamorphosen*, XXV, 155.

mouvement du cou et l'inclinaison du torse indiquent que ses regards étaient dirigés vers la gauche, du côté où il apercevait sa bien aimée ; il lui disait :

Jam, Galatea, veni ; nec munera despice nostra (1).

S). — Sur un troisième fragment on voit une figure barbue, coiffée d'une espèce de turban, au dessus duquel se dressent deux cornes. Ce précieux morceau représente *Le roi Midas*, dont les deux grandes oreilles d'âne ont été prises pour des cornes par le dessinateur. Le visage du roi est pensif et sérieux ; il est assis sur son trône ; malheureusement le corps presque en entier, le trône et la plus grande partie du sujet manquent. Derrière sa tête s'incline une palme ; devant lui, sans doute, se trouvait debout un autre personnage avec lequel il s'entretenait.

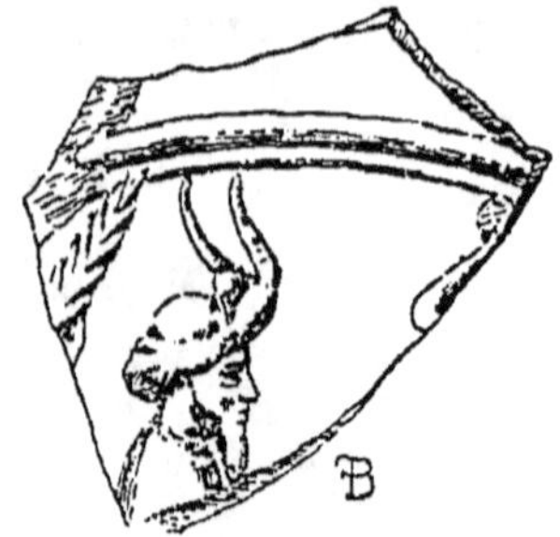

S. — *Le roi Midas*

On se rendra mieux compte de ce que pouvait être la scène dans son entier en se reportant à un article d'Émile Braun, intitulé *Sileno innanzi al re Midi* (2). Braun a expliqué trois monuments relatifs à Midas : un vase du Musée de Palerme, un vase découvert à Chiusi et une tasse du Musée Grégorien.

Sur le vase de Chiusi, où les deux grandes oreilles de Midas seraient prises aussi facilement pour des cornes par ceux qui ne connaitraient pas le sujet (3), le visage grave et barbu du monarque offre une grande analogie avec le modèle adopté sur notre médaillon. Le roi est assis sur un trône à l'intérieur de son palais ; Silène, les mains liées derrière le dos est amené devant lui par un serviteur vêtu à l'orientale et portant à la main le roseau qui a trahi le secret de Midas ; au-dessus de la tête du roi une femme agite un flabellum. Sur la tasse du Musée Grégorien on ne voit plus que Midas et le serviteur portant le roseau (4) ; l'espace étant mesuré la scène a été forcément réduite.

Braun a exposé les raisons pour lesquelles ces deux figures sont mises l'une en face de l'autre (5). Les dimensions du médaillon ne pouvaient pas permettre de donner ici à la scène plus de développement que sur la tasse du Musée Grégorien ; elle ne comprenait que deux personnages ; Midas était probablement assis à l'ombre d'une palme.

Encadrement mouluré.

T. — *Homme nu*

T). — Ce fragment représente un homme nu, aux formes très vigoureuses, dont la tête manque. On ne reconnait pas clairement s'il est agenouillé ou couché. Il lève le bras gauche au dessus de l'épaule droite. Le bras droit replié repose sur une draperie soulevée par le vent ; on dirait qu'un pied humain apparait près de l'épaule ?

Près de ce même bras droit on remarque deux lettres, restes d'une inscription, dans lesquelles on peut reconnaître aussi bien ME que HE.

On serait presque tenté de penser à Hercule en face de ce personnage d'une vigueur exceptionnelle. Avons-nous ici le fragment d'une représentation des tourments du

(1) *Métamorphoses*, XIII, 839.
(2) *Annali dell'Instituto*, XVI (1844), p. 200-213, tav. d'agg. D. 3 e H ; *Monumenti*, IV, x.
(3) *Annali*, 1844, tav. d'agg. H ; B. Engelmann, *Bilder-atlas*, XIX, 122.
(4) *Annali*, 1844, tav. d'agg. D. 3.
(5) Cf. *Métamorphoses*, XI. 90-93.

héros sur le mont Œta (1)? On ne voit cependant auprès de lui aucun des attributs ordinaires, ni la peau de lion. ni la massue, ni le carquois. L'attribution reste donc très incertaine : il est fort possible que ce fragment provienne d'un groupe de caractère obscène.

Encadrement mouluré.

U). — Fragment de la partie inférieure d'un médaillon faisant connaître une représentation rare et intéressante, *Mercure chevauchant un bouc*. Le débris est suffisant pour qu'il ne subsiste aucune hésitation. Il reste les quatre jambes du bouc marchant vers la droite, le bas de la jambe droite de Mercure garnie d'un aileron. Au-dessus de la ligne qui figure le terrain s'avance une tortue marchant dans le même sens que le bouc.

Encadrement uni.

Bacchus enfant a été quelquefois représenté à califourchon sur un bouc. (2). Ici l'aile attachée au bas de la jambe prouve qu'il s'agit bien de Mer-

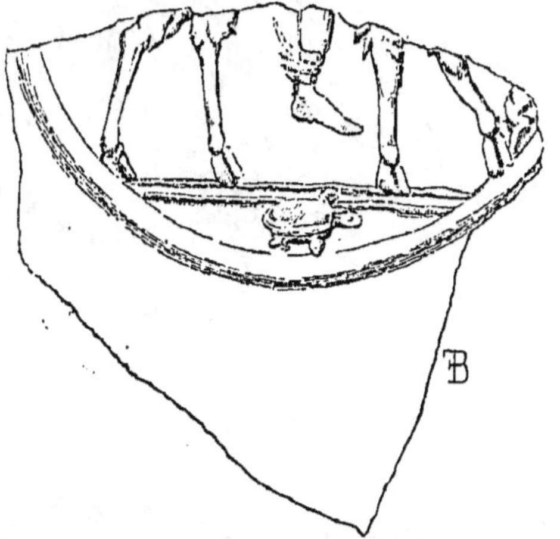

U. — *Mercure porté par un bouc*

cure dont la tortue est également un attribut très connu ; le bouc qui était une des victimes offertes ordinairement à ce dieu l'accompagne aussi dans bon nombre de représentations.

V). — A première vue ce fragment semblerait appartenir à un médaillon d'assez grandes dimensions, rentrant dans la série des scènes relatives aux jeux de l'amphithéâtre. Un homme jeune, une sorte de Génie de la Victoire, est debout, vêtu seulement d'une chlamyde qui retombe en arrière, laissant toute la partie antérieure du corps à découvert; il porte une grande palme au bras gauche (3) et tient dans la main droite avancée une couronne, à côté de laquelle on lit cette inscription de deux lignes:

TV SOLI

NICA

Tu soli nica !

La figure à laquelle s'adresse l'exclamation et à laquelle est présentée la couronne ne pouvait être que de très petite taille ; elle a disparu. En regardant avec attention au-dessous de la couronne on constate que le dessinateur s'est efforcé de rendre exactement ce qu'il a vu près de la cassure: ce sont deux petites ailes, ou plutôt le haut de deux petites ailes, appartenant à une figure de l'Amour.

L'inscription devient alors claire; elle s'applique à merveille à la puissance universellement reconnue du petit dieu malin. S'il s'agissait d'un vainqueur dans les jeux le mot *nica* aurait été, comme à l'ordinaire, précédé ou suivi d'un nom propre.

(1) Ovide, *Métamorphoses*, XIII, 135 et sv.
(2) Clarac, *Musée de sculpture*, pl. 691 A, n° 1610 B ; Sal. Reinach, *Répertoire*, II, p. 132-133.
(3) La main qui tient la palme repose sur la hanche.

La puissance de l'Amour a été exprimée dans l'antiquité de tant de maniè-
res différentes, il existe un si grand nombre de monuments où l'Amour

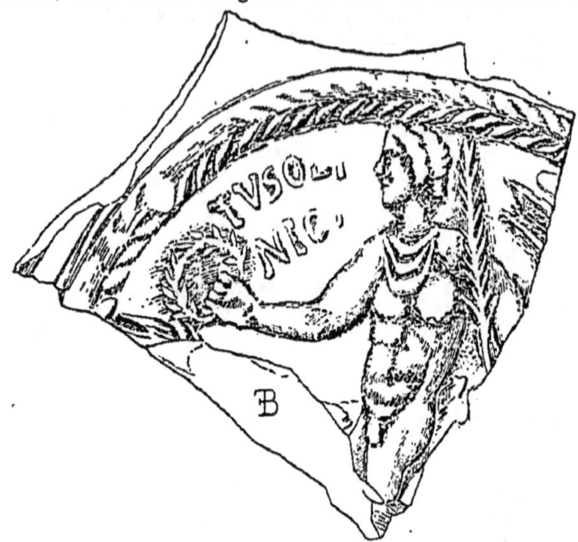

V. — *L'Amour vainqueur*

apparaît vainqueur de la force brutale et des animaux les plus féroces, qu'il
suffit de rappeler le vers bien connu du poète :

Omnia vincit Amor et nos cedamus Amori! (1)

L'Amour est le maître du monde, tout dans l'univers est obligé de se sou-
mettre à sa loi. *Eros omnia per te*, dit une mosaïque récemment découverte à
Dougga (2).
Encadrement formé par des feuilles de laurier.

W. — *Déesse portant une corne
d'abondance*

W). — Fragment. Femme vêtue d'une tunique et d'un manteau, portant
au bras gauche une corne d'abondance
dans laquelle on distingue deux épis, des
fruits et des feuilles de vigne ; elle a la
tête tournée à gauche de profil. Abondance
Fortune, Tutèle de ville ou déesse locale,
elle était en conversation avec une autre
figure placée à sa droite et qui a disparu.
Le bras droit et les jambes manquent.

Encadrement arrondi et mouluré.

Pour la disposition probable du sujet on
comparera avec profit le groupe de Plancus et du Génie de Lyon sur les médaillons déjà connus (3).

X. — Fragment d'un médaillon qui
représentait deux gladiateurs combattant
l'un contre l'autre. Celui de droite subsiste en partie, il est coiffé d'un casque
orné de plumes ; son bras gauche est
protégé par un bouclier rectangulaire

(1) Virgile, *Bucoliques*, X, 69.
(2) Merlin, *Bulletin archéologique*, 1902, p. 367. Eros, sur la mosaïque de Dougga, est le nom d'un
cocher vainqueur, mais il est facile de comprendre le jeu de mots qui se cache dans la formule de
l'inscription.
(3) Allmer et Dissard, *Musée de Lyon ; Inscriptions antiques*, II, p. 149 et 172.

orné d'un panneau central quadrillé qu'entoure une ligne de gros clous à tête ronde ; il tient son arme de la main droite.

Au-dessus du bras droit on lit :

ASTY[anax]

Ce nom peut être complété avec quelque certitude parce qu'il se lit également sur une mosaïque du Musée de Madrid où deux gladiateurs, *Astyanax* et *Kalendio.* combattent l'un contre l'autre. Le mosaïste a pris soin de désigner chacun des combattants par son nom (1).

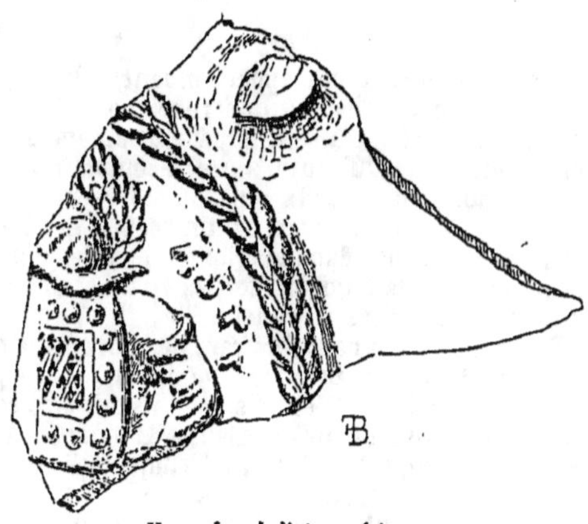

X — *Le gladiateur Astyanax*

Encadrement formé par une couronne de feuilles de laurier.

Y. — *Gladiateur combattant*

Y). — Fragment en deux morceaux recollés, d'une scène analogue à la précédente. C'est le gladiateur de gauche qui reste ; il est debout, coiffé d'un casque fermé (*galea*) ; il porte le *subligaculum* ; son bras est protégé par des lanières de cuir (*manica*) ; il tient dans la main droite une épée courte et pointue, mais non recourbée. dont la poignée semble ornée de glands. Son bras droit est brisé. Au fond on aperçoit une des balustrades de l'amphithéâtre (2).

Encadrement arrondi et uni.

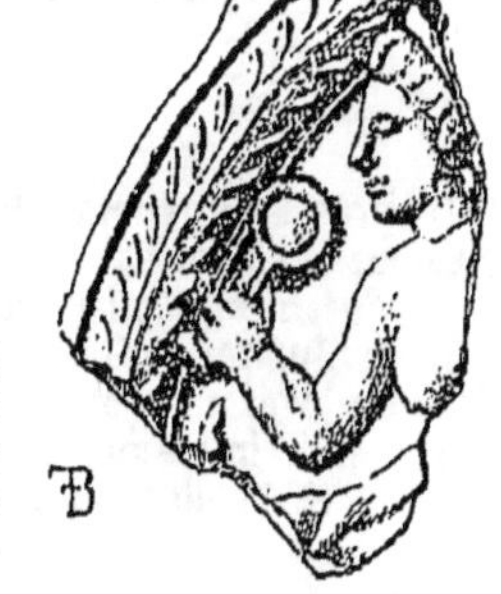

Z. — *Femme tenant un miroir*

Z). — Fragment représentant la tête, le cou, le sein droit et le bras droit d'une femme nue qui tient un miroir dans la main droite ; sa chevelure ondulée est surmontée d'un diadème. Il est difficile de reconnaître les détails un peu confus que le dessinateur a cherché à reproduire au-dessous du bras.

Restes d'un encadrement formé par une palme.

C'est une Vénus ou plutòt une femme nue. On ne peut pas dire d'une manière positive si elle faisait partie d'une scène érotique.

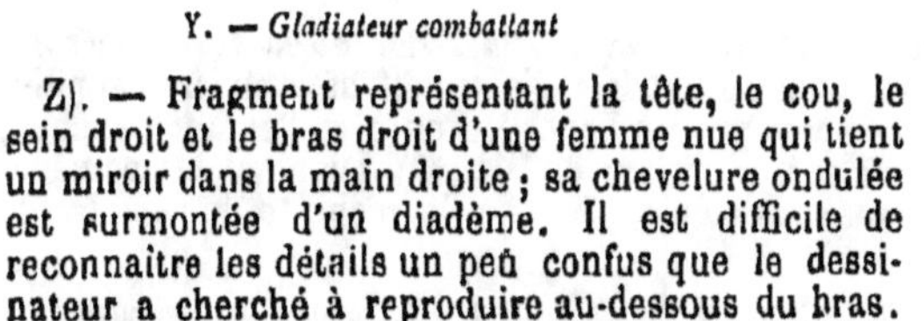

(1) Winckelmann, *Monumenti inediti*, pl. 197, 198 ; Marini, *Atti e monumenti degli Arvali*, ad. p. 165 ; *Corp. inscr. latin.*, VI. 10205.
(2) Cf. le costume de ce gladiateur et du précédent avec celui du gladiateur Saturninus, Allmer et Dissard, *Musée de Lyon ; Inscriptions antiques*, IV, 453, n. 14.

*
* *

Tous ces médaillons appartiennent à la série des *vasa ornata* auxquels le Corpus latin a consacré une rubrique spéciale dans le volume réservé à la Narbonnaise (1). On sera forcément amené à élargir cette série et à la compléter en y introduisant d'autres exemplaires trouvés en dehors de la Narbonnaise, notamment ceux qui ont été recueillis à Lyon, dans les fouilles de Trion (2). Il faudra composer un recueil général plus étendu avec des dessins, sans se renfermer dans les limites étroites d'une province administrative. Le commerce portait quelquefois ces vases au loin et en dehors de ces bornes provinciales faciles à franchir.

Il est naturellement fort rare de rencontrer ces médaillons dans leur intégrité; on les trouve presque toujours brisés. La plupart proviennent de la vallée du Rhône ou des vallées voisines ; ils ont été recueillis à Lyon, à Vienne, à Ste-Colombe, à St-Romain-en-Gall, à Limony, à Orange, à Cavillargues près de Bagnols (Gard) (3), à Arles, à Trinquetaille (4). Il est permis de croire que la fabrique qui les produisait était voisine de Lyon et de Vienne, car elle éditait pour ces deux villes des sujets spéciaux d'un intérêt tout à fait local, des médaillons représentant, par exemple, le Génie de la colonie de Lyon, le buste de la ville de Vienne, la déesse Tutèle, etc.

Parmi ces médaillons, les plus grands, ont servi à décorer des gourdes de forme lenticulaire (5); les autres, les plus petits, et ce sont les plus nombreux, ornaient la panse de petites urnes, à panse sphérique très large avec goulot étroit (*urceus*) ; ces urnes étaient munies de trois anses alternant avec trois médaillons. Moulés séparément, les médaillons étaient appliqués encore frais sur les vases qui recevaient ensuite une glaçure silico-alcaline, puis étaient soumis à une nouvelle cuisson (6). Naturellement, étant donné la fragilité de la matière, ces petites hydries nous sont rarement parvenues sans aucun dommage. Cependant le Musée de Lyon en possède une presque complète qui fut trouvée en 1727 dans le quartier d'Ainay (7) ; M. Hoffmann en avait rapporté d'Orange une seconde presque intacte qui passa dans la collection Julien Gréau (8) ; le Musée de l'Ermitage en possède une troisième dont les médaillons sont anépigraphes et offrent la même particularité que ceux du vase Hoffmann, c'est-à-dire que deux médaillons sur trois sont sortis du même moule (9) ; le vase H de la collection Louis Chaumartin, quoique fort dégradé, a conservé aussi ses trois médaillons.

A l'aide de ces quatre exemplaires presque complets on peut se faire une idée de la disposition des reliefs sur la panse du vase.

*
* *

D'après leur ornementation, les médaillons connus peuvent être classés en plusieurs catégories :

1o *Sujets mythologiques empruntés aux légendes des dieux et des héros :* Jupiter, Jupiter et Ganymède, Sarapis et Isis, Neptune, Thétis sur un dauphin, Apollon, Mercure, Mercure porté par un bouc, Mercure et l'enfant Bacchus, Cérès et Triptolème, Vénus et Mars, Mars et Ilia (10), Diane et Melpomène, Hercule et Apollon se disputant le trépied, Latone, la vache Io, le supplice de

---

(1) *Corp. inscr. latin*, XII, p. 778, 5687, n. 1 à 49; cf. *ibid.*, 2747 (médaillon de Cavillargues).
(2) Allmer et Dissard, *Trion*, II, p. 477 à 501, n. 1381 à 1405.
(3) Héron de Villefosse, *Fondation Piot* ; *Monuments et Mémoires*, II, p. 97.
(4) Espérandieu, *Inscriptions antiques du Musée Calvet*, p. 212, n. 250.
(5) Comme le vase de l'ancienne collection Sallier, conservé aujourd'hui au musée de St-Germain, W. Frœhner, *Musées de France*, p. 13, pl. 3.
(6) Allmer et Dissard, *Musée de Lyon* ; *Inscriptions antiques*, IV, p. 441.
(7) Caylus, *Recueil d'antiquités*, VI, p. 338, pl. CVII ; Boissieu, *Inscriptions antiques de Lyon*, p. 463 à 465.
(8) W. Frœhner, *Médaillons romains en terre cuite*, dans *Gazette archéologique*, XIV, (1889), p. 53 à 58.
(9) Stephani, *Compte-rendu de la Commission impériale archéologique pour 1873*, p. 68-69.
(10) On connaît trois exemplaires de ce médaillon.

Marsyas, Vénus entourée d'Amours qui jouent avec les armes de Mars (1), l'Amour Incendiaire (2), l'Amour vainqueur, les Amours s'emparant des armes d'Hercule, Thésée et le Minotaure, Thésée et Ariane (3), Hercule et Antée, Hercule et les pommes des Hespérides, Hercule et l'Hydre de Lerne, le Repos d'Hercule, Hercule sur le mont Oeta?, Hercule et Prométhée, le vaisseau de Danaüs, Achille, Ajax et Ulysse, Scylla attaquant le vaisseau d'Ulysse, le Cheval de Troie, Hector et Ajax, Diomède, Jason, Médée, Philoctète s'emparant des armes d'Hercule, Hippomènes et Atalante (4), Polyphème amoureux, Midas, etc.;

2º *Sujets historiques* : portrait de Géta; Plancus (et le Génie de la colonie de Lyon), etc.;

3º *Sujets d'intérêt local* : Génies de ville, déesse Tutèle, la ville de Vienne, etc.;

4º *Sujets empruntés aux jeux du théâtre, de l'amphithéâtre ou du cirque* : combats de gladiateurs, courses de chars, portraits de mimes célèbres, etc.;

5º *Sujets érotiques* ;

6º *Sujets de genres* : une poule et ses poussins, etc.

Les inscriptions, allusions, maximes peuvent rentrer dans ces diverses catégories.

Les scènes qui ornent ces médaillons sont ordinairement accompagnées d'inscriptions imprimées *en relief*. Le plus souvent ces inscriptions sont brèves et en petits caractères : elles indiquent simplement les noms des personnages, le nom du dieu, du héros, du monstre représenté. Les légendes explicatives en prose ou en vers, de trois ou quatre lignes, les maximes appropriées au sujet, les dialogues entre les personnages d'une même scène sont plus rares. Les acclamations de victoire comme *vincas* ou *nica*, de bonne chance comme *feliciter*, l'indication du nombre de combats livrés, de leur issue glorieuse, ou de triomphes d'un autre genre, se lisent à côté des noms de gladiateurs, d'auriges ou de pantomimes. Sur les médaillons érotiques ce sont des courtes plaisanteries, plus ou moins grossières, en rapport avec le sujet. Sur les médaillons d'intérêt local on trouve des souhaits de bonheur ou une prière. Sur les médaillons historiques sont inscrits des noms.

Certains exemplaires de ces médaillons ne sont pas ornés de figures ; une inscription en occupe seule tout le champ.

*
* *

Enfin, à côté des scènes et des légendes quelques médaillons portent un nom d'homme précédé ou suivi du mot *cera*. M. W. Fræhner auquel revient le mérite d'avoir le premier, en 1873, signalé aux archéologues cette curieuse série (5), a vu dans ces deux mots la signature de l'artiste, auteur du modèle en cire d'après lequel les reliefs avaient été exécutés. Stephani, Wieseler, Welcker et Roulez n'ont pas admis cette explication ; ils ont pensé que le mot *cera* devait être l'abréviation du mot κερα(μέως) écrit en lettres latines, ou une mauvaise transcription du mot γερα (6). Pour mon compte, je partage complètement l'opinion de M. W. Fræhner que je considère comme indiscutable et désormais bien établie.

Quoiqu'il en soit de ces explications on a rencontré jusqu'ici, sur les médaillons recueillis dans la vallée du Rhône, plusieurs noms différents, précédés ou suivis du mot *cera*.

Ces noms sont les suivants:

(1) On connaît deux exemplaires de ce médaillon.

(2) Ce très curieux médaillon pourrait être aussi bien classé comme scène de genre : Il a été expliqué d'une manière charmante par G. Lafaye. *L'Amour incendiaire*, dans les *Mélanges de Rome*, X (1890), p. 61 à 97, pl. I.

(3) On connaît deux exemplaires de ce médaillon.

(4) On connaît trois exemplaires de ce médaillon.

(5) W. Fræhner, *Médaillons en terre cuite du midi de la France*, dans *Les Musées de France; recueil de monuments antiques*, p. 52-67 ; pl. XIV, 1-3 ; XV, XVI.

(6) Fræhner, *op. cit.*, p. 52 ; J. Roulez, *Gazette archéologique*, III (1877), p. 66-67 ; *Corp. inscr. lat.*, XII; 5687, q. Preller a proposé la leçon *cripta* et Otto Jahn a voulu corriger *certa* et transcrire *certa(men)*. Aucune de ces suppositions n'est admissible.

I *Apollinaris*

Ce nom revient trois fois sur des médaillons provenant de la vallée du Rhône ; il apparaît une quatrième fois sur un médaillon dont la provenance n'est pas connue.

1. — Sur une gourde conservée au Musée des antiquités nationales de St-Germain-en-Laye : APOLLINAR CERA. Autrefois dans la collection Sallier, d'Aix (1).

2. — Sur le médaillon d'Ulysse et Scylla conservé au Musée de Vienne (Isère) : [ap]OLLINARIS CERA. Tr. à Ste-Colombe (2).

3. — Sur le médaillon de la déesse Tutèle conservé au Musée de Lyon : [apol]LINAR CERA. Tr. à Vienne (Isère) (3).

4. — Dans son ouvrage sur les inscriptions doliaires G. Marini a noté l'existence d'un médaillon appartenant à un abbé de St-Paul-hors-les-murs [le P. J. di Costanza] et représentant Apollon citharède, entouré de plusieurs figures plus petites avec l'inscription NICA APOLLO ; au dessous de la composition il avait lu CERA APOLLINIS, influencé certainement par la figure d'Apollon, car il prend soin d'ajouter qu'il n'est pas sûr de la dernière lettre — « chè non so bene se siavi o no la lettera S (4). — Le P. di Costanza a placé ce médaillon, sans l'expliquer, en tête d'une dissertation qu'il a faite sur un ancien manuscrit des poésies du Dante (5). Seroux d'Agincourt, qui l'a reproduit à son tour sur le frontispice d'un de ses ouvrages (6), donne la leçon CERA APOLLINI. Le I final est probablement la moitié d'un A dont l'autre moitié est ou mal venue ou ne se lit plus ; quant au S, entrevu si imparfaitement par Marini à la fin du mot, c'est certainement un R à demi effacé. Si l'on admet ces deux petites corrections on obtient

au lieu de : CERA APOLLINIS
la lecture : CERA APOLLINAR

forme abrégée du nom de l'artiste précisément semblable à la forme que fournissent la gourde Sallier et le médaillon de la Tutèle.

Au sujet de la transposition du mot *cera*, on verra plus loin, par les exemples donnés sous le nom *Felix*, que *cera* se plaçait tantôt avant, tantôt après le nom du modeleur.

C'est le médaillon du P. J. di Costanza qui a servi de point de départ à l'ingénieuse théorie de M. W. Frœhner, émise depuis plus de trente ans et confirmée chaque jour par de nouvelles découvertes (7). J'ajoute que ni Marini, ni Seroux d'Agincourt ne disent que ce médaillon ait été trouvé à Rome, dans les fouilles. Mais quand même il aurait été recueilli dans une fouille, à Rome ou en Italie, rien n'empêche de croire à sa provenance gauloise. On trouve bien en Gaule des produits des ateliers d'Arezzo. En tous cas, par la signature du modeleur, il appartient à notre fabrique de la vallée du Rhône.

II. *D.....*

Sur un médaillon de la collection Charvet, M. Frœhner a lu, en deux lignes, D//////// || CER[a]. et il a pensé avec raison que la première ligne, en grande partie disparue, avait dû renfermer un nom d'artiste commençant par D (8). Trouvé à Orange.

<hr>

(1) Frœhner, *Vase du musée de Saint-Germain*, dans *Les Musées de France*, p. 12-17 ; pl. III ; *Corp. inscr. lat.*, XII, 5687, 9.

(2) Allmer, *Inscr. de Vienne*, III, p. 77, n. 414, pl. 205, 14 ; *Corp. inscr. lat.*, XII, 5687, 17.

(3) Allmer et Dissard, *Musée de Lyon ; Inscriptions antiques*, IV, p. 449.

(4) G. Marini, *Iscrizioni antiche doliari*, p. 430-431, n. 222*.

(5) M. W. Frœhner possède cette brochure très rare dont il donne le titre, *Musées de France*, p. 54, note 1.

(6) Seroux d'Agincourt, *Recueil de fragments antiques en terre cuite*, 1814, vignette du frontispice, et p. 10, note 1.

(7) W. Frœhner, *Musées de France*, p. 52-53 ; le médaillon est gravé sur la pl. XIV, 3, d'après la brochure du Père di Costanza.

(8) *Musées de France*, p. 67, n. XXVI ; *Corp. inscr. lat.*, XII, 5687, 37.

III. *Felix*

On connait huit exemples de la signature de Felix. Les médaillons qui portent ce nom se distinguent par une technique fine et soignée : la terre est bien préparée; la couverte est d'un beau rouge clair ; le relief est, en général, d'une exécution élégante et habile.

1. — Sur un médaillon représentant Vénus Victrix, entourée des Amours qui jouent avec les armes de Mars : CERA FELICIS. Anc. collection Oppermann (1).

2. — Sur un autre exemplaire du même médaillon: CERA FELICIS. Tr. à Nîmes (2).

3. — Sur un médaillon représentant Thétis sur un dauphin : [ce]RA FELICIS. Tr. à Vienne, en 1868 ; coll. W. Frœhner (3).

4. — Sur un médaillon représentant la victoire d'Hippomènes sur Atalante : [fe]LICIS CERA. Exemplaire C décrit plus haut ; coll. L. Chaumartin.

5. — Sur un second exemplaire du même médaillon dont le précédent permet de compléter la signature avec certitude: [felicis] CERA. Tr. à Orange (4).

6. — Sur un médaillon représentant Hercule vainqueur : FELICIS CERA. Exemplaire E décrit plus haut ; coll. L. Chaumartin.

7. — Sur un médaillon représentant un combat de gladiateurs ; en deux lignes: FELICIS || CERA. Exemplaire N décrit plus haut ; coll. L. Chaumartin.

8. — Sur un médaillon représentant les Amours s'emparant des armes d'Hercule ; dans un cartel, en deux lignes: FELIC[is] || CER[a]. Exemplaire F décrit plus haut ; coll. L. Chaumartin.

IV. *Latinus*

Sur le médaillon qui représente Hercule combattant l'Hydre de Lerne, ce nom s'est rencontré pour la première fois : LATIN[i] || CERA en deux lignes. Exemplaire D décrit plus haut ; coll. L. Chaumartin.

V. *Syrinx (?)*

Faut-il insérer ce nom dans la liste des modeleurs? Je laisse le soin de le décider à ceux que la question intéresse. On verra ce qui a été dit plus haut sur ce sujet à propos de l'exemplaire M de la collection de M. Louis Chaumartin.

*
* *

En Gaule, en dehors de la vallée du Rhône, on constate l'existence d'autres ateliers ayant fabriqué des médaillons analogues.

En Auvergne notamment il devait exister une autre fabrique caractérisée par les produits découverts à Vichy et à Lezoux. Les plus connus de ces produits sont les médaillons représentant un triomphe impérial et une scène de clémence que le baron de Witte a rattachés à l'histoire de Trajan (5) ; d'autres retracent un épisode de l'Iliade, le combat d'Hector et d'Ajax auprès des vaisseaux ; ils sont tellement semblables aux médaillons de la vallée du Rhône, offrant la même scène, que les fragments trouvés dans les deux régions se complètent l'un par l'autre (6). Les médaillons des ateliers d'Auvergne se distinguent par une pâte particulière, par une couverte d'un aspect plus foncé, d'une couleur brune ; ils sont quelquefois bronzés.

(1) Frœhner, *Musées de France*, p. 57, n. V ; pl. XIV, 1 ; *Corp. inscr. lat.*, XII, 5687, 18 *a*.
(2) Marcilly, *Comptes-rendus de la Société française de Numismatique*, III (1872), p. 241 ; *Corp. inscr. lat.*, XII, 5687, 18 *c*.
(3) Frœhner, *Musées de France*, p. 58, n. IX : *Corp. inscr. lat.*, XII, 5687, 18 *b*.
(4) Frœhner, *Gazette archéologique*, XIV (1889), p. 56.
(5) *Fragments de vases relatifs à Trajan*, dans la *Gazette archéologique*, I (1875), p. 93-96, pl. 25.
(6) Héron de Villefosse, *Bull. des Antiq. de Fr.*, 1888, p. 253-254 ; W. Frœhner, *Gazette archéologique*, XIV (1889), p. 50-53, pl. 15.

Dans la vallée du Rhin, notamment à Cologne, on a signalé des médaillons du même genre. Deux sont signés du nom PRIMIANVS ; ils représentent Léda et le cygne, le Centaure Nessus enlevant Déjanire. Un troisième, sorti de l'atelier de SERVANDVS, représente un triomphe accompagné d'une inscription où se lisent les mots VIENNA FELIX, relevés déjà sur un fragment trouvé à Vienne (Isère) (1).

A Lectoure on a trouvé en 1902 le moule d'un médaillon représentant Anubis, Isis et Serapis. A Vertault, en Bourgogne, un autre moule a été découvert représentant une triade égyptienne sur le vaisseau d'Isis (2).

On en découvrira d'autres encore et cette branche de la céramique gallo-romaine est destinée à s'élargir de jour en jour davantage.

Ajoutons que plusieurs médaillons, connus par d'anciennes publications, n'ont pas encore été remis en lumière depuis qu'on s'occupe du groupement des produits de la même famille. L'un d'eux, resté jusqu'ici dans l'ombre et qui mérite d'en sortir, est connu par un dessin ; il parait être d'une exécution assez fine ; j'ignore où il se cache aujourd'hui.

C'est un médaillon circulaire, d'un travail soigné, dont il manque un fragment à gauche. A l'ombre d'un vieux figuier au tronc noueux, au feuillage clairsemé, et à côté d'un rocher, Paris et Oenone se tiennent l'un près de l'autre, se regardant mutuellement dans une attitude amoureuse. Paris, PARIS, est coiffé d'un bonnet ; il porte une tunique à manches, serrée à la taille ; ses jambes sont protégées par des anaxyrides : son pied droit avancé est posé sur une aspérité du rocher ; sa main gauche s'appuie sur la partie élevée du rocher tandis que le bras est passé derrière le cou de son amie. Oenone, OENONE, vêtue d'une longue robe et d'un manteau entr'ouvert, les jambes croisées, la main droite sur la hanche, regarde Paris familièrement.

La scène se passe sur le mont Ida. Au-dessous une figure à demi-drapée et couchée, le coude appuyé sur une urne d'où l'eau s'échappe, représente probablement le Scamandre. Devant cette dernière figure deux bœufs viennent s'abreuver, allusion aux occupations pastorales de Paris (3).

Braun (4) qui s'est occupé aussi de ce médaillon le prend pour la partie supérieure d'une lampe : c'est bel et bien un médaillon de vase. Sa provenance n'est pas connue.

D'autres médaillons représentant des auriges vainqueurs avec des légendes explicatives ont été publiés par le P. R. Garrucci (5).

On sait que les ateliers d'Arezzo, bien avant ceux de la vallée du Rhône, avaient fabriqué des vases ornés de représentations légendaires et d'inscriptions. Hercule et les Muses apparaissent sur de nombreux fragments de vases et de moules d'Arezzo, avec leurs noms en relief (6). Les potiers d'Arezzo copiaient certainement des vases grecs, probablement des vases d'argent célèbres (7). Ce qui prouve l'origine grecque de leurs modèles, c'est que les légendes explicatives, les dénominations des figures, sont en caractères grecs, tandis que les marques de fabrique, les noms de Cerdo, de Tigranes et de M. Perennius sont toujours en caractères latins. Il est évident que si la décoration avait été d'invention romaine les légendes explicatives auraient été aussi en latin, comme les signatures des potiers. Sans doute sur les vases d'argent ces légendes étaient tracées en petites lettres pointillées, comme celles qui accompagnent les squelettes sur les célèbres gobelets de Boscoreale (8) ; les potiers naturellement ne pouvaient les reproduire qu'en relief, leurs procédés de fabrication et la matière qu'ils employaient s'opposant à une reproduction nette du pointillé. Les ateliers d'Arezzo ont aussi jeté

(1) Blanchet, *Etudes sur les figurines de terre cuite de la Gaule romaine ; supplément* dans les *Mém. de la Soc. des Antiq. de Fr.*, LX (1899), p. 224-227.
(2) Blanchet, *Bull. des Antiq. de Fr.*, 1902, p. 204-205.
(3) Millingen, *Anc. uned. monuments*, 2ᵉ partie, 1826. p. 35, pl. XVIII, 2. J. Overbeck, *Die Bilwerke zum thebischen und troischen Heldenkreis*, taf. XII, 2.
(4) *Zwölf Bas-relief.* texte. n. 8.
(5) Dans les *Mélanges d'archéologie* du P. Cahier, IV, p. 265.
(6) *Corp. inscr. lat*, XI, 6700, 437.
(7) Gamurrini, *Bullettino dell' Instituto*, 1884, p. 49-51.
(8) Héron de Villefosse, *Le Trésor de Boscoreale*, p. 58 à 68, n. 7 et 8.

dans le commerce des vases avec les figures d'Achille, d'Hector, de Diomède (1), la représentation de la louve avec Romulus et Remus (2), etc., vases qui, à leur tour, ont pu servir de modèles dans les ateliers de la Gaule.

P. S. — Sur le médaillon E, de la collection Louis Chaumartin, incomplet et décrit plus haut (p. 55), Hercule se présente dans une attitude absolument semblable à celle que lui a donnée le sculpteur dans une des scènes de l'autel d'Albano, celle qui se rapporte à la victoire du héros sur la reine des Amazones (Righetti, *Campidoglio*, II, tav. 275).

10. — *Le Puy-de-Dôme. Graffite trouvé au temple de Mercure*

Sous le n° 6 de mes *Remarques* (3) j'ai démontré par trois exemples absolument certains, relevés sur des poteries découvertes au Puy-de-Dôme, l'existence d'une formule votive courante que les fidèles inscrivaient en abrégé sur les vases en terre cuite offerts par eux au dieu adoré sur le sommet de la montagne.

Mon savant confrère et ami, M. Joseph Buche, professeur au lycée de Lyon, veut bien me signaler un quatrième exemple de cette formule. Il m'écrit qu'un de ses amis lyonnais, M. Jean Beyssac, a trouvé près du temple de Mercure, un grossier fragment de poterie, sur lequel étaient tracées les deux lettres | K R | dont l'explication lui paraissait assez problématique. Il y a trois ans, c'est-à-dire en 1900 probablement, M. Joseph Buche a nettement reconnu ces deux lettres sur le fragment en question. Après avoir lu ma note il a fait demander à M. Beyssac ce fragment de poterie pour me l'envoyer; malheureusement M. Beyssac n'a pas pu le retrouver.

Il n'en reste pas moins acquis que ce débris appartient à un vase sur lequel était inscrite la formule que j'ai signalée; c'est donc le quatrième exemplaire connu.

Il faut certainement compléter ainsi les abréviations :

$$[g.v.]\text{K} . \text{R} \cdot [f]$$

et les transcrire conformément aux indications que j'ai données.

J'attache une grande importance à la communication de M. Buche, et je tiens à en faire part de suite aux lecteurs de la *Revue épigraphique*. On a trouvé, et on trouvera encore d'autres exemplaires, complets ou incomplets, de cette formule courante; j'appelle sur ce point l'attention de tous ceux qui ont ramassé des débris de poteries au sommet du Puy-de-Dôme. Qu'ils les examinent avec attention: je serai très reconnaissant aux antiquaires et aux amateurs qui voudront bien prendre la peine de me signaler les poteries inscrites de cette provenance. Il est probable que bon nombre de ces fragments vendus aux touristes, ou ramassés par eux, ont été dispersés en des mains différentes. Combien il serait utile et intéressant de les faire connaitre et de les réunir !

(à suivre).

CHRONIQUE

Quelques antiquités, rapportées de Tunisie par le colonel de Chizelle et trouvées à Sousse, Sfax ou Feriana, ont été vendues à Paris, à l'hôtel Drouot, le 5 décembre dernier, par les soins de Mme Raymond Serrure. De ce nombre étaient les inscriptions que voici, dont nous ignorons la provenance exacte :

1. Fragment de marbre blanc veiné de gris. Hauteur, 0 m. 11; largeur, 0 m. 12; épaisseur, 0 m. 013. Hauteur des lettres, 0 m. 03.

(1) *Corp. inscr. lat.*, XI, 6700, 450.
(2) *Ibidem.* 6702. 24.
(3) Voir plus haut, page 9 et pl I.

<pre>
    d   M   S
    ..... 'CEREALI s
    ....
</pre>

2. Plaque de marbre blanc. Hauteur, 0 m. 12 du coté droit, 0 m. 10 du coté gauche; largeur, 0 m. 22; épaisseur, 0 m. 015. Hauteur des lettres, 0 m. 15. Acquise par nous avec le fragment qui précède, et celui ci-après, n° 4. (Prix: 15 fr.).

<pre>
         ' D . M ' S '
    AEMILIA'MARINA'H'S'E' VIX'
    ANN'XL'M'II D'VIIII'SATVRNINVS'
    MARITVS ' PIISSIMVS ' FECIT
</pre>

3. Plaque de marbre blanc. Hauteur, environ 0 m. 15; largeur, environ 0 m. 03; épaisseur, 0 m. 03. Hauteur des lettres, 0 m. 015. Acquise par M. A. Blanc, 8, boulevard Bonne-Nouvelle, à Paris. (Prix: 14 francs).

<pre>
         D   M   ET
    MEMORIAE'VRBICI
    QVI'VIXIT'MENS'IXꝹ
    DIEB'VIIII'FILIO
    DESIDERANTISSIMO
    PARIS PATER FEC
</pre>

4. Fragment de marbre blanc, brisé diagonalement de droite à gauche. Hauteur, 0 m. 14; largeur, 0 m. 18; épaisseur, 0 m. 025. Hauteur des lettres, 0 m. 014.

<pre>
    dIS'MANIBVS
    scXTILIA HELENA
        h 'S'EST'
    vixit anniS' L'VIIII
</pre>

BIBLIOGRAPHIE

RECUEIL DES INSCRIPTIONS LATINES, Rapport de M. O. HIRSCHFELD. (*Procès-verbaux des séances de l'Académie de Prusse*, 28 janvier 1904), p. 228; 230). M. Hirschfeld consacre quelques lignes émues à la mémoire de Théodore MOMMSEN, dont le nom restera indissolublement lié à l'œuvre du *Corpus*, qu'il a inspirée, et à laquelle il a collaboré pendant près d'un demi-siècle. Il fait ensuite connaître l'état d'avancement des différentes parties de l'œuvre qui restent à paraitre.

Le recueil des inscriptions de Rome (*tome VI*), a été clos d'une manière provisoire, par la publication, faite l'année dernière, des *Additamenta* qu'il comportait. M. HUELSEN a l'intention de donner, dans l'*Ephemeris epigraphica*, un long supplément consacré aux inscriptions nouvellement découvertes. La préparation des *Indices* a été poussée sous la direction de M. DESSAU; cependant, il ne semble pas que leur impression puisse avoir lieu dans le courant de cette année.

M. BORMANN a commencé la préparation des *Indices* du *tome XI*, relatif à l'Italie centrale.

Les inscriptions du nord de la Gaule (*tome XIII, 1re partie*), dont s'occupe M. DE DOMASZEWSKI, sont en voie d'achèvement. Celles de la région française paraitront dans le courant de cet été par les soins de M. HIRSCHFELD. Les inscriptions de la Germanie (*tome XIII, 2e partie*), dont la préparation à été interrompue par la mort de ZANGEMEISTER, seront reprises par M. DE DOMASZEWSKI, à la suite d'un voyage de revision qu'il se propose de faire. Pour l'*Instrumentum* gallo-germain (*tome XIII, 3e partie*), M. BOHN a entrepris un voyage de six semaines sur les bords du Rhin et en Suisse, afin de revoir et de compléter l'énorme quantité de matériel qui se trouve dans les musées et les collections particulières. Les sections qui restent à publier, plus particulièrement les inscriptions sur verre et sur métal, sont, pour la plupart, terminées en manuscrit. La publication des cachets d'oculistes découverts sur toute l'étendue du monde romain a été confiée à M. ESPÉRANDIEU. Le manuscrit de ce chapitre est terminé; son impression est commencée.

M. DRESSEL n'a pas pu continuer, cette année, l'impression de l'*Instrumentum* de la ville de Rome (*tome XV, 3ᵉ partie*).

M. LOMMATZSCH a si bien apporté ses soins à la nouvelle édition des inscriptions de l'époque républicaine (*tome I, 2ᵉ partie*), qu'on peut en espérer l'impression pour le courant de cet été. Il n'a pas été permis à M. MOMMSEN de surveiller l'achèvement de ce travail et de rédiger ce qui se rapporte aux documents législatifs. Sur la demande de l'Académie, M. BUECHELER s'en est chargé.

M. MAU fait espérer la reprise immédiate et la continuation de l'impression des inscriptions murales de Pompéi (*supplément au tome IV*).

Les inscriptions d'Afrique (*supplément au tome VIII*) sont terminées, par MM. CAGNAT et DESSAU, jusqu'aux découvertes nombreuses que l'on a faites durant l'impression du volume. Les *Indices* sont en préparation.

Les archives épigraphiques de la Bibliothèque de l'Académie royale sont ouvertes, comme par le passé, tous les mardis, de 11 heures à 1 heure. On peut les consulter avec les précautions qui sont rendues nécessaires par la nature même de la collection.

MOWAT (Robert). *Mélanges et documents : Supplément au Catalogue descriptif des monnaies et essais de répétition ; Notes supplémentaires sur les monnaies abrasées*. Paris, 1903, in-8°, 6 p. (Extrait des procès verbaux de la *Société française de numismatique*, 4ᵉ trim. 1902). — La première partie de cette brochure contient, ainsi que son titre l'indique, un supplément à la liste chronologique des répétitions frappées à Rome. La seconde se rapporte à un autre travail du même auteur sur *le martelage et l'abrasion des monnaies sous l'Empire romain*. (Voir ci-dessus, IV, p. 242). M. Mowat avait fait remarquer que la plupart des exemples d'abrasion de Géta sont fournis par des médaillons à deux têtes qui appartiennent à des villes de la province d'Asie. « Une pareille entente, dit-il aujourd'hui, semble n'avoir pu résulter que de la pression exercée par le proconsul sur les autorités de ces villes ». Il suppose alors, non sans vraisemblance, que le proconsulat dont on ne connaît pas la date exacte, de Julius Avitus, beau-frère de Septime Sévère, a dû se produire en 212. Les liens de famille qui unissaient ce personnage à Caracalla expliqueraient ainsi complètement les mesures d'une rigueur exceptionnelle qui furent prises, en Asie, contre la mémoire de Géta.

NÉCROLOGIE

Théodore MOMMSEN, associé étranger de l'Académie des Inscriptions et Belles-Lettres, est mort à Charlottenburg, le 1ᵉʳ novembre dernier, dans la quatre-vingt-sixième année de son âge. Il nous est impossible de donner en quelques lignes le résumé qui conviendrait de sa vie. Aucune existence ne fut mieux remplie que la sienne ; aucun historien n'a groupé autour de son enseignement un plus grand nombre d'élèves, dont la plupart sont devenus des maîtres. Son *Histoire romaine*, ses travaux de numismatique et de droit, la part prépondérante qu'il a prise à l'œuvre colossale du *Corpus* des inscriptions latines et à celle des *Monumenta Germaniae*, une prodigieuse quantité de mémoires sur des sujets les plus divers de l'antiquité classique, des lettres politiques aussi, que l'on ne peut passer sous silence, parce qu'elles furent toujours d'une extrême gravité, lui ont valu une réputation universelle. Mommsen a personnifié pendant un demi-siècle l'érudition allemande. D'autres savants peuvent l'égaler ; de longtemps, sans nul doute, aucun ne le surpassera.

Em. ESPÉRANDIEU,
Correspondant de l'Institut.

Vienne, imp. Savigné — Ogeret et Martin, succrs. — Le Gérant : J. OGERET ⊕ I.

·REVUE

ÉPIGRAPHIQUE

N° 113. — Avril, Mai, Juin 1904

1570

Autel à Cautes

Dessin et renseignements de M. Villard, architecte à Valence-sur-Rhône
Valence-sur-Rhône. — Autel de pierre commune, avec base et
couronnement, découvert, au mois de janvier 1904, « dans une cave », à
Valence-sur-Rhône. Appartient à M. Villard. Hauteur, 0 m. 45 ; largeur,
0 m. 19 ; épaisseur, 0 m. 12. Hauteur des lettres, 0 m. 025 à la première
ligne, 0. 020 aux lignes suivantes. (Voir la planche VII).

CAVTI

SEX

CABIRIVs

IVLLINVS

« L'inscription est restée absolument entière et sans altération ; cependant, la seconde lettre de la troisième ligne n'est plus bien formée ».

Cauti, Sex(tus) Cabirius Iullinus.
« A Cautes, Sextus Cabirius Iullinus ».

Cautes est, à ce que l'on croit l'un des dadophores des monuments mithriaques ; l'autre se serait appelé Cautopates. Ces deux figures, vêtues du costume phrygien, sont certainement des conceptions qui se rattachent au culte
solaire. L'opinion la plus répandue y reconnaît la représentation des équino-
xes. Cautes serait l'équinoxe du printemps ; son flambeau levé ferait allusion
à la poussée de vie qui se manifeste, à ce moment, dans toute la nature.
Cautopates figurerait l'équinoxe d'automne ; l'abaissement de son flambeau
serait un signe de la mort. Ainsi, Cautes et Cautopates, de même que Mithra,
représenteraient le Soleil, mais seulement lorsqu'il est parvenu en deux
points remarquables de sa course. Ce n'est pas ici le lieu d'exposer la doctrine du culte de Mithra ni de donner ce que l'on croit être l'explication de
toutes les figures représentées sur les monuments mithriaques. Il nous
suffira de rappeler l'admirable travail consacré, par M. Franz Cumont, aux
mystères de Mithra (*Textes et monuments figurés relatifs aux mystères de Mithra*,
Bruxelles, 1889-1896, 2 vol in-8 ; cf. *Dictionnaire des ant. grecques et romaines*, III, 2, pp. 1944 et suiv.), et le fort précieux petit livre de M. Gasquet
sur cette même question (*Essai sur le culte et les mystères de Mithra*, Paris,
1899, in-12). Mais l'autel à Cautes, récemment découvert à Valence, celui
aux noms de Mercure et de Mithra que nous avons publié dans un précédent
numéro de la *Revue* (ci-dessus p. 35), d'autres inscriptions trouvées en différents lieux (*C. I. L.* XII, 1324, 1535, 3441, 2587), le célèbre torse que possède

le musée d'Arles, et sur lequel, entre les replis d'un énorme serpent, sont représentés les signes du zodiaque, le bas-relief des environs de Bourg-St-Andéol, le léontocéphale du musée de Vienne sont à noter comme autant de preuves de l'importance considérable que le culte de Mithra avait prise, aux premiers siècles de notre ère, le long du Rhône, à la faveur des relations commerciales qui s'établirent avec l'Orient par cette voie.

A Valence, l'acte de dévotion de Cabirius peut s'expliquer par le nom que portait ce personnage. De même que Mithra, les Cabires pélasgiques personnifièrent le principe igné. Une confusion, dont témoignent une foule de monuments et les auteurs, ne tarda pas à s'établir entre les Cabires et les Dioscures, et il semble bien que cette confusion soit devenue complète, lorsque le culte des divinités de Samothrace se répandit. (Voir à ce sujet les articles *Cabiri*, par F. Lenormant, et *Dioscuri*, par S. Reinach et M. Albert, du *Dictionnaire des antiquités grecques et romaines*). Or on sait quelle étroite relation a existé dans l'esprit des anciens, entre les Dioscures et le Soleil. Il se peut donc parfaitement que Cautes et Cautopates soient devenus des Cabires à la faveur de cette relation, et qu'un personnage appelé *Cabirius* ait eu l'idée de rendre un culte particulier au Cabire-Cautes. Il n'y a là, nous ne saurions trop le répéter, qu'une simple hypothèse ; mais les cultes que l'humanité a rendus aux divinités cosmiques se mêlent tellement, que des conjectures, dans la plupart des cas, sont seules permises.

1571

Débris d'une inscription municipale

Notre copie dessinée.

Baron. — Fragment de table en calcaire local, trouvé aux Claparèdes, près de Baron (Gard), par M. Ulysse Dumas, qui le possède. Hauteur, 0 m. 15 ; largeur, 0 m. 47 ; épaisseur, 0 m. 10. Hauteur probable des lettres, 0 m. 06.

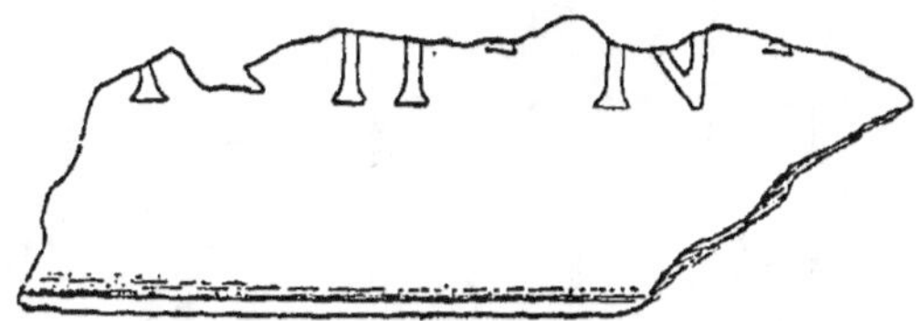

Les ruines dites des Claparèdes sont celles d'une localité gallo-romaine, qui devait être d'une certaine importance, si l'on en juge par l'étendue de terrain qu'elles couvrent, et le nombre, déjà considérable, des objets antiques de toute nature qu'on y a trouvés. Un *exagium* de bronze, en forme d'astragale, et pesant près de dix kilogrammes, en a été retiré, il y a quelques années, par M. Ulysse Dumas, qui l'a donné au musée de Nîmes. Le fragment de table que nous décrivons a dû faire partie d'un édifice public. Les lettres qu'il contient semblent indiquer une attribution de places dans un lieu de spectacle, mais il ne nous est pas possible de les interpréter sûrement. (Sur Baron cf. *Bulletin archéologique du Comité*, 1903, p. cvi).

1572 à 1574

Copies et renseignements de M. Paul THIERS, conservateur du Musée archéologique de Narbonne.

1572

Fragment du piédestal d'une statue

Narbonne — Partie inférieure d'un piédestal de marbre blanc découverte à Narbonne, en 1904, « dans le rempart romain, sous la foraine (dépen-

AUTEL À CAUTES

(Revue épigraphique, t. V, p. 81).

(Dessin de M. Villard).

dance du palais de la vicomté) ». Au musée de Lamourguier. Hauteur actuelle, 0 m. 50 ; largeur du dé, 0 m. 59. Hauteur des lettres, 0 m. 025.

> . . . .
> *col. iulia paterna claud.*
> N A R *bon. mart. ob merita*
> L I B E R A L I T A T E S Q *'erga*
> REM . PVBLICAM . S\ *am . . .*
> STATVAS ' TOTIDEN *q ' signa*
> 5   P O N E N D A ' C E N *suerunt*

« Lettres du deuxième siècle ; points triangulaires ».

....*collonia) Julia Paterna Claud(ia)] Nar[bon(e) Mart(io), ob merita] liberalitatesq(ue) [erga] rem publicam. su[am, ...] statuas totiden[q(ue) signa] ponenda cen[suerunt].*

« ...de la colonie *Julia Paterna Claudia Narbo Martius*, pour ses mérites et ses libéralités envers sa cité, ont ordonné de lui élever ..... statues et un pareil nombre de *signa* ».

A la fin de la troisième ligne se trouvait peut-être le mot *duas*, qui, du reste, a la longueur voulue pour remplir la lacune. Il s'agit de deux ou d'un plus grand nombre de statues et d'autant de *signa* décrétés par le conseil des décurions ou par les membres d'un collège tout particulièrement puissant, comme l'étaient, à Narbonne, ceux des sévirs augustaux et des naviculaires, pour honorer quelque riche personnage bienfaiteur de la cité.

Nous ne saurions dire au juste ce qu'il faut entendre par le mot *signa*, dont la restitution, autorisée par des exemples analogues, ne fait pas de doute. C'étaient, pensons-nous, les bas-reliefs qui décoraient chaque piédestal, et peut-être même, dans un sens plus large, les piédestaux avec tout ce qu'ils contenaient.

I573

Epitaphe d'un naviculaire

Narbonne. — Trois fragments d'un piédestal en marbre blanc découverts à Narbonne, en 1904, dans le rempart romain, sous la foraine. Au musée de Lamourguier. Hauteur actuelle, 0 m. 86 ; largeur du dé, 0 m. 84 ; hauteur des lettres, de 0 m. 04 à 0 m. 08.

> . . . .
> N A V *ic* V L *ario*
> C O R N E L I *us*
> *p* ANEGYRICVS ' ET
> C O R N E L I V S
> C H R Y S E R O S
> AMICO ⅃ OPTIMO

« Lettres du deuxième siècle ».

.....*nav[ic]ul[ario]; Corneli[us P]anegyricus et Cornelius Chryseros amico optimo.*

« A....naviculaire ; Cornelius Panegyricus et Cornelius Chryseros à leur ami excellent ».

Panegyricus et Chryseros, dont les surnoms grecs, peu communs, trahissent la condition servile primitive, étaient apparemment, de même que le défunt, des naviculaires de Narbonne que le commerce avait enrichis. On peut noter les dimensions et le luxe du monument dû à leur piété.

I574

Epitaphe

Narbonne. — Stèle en calcaire grossier, brisée de tous les côtés, découverte à Narbonne, en 1904, dans le rempart romain, sous le foraine. Au musée de Lamourguier. Hauteur, 0 m. 40 ; largeur, 0 m. 33 ; hauteur des lettres, 0 m. 06.

D   M
AV RVN
CAEIAEV
AIDI...

« Lettres du troisième siècle ».

D[iis] M(anibus) Auruncaeiae Umidi[ae].
« Aux dieux Mânes de Auruncaeia Umidia ».

Cette lecture est celle de M. Thiers, qui a pu se rendre compte, par l'examen de la pierre, de l'étendue probable de la lacune qui s'est produite. *Aurunceius, Umidius* sont des gentilices connus. Peut-être faut-il lire : *D. M. Auruncaeiae ; Umid[ius..., uxori optimae]*, ou quelque autre formule du même genre ; mais alors la défunte n'aurait plus été désignée que par son gentilice ce qui, sans être impossible serait exceptionnel.

1575 à 1577

Estampages et renseignements de M. l'abbé J.-B. Martin, correspondant du Ministère de l'Instruction publique, à Lyon.

1575

Epi'aphe chrétienne

Lyon. — Plaque de marbre découverte à Lyon, le 12 décembre 1903, par M. Ferlat, « en creusant des caves à sa maison, située rue des Macchabées, nᵒ 18 ». Cette plaque se trouvait dans un sarcophage, sous la tête du défunt. Elle a été taillée dans un pilastre romain et porte, au revers de l'inscription, de magnifiques cannelures. Hauteur, 0 m. 46 ; largeur, 0 m. 42 ; épaisseur, 0 m. 05. Hauteur des lettres, 0 m. 23.

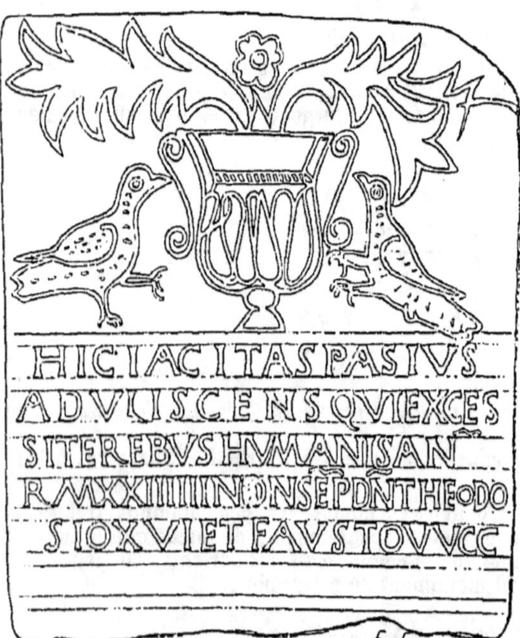

Hic jacit Aspasius, aduliscens, qui excessit e rebus humanis an(no)r(um) XXIIIIII, non(as) sep(tembres), d(omino) n(ostro) Theodosio XVI et Fausto v(iris) c(larissimis).

« Ici repose Aspasius, adolescent, qui a quitté ce monde à l'âge de 26 ans, le jour des nones de septembre (5 septembre) sous le consulat de notre maître Théodose, pour la seizième fois, et de Faustus, personnages clarissimes ».

A la quatrième ligne, une séparation, que nous ne savons comment effectuer, des éléments du groupe XXIIIIII est probablement nécessaire, bien que

AUTEL A CAUTES

(Ci-dessus, p. 81)

les chiffres des unités se répètent au-delà de quatre, et quelquefois jusqu'à neuf, sur les marbres chrétiens de la Gaule. *Jacit*, pour *jacet*, *aduliscens* pour *adolescens*, sont des fautes qui témoignent de la barbarie des rédacteurs de l'épitaphe. *Aspasius*, surnom servile d'origine grecque, apparaît pour la première fois, comme nom chrétien, sur les marbres de nos pays. On sait, par le témoignage de Varron, que le terme *adolescens* s'appliquait à ceux dont l'âge était compris entre quinze et trente ans, c'est-à-dire dans ce qu'il appelait la seconde étape de la vie humaine. (Cf. Censorin., *de die natali*, c. XIV; Isid. Hisp., *Origin.*, XI, 2, etc.). Ce terme, toutefois, n'avait rien d'absolu. César, par humilité il est vrai, s'en servit un jour en parlant de lui-même devant le Sénat, et différentes épitaphes d'enfants le fournissent. (Voir, par exemple, Edm. Le Blant, *nouv. recueil*, p. 125).

Théodose II fut consul d'Orient, pour la seizième fois, en 438, d'abord avec son gendre, l'empereur d'Occident Valentinien III, que remplaçait, en réalité, le patrice Aétius, ensuite avec Anicius Acilius Glabrio Faustus, qui fut aussi trois fois préfet de Rome, et préfet du prétoire d'Italie, d'Afrique et d'Illyrie. (Sur ce personnage, voy. Borghesi, *OEuvres*, tome X, pp. 609 à 611). Ainsi, cette épitaphe datée est une des plus anciennes de la Gaule.

En publiant ce texte dans l'*Extrait des procès-verbaux du Bulletin archéologique du Comité des travaux historiques*, (février 1904, p. XII), M. Héron de Villefosse a fait remarquer que la formule : *qui excessit e rebus humanis* peut être rapprochée de celle : *quae mundana reliquit*, que fournit un autre marbre chrétien de Lyon de l'année 454. (*C. I. L.* XIII, 2359).

1576

Épitaphe chrétienne

Lyon. — Plaque de marbre, incomplète du côté droit, découverte en même temps et au même lieu que les deux pierres précédentes. Hauteur, 0 m. 47; largeur, 0 m. 39; épaisseur, 0 m. 05. Hauteur des lettres, environ 0 m. 02.

Hic jacit ben[ememori]us Villanciu[s, ...qui] vixit annus X[.... et] tra[n]sie[t] ca[lendas] aprile[s], viro c[l(arissimo)...] consule.

« Ici repose de bonne mémoire Villancius, ...qui vécut ...ans et trépassa le jour des calendes d'avril (1er avril), sous le consulat de........, personnage clarissime ».

Cette épitaphe, comme la précédente, est probablement contemporaine de celle d'Aspasius, trouvée au même lieu. La formule *hic jacet* est, en effet, assez ancienne et se rencontre à Lyon, plusieurs fois, vers le milieu du Ve siècle. (Cf. Edm. Le Blant, *inscr. chrétiennes*, I, préface, p. VIII). A la quatrième ligne, le groupe de lettres, *trarnisie* est inexplicable autrement que par une faute de gravure. A cette place, on peut supposer le verbe *transit*, ou *transiet*, qui s'accorde avec le sens de l'inscription et dont on a de nombreux exemples, surtout en Auvergne. (*Ibid.*, II, p. 320, 321, 322, 330, etc.). A la cinquième ligne, le nom du consul par lequel l'inscription était datée, devrait se trouver entre les mots *apriles* et la formule *viro clarissimo*. Comme il est peu probable qu'on l'ait omis, ce qui dénoterait beaucoup d'ignorance ou de distraction de la part du rédacteur de l'épitaphe ou du graveur, on doit admettre qu'il figurait dans la partie de la pierre aujourd'hui disparue, soit après cette formule, dont on aurait abrégé le second mot, soit à la fin du texte, après le mot *consule*. Toutefois, cette inversion serait nouvelle.

1577

Epitaphe chrétienne

Lyon. — Plaque de marbre découverte dans les mêmes circonstances et au même lieu que la précédente. Hauteur, 0 m. 30 ; l'argeur, 0 m. 42 ; épaisseur,

0 m. 08. Hauteur des lettres, environ 0 m. 025.

In pace Veator, qui vixsit annos XII.

« (Ici repose) en paix Viator, mort à l'âge de 12 ans ».

La concision de ce texte permet de l'attribuer à une époque relativement ancienne ; nous ne croyons pas qu'il soit postérieur à la première moitié du Ve siècle. Une autre particularité qu'il présente est l'interversion de l'A et de l'ω, et le renversement de cette dernière lettre, dans le monogramme constantinien. On en connaît d'autres exemples, pour la Gaule. (Cf. Edmond Le Blant, *nouv. recueil*, p. 39).

REMARQUES ÉPIGRAPHIQUES
par M. Ant. HÉRON DE VILLEFOSSE
membre de l'Institut
(Suite) (1)

11. — *Xanten (Hollande); Sainte-Colombe (Rhône).* — *Additions au No 9.*

P. 70, Médaillon V. — Mon obligeant confrère et ami, M. Robert Mowat veut bien me rappeler un médaillon portant une légende analogue à celle du médaillon Chaumartin, décrit plus haut sous la lettre V. Trouvé avant l'année 1839, dans un tombeau, à Xanten, en dehors de la porte de Cléves, il est peut-être sorti d'une fabrique de la Belgique ou de la Germanie ; il appartient en tous cas à la série qui nous occupe. Complet, bien conservé, il se présente avec une partie du vase en terre cuite, rouge clair, dont il ornait la panse.

Le sujet qui le décore est des plus obscènes : on peut s'en rendre compte en jetant le yeux sur la planche V de la dissertation du Dr Fiedler, *Antike erotischen Bildwerke in Houbens roemischem Antiquarium zu Xanten abgebildet*, 1839, où il est reproduit en grandeur de l'original et en couleur. Un homme et une femme sont placés sur un lit ; au-dessus de la femme on remarque ces mots :

TV SOLA
(guirlande de feuillage)
NICA

Au geste de l'homme, dont la main gauche est levée vers l'inscription, on devine que c'est lui qui parle.

Le médaillon est entouré d'un encadrement formé par des feuilles de laurier ; les deux lignes de l'inscription sont séparées entre elles par une guirlande de feuillage semblable.

Le médaillon de Xanten, ou une réplique du même médaillon, a passé dans une collection française, celle de M. Julien Gréau (*Collection Julien Gréau, Bronzes antiques. Appendice*, p. 280, n. 1351). A la vente de cette collection il

(1) Voir plus haut, IV, p. 152 à 155 ; V. 7 à 13 ; 51 à 62, 68 à 78.

a été adjugé 330 francs à M. W. Froehner (Mowat,*Bull.épigr.*,V, 1885, p. 220).

Je pense avec M. Robert Mowat qu'il faut rectifier la légende du médaillon Chaumartin mal transcrite par moi. Là où j'ai cru voir la base d'un I il y a la base d'un A: d'ailleurs ce reste de lettre apparaît très faiblement. La description du médaillon V doit donc être ainsi rétablie:

V). — Fragment d'une scène érotique de grandes dimensions qui comportait au moins deux figures, une femme couchée et un homme debout; la femme manque. Il reste la plus grande partie de la figure masculine: l'homme est jeune, debout, vêtu seulement d'une chlamyde rejetée en arrière, qui laisse toute la partie antérieure du corps à découvert; il porte une grande palme au bras gauche et tient, dans la main droite avancée, une couronne à côté de laquelle on lit cette inscription de deux lignes :

TV SOL*a*

NIC*a*

La femme à laquelle s'adresse l'exclamation et à laquelle est présentée la couronne était couchée sur un lit. Immédiatement au-dessous de la couronne il reste les traces d'une draperie ou de la chevelure de la femme que le dessinateur a pris pour des extrémités d'ailes.

Le sujet est une parodie très leste du *ludus circensis*. Le personnage tenant la palme et la couronne se présente dans l'attitude d'un aurige vainqueur.

J'ai sous les yeux les moulages de deux autres médaillons, complets mais anépigraphes, représentant la même scène ultra-galante. Dans l'un et l'autre la femme est couchée ou accroupie sur un lit; devant le lit sont placés un grand bassin cannelé et un vase à long col à verser l'eau; l'homme est debout ou à genoux, le torse relevé, le vêtement écarté et la main gauche en l'air comme sur le médaillon de Xanten. Sur l'un de ces deux exemplaires l'homme tient une guirlande de feuillage au-dessus de sa compagne; sur l'autre une draperie est enroulée autour du bras de la femme et pourrait être prise pour une aile. Ce sont des répliques plus ou moins modifiées de la même scène (1).

Le médaillon de Vienne décrit par Allmer dans la collection Chavassieux (2) et inséré au *Corp. inscr. latin.*, XII, 5687, 27, est très vraisemblablement l'exemplaire qui se trouve actuellement dans la collection Chaumartin et qui fait le sujet de cette note rectificative. La légende incompréhensible :

<table>
<tr><td>TVSOGIT
NICA</td><td>doit être lue :</td><td>TV SOLA
NICA</td></tr>
</table>

Allmer a pris pour une Victoire tenant une palme et une couronne, l'homme debout, dont la figure a été reproduite plus haut, p. 71.

P. 71. Médaillon W. — Il ne serait pas impossible que le médaillon W, qui représente une déesse avec une corne d'abondance, offrît une représentation de la déesse *Copia* dont le nom fut donné à la ville de Lyon, *colonia Copia Claudia Augusta Lugudunum.* En 192 av. J -C. le même nom avait été donné à la ville grecque de *Thurium,* située dans le golfe de Tarente, lorsqu'elle fut prise et colonisée par les Romains. La découverte d'une inscription votive à cette déesse auprès d'Avignon (*Corp. inscr. lat.*, XII, 1023) prouve l'existence de son culte dans la vallée du Rhône. On sait combien sont rares les monuments épigraphiques en l'honneur de *Copia* et quelles difficultés on éprouve à distinguer ses représentations, de celles de l'Abondance ou de la Fortune.

12. — *Ostie. Les quatre mois des Vigiles*

Dans le Recueil de Mémoires publiés par la Société des Antiquaires de France à l'occasion de son Centenaire (3), M. l'abbé Thédenat a fait connaî-

---

(1) Ces deux moulages ont été tirés dans des moules antiques conservés à la Bibliothèque Nationale (Cabinet des Médailles, 4163, 4166): on en ignore la provenance.

(2) *Inscript. de Vienne, IIe supplément,* n° 2053.

(3) *Société des Antiquaires de France. Centenaire* (1804-1904); *Recueil de Mémoires publiés par les membres de la Société,* p. 434; *Une inscription inédite de la caserne des Vigiles d'Ostie* par l'abbé Henry Thédenat.

tre une inscription du plus haut intérêt relative aux Vigiles d'Ostie. Grâce aux précieuses recherches et aux fouilles de M. R. Lanciani on sait qu'une *vexillatio* composée de soldats empruntés au corps des Vigiles de Rome était, sous l'empire, préposée à la garde de la ville d'Ostie et de ses greniers ; ce détachement était commandé par un tribun de cohorte qui ajoutait à son titre ordinaire celui de *praepositus*. M. R. Lanciani a retrouvé de nombreuses inscriptions relatives aux Vigiles d'Ostie ; il a découvert la caserne de ces soldats, l'a déblayée avec le plus grand soin et en a publié un excellent plan (1).

La nouvelle inscription signalée par l'abbé Thédenat provient certainement de cette caserne et doit être classée avec les textes retrouvés par M. Lanciani ; on peut même indiquer avec une quasi-certitude l'endroit où elle a été trouvée. Les détails fournis par le texte, les dimensions du marbre, son épaisseur, sa forme, tout concourt à prouver qu'elle a été recueillie à côté d'autres textes mutilés que M. Lanciani a fait connaître en 1889. Elle fait partie d'un groupe d'inscriptions dont le savant archéologue a parlé en ces termes :

« La terza classe di iscrizioni murali, mi sembra costituire una specialità « del castro ostiense. Nel corso degli scavi, erano stato avvertiti alcuni « spazii rettangoli nel basso delle pareti, ottenuti mediante lo « spiccona- « mento » dell' intonaco di cocciopesto : ed aveva supposto che vi fossero « commesse tabelle di marmore, con iscrizioni a caratteri minuti, secondo « l'uso tanto comune nei colombai. (Uno dei questi rincassi, con piccolo gra- « dino dinnanzi, e segnato nella pianta lett. *B*). A questa supposizione dava « conferma la scoperta di due lastrine, grosse m. 0,025 (2) ».

Les soldats, nommés dans l'inscription du Cabinet de l'abbé Thédenat, mon cher confrère et ami, sont au nombre de huit (le nom du septième a été soigneusement effacé); ils appartenaient à la cohorte III des Vigiles et à la centurie Felix, commandée par Carpianus. A la 4e ligne du texte, avant les noms des soldats, on trouve ce double quantième :

EX ID DECEMB' IN IDVS APRILES

ex id(ibus) decemb(ribus) in idus apriles, depuis le 13 décembre jusqu'au 13 avril, espace de temps correspondant exactement à quatre mois. Placée immédiatement après les mots IN VEXILLAT, une telle mention doit avoir un rapport direct avec le séjour à Ostie des huit vigiles de la centurie de Carpianus.

Un fragment d'une inscription analogue, de même forme et de même nature, et provenant aussi de l'endroit où le marbre de l'abbé Thédenat a dû être recueilli, renferme, comme le premier (3), une liste de noms ; il se termine par une ligne ainsi conçue :

ex ID AVG I*n* *i*DVS DEC

ex i(dibus) aug(ustis) in idus dec(embres), depuis le 13 août jusqu'au 13 décembre, espace de temps égal à quatre mois.

Une troisième inscription d'Ostie, relative comme les précédentes aux Vigiles et dont malheureusement le commencement est perdu (4), contient aussi des noms d'officiers et de soldats. On remarque à la dernière ligne du texte des abréviations dont on n'a pas encore proposé une explication satisfaisante mais au milieu desquelles se cache une troisième mention de même nature :

S'V'ID'APR' S'R'I'D'AVG

Le point séparatif entre I et D, avant AVG, est certainement un point parasite. Nous rencontrons là les ides d'avril et les ides d'août ; l'espace de temps court du 13 avril au 13 août; c'est toujours un espace de quatre mois.

Les abrévations S'V' et S'R', si on arrivait à les interpréter avec certitude, donneraient peut-être la solution du problème. Un mot est sûrement

<hr>

(1) R. Lanciani, *Annali dell' Instituto*, 1868, p. 183 ; *Notizie degli scavi*, 1888, p. 741 et 744; 1889 p. 18, 31 et 72; 1898 p. 519.
(2) *Notizie degli scavi*, 1889, p. 81-82.
(3) *Notizie degli scavi*, 1889, p. 82.
(4) *Corp. inscr. latin.*, XIV, 230.

répété deux fois, celui qui commence par la lettre S ; est-ce le mot *statio?* On peut songer à s(tatione) r(eversi) id(ibus) Aug(ustis) ?

Quoi qu'il en soit de ces abréviations, un fait se dégage du rapprochement des trois textes, c'est que l'espace de temps indiqué par chacun d'eux commence et finit le jour des ides, et que cet espace de temps est toujours exactement de quatre mois.

1. (*Notizie degli scavi*: 13 août au 13 décembre = 4 mois. (1889, p. 82).
2. (*Inscr. Thédenat*) : 13 décembre au 13 avril = 4 mois.
3. (*C. I. L.*, XIV, 230) : 13 avril au 13 août = 4 mois.

12 mois.

Il semble donc établi que, dans les inscriptions de la caserne des Vigiles d'Ostie, on trouve l'année divisée en trois parties égales dont chacune correspond exactement à quatre mois.

A quoi pouvait s'appliquer cette division de l'année en trois parties égales si ce n'est à la durée du séjour à Ostie du détachement des Vigiles ou d'une partie de ce détachement ?

On a dit qu'une cohorte entière des Vigiles de Rome était détachée à Ostie. Il paraît certain, au contraire, que le détachement d'Ostie se composait non pas d'une cohorte entière envoyée en bloc à Ostie, mais d'hommes appartenant à plusieurs cohortes. Quatre inscriptions nomment simultanément des officiers et des soldats appartenant à deux cohortes différentes (1) : sur une cinquième inscription trouvée dans les fouilles de la caserne, trois cohortes différentes sont mentionnées (2). Il eût été, en effet, imprudent d'envoyer à Ostie l'effectif entier d'une même cohorte ; cet envoi aurait eu pour conséquence immédiate de désorganiser les services de police et d'incendie dans deux quartiers de Rome pendant l'absence de la cohorte. Il est plus vraisemblable de penser que le détachement d'Ostie était fourni par plusieurs cohortes, comme on peut l'inférer du texte même de l'inscription publiée par l'abbé Thédenat, et conformément à ce que l'inscription de Kutlowitca nous apprend de la formation des détachements légionnaires (3). De cette façon le service de nuit à Rome, ne souffrait aucun bouleversement, les prélèvements d'hommes faits dans chaque cohorte étant insignifiants.

Probablement la relève se faisait partiellement et par groupes de soldats appartenant à une même centurie : ainsi la caserne d'Ostie ne restait jamais dégarnie. En tout cas il paraît permis de supposer que cette relève avait lieu à jours fixes et trois fois par an, le 13 avril, le 13 août et le 13 décembre.

Cependant un graffite, contemporain de Sévère Alexandre, tracé sur l'enduit qui recouvre le mur du vestibule de l'Augusteum semblerait indiquer que certains soldats d'une cohorte des Vigiles n'ont fait à Ostie qu'une station de trente jours (4).

.... STATIONEM

*fe*CIMVS PRI///VCATIS DIER·XXX
MIL COH·I/// VIG SEVERIANE

Mais cette inscription n'a aucun caractère officiel : elle a été jetée sur le mur par un soldat désœuvré ; il faut l'interpréter comme elle mérite de l'être, en tenant compte du lieu où elle a été tracée et des circonstances qui ont entouré sa naissance. Le soldat qui en est l'auteur, a voulu certainement indiquer que déjà trente jours étaient écoulés depuis que le détachement de sa cohorte était arrivé à Ostie, que trente jours étaient déjà « tirés », comme on dit à la caserne. Il venait de s'entretenir avec ses camarades du regret qu'il avait

---

(1) *Corp. inscr. lat.*, XIV. n. 6 et 13, coh. II et IV; n. 230, coh. II et V; n. 231, coh. II et VII.
(2) *Notizie degli scavi*, 1889. p. 82.
(3) *Ephem. épigr.* IV, 524-531; *Corp. inscr. lat.*, III, 7449.
(4) *Notizie degli scavi*, 1889, p. 80.

éprouvé à quitter Rome dont le séjour lui rappelait peut-être d'agréables souvenirs ; il songeait au plaisir qu'il aurait à y rentrer ; il trouvait le temps bien long et comptait les jours comme le font encore aujourd'hui nos soldats.

DIEUX DE LA GAULE

par Auguste ALLMER

I. — LES DIEUX DE LA GAULE CELTIQUE (suite).

1578

SIANNA

Gaule Celtique. — Province d'Aquitaine prolongée (civitas des Arvernes; Augustonemetum, Clermont).

Autel trouvé au Mont-Dore-les-Bains, canton de Rochefort, dép. du Puy-de-Dôme. — Au musée de Clermont.

Iulia Severa Siann(ae) v. s. l. m.

Notre copie dessinée. Lettres demi-cursives. Ci-dessus I, p. 41 ; II, p. 337 ; III, p. 93. — Greppo, *Eaux thermales*, p. 111 : SILVANN(o) fautivement. — Hirschfeld, C. XIII, 1536 : SIANN, « lapis excavatus anaglypho hominis vel dei stantis recipiendo ».

« A Sianna, Julia Severa avec reconnaissance en accomplissement de son « vœu ».

Cette inscription est gravée au bas de la face antérieure de l'autel, occupée par une sculpture, aujourd'hui fruste, qui représente une femme debout, vêtue d'une robe longue, tenant de la main gauche, pendante sans doute autrefois, quelque chose, l'autre main appuyée sur la hanche ; sculpture aujourd'hui entièrement détruite, d'après la note du *Corpus* : « lapis excavatus, anaglypho hominis vel dei stantis recipiendo ».

Sianna aurait été la déesse thermale du Mont-Dore, les antiques *Aquae Calentis* du *mons Duranius* décrites par Sidoine Apolinaire (V. 14) « efficaces contre la phtisie pulmonaire et situées au milieu de montagnes que couronnent des châteaux de rochers ».

On peut se demander si Sianna ne serait pas parente d'une déesse-fontaine Stanna adorée à Périgueux, en association avec un dieu Telo.

1579

Apollon SIANNUS (?)

Gaule celtique. — (Province Lyonnaise, Lyon).

Autel, autrefois à l'église St-Pierre, au confluent de la Saône et du Rhône, sur le territoire celtique du pagus de Condate. — Perdue.

Apollini [...]. Sianno [...ex] stipe ann[ua...

Hirschfeld, C. XIII, 1669.

Le nom du dieu, peut-être incomplet et peu certain.

« A Apollon..... Siannus....., du produit d'une quête ».

1580

SILVAIN au maillet

1. — Province Narbonnaise. (Civitas des Salluves, peuple d'origine ligure; Glanum, Saint-Rémy).

Copie Hirschfeld	Copie de Villefosse	Notre copie dessinée
OVILRNOTSR	QTER.VOT'SER	QPRVOT/R
//VO maillet VM	OSFVO maillet VM	ISCVOTVM
//	M	VII

A la Mairie de Saint-Rémy.

Hirschfeld. *C.* XII, 999, « descripsi ; litteris pessimis ». Allmer, *Bull. de la Drôme*, 1874, p. 67 ; ci-dessus, p. 83 ; le T de VOTVM remplacé par la figure d'un maillet à manche court.

Peut-être : *Q Ter(entius ?), Voltinia ?). [P]risc[us (?) votum m(erito)*.

« Quintus Terentius Priscus, de la tribu *Voltinia*, en accomplissement de son vœu ».

Les noms *Terentius, Priscus* empruntés, le premier à la copie de M. de Villefosse, le second à la nôtre.

2. — Province Narbonnaise. (Civitas des Salluves, peuple d'origine ligure ; Colonia Aelia Paterna, Arelate, Arles).

Arles, au Musée.

```
S I L v A N o
V ' S maillet LM          le maillet à manche mi-long
MAR TIALIS
SI LV//I SFIL
```

Notre copie dessinée. — Hirschfeld, *C.* XII, 663. — Flouest, *Deux stèles*, pl. XV.

« A Silvain. avec reconnaissance en accomplissement de son vœu, Martia-
« lis, fils de Silv(al)is ? »

3 — Province Narbonnaise. (Civitas des Vulgientes ; colonia Julia Apta, Apt).

Autel trouvé sur un monticule, près du village de La Coste, canton de Bonnieux, dép. de Vaucluse. — Apt. — Collection Garcin.

```
SILVANO
V'S'L'M              maillet à manche court
T' T' M'
M'A' S'
```

Notre copie dessinée. *Bullet. de la Drôme*, 1874, p. 363. — Hirschfeld, *C.* XII, 1101, « descripsi ; litteris malis ». — Flouest, *Deux stèles*, pl. XV.

« A Silvain, Titus T... M... et Marcus. A... S... avec reconnaissance en accomplissement de leur vœu ».

En même temps que l'autel, et auprès, ont été trouvées quatre massettes en pierre tendre, une à chacun des angles de l'autel, de 12 à 15 centimètres de long, percées au milieu de leur longueur, d'un trou d'emmanchement. Impropres à tout usage, et n'ayant jamais servi, elles paraissent ne pouvoir être autre chose qu'un attribut de Silvain.

4. — Trouvée à Saint-Saturnin-d'Apt, département de Vaucluse. — Avignon, au musée.

```
        Silvano(?)
VALERIVS
sECVNDINVs          maillet à manche court
e X IVSSV
V' S' L' M'
```

Notre copie dessinée. — Hirschfeld, *C.* XII, 1102 : « descripsi ; litteris pessimis ».

[Silvano ?] Valerius, Secundinus ex iussu v. s. l. m.

« A Silvain, Valerius Secundinus, d'après l'ordre reçu du dieu, avec recon-
« naissance en accomplissement de son vœu ».

5. — Province Narbonnaise. (Civitas des Mémines ; Colonia Julia Carbantorate ou Carpentorate, Carpentras). Vénasque, canton de Pernes, dép.
Vaucluse. — Carpentras, au musée.

S I L V A

NO

VALERI   Vase ?

V*s*

s//v////

Notre copie dessinée — *Bullet. de la Drôme*, 1874, p. 359 ; à g. une bipenne ;
à dr. la partie supérieure de la massette d'un maillet ou plutôt un vase. —
Mowat, *Bull. épigr.*, 1881, p. 63 ; à dr. un vase. — Hirschfeld, *C.* XII, 1179
et add. p. 823 ; « vidi 1886 ; sinistra malleus ; dextra nescio quid ». — Flouest,
Deux stèles, pl. XV : vase.

Silvano Valerius Silvinus (?)...

« A Silvain, Valerius S(i)l(vinus ?) ... ».

La figure sculptée sur la face latérale gauche est probablement un vase.

6. — Province Narbonnaise. (Civitas des Cavares ; Colonia Julia Firma
Secundanorum Arausio, Orange).

Petits autels sculptés anépigraphes au nombre de quatre provenant d'Orange.
— Lyon, au Musée.

Le dieu, vêtu de la tunique et du manteau, s'appuie de la main gauche élevée
sur le manche très long d'un maillet dont le bout inférieur repose sur le sol ;
il tient de la main droite le vase à panse légèrement renflée et à rebord
habituel à Silvain.

Le maillet de la massette qui termine l'objet à son extrémité supérieure
égale ou même dépasse la tête du personnage, en sorte que l'attribut affecte
la forme d'une espèce de sceptre.

Voir ci-après, à Nimes, le même dieu accompagné d'un chien.

7. — Province Narbonnaise. (Civitas des Arécomiques ; Colonia Augusta
Nemausus, Nimes).

Autel sculpté découvert à Saint-Gilles, dép. du Gard, lieu dit l'Argentière
d'Espeyron.

                   DEO

maillet à manche court   SILVANO

surmonté   A·ANNIVS   Vase

de trois maillets plus petits   EROS

                V. S. L. M.

Notre copie dessinée. — Hirschfeld, *C.* XI., 4173. — Durand et Allmer, *Hist.
de Languedoc*, XV ; Nîmes, 1384 — Flouest, *Deux stèles*, pl. XV. — Michaelis,
Felsrelief bei Lemberg, p. 144, fig. 16.

Deo Silvano A. Annius Eros v. s. l. m.

« Au dieu Silvain, Aulus Annius Eros, avec reconnaissance en accompli-
« ssement de son vœu ».

Les trois maillets plus petits expriment peut-être la répétition par l'écho du
bruit des coups portés par le maillet plus gros.

La mythologie romaine connaissait trois Silvanis protecteurs des limites :
Silvanus domesticus, Silvanus agrestis, Silvanus orientalis.

Voir à Apt, ci-dessus, un autel à Silvain, non seulement décoré de la figure d'un maillet, mais accompagné de quatre petits maillets en pierre tendre déposés aux quatre coins du monument.

8. — Petit autel trouvé à Nages, canton de Sommières, dép. du Gard. — Perdue.

S I L mail- VAN
V·S· let L·M

Hirschfeld, *C*. XII, 4147, d'après Guiran, ms. de Vienne (Autriche) II, p. 42 ; ms. d'Avignon, f° 20.

« A Silvain, ...avec reconnaissance en accomplissement de son vœu ».

Il est remarquable que le dévôt n'est pas nommé ; l'inscription n'était peut-être pas complète.

9. — Autrefois à Sainte-Césairie sur le mont Audaon. commune de Villeneuve-lès-Avignon, arr. d'Uzès, dép. du Gard. — Perdue.

S I L V A N O

maillet

FAMIL VRB
ATALICI FIRMAN
V.S. L.M.

Hirschfeld, *C*. XII, 1025 d'après Suarès, ms. de Paris 12762, f° 2.— Ci-dessus, III, p. 125.

Silvano, familia urbana A. Talicii (?) Firmani votum solvit libens merito.

« A Silvain, les esclaves de ville d'Aulus Talicius Firmanus, avec recon-« naissance en accomplissement de leur vœu ».

Un grand maillet en forme de T traversant le texte.

10. — Autel sculpté anépigraphe découvert à Nimes. — Au Musée de Nimes.

Dieu barbu, tête nue et cheveux bouclés ; vêtu de la tunique et du manteau ; tenant verticalement de la main gauche élevée le maillet à très long manche, sur lequel s'appuie le vase ollaire habituel. A côté de lui, à sa droite un chien.

Flouest, *Deux stèles*, pl. X.

Voir ci-dessus les autels trouvés à Orange, sur lesquels le dieu s'appuie de même sur un maillet à long manche et tient de la main droite un vase pareil.

11. — Autels anépigraphes trouvés à Nimes.

a et *b*. — Sur la face principale un maillet à manche court.

c. — Sur la face principale deux maillets à manche mi-long.

Flouest, *Deux stèles*, pl. XIV.

12. — Province narbonnaise. (Civitas des Voconces ; Vasio, Vaison).

Lurs, canton de Peyruis, dép. des Basses-Alpes. Trouvée sur la rive droite de l'Auzon, en face Notre-Dame des Anges, à Alaun. — Dans l'église,

S I L V A N o
mailllet

Hirschfeld, *C*. XII, 1518. — De Laurière, *Bull. monum.*, 1878 p. 477.

« A Silvain ».

13. — Autel minuscule en terre cuite, trouvé à Vaison, dép. de Vaucluse. — Gigondas, canton de Baumes, collection Raspail.

ATTIVS
maillet SIL
L.

Hirschfeld. *C.* XII, 1334. — Allmer, *Bull. de la Drôme* 1874, p. 364, et 1876, p. 211.

Attius Sil(vinus ?) l(ibens).

« (A Silvain), Attius Silvinus avec reconnaissance ».

Maillet à manche mi-long, assez semblable à une massette de cantonnier.

14. — **Saint-Romain-de-Malgarde,** canton de Vaison, dép. de Vaucluse. — Perdue.

<table>
<tr><td></td><td>DEO</td><td></td></tr>
<tr><td></td><td>SILVANO</td><td></td></tr>
<tr><td>« Vase »</td><td>P.ICCIVS</td><td>« Croix »</td></tr>
<tr><td></td><td>VS VERA</td><td></td></tr>
<tr><td></td><td>TIANVS</td><td></td></tr>
<tr><td></td><td>EXIVSSV</td><td></td></tr>
</table>

Hirschfeld. *C.* XII, 1335, d'après Suarés, ms. du Vatican 9111, f. 13. — Ci-dessus, III, p. 171.

« Au dieu Silvain, Publius Iccius Veratianus, en exécution de l'ordre reçu du dieu ».

Sur les faces latérales se voyaient à gauche, un vase; à droite, une croix. Evidemment une croix n'a rien à faire sur un autel dédié à Silvain, et ce que Suarés a pris pour une croix était sûrement un maillet.

15. — Autel sculpté anépigraphe, trouvé au Rasteau (?), canton de Vaison, dép. de Vaucluse.

Dieu barbu, vêtu d'une tunique et d'un manteau et chaussé de bottines, tenant de la main droite un maillet à manche court, et de la main gauche une sirynx.

Dessin de M. Raspail, de Gigondas.

Le dieu gaulois a conservé ici, en partie, le caractère du Silvain italique, à la fois forestier et pasteur, que Properce (5, 4, 5) nous dépeint menant, au son de la flûte du berger, ses brebis sous un ombreux bosquet, à l'abri de la grosse chaleur du jour.

16. — **Province Narbonnaise.** (Civitas des Sagalaunes ; Colonia Valentia, Valence).

Autel sculpté anépigraphe trouvé à Valence. — Au Musée de Valence.

Sur la partie antérieure, un maillet à manche court.

Hirschfeld, *C.* XII, 1747. *(à suivre).*

CHRONIQUE

— La majeure partie des objets précieux dérobés au Palais des Beaux-Arts, à Lyon, dans la soirée du 14 février 1901 (voir *Revue épigraphique*, t. 4, p. 188), a été retrouvée. L'individu coupable du vol a été condamné à 5 ans de prison. On n'a plus à déplorer que la perte de quelques bracelets ou colliers en or et celle d'un certain nombre de monnaies et de médailles peu anciennes.

— L'inscription découverte à Vachères (Basses-Alpes) par M. Antoine Benoît (ci-dessus, p. 65) a été publiée, avec un fac-similé, par M. Georges de Manteyer, dans les *Mémoires de l'Académie de Vaucluse* (année 1904, 1re livraison, p. 11 à 16).

— Une vente d'antiquités « égyptiennes, grecques, romaines et gallo-romaines » a été faite à Paris, le 20 mai dernier, par les soins de Madame Raymond Serrure. L'épigraphie romaine était représentée dans cette vente par un cachet de bronze et des balles de fronde que le catalogue décrit ainsi : « 127. Timbre rectangulaire, inscript. M. CORNELI MARTIALIS. Epoque romaine. Dimens. 70 × 30 mill. ». — « 163. Lot de treize balles de fronde; inscriptions LEG. II ITAL, O·RVFVS, etc. ».

— L'inscription de Daïr-el-Gamar, que nous avons publiée dans le n° 98 de la *Revue* (tome IV, pp. 113 à 119), a été acquise, au mois d'avril dernier, par le musée du Louvre.

— M. F. Haverfield, d'Oxford, a publié dans le *Derbyshire archæological and natural history Society's Journal* (année 1904) quatre fragments d'inscription, trouvés à Brough en 1903, et qu'il a rapprochés et restitués de cette manière:

IM*p* CAESARI·T *ael. hadr.*

*an*TONINO AV*g. pio p. p.*

COH·I·AQVIT*Anorum*

SVB·IVLIO·*Vero leg.* AVG

PR·PR·INST*antE*

*ca*PITON *io fu* SCO PRAE*f.*

Ce texte intéresse la Gaule par la mention de la première cohorte des *Aquitani.*

— Le musée historique de l'Orléanais a été réorganisé récemment, et d'une manière parfaite, par les soins de M. Léon Dumüys. A l'heure présente tout y est méthodiquement classé; des étiquettes bien comprises mettent le visiteur au courant des renseignements qu'il peut désirer connaitre. A côté de débris de provenance locale, le musée lapidaire contient quelques monuments rapportés de différents lieux, plus particulièrement d'Egypte. Nous y avons copié les deux inscriptions que voici:

1. —   D·M

SERVILIAE·PHILTATE

C· C· F· B· M

VIX· ANN· XXI·M IV

T·FLAVIVS·RHODON

D'après l'étiquette qui l'accompagne, cette inscription « provenant d'Italie », a été donnée au musée en 1840. Elle nous parait inédite.

2. —   SATVRNO·AVG·SACRVM·P.POM

PONIVS·IANVARIVS·SACER·DE PECORIB·VSLA

Cette inscription, trouvée à Khenchela (Algérie), a été donnée au musée, en 1877, par le colonel Fourchault (*C. I. L.*, VIII, n. 223; — *Catal. du musée histor.*, 1884, p. 246). La « tête de bœuf » qui, d'après le *Corpus*, figurerait dans le tympan, à côté du buste de Saturne voilé, est en réalité le mufle d'un lion.

BIBLIOGRAPHIE

Société nationale des Antiquaires de France. Centenaire 1804-1904. Recueil de mémoires publiés par les membres de la Société. Paris, 1904, in-4°, 496 p., 25 pl. hors texte, 75 gravures dans le texte. — La Société nationale des Antiquaires de France a célébré, le 11 avril dernier, sous la présidence de M. H. Omont, remplaçant M. le comte Durrieu, empêché, le centième anniversaire de sa fondation. Elle a fait paraître, à cette occasion, un splendide volume, qui groupe les noms de 54 collaborateurs, parmi lesquels MM. Helbig, Otto Hirschfeld, d'Arbois de Jubainville. Babelon, A. de Barthélemy, Cagnat, Collignon, Delisle, Duchesne, Jules Guiffrey, Héron de Villefosse, Heuzey, Homolle, de Lasteyrie, Longnon, Louis Passy, Schlumberger, Thédenat, Valois et le marquis de Voguë, membres de l'Institut. Les mémoires suivants sont consacrés à l'épigraphie ou s'y rattachent par quelque côté: *Avotis*, par M. d'Arbois de Jubainville; *Notes sur quelques fibules franques*, par M. A. de Barthélemy; *Notes sur les épitaphes d'enfants dans l'épigraphie chrétienne primitive*, par M. l'abbé Beurlier; *Diane et Actéon sur une mosaïque africaine*, par M. R. Cagnat; *La statuette d'argent de St-Honoré-les-*

Bains, par M. Héron de Villefosse ; *Buste d'un flamine provenant de Ville-vieille* (Gard), par M. L. Heuzey ; *Le Conseil des Gaules*, par M. O. Hirschfeld ; *Les Jardins des Acilii*, par la comtesse Lovatelli ; *Sur le sens du mot mi en étrusque*, par M. J. Martha ; *Les Inscriptions chrétiennes de Carthage*, par M. Paul Monceaux ; *Contributions à la numismatique de Gallien*, par le comman-dant Mowat ; *Le Cabinet d'antiquités de St-Germain-des-Prés*, par M. H. Omont ; *Le consulat du jurisconsulte Salvius Julianus*, par M. Clément Pallu de Les-sert ; *Tessère inédite portant les noms de Zénon et Odoacre*, par M. G. Schlumberger ; *Inscription inédite de la caserne des Vigiles à Ostie*, par l'abbé Thédenat ; *L'institution du culte impérial dans les Trois Gaules*, par M. J. Toutain. Un magistral article de M. Otto Benndorf sur le *Trophée d'Auguste à la Turbie* mérite au plus haut point de fixer l'attention. Après avoir rap-pelé les travaux descriptifs et les essais de reconstitution dont ce célèbre monument a été l'objet depuis la Renaissance ; après avoir dressé une sorte d'inventaire des sculptures et des débris qui en proviennent, le savant direc-teur de l'Institut archéologique autrichien exprime le regret de ne pouvoir donner qu'une étude incomplète. Il espère qu'elle pourra bientôt être suppléée par d'autres documents « par un relevé exact de tous les fragments subsistant encore et, s'il se peut, par une excavation définitive ». En présentant à l'Académie des inscriptions et belles-lettres le volume dont nous parlons, M. Héron de Villefosse s'est associé à ce vœu. « Je suis heureux. dit-il, de pou-voir joindre ma voix à celle de M. Benndorf, convaincu qu'elle trouvera un bienveillant écho dans notre Académie. Je souhaite ardemment que le Gou-vernement français, gardien vigilant de nos souvenirs historiques, puisse donner bientôt une solution à cette intéressante question, et qu'il entreprenne, sous la haute direction d'un architecte et d'un archéologue, une exploration complète et définitive du *Trophée d'Auguste* ». (*Comptes rendus de l'Acad.*, 1904, p. 243). Pour notre part, nous souhaitons aussi que de telles recherches se produisent et que l'on en profite pour débarrasser le monument des constructions parasites qui le déparent.

Nous ajouterons, en terminant, que le volume des *Mémoires du Centenaire de la Société des Antiquaires de France* a été préparé et publié par les soins de M. Héron de Villefosse avec toute la science et le dévouement qui lui sont habituels.

NÉCROLOGIE

M. Anatole DE BARTHÉLEMY, membre de l'Académie des inscriptions et belles-lettres, est décédé à Ville-d'Avray, près de Paris, le 27 juin dernier, à l'âge de 83 ans. Ainsi que l'a dit M. Héron de Villefosse, « il était resté si jeune de caractère et d'allures », que sa mort a été une surprise pour chacun de ceux qui l'ont connu. Ancien élève de l'École des Chartes, M. de Barthé-lemy passa quelques années dans l'Administration départementale ; il rentra ensuite dans la vie privée pour se consacrer tout entier à ses *études favorites*. La place nous manque pour parler, comme il conviendrait, de ses travaux scientifiques et de l'influence qu'ils ont exercée sur le développement de notre archéologie nationale, notamment dans la direction des études numismatiques. M. de Barthélemy était d'un dévouement qui ne se lassait jamais. Il est bien peu de sociétés savantes qui n'aient eu recours à lui pour la défense de quelque cause les intéressant, et beaucoup, parmi leurs mem-bres, le considéraient comme une sorte de patron intellectuel. toujours prêt à leur rendre service. On pourrait presque dire de M. de Barthélemy que sa seule ambition fut d'être utile. Les regrets que sa perte a fait naître et la survivance de sa mémoire dans bien des cœurs ne sont que la récompense légitime de ses qualités d'homme et de savant.

Em. ESPÉRANDIEU,
Correspondant de l'Institut.

Vienne, imp. Savigné — Ogeret et Martin, succ^{rs}. — Le Gérant : J. OGERET ⊕ I.

REVUE
ÉPIGRAPHIQUE

—

No 114. — Juillet, Août, Septembre 1904

1581

Concession de terres à des colons

Orange. — Tablette de marbre incomplète, en dix fragments, découverte
à Orange, au mois d'avril 1904, dans les déblais nécessités pour la construction
d'un égoût, près de l'angle méridional de la sous-préfecture. Transportée
à l'hôtel-de-ville. Hauteur, 0 m. 45; largeur, 0 m. 52; épaisseur, 0 m. 027.
Hauteur des lettres, 0 m. 017. (Voir la planche VI).

```
. . . . . . . . . . . . . . . . . . . . . . . . . . . . . . .
    m ANC · C · n A E V I V S · R V S T I C V S
        IN PERPET·EIVS REI FIDE
        IVSSOR·C·VESIDIVS QVA
        DRATVS                    AD K
5       MERIS·III·IN·FRONTE·P·XXXIV·-XLXIXS
        S·ET MERIS IIII·IN FRONT
        P·XXXV·IN·ANN·SING·XI
        MANC·C·NAEVIVS·RVSTICVS
        IN·PERPET EIVS·REI·FIDE
10      IVSSOR C VESIDIVS QVADRA
        TVS                       AD   K
        MERIS·V·IN FRONTE·P·LVS-XC...
        ET·MERIS·VI·AD LVDVM
        MERCVR·P·LXXVINA nn
        sing. . . . . . . . . . . . . . . . . . . . . .
```

Il ne reste plus que la partie supérieure des lettres de la quatorzième ligne,
dont la lecture toutefois n'est pas doûteuse.

[...*Meris I in fronte p(edes)... et s(imul) meris II in fronte p(edes).., in ann(os)
sing(ulos). . ...;m]anc(eps) C(aius) [N]aevius Rusticus in perpet(uum), eius rei
fideiussor C(aius) Vesidius Quadratus. Ad k(ardinem) — Meris III in fronte p(edes)
XXXIV... s(imul) et meris IIII in fronte p(edes) XXXV, in ann(os) sing(ulos) XI;
manc(eps) C(aius) Naevius Rusticus in perpet(uum), eius rei fideiussor C(aius)
Vesidius Quadratus. Ad k(ardinem). — Meris V in fronte p(edes) L V s(emis)...
et meris VI ad ludum Mercur(ialem) in fronte p(edes) LXXXV, in ann(os) sin-
g(ulos)....; manc(eps).....*

« .....Parcelle I, de .... pieds de front ...., et ensemble parcelle II de.....
pieds de front, avec redevance annuelle de.....; concessionnaire a perpétuité,
Caius Naevius Rusticus, sous la caution de Caius Vesidius Quadratus. Le long
du *kardo*. — Parcelle III, de trente-quatre pieds de front....., et ensemble
parcelle IIII de trente-cinq pieds de front, avec redevance annuelle de onze
(deniers?); concessionnaire à perpétuité, Caius Naevius Rusticus, sous la
caution de Caius Vesidius Quadratus. Le long du *kardo*. — Parcelle V, de
cinquante-cinq pieds et demi de front......, et parcelle VI limitrophe du jeu
Mercurialis, de soixante-quinze pieds de front, avec redevance annuelle de.....;
concessionnaire..... ».

M. Félix Digonnet, qui vient de publier ce texte en lui consacrant une
note pleine d'intérêt dans les *Mémoires de l'Acad. de Vaucluse* (1904, p 209 et
suiv.), lit à la fin de la cinquième ligne : *denarii LXIX s(emis)*. Nous ne pensons
pas qu'il s'agisse, à cette place et sous cette forme, de la sigle du mot denier.
Ainsi que Mommsen l'a fait observer, dans sa lettre à Allmer, relative au plan
parcellaire d'Orange (*Revue épigr*. III, p. 142), le trait horizontal ne *taille* pas
dans l'X qui le suit et il en résulte ainsi une abréviation nouvelle que l'on ne
peut expliquer que par conjecture. Abstraction faite de l'S qui finit la ligne,
et sur laquelle nous reviendrons, il faut observer que le nombre LXIX est
précisément le total des nombres XXXIV et XXXV qui indiquent la longueur
de front des parcelles III et IV. La douzième ligne n'est pas complète, mais
le nombre qui la terminait était supérieur à C. Or, les parcelles V et VI
avaient respectivement LV pieds et demi et LXXV pieds de front, en tout
CXXX pieds et demi, et il est facile de se rendre compte, par la photogravure
de l'inscription, que trois X suivis d'un S (*semis*) conviennent parfaitement
pour remplir la lacune et donner à la ligne 12 la longueur de la ligne 5. Ainsi,
le nombre mutilé serait encore le total de la longueur de front des deux parcelles. On voit, par ce qui reste de l'inscription, que deux parcelles réunies
ne formaient qu'un seul lot. Pour faire de ce lot, une figure rectangulaire, et
supprimer par ce moyen le tracé en ligne brisée de la face opposée au front,
on se trouvait conduit à donner à chaque parcelle la même profondeur, et le
carré qui, de tous les rectangles, devait venir le plus naturellement à l'esprit ne
s'obtenait évidemment que par une profondeur commune égale à la longueur
totale des deux fronts. Comme conséquence, nous croyons que, dans le texte
nouvellement retrouvé, de même que dans le plan parcellaire d'Orange où
elle est restée inexpliquée, la sigle —X et les lettres qui la suivent indiquent
une mesure linéaire : celle des parts dans le sens de la profondeur (*in agro*).
La lettre S qui suit le nombre LXIX et doit signifier *s(emipes)*, l'I qui peut
avoir complété le nombre CXXX, ne s'opposent pas nécessairement à cette
hypothèse. Il est fort possible, en effet, et nous choisissons cette explication
parmi d'autres, que la colonie ait exigé la construction d'une clôture dont elle
fournissait, en sus du carré concédé, l'emplacement total ou partiel. Un autre
argument, contre la lecture *denarii*, est la difficulté d'admettre que l'on ait
payé 69 deniers de redevance annuelle pour une parcelle de 34 pieds de front
et seulement 11 deniers pour la parcelle de 35 pieds, c'est-à-dire de même
étendue, ou à peu près, qui lui faisait suite. On peut objecter, que le nombre
XI n'est, à la septième ligne, précédé d'aucune sigle ; mais on comprendrait
mal, si la sigle —X devait se traduire, à la cinquième ligne, par le mot denier,
que l'on se soit servi, deux lignes plus loin, sans que rien en prévienne le
lecteur, d'une autre mesure monétaire. M. Digonnet, à qui cette remarque
n'a pas échappé, interprète l'S, qui commence la sixième ligne, par le mot
s(emel) et suppose qu'il s'agit d'une redevance une fois payée dans le premier
cas, perpétuelle dans le second. C'est bien peu probable ; outre que cette
manière de procéder serait peu logique, l'écart entre les deux sommes ne serait
pas assez grand. Les parts étant les mêmes, juxtaposées et assez petites pour
qu'on puisse leur supposer la même valeur, il aurait fallu, afin que le produit
de leur cession ne changeât pas, que la somme versée annuellement pour la
location perpétuelle de la seconde, représentât l'intérêt de celle déboursée
pour l'acquisition de la première. Or, il n'en est rien, car il n'est pas admis-

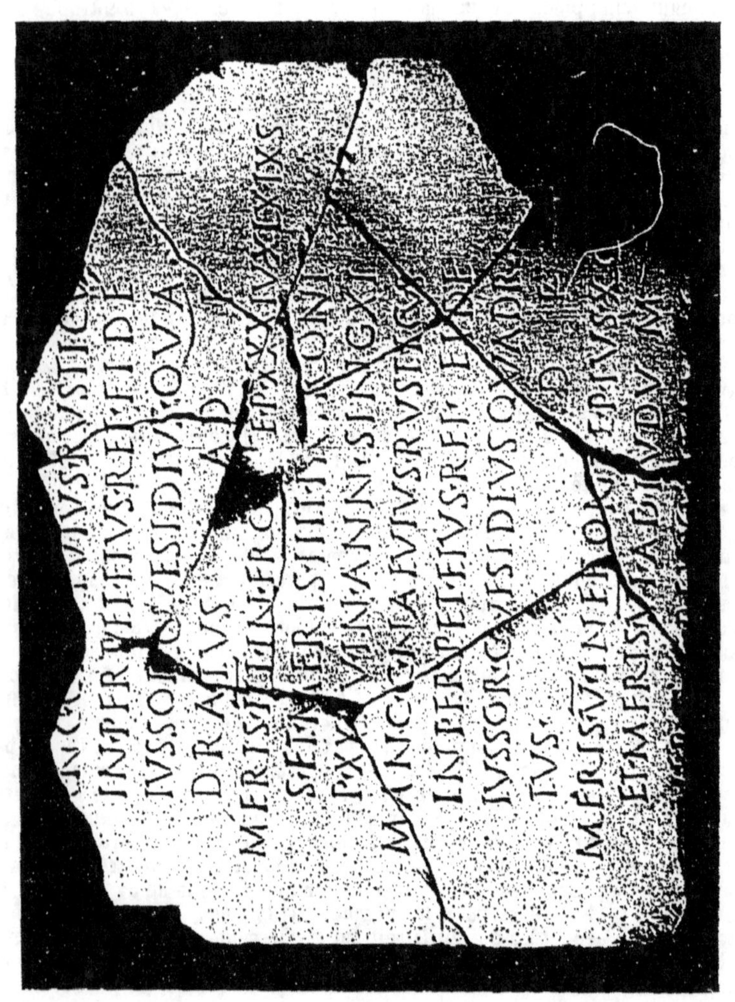

CONCESSION DE TERRES A DES COLONS D'ORANGE

(Revue épigraphique, t. V. p. 97).

sible que l'intérêt réclamé par la colonie se soit élevé à 11 deniers pour 69 deniers de capital.

Le reste de l'inscription est d'une intelligence plus facile. Il ne doit manquer, au début, indépendamment de quelque formule protocolaire probable, et peut-être d'une énumération de parts sur un autre point du territoire concédé, que trois lignes d'une rédaction analogue à celle des lignes 5-7 ; mais on ne peut se faire aucune idée de la lacune finale. On voit, ce qui se conçoit d'ailleurs, que les colons concessionnaires étaient des citoyens romains, et que chacun d'eux devait fournir une caution. celle peut être d'un autre concessionnaire, pour le paiement de la redevance annuelle. Les lettres ADK signifient presque sûrement *ad k(ardinem)*; il est probable qu'il s'agit du *kardo maximus* et de la rue qui en marquait le tracé. Ainsi que l'a fait observer M. Digonnet, des parcelles d'un aussi faible front ne se conçoivent que pour des terrains à bâtir ou des emplacements commerciaux. La lettre S, qui commence la sixième ligne, est sans doute une abréviation du mot *s(imul); simul et*, « et ensemble », l'expression n'a pas vieilli et se retrouve dans les formules d'adjudication qui sont usitées de nos jours. Une des parcelles, la sixième, était limitrophe d'un *ludus Mercurialis* (de gladiateurs ?) ce qui s'accorde avec l'habitude prise par les anciens de placer les jeux publics sous l'invocation d'une divinité.

Les fragments dont nous venons de parler, ceux du plan parcellaire d'Orange avec lesquels ils sont en rapport étroit, n'ont rien qui leur soit comparable en d'autres lieux. Les uns et les autres constituent des documents de premier ordre pour l'histoire de la colonisation romaine, et il est à souhaiter qu'une *bêche fortunée*, suivant l'expression pittoresque de Mommsen, rende à la lumière de nouveaux textes et vienne mettre fin à tous les doutes que l'on peut avoir sur la véritable signification des fragments que l'on possède.

1582

Autel au Génie d'un vivant par un esclave

Renseignements extraits du *Livre de raison pour Mons. Jean Gaspard de Grasse* publié par M. Michel JOUVE. (*Mémoires de l'Académie de Nîmes*, 1903, p. 164).

Cavaillon. — Inscription « courte, mais curieuse, qui se trouve à la main droite de la porte du Claux, au dehors, en entrant en ville :

GENIO

SEX N̄

AMPHIO S·F·P (*ou*) R

« Je mets cet *ou*, à cause qu'on ne peut pas bien discerner si c'est un P ou un R » (de Grasse).

Genio Sex(ti) n(ostri), Amphio ser(vus).

« Au Génie de notre Sextus, Amphio son esclave ».

Le nom servile *Amphio*, que des inscriptions de la Narbonnaise ont déjà fourni (*C. I. L.* XII, 2617, 4574, 4806 ; cf 842, 4811, 5235), est d'origine grecque.

1583 à 1586

Renseignements extraits des *Compte-rendus* de l'Académie des Inscriptions et Belles-lettres, année 1904, p. 446 et suiv. (Communication, par M. HÉRON DE VILLEFOSSE, d'une note rédigée par M. Paul DISSARD).

1583

Epitaphe d'un décurion lyonnais d'origine trévire

Lyon. — « Partie droite d'une très grande table de pierre brisée en trois morceaux, trouvée en 1903, en creusant pour l'établissement des fondations d'un groupe de maisons situé à l'entrée de la rue Saint-Pierre-de-Vaise, près du transept septentrional de l'église de ce nom. Hanteur, 1 m. 40; longueur probable de la table complète, environ 2 m. 50; longueur actuelle prise à la base, 1 m. 55, à la partie supérieure, 4 m. 08; épaisseur, 0 m. 40. Hauteur des lettres de la première ligne, 0 m. 15; de la seconde, 0 m. 145; de la troisième, 0 m. 12, des suivantes, 0 m. 10. Au musée ».

dis   *m*A N I B V S

*c.aproni r*A P T O R I S'T R E

*veri dec.ci*V I T A T · N E G O T

*iator vinar.*I N C A NAB'NAVTAE

*arar·patro*N · V T R O R V M Q · C O R

*porum et·*APRONIAE BELLI(palme)

*cae ponen*D · C V R A V E R V N T · E T

sub ascia D E D I C A V E R V N T

5

[*Dis M*]anibus [*C(aii) Aproni(i) R*]aptoris, Tre[*veri, dec(urionis) ci*]vitat(is), negot[iator(is) vinar(ii)] in Canab(is), nautae [Arar(ici), patro]n(i) utrorumq(ue) cor[porum, et] Aproniae Belli[cae ; ponen]d(um) curaverunt et [sub ascia] dedicaverunt.

« Aux dieux Mânes de Caius Apronius Raptor, trévire décurion de la cité (de Trèves), négociant en vins établi aux *Canabae*, batelier de la Saône, patron de l'une et l'autre de ces corporations, et (à ceux) d'Apronia Bellica. Ils ont fait construire (ce tombeau) et l'ont dédié sous l'ascia ».

Ainsi que l'a fait observer M. Dissard, la restitution de ce texte est rendue possible par la dédicace d'une statue que les négociants en vins, demeurant à Lyon, élevèrent à leur patron C. Apronius Raptor, trévire, fils de Blandus, patron également des bateliers de la Saône et décurion de la cité de Trèves (*C. I. L.* XIII, 1911). Le surnom *Raptor*, l'identité de la profession et des honneurs ne permettent pas de douter qu'il s'agisse, dans les deux cas, du même personnage. (Sur la corporation des négociants en vins de la colonie de Lyon, voir Allmer-Dissard, *Musée de Lyon*, II, pp. 450 à 462). M. Dissard a lu, à la 6e ligne : *Aproniae Belli (filiae)* : nous croyons, malgré la palme qui termine la ligne et devrait indiquer la fin d'un mot, que le groupe *Belli* n'est pas complet, et que des lettres disparues, au commencement de la ligne suivante, fournissaient l'un des surnoms *Bellica* ou *Bellina*.

1584

Epitaphe d'un soldat de la XXXe légion Ulpia Victrix
bénéficiaire d'un procurateur

Lyon. — « Sarcophage trouvé non loin de l'inscription précédente, dans un mur formé de matériaux antiques. L'inscription est renfermée dans un encadrement de moulures accompagné, de chaque côté, d'un appendice en forme de queue d'aronde ; l'appendice de gauche contenant la lettre D, celui de droite la lettre M. Hauteur, 0 m. 75; longueur, 2 m. 46 ; épaisseur, 0 m. 05 ; hauteur de la partie encadrée, 0 m. 53 ; longueur, 1 m. 45 et, avec les appendices, 2 m. 25. Au musée ».

ET QVIETI ⚘ AETERNAE

VLPI ⚘ TERTI ⚘ MILITIS ⚘ LEGION ⚘ XXX ⚘ V ⚘ V

D   B E N E F I C I A R I O P R O C V R A T ⚘ H O M I N I   M

OPTIMO ⚘ FILIA ET CONIVX ⚘ HEREDES ⚘ PO

NENDVM ⚘ CVRAVER ET SVB ASCIA DEDICAV

A la dernière ligne, les deux dernières lettres forment un monogramme.
D(is) M(anibus) et quieti aeternae Ulpi(i) Terti(i), militis légion(is) XXX U(lpiae)

*V(ictricis); beneficiario procurat(oris), homini optimo ; filia et conjux, heredes,
ponendum curaver(unt) et sub ascia dedicav(erunt).*

« Aux dieux Mânes et au repos éternel de Ulpius Tertius, soldat de la XXXe
légion *Ulpia Victrix* ; au bénéficiaire du procurateur, à l'homme excellent. Sa
fille et sa femme, ses héritières, lui ont fait construire (ce tombeau) et l'ont
dédié sous l'ascia ».

La XXXe légion *Ulpia Victrix*, créée par Trajan, participa peut-être à la
guerre Dacique, mais on ne sait rien de précis à ce sujet. Envoyée en Pannonie, où son séjour est attesté par des briques estampillées trouvées à
Carnuntum, Brigetio et Vindobona (*C. I. L.* III, p. 482 et 503), elle remplaça,
vers l'an 120, en Germanie inférieure, à *Vetera* (Xanten), la légion IXe *His-
pana*, qui passa en Bretagne, où l'on suppose qu'elle fût détruite sous le
règne d'Hadrien. La XXXe légion prit parti pour Septime Sévère contre
Albin et Pescennius Niger (*Korrespondenzblatt des Westleutchen Zeitschrift*
1890, p. 9) et reçut probablement à cette occasion, les surnoms de *Pia Fidelis*
qu'on lui trouve au troisième siècle et, pour la première fois, en 223. Un de
ses détachements combattit en Mésopotamie avec Constantin II contre Sapor
(Amm. Marcellin XVIII, 9,3), et la Notice des dignités, où l'on perd sa trace,
la mentionne sous le nom de *Truncensimani* parmi les troupes cantonnées
intra Gallias cum viro illustri magistro equitum Galliarum (*Not. dign.*, édit.
Bœcking, II, p. 36 et 285).

Les bénéficiaires étaient des sous-officiers ou des officiers subalternes qui
comptaient parmi les *principales*. Ils occupaient une place privilégiée auprès
des chefs militaires et, dans l'ordre civil, auprès des procurateurs provinciaux,
qui les employaient dans leurs bureaux ou les chargeaient de différentes mis-
sions. Ulpius Tertius vécut sous Trajan dont il porte le gentilice. L'épitaphe
qui le concerne se trouve, de la sorte, approximativement datée de la première moitié du second siècle. Le procurateur dont il fut le bénéficiaire n'est
pas indiqué, mais on ne peut guère douter qu'il ne s'agisse de l'un de ceux
qui résidèrent à Trèves, et dans les attributions desquels se trouvèrent à la
fois, habituellement, la Belgique et les deux Germanies.

1585

Epitaphe de la femme d'un sévir

Lyon. — « Sarcophage trouvé en même temps que le précédent, brisé en
deux parties employées séparément dans la construction d'un mur formé de
matériaux antiques. L'inscription est renfermée dans un encadrement de
moulures accompagné, de chaque côté, d'un appendice en queue d'aronde,
l'appendice de gauche contenant la lettre D, celui de droite la lettre M.
Hauteur, 0 m. 73 ; longueur, 2 m. 30 ; épaisseur, 0 m. 88 ; hauteur de la
partie encadrée, 0 m. 53 ; longueur, 1 m. 42 et, avec les appendices, 2 m. 08.
La partie gauche au musée ; la droite, engagée sous les fondations de l'église,
n'a pu être extraite de la fouille ».

ET MEMORIAE A et ERNAE
PLAVTIAE · HILARITaTIS feMINAE · SANCTIS
SIMAE · QVAE · VIXIT ANNis XXV · ETMENSES
V DIES V
P · PAMIVS · PRVDENS IIIIIIVIR · AVG · LVGVD
CONIVGI · KHARISSIMAE · ET iNCOMPARABILI
PONEND · CVRAVIT · ET · SVB · ASCIa DEDICAVIT

D   M.

A la septième ligne, l'N et le D du premier mot forment un monogramme.

*D(is) M(anibus) et memoriae a[et]ernae Plautiae Hilarit[a]tis, [fe]minae sanc-
tissimae, quae vixit ann[i]s XXV et menses V, dies V ; P(ublius) Pamius Prudens,
sevir aug(ustalis) Lugud(uni) coniugi kharissimae et [i]ncomparabili ponendum
curavit et sub asci[a] dedicavit.*

« Aux dieux Mânes et à la mémoire éternelle de Plautia Hilaritas, très sainte
femme, morte à l'âge de 25 ans, 5 mois et 5 jours ; Publius Pamius Prudens,

sévir augustal de Lyon, a fait construire (ce tombeau) à son épouse très chère et incomparable et l'a dédié sous l'ascia ».

L'épigraphie lyonnaise n'avait encore fourni aucun exemple des gentilices *Plautius* et *Pamius* et du cognomen, du reste assez rare, *Hilaritas*. L'orthographe *kharissimae* est à noter. (Sur les sévirs augustaux de Lyon, voir Allmer-Dissard, *Musée de Lyon*, II, p. 374 et 375).

1586

Autel aux Mères Augustes

Lyon. — « Fragments, au nombre de deux, provenant d'un autel en forme de cippe sur plan carré, trouvés au commencement de la présente année sur l'emplacement de l'ancien hôpital de Saint-Laurent-des-Vignes, au quartier de la Quarantaine. Hauteur du premier fragment, 0 m. 17; du second, 0 m. 31; largeur du dé, 0 m. 36. Au musée ».

maT R I s · A V G

ut I V O V I t

. . . .

. . . .

. . . Q . . . .

ARAM

ET·SPECVLARIA

V · S · L · M

« Lettres de la belle époque ».

[*Ma*]*tris Aug(ustis*), [*ut*]*i vovi*[*t, . . .*], *aram et specularia, v(otum) s(olvit) l(ibens) m'ez itol*.

« Aux Mères augustes; avec reconnaissance en accomplissement de son vœu, (X...) donne, comme il l'a promis, cet autel et les vitres (de l'édicule).

Les *specularia* étaient des plaques de mica (*lapis specularis*) qui servaient de carreaux avant l'invention des verres à vitres (Pline *H. N.*, XXVI, 32, 45). « Trois fûts de colonne en granit gris, d'un diamètre d'environ 0 m. 40, trouvés, dit M Dissard, dans les décombres, presque en même temps, et près des fragments de l'autel, semblent indiquer que l'édifice dont il s'agit avait une certaine importance ».

REMARQUES ÉPIGRAPHIQUES
par M. Ant. HÉRON DE VILLEFOSSE
membre de l'Institut

(Suite) (1)

13. — *Sainte-Colombe (Rhône)*. — *Médaillon de poterie avec légende*

Sous le n° 11 j'ai proposé une rectification à la lecture d'un médaillon de la collection Chavassieux trouvé à Ste-Colombe, en 1877, que j'ai identifié avec le médaillon actuellement conservé dans la collection Chaumartin. Allmer en le publiant (2) en a signalé un second orné du même sujet et trouvé en même temps. C'est aussi un fragment; mais derrière la tête de la Victoire (3), au lieu de la légende *Tu sogit* (=*sola*) *nica*, il a lu :

ORTEVENE   (N et E liés)

EST

J'ai déjà dit ce qu'il fallait penser de la Victoire : le dessin du premier frag-

<hr>

(1) Voir plus haut. IV. p. 152 à 155; V. 7 à 13; 51 à 62; 68 à 78.
(2) *Inscriptions de Vienne, II° supplément*, n° 2053.
(3) *Ibid.*, n° 2954.

ment montre qu'il s'agit en réalité d'un homme portant une palme et une couronne dans l'attitude d'un aurige vainqueur; l'inscription prouve qu'une femme était groupée avec cet homme et que le sujet rentrait par conséquent dans la série des scènes érotiques. Si les deux fragments offrent une représentation identique ils appartiennent tous deux à la même catégorie; le second est donc aussi un médaillon obscène.

Dès lors l'explication proposée pour la légende du second n'est pas possible (1); il ne s'agit pas de rechercher ici le nom d'un *agitator*, pas plus que de restituer le mot *[f]orte*.

Les légendes qui accompagnent les sujets obscènes ne sont jamais directement explicatives; on n'y trouve pas des noms propres désignant les personnages comme dans les scènes mythologiques. Ce sont des phrases plus ou moins grossières, monologues ou dialogues, qui ont un rapport étroit avec l'acte représenté et que l'auteur du médaillon met dans la bouche d'un des acteurs, généralement dans celle de l'homme. Ainsi: *Tu sola nica*; — *Vicisti domina*; — *Teneo te*; — *Da mercedem*; — *Ita valeas decet me*; — *Alba, decet me*; — *Vides, quam bene chalas!* — *Coluisti anum*; — *Mov[x] te*; — *Vita, volvi me*.

C'est une phrase de ce genre qu'il faut rechercher sur ce second fragment. Il y a lieu de compléter ainsi la copie d'Allmer:

*prec*OR TE VENE

EST

Precor t[*], ven[i]. Est.

C'est une légende érotique dans toute sa crudité. Je suis porté à croire qu'il faut lire VENI; la correction BENE proposée par le Corpus me semble moins probable.

Cette correction m'entraîne à en proposer une seconde sur un autre médaillon trouvé à Vienne où la scène est de même nature. Un soldat casqué, pesamment armé, portant un glaive et un bouclier entre chez une femme galante qui est couchée sur un lit. Il n'y a là ni Vénus, ni Mars; c'est une scène de maison close dans toute sa vulgarité. La légende est ainsi donné au Corpus (2):

FORTE SCVTV SI

Je crois plutôt qu'il faut lire et compléter :

*prec*OR TE SCVTV SI*ne*

[Prec]or te, scutu si[ne]!

C'est la femme qui s'adresse au soldat : « Je t'en prie sans ton bouclier », en langage moderne « Je t'en prie débarrasse-toi de tes armes, ou mets toi à ton aise ».

DIEUX DE LA GAULE

par Auguste ALLMER

I. — LES DIEUX DE LA GAULE CELTIQUE (suite).

17. — Prov. Narbonnaise. (Civitas des Allobroges, puis des Viennenses colonia Julia Vienna, Vienne).

Trouvée à Vienne, dép. de l'Isère. — Au musée.

(?) *Silvan*O SACRVM

maillet (?)

Delorme, *Descr. du musée*. 241 bis. — Allmer, *Inscr. de Vienne*, II, n° 271, atl. 21. — Hirschfeld, *C.* XII. 1835 « contuli ».

« A Silvain? ».

(1) *Corp. inscr. latin.*, XII, 5687, 58.
(2) Allmer, *Inscr. de Vienne* III, p. 74, n° 411, *C. I. L.* XII, 5687, 33.

Il n'est pas du tout certain que le débris de sculpture qui apparait à l'angle supérieur droit du fragment représente un maillet ; il s'en suit que la restitution du nom divin par [*Silvan*]o n'est pas certaine non plus.

18. — Saint-Martin d'Uriage, canton de Domène, dép. de l'Isère. — Au château du comte de Saint-Ferréol.

Lamelle de plomb représentant la façade, découpée à jour, d'un petit temple terminé au faîte par une hachette à deux tranchants et porté, de chaque côté, par une colonne d'angle couronnée, en guise de chapiteau, par une hachette semblable. Une autre hachette pareille se voit sur le soubassement. On a trouvé plus de 50 de ces simulacres de hachettes en plomb dans les fouilles, aux bains d'Uriage.

a   M · RVF · MARCIAN · VF

b   L · SCRI · MARTINVS · AC · F

Allmer, *Inscr. de Vienne*, IV, *Add.* 1985. — Hirschfeld, *C*. XII. 2250.

Nous ne savons expliquer ce que signifient les abréviations VF et AC·F. M. Hirschfeld voit, dans ces hachettes, le maillet de Silvain.

19. — Prov. Lyonnaise. (Colonia Copia Claudia Augusta Lugudunum, Lyon).

Lyon, dép. du Rhône. — Au musée.

Autel sculpté des quatre côtés, trouvé à Lyon ; représentant sur sa face principale le groupe des trois Mères avec inscription à leur nom, sur les faces de gauche et de droite la Fortune d'un côté, Mercure de l'autre, et sur la face postérieure Sylvain appuyé, de la main gauche élevée, sur le maillet en forme de sceptre réduit, par la cassure de la pierre, à un tronçon de son manche, et tenant de la main droite le pot ollaire habituel.

Ci-dessus III, p. 342.

Silvain n'est pas certifié par une inscription à son nom ; mais il est bien clair que si l'image était celle de Dis Pater, sa place ne serait pas sur la face postérieure de l'autel, à la suite des Mères, de la Fortune et de Mercure, mais serait sur la face principale. On ne comprendrait pas non plus la signification d'un pot de forme ménagère à la main du maître de l'univers souterrain.

20. — Prov. Lyonnaise. (Civitas des Eduens ; Augustodunum, Autun).

Stèle sculptée anépigraphe trouvée à Nolay, chef-lieu de canton de l'arr. de Beaune, dép de la Côte-d'Or. Déesse assise, tête nue ; les cheveux partagés en deux bandeaux lisses ; vêtue d'une robe à plis grossiers, tombant sur les pieds peut-être chaussés. Elle tient de la main gauche un maillet à manche mi-long, dont elle pourrait, si elle était debout, se servir comme d'une canne ; de la main droite un objet rond qui parait être un fruit plutôt qu'un vase.

Flouest, *Deux stèles*, pl. XI.

21. — Montceau, canton de Bligny, dép. de la Côte-d'Or. — Au musée de Saint-Germain

Stèle sculptée anépigraphe trouvée à Montceau. Dieu barbu, tête nue, vêtu d'une tunique et d'un manteau et chaussé de bottines. Il tient de la main gauche un maillet à manche mi-long qui lui sert de canne, et, dans la main droite, le vase rond à rebord A côté de lui, à sa droite, un chien.

Flouest, *Deux stèles*, pl. VI. — Michaëlis, *Felsrelief bei Lemberg*, p. 142, fig. XV.

Un chien déjà vu à côté du dieu au maillet à long manche, et un vase sur un des autels de Nîmes.

22. — Gaule Celtique. Prov. de Belgique prolongée (Civitas des Séquanes ; Vesontio, Besançon).

Belley, dép. de l'Ain. — Au musée de Belley.

Autel sculpté anépigraphe, présentant, sur la face antérieure, un maillet à manche court dans une couronne de chêne ; sur une des faces latérales, une serpe à lame courbe.

Notre copie dessinée.

Encore plus clairement que le vase ollaire propre à contenir du lait ou du miel, la serpe (*falx silvatica*) qui le remplace ici, désigne Silvain. C'est le dernier exemple en remontant vers le nord de la représentation si fréquente en Narbonnaise du maillet à manche court ; on ne trouve plus guère que le maillet à long manche tenu verticalement en manière de sceptre.

23. — Gaule Belgique. — Prov. de Belgique. (Civitas des Leuques ; Tullum, Nasium, Toul, Naix).

Escles, dép. des Vosges. — Au musée d'Epinal.

Stèle sculptée anépigraphe trouvée à Escles. Personnage dont la tête manque, vêtu d'une tunique avec ceinture : de la main gauche abaissée il s'appuie sur la tête d'un maillet à manche mi-long comme sur une canne ; il tient de l'autre main un objet peu distinct   A côté de lui, à sa droite, un chien.

Flouest, *Deux stèles*, pl. IX.

24. — Soulosse, dép des Vosges, près Domrémy.

Autel sculpté anépigraphe. Le dieu tient verticalement, de la main droite élevée, un maillet à long manche ; de la main gauche, un objet non reconnaissable. A côté de lui, à sa gauche, un chien.

Michaëlis, *Felsrelief bei Lemberg*, p. 138, fig. 11.

Au dessous de la niche contenant l'image du dieu, deux registres superposés où se voient sept bustes de femme, trois dans le registre supérieur, quatre dans l'autre.

25. — Dagsburg, dép. des Vosges.

Autel sculpté anépigraphe trouvé à Dagsburg et aujourd'hui détruit. Le dieu vêtu de la tunique à ceinture et du manteau ; il tient de la main droite verticalement un objet à long manche, terminé en haut, d'après l'un des deux dessins qui en restent, par une feuille dentelée, d'après l'autre, par un fer de lance ; de la gauche, une serpe courbe. A côté de lui, à sa gauche, un chien.

Michaëlis, *Felsrelief bei Lemberg*, p. 135, fig. 8.

Si l'un ou l'autre des deux dessins est exact, le dieu représenté n'appartiendrait pas à la série des personnages divins tenant le maillet.

26. — Gaule Belgique. (Civitas des Mediomatriques ; Divodurum, Metz).

Lemberg, dép. de la Moselle, 8 kil. S.-O. de Bitche, au bord d'une fontaine appelée vulgairement « *pomposen Bronn* ».

Rocher sculpté anépigraphe. Groupe de Diane à l'arc et d'un dieu qui tenait verticalement un objet à long manche, aujourd'hui réduit, ainsi que les deux personnages divins, à sa moitié inférieure, par la destruction du haut du rocher. Autour d'eux, des chiens et divers animaux forestiers ; un sanglier, un aurochs (?), des cerfs.

Michaëlis, *Felsrelief bei Lemberg*, p. 138, fig. 1, 2 et 5.

Le compagnon de Diane ne peut être autre que Silvain.

27. — Prov. de Germanie supérieure. (Entre le Rhin et le Necker).

Rottenburg, l'ancienne Sumelocenna, dans le Wurtemberg. — Au musée de Stuttgart.

Autel sculpté anépigraphe trouvé à Rottenburg. Dieu barbu, vêtu de la tunique et du manteau, chaussé de bottines ; il tient verticalement de la main droite élevée, le manche d'un maillet, sur la tête duquel la main s'appuie ; le bras gauche et la main manquent ; près de lui à gauche, peut-être une serpe courbe. En bas, à sa gauche, un chien.

Michaëlis, *Felsrelief bei Lemberg*, p. 138, fig. 10.

28. — Wildberg, dans la vallée du Nagold en Wurtemberg, sur le versant oriental de la Forêt Noire. — Musée de Stuttgart.

Autel sculpté anépigraphe, trouvé à Wildberg. Dieu barbu; objet à long manche détruit vers le haut. tenu verticalement de la main droite élevée à la hauteur de la tête ; le bras, la main gauche et l'objet qu'elle tenait presque détruits et non reconnaissables. A côté du dieu, à sa gauche, un chien.

Michaëlis, *Felsrelief bei Lemberg*, p. 140, fig. 13.

29. — Prov. de Germanie supérieure. (Civitas des Nemètes; Noviomagus, Spire).

Ramsen, au Palatinat du Rhin.

Autel sculpté trouvé à Ramsen. Moulage aux musées de Nuremberg et de Spire. Dieu barbu, coiffé d'un épais bonnet, vêtu d'une tunique et d'un manteau, tenant verticalement de la main droite élevée un objet à long manche, dont le haut manque; de la gauche, rien ou un pli de son vêtement. A ses côtés, à gauche, un chien; à droite, la partie postérieure d'un animal non reconnaissable, peut-être aussi un chien.

Sur le socle l'inscription suivante :

D'SILVANO

LVCIOS CINONIS

>V· S L M<

Michaëlis, *Felsrelief bei Lemberg*, p 136, fig. 9. Les signes au commencement et à la fin de la troisième ligne, rien autre chose que des points.

« Au dieu Silvain, Lucios, (fils) de Cinon, avec reconnaissance en accom-« plissement de son vœu ».

30. — Prov. de Germanie supérieure. (Civitas des Vangions; Mogontiacum, Borbetomagus, Mayence, Worms).

Autel sculpté anépigraphe, à Mayence.

Un couple d'un dieu et d'une déesse sur chacune des quatre faces. Sur une des faces, un dieu barbu et à chevelure épaisse, vêtu d'une tunique, d'un manteau descendant à mi-jambes, tient verticalement de la main droite élevée un maillet à long manche; la main gauche et ce qu'elle tenait sont détruits; pas de trace d'un chien. A la droite de ce personnage, Diane, court vêtue, tient de la main gauche l'arc et prend de la droite une flèche dans un carquois fixé derrière son épaule.

Michaëlis; *Felsrelief bei Lemberg*, p. 139, fig. 12.

Ici, comme sur le bas-relief de Lemberg, Diane fait reconnaître facilement Silvain dans le dieu dont elle est la compagne.

31. — Prov. de Germanie supérieure. (Civitas des Nemètes ; Noviomagus, Spire).

Oberseebach, environs de Wissembourg, en Alsace, ancien dép. du Bas-Rhin.

Autel sculpté anépigraphe. Groupe d'un dieu et d'une déesse: le dieu barbu, tête nue, vêtu d'une tunique avec ceinture et d'un manteau, tient verticalement, de la main droite élevée, un maillet-sceptre à long manche, et de la main gauche abaissée un objet carré non reconnaissable ; à côté de lui, à sa gauche, le chien Cerbère à trois têtes le désigne clairement pour Pluton. La déesse à sa droite, vêtue d'une robe longue, tient de la main gauche une pomme ; a sa droite, une corne d'abondance dont le pied repose sur le sol et sur le haut de laquelle s'appuie sa main abaissée.

Michaëlis, *Felsrelief bei Lemberg*, p. 141, fig. 14. — Flouest, *Deux stèles*, pl. XIV.

La compagne de Pluton paraît être Cérès.

32. — Prov. de Germanie supérieure. (Entre le Rhin et le Necker).
Sulzbach, près Carlsruhe, duché de Bade, cercle du moyen Rhin.

Autel sculpté trouvé à Sulzbach, présentant le groupe assis d'un dieu et d'une déesse, l'un et l'autre aujourd'hui sans tête ; le dieu vêtu d'une tunique courte et tenant des deux mains sur ses genoux un objet tout à fait indistinct, mais pas un vase ; la déesse vêtue d'une robe longue et tenant pareillement sur ses genoux, avec ses deux mains, un plateau garni de fruits.
Sur le socle l'inscription suivante :

In Honorem Domus Divinae Deae Sanctae ou DiS

AERICVR ae ET DITI PATri VETERius PATERNVS ET

ADIEclia PATERna

Brambach, *Inscr. du Rhin*, 1679. — Michaëlis, *Felsrelief bei Lemberg*, p. 146, note 46 et p. 147: fig. 17.
C'est, dans la Gaule, le seul monument représentant le Dis Pater gaulois. Le dieu n'a ni le maillet ni le vase, ni le chien ordinaire, ni le chien à trois têtes ; il ne peut pas être confondu avec le personnage divin des nombreuses statuettes trouvées en Gaule, qui tient d'une main le maillet-sceptre, de l'autre un vase.

33. — Gaule Belgique. — Prov. de Belgique puis de Germanie inférieure (Civitas des Bataves).
Xanten, Prusse-rhénane : cercle de Dusseldorf.

Deo Silvano Cessorinius Ammausius ursarius leg(ionis) XXX U(lpiae) V(ictricis) S(everianae) A(lexandrianae) v. s. l. m.

Brambach. *Inscr. du Rhin*, 211. — Michaëlis, *Felsrelief bei Lemberg*, p. 136, note 21.
Au dessus du texte « l'image très détériorée d'un homme ; à son côté, en bas, celle d'un ours ».
Il est extrêmement improbable que l'image sculptée au-dessus de l'inscription dédiée à Silvain ait représenté l'adorateur du dieu ; il n'y a guère à douter qu'elle représentait le dieu lui-même, et que l'animal placé près de lui n'ait été un chien: la qualité d'*ursarius* du légionnaire par qui l'autel était dédiée aura fait prendre à tort l'animal pour un ours. La détérioration de la sculpture ne permet pas de savoir si quelque attribut se voyait aux mains de Silvain.

34. — Prov. des Alpes Pennines. (Civitas des Seduni, Sion).
Niège dans le Valais.
Autel anépigraphe trouvé à Niège, représentant le dieu avec le maillet-sceptre et le vase. Un petit disque posé à plat au sommet de la tête a été supposé pouvoir être le *modius* de Sérapis, mais à tort, remarque-t-on, beaucoup trop petit et, en réalité, non déterminable.
Michaëlis, *Felsrelief bei Lemberg*, p. 145.

Il résulte de ce qui précède qu'en Narbonnaise, notamment dans la vallée du Rhône, et même sur celle des rives du fleuve qui, au nord de la Narbonnaise, formait la limite méridionale de la Belgique romaine, Silvain avait pour principal attribut, sauf peu d'exceptions (Nîmes, Orange), un maillet à manche court (Saint-Rémy, Arles, La Coste, Saint-Saturnin-d'Apt, Nages, Villeneuve-lès-Avignon, Lurs, Vaison, Le Rasteau, Valence, Vienne ? Uriage ?, Belley), très semblable à celui dont se servent encore actuellement nos tonneliers, et le plus souvent accompagné (Venasque, St-Gilles, Nimes, Saint-Romain-de-Malgarde), d'un vase rond en forme d'*olla*, généralement sans anse, remplacé une fois (Le Rasteau) par une sirynx, une autre fois (Belley) par une serpe ; et sur la plupart des autels où se voit ce maillet, seul ou avec le vase, le dieu quoique non représenté, est expressément désigné par des inscriptions à son nom (Arles, La Coste, Saint-Saturnin-d'Apt, Venasque, Saint-Gilles, Nages, Villeneuve-lès-Avignon, Lurs, Saint-Romain-de-Malgarde, Vienne?): *Silvano, deo Silvano*. Il n'y a donc pas de place pour le doute ; le dieu auquel se rapportent ces attributs: le maillet à court manche, le vase, la serpe, le sirynx, même lorsqu'il n'est pas nommé, est incontestablement Silvain, non pas peut-être le Silvain des profondes et sombres forêts de la Gaule, mais un Silvain d'origine italique, gaulois par le maillet, italien par le sirynx ; à la fois dieu forestier et pastoral, celui que Properce met sous nos yeux « conduisant au son de la *dulcis fistula* son troupeau sous un ombreux bocage (*Silvani ramosa domus*), près d'une onde fraîche, à l'abri de la grosse chaleur du jour », celui aussi à qui un procurateur impérial des Alpes Grées (*C.* XII, 1037) promet, en des vers élégants, s'il obtient par sa faveur d'être rappelé de son poste au milieu des hôtes sauvages de ces âpres montagnes, un don reconnaissant de « mille grands arbres ». *mile magnas arbores*. Le vase, particulièrement propre à contenir, soit le lait tiré des brebis (*Silvano lactifero* sur des inscriptions), soit le miel découvert dans les arbres creux de la forêt, ne convient pas moins bien à Silvain, dieu pasteur, qu'à Silvain, dieu bocager. La serpe aux mains de Silvain se comprend de soi et fait penser au dieu celtique de l'autel de Paris ébranchant un arbre à l'aide d'une sorte de couperet. Enfin le maillet, très sûrement étranger aux bas reliefs en Italie, pouvait servir au Silvain de la Province romaine, à enfoncer en terre les pieux marquant les limites des propriétés, car il était aussi *tutor finium*. ou, comme berger (*custodi pecudifero*), les fiches de bois fixant au sol le pied des étais par lesquels sont assujeties les unes aux autres les claies du parc habité la nuit par le bétail ; ou bien pouvait encore être l'outil de métier employé pour la fabrication, très répandue dans les Alpes. et jusque dans la Gaule du Sud-Est, des tonneaux de bois en remplacement des outres pour le transport du vin et de l'huile. (Epitaphe d'un *cuparius* à Rochemaure-sur-Rhône dans le dép. de l'Ardèche, C. XII, 2669).

En dehors de la Narbonnaise, ne se rencontre plus le maillet à court manche, mais à mesure qu'on s'avance vers le nord un maillet transformé par l'allongement de son manche en une canne d'abord (Montceau dans la Côte-d'Or, Escles dans les Vosges, aussi à Nolay mais dans la main d'une déesse), puis promptement et finalement en une sorte de long sceptre, qui tenu verticalement, repose par son extrémité inférieure sur le sol et atteint ou même dépasse, de son extrémité supérieure terminée en forme de maillet, la tête du dieu (Lyon, Soulosse, Dagsburg. Lemberg, Rottenburg, Wildberg, Ramsen, Mayence, Niège et aussi en Narbonnaise à Orange et à Nîmes), et devient ainsi, d'instrument professionnel qu'il était en premier lieu, transitoirement un bâton de marche et définitivement une marque de dignité. D'accord avec ce significatif changement de l'attribut essentiel, apparait maintenant, autant toutefois que permet d'en juger l'état fruste ou même l'entière destruction de l'objet sur la plupart des sculptures. peut être moins souvent le vase (Lyon, Montceau et aussi, déja joint un maillet-sceptre, sur un des autels de Nîmes et sur trois des autels d'Orange). peut être plus souvent la serpe (Dagsburg, Rottenburg), et se montre à peu près constamment un troisième attribut : un chien d'apparence très rustique. marchand lourdement et habituellement tête basse à l'un des côtés du dieu (Montceau, Escles, Soulosse, Dagsburg. Lemberg, Rottenburg, Wildberg, Ramsen, Xanten, et même déjà à Arles, à Nîmes et à Orange) ; lui-même, le dieu, semble avoir perdu en grande partie son primitif caractère de gardien des troupeaux pour adopter plus exclusivement celui de gardien des forêts (Lemberg) et de chasseur des animaux forestiers (Lemberg, Ramsen, Mayence, Xanten). Le port habituel du maillet-sceptre. répondant à son rôle ainsi largement accru en importance, nous montre l'ancien petit dieu italo-narbonnais devenu, sur la terre vraiment gauloise du centre et du nord, un des grands dieux de la Gaule, digne à présent d'avoir pour compagne une grande déesse telle que Diane. On voit, en effet, Silvain associé à Diane sur les sculptures de Lemberg et de Mayence et on lit son nom *deo Silvano* sur l'autel de Ramsen, où, à la vérité, il tient au lieu du maillet-sceptre un javelot, ce

dont il y a à rapprocher un autre autel sans représentation, mais sur l'inscription duquel un officier de l'armée de Bretagne (*C.* VII, 451) adresse son
remerciement *Silvano invicto ob aprum eximiae formae captum* « que beaucoup
de ses prédécesseurs avaient inutilement tenté de capturer ».

Ainsi, même en écartant comme témoignages non entièrement incontesta-
bles l'autel inscrit de Ramsen, où le *deus Silvanus* tient peut-être un épieu de
chasseur, et l'inscription de Bretagne non accompagnée de l'image du *Silvanus
invictus*, l'association du dieu avec Diane sur les sculptures de Lemberg et de
Mayence et la serpe qu'il tient sur la sculpture de Rottenburg ne permettent
pas de prendre le dieu au maillet-sceptre pour un autre que Silvain ; et c'est
Silvain encore, suivant toute apparence de probabilité, qu'il y a à reconnaître
dans de très nombreuses statuettes de bronze trouvées çà et là dans la Gaule,
sur lesquelles les attributs du personnage divin se réduisent invariablement à
deux : le sceptre tenu le plus ordinairement de la main gauche élevée, mais
presque toujours détruit, et le vase tenu de l'autre main.

On a cependant voulu que le dieu de ses statuettes fût, non pas Silvain, mais
un Dis Pater national, le Dis Pater premier ancêtre de la nation gauloise dans
la croyance des Gaulois contemporains de Jules César, et, malgré une extrême
abondance de monuments et une partialité des plus passionnés, cette identification n'a pu recevoir encore l'appui d'aucune preuve certaine. On a, il est
vrai, découvert en Transilvanie, et alors très loin de la Gaule, deux autels
sculptés représentant l'un et l'autre Pluton et Proserpine : le dieu tenant de la
main gauche relevée à la hauteur de la ceinture un maillet à manche court et
de la droite une clef sur l'un, un objet indistinct sur l'autre, et où il est, de
plus, escorté du chien à trois têtes ; puis, dans la Gaule, l'autel d'Oberseebach,
sur lequel Pluton tient, de la main droite élevée, le sceptre à tête de maillet,
mais de la gauche, au lieu du vase, une petite tablette carrée et a, en outre,
comme sur la précédente sculpture, l'escorte d'un chien tricéphale ; Cérès à sa
droite, non Proserpine, tient d'une main une pomme (?) et effleure du bout de
son autre main laissée pendante, le haut d'une corne d'abondance dont le pied
pose sur le sol. Mais par contre, à Salzbach près de Carlsruhe, dans le duché
de Bade, autrefois dans la partie de la Germanie Supérieure comprise entre le
Rhin et le Necker, a été ramené au jour un autel sculpté et inscrit au nom
d'Aerecura et de Dis Pater : *Aerecur(ae) et Diti Patri*, sur lequel les deux dieux,
assis à côté l'un de l'autre sur un siège commun, tiennent sur leurs genoux et
des deux mains chacun : elle, un plateau circulaire garni de fruits, lui, un objet
qui a paru pouvoir être un rouleau, mais est, en réalité, fruste et non reconnaissable, en tout cas n'est pas un vase (Michaëlis, p. 147, fig. 17). Cette
dernière sculpture, la seule jusqu'ici découverte dans la Gaule avec inscription
au nom de Dis Pater, qui n'y a ni le sceptre, ni le vase, vient condamner
comme hypothèse mal fondée l'identification supposée du Dis Pater de César
avec le dieu au maillet et au vase.

Il y a maintenant à parler de la découverte récente (1895) à Saarburg, en
Lorraine, dép. de la Meurthe, l'ancien *Pons Savari* des Médiomatriques, d'un
autel sculpté et inscrit, encore en état parfait de conservation (Michaëlis,
p. 154 et fig. 18), sur lequel sont représentés un dieu et une déesse, debout
tous les deux, le dieu barbu, tête nue, vêtu de la tunique et du manteau,
chaussé de bottines, et tenant de la main gauche élevée le maillet-sceptre et
de la droite abaissée le vase ollaire ; il a en commun avec la déesse, son
associée, la compagnie d'un corbeau, sculpté relativement très grand au-dessous de la niche contenant les deux images. L'inscription gravée sur le haut
de la stèle est ainsi conçue : « *Deo Sucello, Nantosvelte, Bellausus, Masse filius,
v. s. l. m.* M. Michaëlis, rappelant que Sucellus est un dieu déjà connu par
des inscriptions trouvées au nombre, jusqu'à présent, de quatre (Vienne, Yverdun, Mayence, York en Angleterre) mais sans représentations, est porté à
considérer ce dieu comme étant sûrement celui des statuettes gauloises aux
seuls attributs du maillet et du vase.

La vérité est-elle réellement parvenue cette fois à se faire jour ? Sans
doute, Dis Pater est définitivement écarté ; mais peut-être y a-t-il à demeurer
encore sur la réserve et à laisser la question indécise entre Silvain et

Sucellus ; car si le chien manque sur les nombreuses statuettes dont il s'agit pour rendre entièrement certaine l'identification du dieu qu'elles représentent avec Silvain, y manque aussi le corbeau pour rendre entièrement certaine l'identification du dieu de ces mêmes statuettes avec Sucellus ; et, de plus, le nombre des exemples connus parle toujours en faveur de Silvain. Appartiennent incontestablement à Silvain les autels inscrits à son nom, où se voient le maillet et le vase ; puis ceux où, à la place du vase, se voient une serpe ou un sirynx ; puis ceux encore où le dieu est pourvu du maillet et associé à Diane ; ensuite sont encore attribuables à Silvain les autels où le dieu, nommé ou non, et déjà indiqué par quelqu'un de ses attributs, est accompagné d'un chien (Montceau, Escles, Soulosse, Dagsburg, Lemberg, Rottenburg, Wildberg, Kamten, Xanten, Nimes, Orange ; voir aussi Arles, C XII, 662), tandis que sur l'autel sculpté et inscrit, parfaitement conservé, de Sucellus il n'y a pas de chien, mais au lieu du chien un corbeau. Outre cela, Nantosvelta, la compagne du dieu Sucellus, bien loin d'être une déesse fréquemment rencontrée dans la Gaule, y apparaît nommée pour la première fois et y prend, par la singularité de ses attributs, une place entièrement à part. Elle tient d'une main un sceptre terminé en haut, non par un maillet, mais par une maisonnette à pignon, avec porte et fenêtres, et de l'autre, une ruche cylindrique couverte d'un capuchon de chaume sur lequel est perché un corbeau. (Voir *Nantosvelta* et *Sucellus*).

Ne terminons pas sans dire qu'il faut résolument éliminer des représentations du dieu au maillet deux belles statuettes en bronze trouvées à Vienne, dans le département de l'Isère, à peu près semblables entre elles, l'une plus grande (0 m, 26), l'autre moindre (0 m. 225), avec un objet très singulier se rapportant sans doute à l'une d'elles.

La plus curieuse de ces statuettes, sinon la plus belle, représente Hercule barbu, la tête couverte de la peau du lion, et vêtu, en plus, d'un manteau rejeté sur le bras gauche, d'une tunique serrée au corps et de braies collantes faites, ainsi que la tunique, d'une étoffe quadrillée ; il est, en outre, chaussé de sandales. De la main gauche abaissée il tenait un attribut aujourd'hui absent, vraisemblablement la massue, et il a, dans la main droite à demi avancée, un vase rond à rebord et sans anse. L'objet découvert avec les statuettes, et qui probablement se rapportait à l'une ou à l'autre, est un cylindre de 0 m. 08 de longueur et de 0 m. 055 de diamètre, relativement très gros, du milieu duquel se détachent en prolongement de son axe diamétral, d'un côté un fort clou carré long, de 26 centimètres, et du côté opposé, cinq tiges minces longues de 10 centimètres, également espacées, terminées chacune par un tonnelet, et formant ainsi, entre elles cinq, un demi-cercle de 25 centimètres et demi de diamètre, égal par conséquent ou même supérieur en largeur à la hauteur entière de celle des statuettes à laquelle appartenait cet accessoire bizarre. Il se comprend facilement que cet objet, fixé au moyen de son long clou au sommet de la niche abritant l'image du dieu, présentait ses cinq tiges horizontalement, et que celles-ci, ainsi disposées, pouvaient servir à suspendre de menus ornements, par exemple, plus vraisemblablement que toute autre chose, de toutes petites lampes (dont une a été retrouvée en même temps), formant de cette manière un demi cercle d'illuminations vers le haut et en avant du petit sanctuaire.

L'autre statuette est aussi un Hercule, mais nu sauf que la peau de lion, non une peau de loup comme on a prétendu, lui couvre la tête, et, nouée par les pattes de devant sur le haut de la poitrine, cache le dos, l'épaule gauche et la partie supérieure du bras gauche, d'où pendent très bas les pattes de derrière et la queue : une queue, non pas de loup, mais de lion, longue, rase, excepté à son extrémité (Flouest, *Deux stèles*, pl. 13), et par là très sûrement reconnaissable. De la main gauche élevée à la hauteur de sa tête, il tenait, en s'y appuyant, un attribut (haste ?, sceptre ?), non retrouvé, et avait, dans l'autre main à demi avancée, le même pot rond que tient l'autre statuette. Derrière lui était plantée verticalement une tige dont il ne restait que la partie inférieure. Une restitution tout à fait arbitraire, dictée visiblement par le désir d'enrichir d'un remarquable spécimen le cycle par trop indigent des représentations du Dis Pater gaulois, a prolongé cette tige jusqu'au dessus de la tête du dieu, où une réplique, très considérablement réduite de l'objet ci-dessus décrit est disposée de telle sorte que les cinq branches, partant du cylindre central et terminées par des tonnelets, forment un arc de cinq rayons divergents vers le ciel. L'étrangeté d'un tel ornement de tête et sa disproportion, même après une réduction excessive, avec l'image qu'il surmonte, font voir l'impossibilité de cet arrangement. La vérité est qu'on ignore la destination de la tige rompue derrière le dieu et que la supposition d'une coiffure plus large que toute la hauteur de la statuette qu'elle aurait coiffée est de toute invraisemblance. Ni le maillet, ni le Dis Pater soit gaulois, soit gréco-romain n'ont rien à faire ni avec l'une, ni avec l'autre des deux statuettes de Vienne.

(A suivre).

CHRONIQUE

— Le *Messin* (n° du 8 août 1904) rapporte qu'on a découvert à Metz des vestiges gallo-romains en procédant au déblaiement des terrains de la Lunette d'Arçon. On a trouvé, en particulier, une pierre tombale avec cette épitaphe : *D. M. Pac t(a)e, Parati fil(iae)*. « Sous l'inscription figure un portail sur deux piliers, avec l'ouverture remplie par une ornementation de plantes ».

— M. Ermanno Ferrero vient de publier, dans le n° 4, de l'année 1904, du *Bollettino di filologia classica*, cinq fragments d'inscription découverts à Suse depuis peu, et qu'il a rapprochés de cette manière :

M·AGRIPPAE·L·F

*cos.iii triB.p*O T E S T

DO..... ET COTTI

COTTI ·F

Trois suppléments, dit M. Ferrero, sont possibles à l'avant-dernière ligne : *Do[nni] et Cotti(i)* au génitif, et alors avec la nécessité d'une troisième ligne perdue ; *Do[nni] et Cotti(i)*, au nominatif pluriel ; enfin, *Do[nnus] et Cotti(i)*. Il s'agit, de toute manière, d'une dédicace à M. Agrippa par des membres de la famille de Cottius.

— M. l'abbé Chaillan, correspondant du Ministère de l'Instruction publique à Septèmes, a fait parvenir à M. Héron de Villefosse, qui a bien voulu nous la communiquer, une bonne photographie de la dédicace qui figure, sous le n° 653, dans le tome XII du *Corpus*. Le texte de cette dédicace, publié par M. Hirschfeld d'après Rouard, mérite une petite rectification. Il faut lire :

I V N O N I

..V E R R I V S C R *Escens?*

ET ☖

..I L L I A·A T T I C A *ex v*

Il est certain que le nom de la femme n'est pas *Aemilia* ; il se terminait sûrement en ...*illia* et il ne doit pas manquer plus de deux lettres au début de la dernière ligne. (Cf. les gentilices *Avillia, Opillia, Sillia, Tillia*, etc., dont on a de nombreux exemples).

— Nous avons également reçu de M. l'abbé Chaillan, la photographie de l'inscription suivante, qu'il possède, et qui lui a été donnée par un officier de la division de Tunisie. Le lieu de sa découverte ne nous est pas connu.

DIS·MANIBVS

SACR

NICEPHORVS·LVCERNIO

NI·F·VIXIT·ANNIS·X

SIC TIBI CONTINGAT QVAE CVPIS H S N V

Les lettres finales de la dernière ligne signifient sans doute *h(oc) s(epul-*

— 112 —

crum) n(e) v(ioletur). Le texte qui les précède est fautif : il faudrait *contin-gant.*

— Le 43e congrès des Sociétés savantes de Paris et des départements se tiendra à Alger en 1905. La séance d'ouverture aura lieu le mercredi 19 août, à 2 heures. Les manuscrits des travaux qui seront lus à ce congrès devront être envoyés, avant le 31 décembre prochain, au 5e Bureau de la Direction de l'Enseignement supérieur.

— Dans le courant de l'année 1903, l'inscription suivante, récemment publiée par M. Haverfield (*Archæolog. Anzeiger* 1904, 2 p. 145), a été découverte à Caerwent (Venta Silurum) :

```
. . . . . . . . . . . . . . . .
L E G · L E G · I i
A V G · P R O C O N S V L
P R O V I N C · N A
R B O N E N S I S ·
L E G · A V G · P R · P R · PRo V
L V G V D V N E N S I S
E X · D E C R E T O
O R D I N I S · R E S
P V B L · C I V I T ·
S [i [L   V   R   V   M
```

Nombreuses lettres liées. Il s'agit probablement du légat Ti. Claudius Paulinus dont il est question sur le marbre dit de Thorigny. (Cf. *Prosopogr.* I, p. 391, n° 758 ; Allmer-Dissard, *musée de Lyon*, V, p. 82).

BIBLIOGRAPHIE

HIRSCHFELD (Otto) et ZANGEMEISTER (K.), *Inscriptiones trium Galliarum et Germaniarum latinae ; partis primae fasciulu* posterior, *Inscriptiones Belgicae.* Berlin, 1904, in-4. 25-198 pages. — Ce fascicule, dont l'auteur est M. Hirschfeld, est consacré aux inscriptions des *Silvanectes*, des *Suessiones*, des *Bellovaci*, des *Ambiani*, des *Viromandui*, des *Atrebates*, des *Morini*, des *Menapii*, des *Nervii*, des *Tungri*, des *Treveri*, des *Mediomatrici* et des *Leuci*. Les inscriptions fausses vont du n° *371 au n° *666, et celles authentiques, du n° 3353 au n° 4740. Il n'est personne, parmi les épigraphistes, qui ne connaisse, de longue date, le soin rigoureux et la science profonde qui caractérisent les travaux de M. le professeur Hirschfeld, et ce serait vraiment une superfluité que de vanter ici leurs mérites.

— DÉCHELETTE (Joseph), *Les vases céramiques ornés de la Gaule romaine* (*Narbonnaise, Aquitaine et Lyonnaise*). Paris, 1904, in-4o, v 1 308 et 380 p., 29 pl., 1700 gravures environ ; 50 fr. — Il nous est impossible, faute de place, de parler ici, comme nous le voudrions, et comme elle le mériterait, de cette œuvre capitale de M. Déchelette, dans laquelle l'épigraphie est largement représentée par des légendes sur des vases à reliefs d'applique, des graffites et des marques. Il nous suffira de dire qu'elle honore au plus haut degré l'érudition française et qu'elle restera, quelles que soient les modifications de détail que lui feront peut-être subir de nouvelles découvertes, l'indispensable recueil de doctrine de quiconque voudra s'occuper sérieusement désormais des céramiques ornées de l'Europe occidentale, pendant les trois premiers siècles de notre ère.

Em. ESPÉRANDIEU,
Correspondant de l'Institut.

REVUE
ÉPIGRAPHIQUE

N° 115. — Octobre, Novembre, Décembre 1904

1586

Épitaphe chrétienne

Renseignements de M. Désiré DURAND, propriétaire, et de M. Lucien GAP, instituteur public à Savoillans (Isère). Estampage de M. Désiré Durand.

Suzette. — Plaque de marbre encastrée dans un mur de la ferme Saint-Martin, commune de Suzette (Basses - Alpes). Hauteur, 0 m. 25; largeur 0 m. 32; épaisseur. 0 m. 03. Hauteur des lettres, 0 m. 045.

Idus ap(ri)lis obiit Co(n)stancia.

« Constantia est morte aux ides d'avril (13 avril) ».

Ce petit texte, d'une bonne paléographie, a la concision des premières épitaphes chrétiennes. Le mot *obiit* et la mention du jour du décès seraient toutefois, selon Le Blant, des signes de basse époque. *Constantia* est un surnom peu répandu d'origine païenne. La forme particulière des O est à noter.

1587 à 1588

Copies et renseignements de M. Paul THIERS, conservateur du Musée archéologique de Narbonne.

1587

Épitaphe

Narbonne. — Stèle en calcaire grossier découverte à Narbonne, au mois de décembre 1903, dans les fondations du rempart romain, sous la foraine (dépendance de la Vicomté). Paraît perdue. Hauteur, 1 m. 48 ; largeur, 0 m. 58. Hauteur des lettres, 1re ligne, 0 m. 08 ; 2e ligne, 0 m. 07.

L·M I R M I O
L·L·LEPIDO

« Lettres de forme ancienne, vraisemblablement du premier siècle avant notre ère. Points triangulaires ; gravure excellente, une rosace d'acanthe à la partie supérieure ».

L(ucio) Mirmio, L(ucii) l(iberto), Lepido.
« A Lucius Mirmius Lepidus, affranchi de Lucius ».

Une épitaphe collective de Narbonne a déjà fait connaître un second affranchi du même personnage (*C. I. L.* XII, 5226). On peut du moins le supposer par la similitude du prénom et l'extrême rareté du gentilice *Mirmius*.

1588

Epitaphe

Narbonne. — Fragment de tablette, en marbre blanc, découvert à Narbonne, le 17 octobre 1903, dans les fondations du rempart romain, sous la foraine. Paraît perdu. Hauteur des lettres, 0 m. 04 à la première ligne, 0 m. 03 à la ligne suivante.

<pre>
. . . .
. . . I C V LA . . .
. . A · ET · LIP . . .
</pre>

« Lettres de la plus belle époque ».

...? Fel]icula [... sibi viv]a et lib(ertis)...
« ... Felicula a érigé ce tombeau, de son vivant, pour elle-même et pour ses affranchis ».

Nos restitutions, nécessairement, ne sont que conjecturales.

1589 à 1592

Estampages et renseignements de M. l'abbé J.-B. MARTIN, correspondant du Ministère de l'Instruction publique, à Lyon. Voyez-ci-dessus, p. 84.

1589

Epitaphe chrétienne versifiée

Lyon. — Tablette de marbre incomplète du côté droit et à la partie inférieure, découverte à Lyon, au mois de janvier 1904, par M. Ferlat, en creusant les caves de sa maison située dans le quartier de Fourvières, rue des Macchabées, n° 18. Conservée chez M. Ferlat. Hauteur, 0 m. 30 ; largeur, 0 m. 22 ; épaisseur, 0 m. 05. Hauteur des lettres, 0 m. 04.

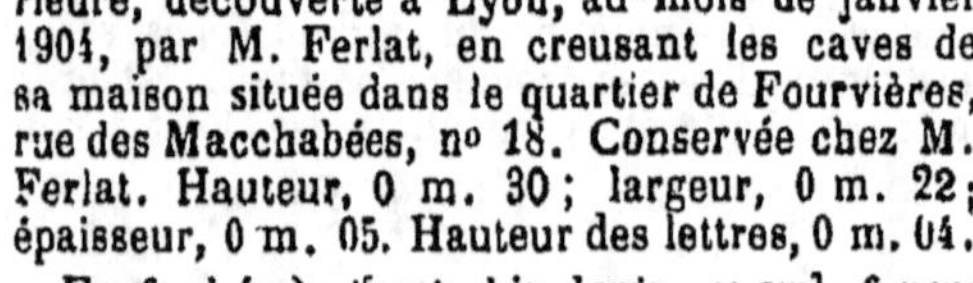

Epyfania(m) t[eget hic lapis, quam] *funere* dur[o, Heu ! nimium celere rapuit]* mors impia c[ursu....

« Cette pierre recouvre Epyfania que la cruelle mort, dans sa course, hélas ! trop rapide, a ravie .... »

L'inscription, dont les dernières lignes ne sont pas restituables, débutait par deux hexamètres (le premier fautif), que l'on retrouve, à ce qu'il semble, avec les seuls changements résultant de la différence des personnes, dans une épitaphe recueillie en 1884, par M. Morel, sur la colline du Chatelet, près d'Andance. (*C. I. L.* XII, 5862 ; *Revue épigr.*, II, p. 70).

1590

Epitaphe chrétienne

Lyon. — Tablette de marbre, incomplète du côté gauche, de même provenance que la précédente et conservée au même lieu. Hauteur, 0 m. 40; largeur, 0 m. 31 épaisseur, 0 m. 09. Hauteur des lettres, 0 m. 025.

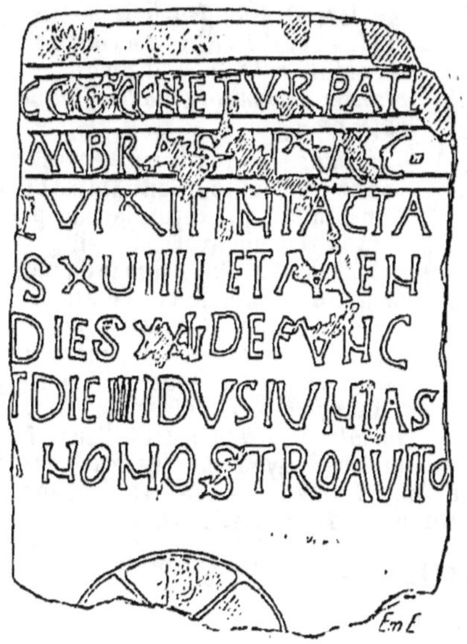

[*Ho*]*c contine*(*n*)*tur Pat*[*ernae me*]*mbra sepulc*[*ro*].
q(*uae*) *vixit intacta* [*anno*]*s XVIIII et men*[*ses... et*] *dies XXII; defunc*[*ta es*]*t die IIII idus junias,* [*do*]*mno nostro Avito* [*Aug*(*usto*)].

« Dans cette tombe sont contenus les restes de Paterna, qui vécut chaste 19 ans, ... mois et 22 jours, et mourut le quatrième jour des ides de juin (10 juin), sous le consulat de notre maître, l'empereur Avitus ».

De cette épitaphe, qui débute par un vers, le second mot est corrompu; il faut sans doute lire *continentur*. Le nom de la défunte n'est pas certain ; rien ne prouve même que le groupe PAT en ait fait partie et ne soit pas le commencement de l'adjectif *paternus*. Il faudrait alors chercher ce nom après le mot *sepul*[*cro*] ; mais la place y parait manquer. L'intérêt de cette inscription est dans sa date. Il s'agit du consulat d'un empereur, ainsi que le prouve l'appellation *dominus noster*, et dès lors il ne peut être question que d'Eparchius Avitus, qui monta sur le trône avec Marcien et nous est surtout connu par les poésies de Sidoine Apollinaire, son gendre, et les écrits de Grégoire de Tours. Avitus était Arverne et de grande famille. Il débuta, à ce qu'il semble, dans la vie publique en se rendant à Rome, en 420, pour solliciter de l'empereur Constantin III la remise d'une partie de l'impôt. Il exerça, en 439, la préfecture du prétoire des Gaules, après avoir contribué à libérer la Belgique des Burgondes, et combattit, en 451, contre Attila aux Champs Catalauniques. Nommé *magister utriusque militiae*, en 454, en récompense sans doute des services qu'il avait rendus en aidant Aëtius à repousser les Huns, il fut proclamé empereur l'année suivante et nommé consul d'Occident, en 456. Sa carrière, à partir de ce moment, fut très courte : Le Sénat le déposa en cette même année en raison de sa vie déréglée, si l'on s'en rapporte à Grégoire de Tours, et il mourut peu de temps après. On savait par de Rossi (*Inscript. christ.* I, p. 345) que le consulat de l'empereur Avitus était employé en Occident, vers la fin d'octobre ou dans les premiers jours de novembre 456. On voit, par notre texte, qu'il était déjà en usage dès le mois de juin. Fl. Joannes, que l'on a considéré comme le consul régulier de l'année 456, ne fut, peut-être, en réalité, qu'un consul suffect.

(Sur l'empereur Avitus, voyez Héron de Villefosse dans les *OEuvres complètes* de Bartolomeo Borghesi, t. X, p. 733).

1591

Epitaphe chrétienne

Tablette de marbre, incomplète du côté droit, découverte à Lyon, sur un autre point que les précédentes, et conservée dans la même ville chez M. Ferlat. Hauteur, 0 m. 32 ; largeur, 0 m. 26 ; épaisseur, 0 m. 02. Hauteur des lettres, 0 m. 03.

In hoc tumulo [requies]cit bone mem[orie Constant[ius (ou Constantia) qui (ou quae) vixit] in pace ann[os... et obi]it prid(i)e ka[l(endas)....., a[nno]... d(omini) n[ostri]] Theudoru[ci regis].

« Dans ce tombeau repose de bonne mémoire Constantius (ou Constantia), qui vécut dans la paix ...ans, et mourut la veille des kalendes de ..., la ... année du règne de notre maître, le roi Thierry ».

Cette épitaphe, dont la date précise fait défaut, est du sixième siècle, et du temps de Thierry I ou de Thierry II. La formule *in hoc tumulo requiescit* est d'ailleurs fréquente à Lyon sur les marbres de cette époque. L'exemple le plus ancien que l'on en possède est de l'année 492 et du consulat d'Anastase et de Rufus (*C. I. L.*, XIII, 2364).

1592

Epitaphe chrétienne versifiée

Tablette de marbre de même provenance que les deux premières et conservée au même lieu. Hauteur, 0 m. 68 ; largeur, 0 m. 42 ; épaisseur, 0 m. 025. Hauteur des lettres, environ 0 m. 02. (Voir la planche VIII).

```
      CONIVXQ PLACIDAM CAPIS QVIÉTEM
      MVNDI TRISTITIAS EXHORRVISTI
      DVM CLARAS PROPERAS ADIRE SEDES
      DIGNO QVAS RECIPIS ELECTA FRVCTV
  5   INNOSMET GRAVITER SEIVNCTA SAEVIS
      NATI QVAM NEOAEVNT VIDERE NOSTRI
      CAELESTE POTIVS AMPLEXA MVNVS
      NOSTRVM LENIAS QVA///MVS DOLOREM
      CHRISTO SI QVOTIENS ORATIONES
 10   SANCTIS SAEPE LOCIS ADSVMPTA DEFERS
```

Conjux q(uae) placidam capis quietem,
Mundi tristitias exhorruisti
Dum claras properas adire sedes,
Digno quas recipis electa fructu.
5. *In nosmet graviter sejuncta saevis,*
Nati quam ne[qu]aeunt videre nostri
Caeleste potius amplexa munus !
Nostrum lenias qua[esu]mus dolorem,
Christo si quotiens orationes
10. *Sanctis saepe locis adsumpta, defers.*

« Epouse qui obtiens l'éternel repos, tu as donc redouté les tristesses de ce monde, puisque tu te hâtes d'aller vers les sièges radieux que tu reçois comme juste récompense ? Tu nous attristes cruellement en nous quittant et nous préférant les faveurs célestes, ô toi, que nos enfants ne peuvent plus voir ! Adoucis notre douleur, nous te le demandons ! chaque fois que tu adresses au Christ des prières qui, souvent, sont admises dans les Saints-lieux ».

Cette épitaphe, d'une épouse et d'une mère, est en vers à triple trochée. Sidoine Apollinaire, à qui ce genre de poésie était, ainsi qu'il l'a dit lui-même, très familier (*Epist* II, 10), l'employa pour la rédaction de longues inscriptions qui ne sont plus connues que par ses lettres. L'une d'elles était destinée à être placée dans le cimetière romain de Trion, sur la tombe de son aïeul. Il l'avait composée après avoir été le témoin accidentel et indigné d'une profanation commise sans le vouloir par des fossoyeurs qu'il tua de ses propres mains (*Epist*. III. 12).

REMARQUES ÉPIGRAPHIQUES

par M. Ant. HÉRON DE VILLEFOSSE

membre de l'Institut

(*Suite*) (1)

XIII. — *Vienne (Isère) ; Orange (Vaucluse). Légendes de scènes érotiques*

Dans l'ouvrage si important au point de vue de la doctrine et des recherches, ouvrage plein de faits nouveaux et de résultats indiscutables, que M. J. Déchelette, conservateur du Musée de Roanne vient de publier sur la Céramique de la Gaule (2), l'auteur a consacré un chapitre intéressant aux médaillons à reliefs qui étaient appliqués sur la panse de petits vases ovoïdes, à trois anses, fabriqués dans les ateliers de la vallée du Rhône. Il a donné un recueil complet de ces médaillons accompagné de dessins, et les a classés par séries (3) ; il devient ainsi facile de les étudier, de comparer entre eux les fragments encore indéterminés et de faire des remarques utiles.

Laissant de côté les médaillons érotiques anépigraphes dont les représentations n'apportent à l'archéologie que des renseignements insignifiants, M. Déchelette s'est contenté, pour cette série spéciale, de rappeler, sans en donner l'image, les exemplaires à légendes (4).

Les sujets sont presque toujours identiques : un homme et une femme couchés sur un lit, avec des variantes de costumes et de poses ou avec des accessoires différents. Les légendes n'ont pas un caractère directement explicatif comme sur les autres médaillons ; le sujet obscène ne demande pas d'explication. Ce sont des phrases courtes en rapport avec la scène et mises dans la bouche d'un des acteurs ; quelquefois c'est un dialogue en deux phrases très brèves.

Tous ceux qui ont manié ces médaillons de la vallée du Rhône savent que sur certains exemplaires les lettres des légendes sont souvent mal venues et qu'il est très facile de commettre des erreurs en les copiant. Cette incertitude du déchiffrement jointe à la mutilation fréquente des inscriptions autorise à proposer des corrections aux lectures déjà publiées ou à présenter des compléments quand ils paraissent satisfaisants.

Je cite les nᵒˢ du recueil de M. Déchelette :

N. 28 (Vienne). = Femme nue sur un lit ; un homme nu s'approche d'elle ; il porte un casque, un glaive et un bouclier. Légende : ..ORTES· CVTVSI.... ; les deux dernières lettres sont frustes.

C'est un médaillon dont j'ai déjà eu l'occasion de parler dans le dernier nᵒ de la *Revue* , p. 103 ; je crois pouvoir proposer aujourd'hui une meilleure interprétation de la légende.

(1) Voir plus haut. IV. p. 152 à 155 ; V. 7 à 13 ; 51 à 62 ; 68 à 78 ; 86 à 90 ; 103 à 103.
(2) *Les vases céramiques ornés de la Gaule romaine (Narbonnaise, Aquitaine et Lyonnaise)*. 2ᵉ vol. in-4°.
(3) T. II. p. 535-308 ; 345-352.
(4) P. 28 à 38.

Allmer qui a fait connaitre ce médaillon, autrefois conservé dans la collection Girard, dit que l'homme nu porte au bras gauche, tendu en avant avec animation, un bouclier demi-cylindrique et qu'il s'appuie du genou droit sur le bord extérieur du lit ainsi placé entre ses jambes (1). C'est évidemment un soldat qui entre avec précip.tation chez une femme galante; dans son empressement amoureux il n'a pas songé à se désarmer. La dame hospitalière l'engage à se débarrasser au moins de son bouclier et lui adresse ces paroles :

[prec]OR TE SCVTV SE[pone]
[Prec]or te, scutu[m] se[pone]!

Il y a une intention comique dans la composition et dans la légende. On peut voir dans la composition une espèce de parodie du médaillon représentant Mars et Ilia dont on connaît plusieurs exemplaires (n. 29).

Allmer renvoie le lecteur à un fac-simile que je n'ai pas su trouver dans son atlas (2). Il avait cru lire un F au commencement de la légende ; il n'y en a pas trace sur l'original maintenant conservé dans la collection Froehner.

L'interprétation d'Allmer, *Forte scutum, similis gladius!* est invraisemblable.

N. 34 (Orange). — Homme et femme couchés sur un lit ; la femme tient un glaive de la main droite. Légende :

VICISTI   D/////////

DOMI   CER/////

NA

Froehner a complété à la dernière ligne CER *a* ; de ce complément il a tiré cette conclusion naturelle que la ligne précédente, en partie disparue, avait dû renfermer un nom d'homme commençant par la lettre D ; j'ai répété moi-même cette ingénieuse supposition.

Je n'ose plus la soutenir aujourd'hui. Aucun des médaillons érotiques ne porte de signature ; je crois donc qu'il faut renoncer à l'interprétation proposée. Il parait plus probable de supposer un dialogue entre l'homme et la femme, dialogue d'ailleurs très réaliste. Une correction vraisemblable est nécessaire ; au lieu de CER, il faut lire CED. On obtient ainsi :

VICISTI   *Da mer*

DOMI   CED*em*

NA

L'homme dit à sa compagne : *Vicisti domina.*
La femme lui répond : *D[a mer] ced[em].*
Au-dessus d'une scène de même nature (n. 37) la femme demande dans les mêmes termes très crus le prix de son labeur.
Quelle que soit la valeur de ma correction je pense qu'il faut rayer le modeleur D......? de la liste des artistes ayant travaillé dans les ateliers de la vallée du Rhône.

XIV. — *Arles (Bouches-du-Rhône). Le modeleur Latinus*

Sur un médaillon de la collection Louis Chaumartin (médaillon D), représentant *Hercule et l'Hydre de Lerne* j'ai signalé le nom de *Latinus*. Sur un médaillon du Musée d'Arles qui porte le n° 13 dans le recueil de Déchelette (3) et qui est orné des bustes affrontés d'Isis et de Sarapis on distingue les restes d'une légende. Déchelette y a reconnu les lettres : ... NI CERA. La restitution de cette légende devient très facile ; il faut la compléter ainsi:

[lati]NI CERA

Nous connaissons maintenant deux médaillons portant le nom du modeleur *Latinus*.

(1) *Inscr. antiques de Vienne.* III, p. 74, n. 411.
(2) *Atlas des Inscriptions de Vienne*, n. 205-11. Ce numéro manque dans l'atlas en question.
(3) T. II, p. 250.

XV. — *Sainte-Colombe-lès-Vienne (Rhône).* — *Addition aux n°ˢ 9 et 11*

J'ai eu l'occasion, au mois de novembre dernier, de revoir à Ste-Colombe-lès-Vienne, la collection de M. Louis Chaumartin et d'y prendre quelques notes; j'ai retrouvé les fragments de médaillons à relief que j'avais déjà signalés.

J'ai pu notamment manier de nouveau le médaillon C dont ma première transcription était très incertaine (1). Un examen plus attentif m'a permis de reconnaître que la légende devait être lue:

NEPT

V N I

(guirlande)

EF

Neptuni ef[figies). — La 3ᵉ ligne de ma première transcription n'existe pas; les lettres E F de la dernière ligne sont un peu plus petites que celles des deux premières.

Comme on le voit, cette légende explicative s'accorde admirablement avec le sujet qui représente une statue de Neptune, très connue, attribuée à Lysippe (2). La reproduction de ce type célèbre sur un médaillon de terre cuite en démontre toute la popularité.

Il faut classer parmi les sujets érotiques un autre médaillon de la même collection, encore inédit et dont voici la description:

. . | NE FVTVO·VOLVI/////M

Médaillon à peu près complet: Une femme nue est couchée sur le dos; elle tient une lampe dans la main gauche élevée. Un homme, à la figure faunesque, est agenouillé devant elle, le manteau écarté. La légende est ainsi conçu:

[Be]ne futuo. — La première partie de l'inscription est très nette; la seconde partie, moins bien venue, fait penser à l'exclamation déjà connue, *Volvi me* (3).

Dans le même ordre d'idées je signale encore dans la collection Louis Chaumartin un autre médaillon représentant une femme nue, couchée, avec un cheval se dressant devant elle sur ses jambes de derrière.

A la série des jeux de l'amphithéâtre appartiennent les trois fragments suivants, anépigraphes (4):

1° Aurige dans un char;

2° Aurige, vainqueur, debout dans un quadrige et tenant une palme;

3° Fragment d'un vase recollé; le sujet est disposé dans un compartiment rectangulaire: Aurige, vainqueur, debout dans un quadrige, tenant une palme et une couronne.

A la série mythologique on doit rattacher plusieurs fragments:

1° Tête de Mercure, de profil, coiffé du pétase ailé et tenant un caducée ailé. Devant la figure du dieu est placé un ornement formé de six petits globules disposés en cercle avec un globule plus gros au milieu (5).

2° Débris d'un vase rond orné d'un compartiment rectangulaire appliqué, portant le sujet suivant: Sous un édicule soutenu par deux colonnes torses et surmonté d'un fronton, est debout un *Dispater*, barbu, les jambes croisées; il porte des braies aux jambes; il soutient dans la main droite un petit pot (*urceus*); près de lui, à gauche, est dressé, la tête en l'air, un maillet qu'il tient par le manche et qui lui sert d'appui (fig. 1).

---

(1) Voir plus haut, p. 56

(2) Cf. *Ibid*, note 5

(3) J. Déchelette, *Les vases céramiques ornés de la Gaule romaine*, II, p. 258, n. 38.

(4) Cf. J. Déchelette, *op. laud.*, II, p. 300.

(5) Variante du fragment reproduit par J. Déchelette, *op. laud.*, II, p. 260, n. 44 a.

Il me semble intéressant de signaler ce fragment ou apparaît une divinité gauloise bien connue. Sur un autre fragment provenant d'Orange et conservé

Fig. 1

au Musée de St-Germain, que M. Déchelette a décrit dans son ouvrage (1), on voit une main droite ouverte tenant un vase ovoïde sans anse ; près du vase sont imprimées en relief les trois lettres PRO... restes d'une légende disparue Ces lettres appartiennent au mot PRO[*pitium*] qui faisait partie d'une invocation inscrite autour d'une figure de divinité, comme sur les médaillons d'Orange et de Vienne où le buste de Jupiter était accompagné de la légende *Jovem pro*]PITI[*um*, Il est très regrettable que l'inscription du médaillon d'Orange soit brisée car elle nous aurait appris le nom populaire que portait le dieu au maillet.

3 - 4. — Deux autres fragments de la collection Louis Chaumartin représentent le même dieu et appartiennent à la même série.

Le premier offre une figure barbue, de profil, coiffée du pileus ; la main droite un peu écartée du corps, s'appuie sur le manche d'un maillet dont la tête arrive à la hauteur du visage du dieu. Devant la figure on aperçoit une petite guirlande. Ce détail qui se retrouve sur le fragment de St-Germain fait croire que les deux fragments se complètent l'un par l'autre. En effet, la main droite étendue devait tenir un vase arrondi au-dessus duquel la guirlande se développait (fig. 2).

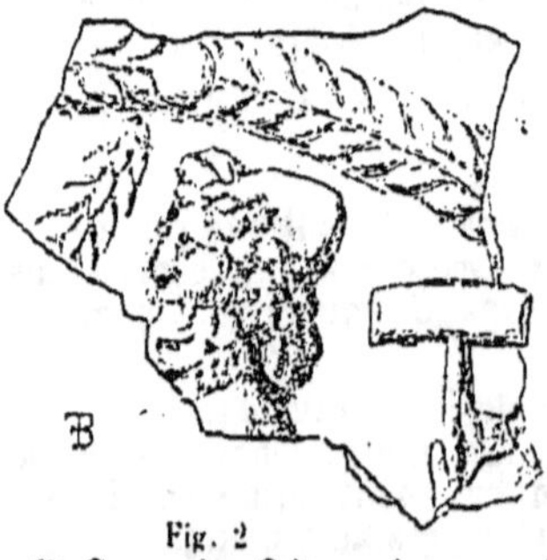

Fig. 2

Le second fragment offre une troisième image du même dieu, représenté exactement dans la même position, debout, avec son bonnet, sa blouse à manches courtes et son maillet (fig. 3). Les jambes manquent ; le pot placé dans la main droite avancée a été emporté par la cassure.

5. — Sur les débris d'un vase ovoïde est appliqué un édicule soutenu par

<hr>

(1) Cf. les exemplaires de vases avec représentations de divinités, réunis par J. Déchelette, *op. laud.*, II, p 179 et sv.

(2) T. II. p. 305, n. 141. Ce fragment doit maintenant rentrer dans la série des médaillons à sujets religieux.

deux colonnes torses et surmonté d'un fronton. Sous cet édicule est placée debout une divinité, en partie drapée, les jambes nues et dont la tête manque;

Fig. 3

des rinceaux de vigne l'encadrent (fig. 4) - L'arrangement est semblable à celui de l'édicule qui abrite le dieu au marteau, signalé le premier et reproduit sur la fig. 1

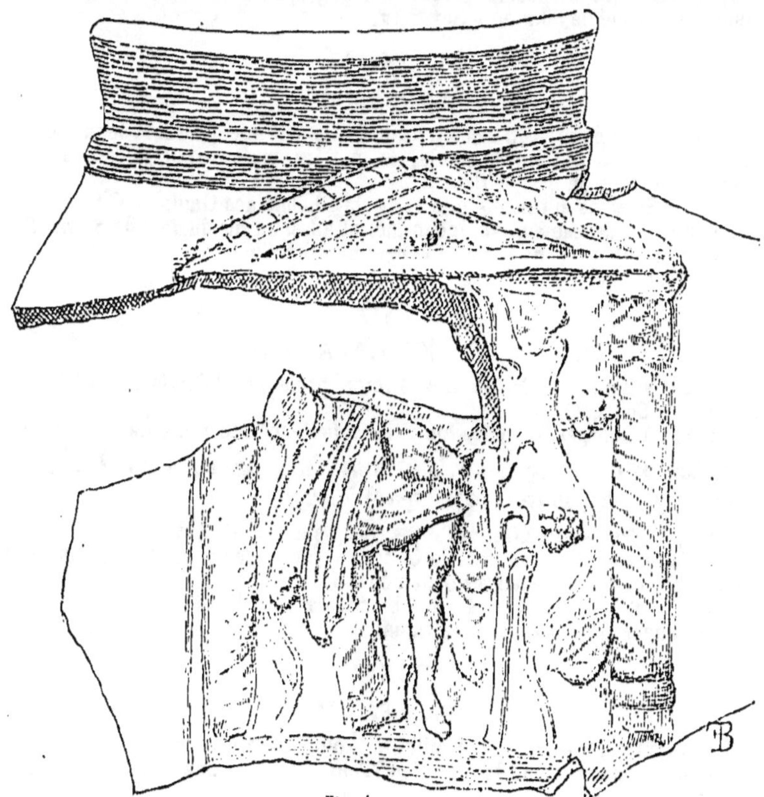

Fig. 4

Enfin à la série historique appartient un fragment sur lequel on reconnait la tête laurée de l'empereur Hadrien.　　　　　　　　(à suivre).

DIEUX DE LA GAULE
par Auguste ALLMER
I. — LES DIEUX DE LA GAULE CELTIQUE (suite).

1593
Dea SOIO

Prov. Narbonnaise (civitas des Helves ; Alba Helviorum, Aps).
Autel autrefois à Soion, canton de Saint-Péray, dép. de l'Ardèche, au sommet du Coteau. — Au musée de Valence.

Deae Soioni Aug(ustae), Luccius Marcia]nus] et Sennius Marianus de suo posuerunt loco privato Upeior(um) pupillor(um).

Notre copie dessinée. Ci-dessus, II, p. 337. — Hirschfeld, *C*. XII, 2.656, « contuli ».

« A la déesse Soio Auguste, Luccius Marcianus et Sennius Marianus ont, de leurs deniers, élevé cet autel, sur la propriété des pupilles Upeius ».

Cet autel, lorsque nous en avons copié l'inscription, était au bord du plateau dominant le village, du côté du Rhône, en compagnie d'un bas-relief de marbre représentant un groupe de personnes offrant un sacrifice. Ce bas-relief paraît s'être perdu.

La déesse Soio était peut-être la personnification d'une source aujourd'hui tarie. Le nom n'a pas changé depuis l'antiquité ; le monticule et le village s'appellent toujours « Soion », mais l'orthographe administrative a ridiculement transformé ce nom en « Soyons ».

1594
S[M]ER[T]OS

Dieu supposé d'après un des autels de Paris, sur une des faces duquel on lit, sans même une entière certitude, le mot incomplet S*IER/I*OS, qu'on a cru pouvoir restituer en *S[m]er[t]os*.

Ce dieu Smertos aurait été une sorte de Phébus des Gaulois. On lui donne une femme, la déesse *Smerta*. inconnue, et aussi un fils du nom de *Smertullus*, qui n'est jusqu'à présent connu que comme nom d'homme.

Voir *Cernunnos*.

1595
SOLIMARA

Gaule Celtique. — Prov. d'Aquitaine prolongée (civitas des Bituriges ; Avaricum, Bourges).
Trouvée à Bourges, dans les fondations de l'enceinte romaine. — Perdue.

Solimarae sacrum, aedem cum suis ornementis Firmana, Cobrici f(ilia), mater, d(e) s(uo) d(at).

Orelli, 2.050. — *C*. XIII, 1195. — Ci-dessus III, p. 164.

« A Solimara, Firmana, fille de Cobricus, mère (des cérémonies), donne de ses deniers ce temple avec ses ornements ».

Mater, c'est-à-dire d'après Orelli *mater sacrorum* d'Isis ou de quelque autre culte étranger *Cobricus*, nom celtique.

1596
Dea STANNA

Gaule Celtique. — Prov. d'Aquitaine prolongée (civitas des Petrucores).
Déesse fontaine associée au dieu Telo ; la fontaine du Toulon, près Périgneux.
Voir *Telo*.

1597

Deus SUCELLUS, SUCAELUS

1. — Prov. Narbonnaise (civitas des Allobroges, puis des Viennenses; Vienna, Vienne).

Trouvée à Vienne, dép. de l'Isère, dans les travaux de percement de la rue de la Gare. — Au musée.

Deo Sucello, Gellia Jucund[a] v. s. l. m.

Allmer, *Inscript. de Vienne*, II, p. 454, atlas nº 235-9; ci-dessus II, p. 337. — Hirschfeld, *C.*, XII, 1836.

« Au dieu Sucellus, Gellia Jucunda avec reconnaissance en accomplissement de son vœu ».

2. — Gaule Celtique. — Prov. de Belgique prolongée, Germanie supérieure (civitas des Helvètes ; colonia Flavia Aventicum, Avenches).

A Yverdun, canton de Vaud (Suisse), — Yverdun, à la mairie.

Sucello, Ipadco v. s. l. m.

Mommsen, *Inscript. Helveticae*, p. 24, nº 140 : « contuli »; *Ipadco* ou *Iradco*.

« A Sucellus, Ipadco (?) avec reconnaissance en accomplissement de son vœu ».

3. — Gaule Belgique. — Prov. de Belgique (civitas des Médiomatriques ; Divodurum, Metz).

Saarburg, en Lorraine. — Au musée de Metz. Autel sculpté trouvé en 1895 à Saarburg, dép. de la Meurthe.

DEO 'SVCELLO'

NANTOSVELTE'

BELLAVSVS MAS

SE FILIVS.V.S.L.M.

Korrespondenzblatt de Trèves, 1895, p. 229. — Michaëlis, *Das Fels relief am « pompösen Bronn » bei Lemberg*, 1895, p. 155, fig. 18.

« Au dieu Sucellus, à Nantosvelta, Bellausus, fils de Massa, avec reconnaissance en accomplissement de son vœu ».

Au dessous de l'inscription, un bas-relief, en état parfait de conservation, représentant, debout à côté l'un de l'autre, un dieu et une déesse : le dieu, barbu, tête nue, vêtu d'une tunique ample à ceinture et d'un manteau rejeté sur le bras gauche, tient, de la main gauche élevée, un maillet-sceptre et, de la droite abaissée, un pot rond, sans anse, comme celui souvent figuré sur les autels dédiés à Silvain. La déesse, à sa droite, tient aussi, de la main gauche élevée, un sceptre, terminé en la forme non d'un maillet, mais d'une maisonnette à pignon décorée de deux creux carrés parallèles simulant deux ouvertures ; de l'autre main, elle fait avec une patère, une libation sur la flamme d'un autel en forme de balustre. On a cru voir qu'elle est ailée ; malgré la remarquable conservation de la sculpture, rien ne paraît du contour des ailes, non plus que rien de certain des plumes aperçues, mais qui, d'après la photographie, ne sont peut-être autre chose que des traits réguliers de ciseau, que le travail d'affinement du fond de la niche n'aura pas complètement effacés. Une autre image de la déesse la représente sûrement sans ailes. Au dessous de la niche commune aux deux divinités est sculpté un oiseau (pivert ou corbeau?) très grand, qui parait être un attribut se rapportant au dieu et à la déesse.

En présence de cette sculpture et de l'inscription qui l'accompagne, M. Michaëlis a proposé de reconnaître dans le dieu Sucellus porteur du maillet-sceptre et du vase ollaire, le dieu représenté dans la Gaule par de nombreuses statuettes dont le personnage a, pour tous attributs, ce même maillet-sceptre et ce même vase. Nous renvoyons à l'article de « Silvain au maillet » pour ce que nous avons pensé pouvoir noter au sujet de cette proposition.

Voir à *Nantosvelta* la description d'un second bas-relief représentant cette déesse. Une ruche qu'elle porte sur la main non occupée par le sceptre, et ce sceptre, terminé en maisonnette, qu'elle tient de l'autre main, font présumer en elle une déesse protectrice des habitations rurales et de l'élevage des abeilles.

Bellausus, nom celtique ; *Massa*, nom romain et probablement d'homme, malgré sa forme féminine.

4. — Gaule Belgique. — Prov. de Belgique, puis de Germanie supérieure (civitas des Vangions ; Borbitomagus, Worms).

Trouvée à Mayence. — Au musée.

J(ovi) c(ptimo) m(aximo) Sucaelo et Gen(io) loci pro salute C. Calpurni Seppiani p(rimi) p(ili) leg(ionis) XXII Pr(imigeniae) p(iae), Trophimus actor [fundi?] Canabari, ex voto.

Antiquaires du Rhin, 1882, p. 188. — Mowat, *Bullet. épigr.*, 1883, p. 154. — *Korrespondenzblatt* de Trèves, 1883, p. 6.

« A Jupiter très bon, très grand, à Sucaelus, au Génie du lieu, pour la conservation de Caius Calpurnius Seppianus primipile de la légion XXIIe *Primigenia pia*, Trophimus, régisseur du domaine de Canabarium, en accomplissement de son vœu ».

Nous n'apercevons pas que ce texte autorise à identifier avec Jupiter, ni Sucaelus, ni le *Genius loci* ; il se borne, croyons-nous, à les associer, et n'apporte pas, sur le caractère du dieu Sucaelus, la lumière annoncée comme importante. Pour se trouver associé à Jupiter très bon, très grand, et au génie local d'un domaine dit « des *Canabae* », le dieu n'en reste pas moins mystérieux pour nous.

A la suite du mot *p(iae)*, le graveur a oublié le mot *fidelis*, à moins que l'oubli ne soit imputable plutôt à la copie.

5. — En Angleterre. — York.
Sur un anneau d'argent trouvé à York.

DEO

SVCELO

Ephem. épigr. III. p. 313. — Mowat, *Bullet. épigr.* 1883, p. 154. — Michaëlis, *Felsrelief bei Lemberg*, p. 158, note 79.

« Au dieu Sucelus ».

Sur un autre anneau d'argent, trouvé en même temps que celui-ci, on lit le mot TOT, peut être le nom abrégé du dieu *Tot(ates)*, peut-être le commencement d'une formule restée incomplète: *Tot (annos vivas)*, ou autre analogue.

A été trouvé aussi, en même temps, un anneau d'or, avec la figure d'une cigogne ou d'une grue.

1598

SUMELIS

Fausse lecture d'un fragment funéraire. Voir ci-dessus, II, p. 370.

1599

TANGONAE

Prov. Narbonnaise (civitas des Memines ; colonia Julia Meminorum Carpentorate ou Carbantorate, Carpentras).

Fragment dans la muraille d'enceinte de Venasque, canton de Pernes, dép. de Vaucluse.

[....] Tangonis [v. s.] l. m. [...] Magio[nis f(ilius)], f(aciendum) c(uravit).

Copie dessinée de M. Formigé, architecte des monuments historiques. — Ci-dessus, II, p. 217.

« .....aux *Tangonae*, avec reconnaissance en accomplissement de son vœu ; ...fils de Magio, a fait taire ce . . ».

Lecture des plus incertaines ; les *Tangonae*, jusqu'à présent entièrement inconnues. Voir *Tanconis*, peut-être nom d'homme, *C.* XII, 1085.

1600

TARANOS, TARANUCUS, TARANUCNUS
TANARUS, TRUNOSITUS

1. — Prov. Narbonnaise (civitas des Salluves ; Glanum Livii, Saint-Rémy).
Autel trouvé à Orgon. arrondissement d'Arles, dép. des Bouches-du-Rhône, dans un monceau de décombres provenant de la démolition d'une chapelle dite de Notre-Dame, au sommet de la colline « où était située la ville antique ». — Avignon, au musée Calvet.

ΒΡΑΤΟΥΔΕ ΚΑΝΤΕΜ

ΟΥΗΒΡΟΥΜΑΡΟϹ

ΔΕΔΕ ΤΑΡΑΝΟΟΥ

Ci-dessus, II, pp. 259 et 339.
Lettres petites et mal formées ; les A à traverse chevronnée ; les E lunaires ; les Y surélevés ; la dernière lettre du mot KANTEM, peut-être le monogramme d'un N et d'un A.
Mowat, *Bullet. épigr.*, 1886, p. 296. — Hirschfeld, *C.* XII, p. 820.
Vebroumaros dedit Taranoou, dedicavit libens.
« Vebroumaros donne et dédie à Taranoos (cet autel) avec reconnaissance ».
Vebroumaros, non celtique.

2. — Prov. Narbonnaise (civitas des Arecomiques ; colonia Augusta Nemausus, Nimes).
Fragment trouvé à Saint-Cosme, canton de Saint-Mamert, dép. du Gard.

.....ΛΔΡΕΣΣΙΚΝΟΣ δεδε

.....ΥΙ ΒΡΑΤΟΥΔΕΚγτενα

Ci-dessus II, pp. 258 et 283 ; lettres de forme remarquablement élégante. — Hirschfeld, *C.* XI, p. 833.
.....Adressicnos ....ui dedicavit libens.
« [A telle divinité,....], fils d'Adressos, a dédié (cet autel) avec reconnais-
« sance ».
M. Mowat (*Bull. épigr.* 1886, p. 297), propose, pour la restitution du commencement de la seconde ligne, [ταρανοο]ΥΙ. C'est à ce titre, très conjectural, que l'inscription figure ici.
Adressos, nom celtique.

3. — Gaule Belgique. — Prov. de Belgique, puis de Germanie supérieure (civitas des Nemètes ; Noiomagus, Spire).
Trouvée à Godramstein, en Bavière. — Au musée de Manheim.

In h(onorem) d(omus) d(ivinae) deo Taranucno Gr[.....]vini,
Q. Vibius ex coh(orte) Ata[.....] stip(endiorum) an[nis......]
Juliu[s..... centuria] C. Cor[nelii?.....] s(uo) s[umptu posue-
runt ?]

Orelli, 2057. — Brambach, 1812.
« En l'honneur de la maison divine, au dieu Taranucnos Gr...vinis, Quintus Vibius, de la cohorte...., où il a servi pendant ...ans, et Julius..., de la cohorte de C. Cornelius...., ont, de leurs deniers, offert cet autel ».

Le dieu Taranucnos paraît avoir ici un surnom local, que l'absence de plusieurs lettres ne permet pas de rétablir.

4. — Gaule Belgique. — Prov. de Germanie supérieure (entre le Rhin et le *limes* germanique).
Trouvée en Wurtemberg, cercle du Neckar. — Stuttgard, au musée.

Deo Taranucno, Veratius Primus ex iussu.

Orelli, 2055. — Brambach, 1589 : « descripsi ».
« Au dieu Taranucnos, Veratius Primus en exécution de l'ordre reçu du dieu ».

5. — Prov. de Pannonie supérieure.
Trouvée à Petronell, l'ancien Carnuntum, près Vienne, en Autriche.

Trunosito, G. Cas(sius) Apronianus CAINHOCOL[....v] s. l. m.

C. III, 4444 : « contuli ».
« A Trunositus, Gaius Cassius Apronianus...... avec reconnaissance et contentement en accomplissement de son vœu ».
CA IN HOC OL, à la 4e ligne ; M. Mommsen propose dubitativement : *curam agens in hoc loco*.
Il n'est nullement certain que Trunositus soit le même dieu que Taranus et Turanucnos.

6. — En Pannonie. — Prov. de Pannonie inférieure.
Trouvée à Blockberg. — Au musée de Pest.

. I(ovi) o(ptimo) m(aximo) T(onitruatori ?) pro salute adq(ue) incolumitate (noms martelés) p(ii) f(elicis) invict(i) Aug(usti) totiusq(ue) domus divin(a)e eius et civil(ate) Eravisc(orum), T. Flavius) Titianus, augur, et M. Aur[elius....].

Domaszewki, C. III, Suppl., 10418.
« A Jupiter très bon très grand *Tonitruator*, pour la conservation et la préservation de l'empereur... pieux, heureux, invicible, Auguste et de toute sa maison divine, et pour la cité des Eravisques, Titus Flavius Titianus, augure, et Marcus Aurelius... »,
L'admission de cette inscription dans la présente liste ne peut se justifier que par la possibilité que la lettre T, à la suite de I·O·M·, soit l'initiale de *Taranucno* des inscriptions précédentes, ou de *Taranuco* de la suivante.

7. — En Dalmatie.
Trouvée à Scardona ; transportée à Sibenico.

Iovi ⊘ Taranuco, Arria Successa v. s.

Mommsen, *C*. III, 2804. — Spon, *Miscell.* 73. — Orelli, 2056.
« A Jupiter Taranucus, Arria Successa en accomplissement de son vœu ».

8. — En Angleterre.
Autel trouvé à Chester, l'ancienne Deva.

I(ovi) o(ptimo) m(aximo) Tanaro, T. Elupius, Galer(ia), Praesens, Gunia, pri(nceps) leg(ionis) XX V(aleriae) V(ictricis), Commodo et Laterano co(n)s(ulibus), v. s. l. m.

Huebner, *C.* VII, 168 : « vidi, sed vestigia tantum litterarum perpauca dignoscere potui ». — Spon, *Miscell*, p. 74.

« A Jupiter très bon très grand Tanarus, Titus Flavius (?) Praesens, de la tribu Galeria, de Gunia, centurion princeps de la légion XX⁰ *Valeria Victrix* (a dédié cet autel) sous le consulat de Commode et de Lateranus, avec reconnaissance en accomplissement de son vœu ».

Le texte est dans un état de détérioration qui ne permet plus une vérification certaine ; il n'y a peut-être pas à noter la forme *Tanarus*, en contradiction avec celles des autres inscriptions où l'R vient à la suivante syllabe et l'N à la troisième.

Chester était le lieu de garnison de la légion XX⁰, dans laquelle Titus Flavius (plutôt que *Elupius*) était centurion princeps, ou peut être primipile (avec correction de PRI en PRP). Pour le nom de la cité dont il était originaire, le mot *Gunia* ne répondant à aucune cité connue, on n'aperçoit pas de correction possible, à moins qu'il ne s'agisse de *Curia*, aujourd'hui Coire.

Le consulat *Commodo et Laterano* répond à l'an 154 ; le Consul appelé Commode est le futur empereur collègue de Marc Aurèle sous les noms de Lucius Verus.

Le dieu Taranos, Taranucus, Taranucnus, et aussi Tanarus, et peut être même aussi Trunositus, est le Jupiter tonnant des Celtes et autres peuples barbares de l'Europe, déjà depuis longtemps connu par le poète Lucain (I, 446) sous le nom, sans doute fautif, de *Taranis*, contredit par l'orthographe des inscriptions : c'est le dieu dont l'attribut est si souvent représenté dans le midi de la Gaule Celtique par une roue de char. Une des plus complètes et des plus caractéristiques représentations du Jupiter celtique est une statuette (*Bull. épigr.*, I, 57) qui nous le montre portant en bandoulière un trousseau d'objets longs et effilés contournés en forme d'S ; de la main droite à demi étendue, le dieu tient un carreau, flamboyant de chaque bout, et, de la gauche pendante, s'appuie sur une roue. On reconnaît à première vue, dans ces attributs, les trois manifestations essentielles de la foudre : la lumière, la violence et le bruit ; dans le faisceau d'S, une provision d'éclairs ; dans le carreau flamboyant, la foudre elle même ; dans la roue, le tonnerre comparé au bruit d'un char roulant. Tellement parlante est l'image, qu'on se demande comment on a pu s'aveugler au point de trouver dans ces objets en S « une expression du principe de la vitalité et de la fécondité », et, dans la roue, une figure du soleil ou un symbole de bon voyage.

Taranis, au dire de Lucain, qui semble en faire une déesse et se tait sur ses attributions, recevait des libations de sang provenant de victimes humaines. Ce témoignage s'applique certainement à une époque antérieure à la conquête de la Gaule par les Romains.

(A suivre).

BIBLIOGRAPHIE

HIRSCHFELD (Otto) et ZANGEMEISTER (Karl), *Inscriptiones trium Galliarum et Germaniarum latinae; partis secundae fasciculus primus : Inscriptiones Germaniae superioris.* Berlin, 1905, in-4, 30-503 pages. — Ce fascicule, préparé par Zangameister, a été mis au point et publié par M. Alfred von Domaszewski, sous la direction de M. Otto Hirschfeld, qui en a écrit la préface. Le nombre des inscriptions fausses des trois Gaules et des Germanies est porté à 1296 ; celui des inscriptions authentiques à 7775. Avec ce fascicule, le *Corpus* touche presque à sa fin ; il suffira de quelques mois pour qu'on en voie le terme, et ceux qui survivent des savants allemands qui l'ont conçu, dont la plupart sont morts à la tâche, ont vraiment le droit de se montrer fiers d'un tel labeur.

CHRONIQUE

— Un Comité de patriciens Saumarinois s'était constitué le 3 septembre 1903, sous la présidence d'honneur des deux capitaines régents de la République et la présidence effective du prince Piero Strozzi, sénateur, dans le but d'ériger, par souscription publique, dans la ville de S. Marino, sa patrie, un monument à l'illustre épigraphiste Bartolomeo Borghesi. L'inauguration de ce monument, retardée de sept jours par suite des élections législatives italiennes, a eu lieu solennellement le 17 novembre 1904. M. Antoine Héron de Villefosse, membre de l'Institut, qui faisait partie du Comité et n'avait pu se rendre à S. Marino, s'est excusé auprès de ses collègues, par le télégramme suivant : « En regrettant beaucoup de ne pouvoir assister à l'inauguration du monument Borghesi, je suis de cœur avec vous pour célébrer le grand Génie, l'illustre Maître, le noble Citoyen, dont le nom restera éternellement glorieux ». Nos lecteurs savent d'ailleurs que, des *OEuvres complètes* de Borghesi, d'abord publiées par ordre de Napoléon III, ensuite sous les auspices du Ministre de l'Instruction publique, et par les soins de l'Académie des Inscriptions et Belles-Lettres, le dernier volume, consacré aux *Préfets du prétoire*, a paru en 1897, sous la surveillance de M. Héron de Villefosse, succédant à celle de Waddington.

— Dans le fascicule 1 (p. 151 à 160) des *Mémoires* de la Société Polymathique du Morbihan pour l'année 1904, M. Aveneau de la Grancière a publié un petit nombre de marques de potiers provenant des fouilles faites, de 1899 à 1901, au nouveau cimetière de Vannes.

— Dans le *Derbyshire archaeological and natural History Society's Journal*, année 1904, planches VIII et IX. M. Haverfield a publié et restitué l'inscription suivante :

IMp CAESARI T *ael. hadriano*

anTONINO AVgusto *pio p. p.*

COH ' I ' AQVITAnorum

SVB ' IVLIO ' Vero *leg.* aVG

PR ' PR ' INSTante

caPITONio priSCO PRAE

Elle intéresse la Gaule par la mention de la première cohorte des Aquitains.

NÉCROLOGIE

M. WALLON (Henri-Alexandre), secrétaire perpétuel de l'Académie des Inscriptions et Belles-Lettres, est mort à Paris, le 22 novembre dernier. Né en 1810, M. Wallon avait été nommé membre de l'Institut, en 1850, en remplacement de Quatremère de Quincy, qui lui-même avait succédé au jurisconsulte Bouchaud, en 1804. « A l'affection, à l'estime, au respect qu'il a inspiré à tous ceux qui l'ont connu, nous joignons, a dit M. Louis Havet en parlant de lui à ses collègues, le sentiment que les Romains ont appelé la *pietas*, et qui consiste dans une nuance filiale de l'esprit de hiérarchie et de discipline. Sa longue vie a été active, calme et heureuse. Sa mort même a été douce, et il n'a pas su que sa fille aînée était tout près de le rejoindre dans la tombe ».

M. Wallon était Commandeur de la Légion d'honneur.

CORRECTIONS

Nº 113. p. 92, en remontant, l. 3, au lieu de *Silvanis*, lire *Silvains* ; l. 11, au lieu de *C. XI*, lire *C. XII*.

Nº 114. p. 109, en remontant, l. 17, au lieu de *Savari*, lire *Saravi* ; p. 110, l. 8, au lieu de *un sirynx*, lire *une syrinx*.

Em. ESPÉRANDIEU,
Correspondant de l'Institut.

Vienne, imp. Savigné — Ogeret et Martin, succrs. — Le Gérant : J. OGERET ① I.

REVUE
ÉPIGRAPHIQUE

——

N° 116. — Janvier, Février, Mars 1905

1601

Epitaphe

Copies et renseignements de M. Octave Vial, instituteur public, à Dauphin.

Dauphin. — Stèle en pierre commune découverte, en 1904, à Dauphin (Basses-Alpes), au quartier de le Ferraye, et conservée au même lieu, chez M. Florian Coupier. Hauteur, 1 m. 40 ; largeur, 0 m. 60 ; épaisseur, 0 m. 45. Hauteur des lettres, 0 m. 055.

D O M E T	L ' IVL ' BELL
IACAPI	ICCO
TONIS ' F	

T ' IVL	TITVLLVS
F	C

Dometia, Capitonis f(ilia) ; L(ucius) Jul(ius) Bellico. T(itus) Jul(ius) Titullus f(aciendum) c(uravit).

« Domitia, fille de Capito ; Lucius Julius Bellicco. Titus Julius Titullus a fait construire (ce tombeau) ».

Bellicco et Domitia étaient probablement le père et la mère de Titullus. Le surnom gaulois du premier nous paraît nouveau, mais la forme *Bellicus* est connue par plusieurs exemples, notamment par des marques de potiers (*C. I. L.* XIII, 10010, 284) et l'inscription célèbre du Mont Donon (*ibid.* 4554).

1602

Fondation de jeux annuels par un personnage de rang sénatorial

Arles. — Fragment de droite, depuis longtemps connu, d'une table de marbre partagée en deux parties à peu près égales, dans le sens de la longueur. Au musée. Hauteur 0 m. 70 ; largeur, 0 m. 45. Hauteur des lettres, 0 m. 08 à la première ligne, 0 m. 05 à la deuxième, 0 m. 035 à la troisième, 0 m. 03 à la quatrième, 0 m. 02 aux six suivantes, 0 m. 015 à la dernière. L'inscription était primitivement dans un encadrement formé par une moulure.

```
        a.?anNIVS
         ·f.teR  CAMARS
     x vir stlit l V D ♡ T R I B ♡ M I L
     leg... seviR · EQ · ROM ♡ T V R M
 5   ... q.trib.pLEB · PRAET · PROC·S
   prov... leg.pr.P̄R. P R O V · A F R I C A E
     .....? statua S·SIBI·ET·T·ANNIO
   camarti? f. eX·ARG·LIBRIs CODED
   .........QVAR·MANV PRET
10   reip.? donavlT  ITEM  HS  N C̄C
   ex quor. usurIS·OMNIBVS ANNIS
   ........ ludiATHLETAR·AVT CiRCEN
        ses ederenTVR
      item ad meMORIAE·AETERNITAT
   monumentum            EXTRVXIT
```

La restitution qui précède est celle du *Corpus* (XII, 670) ; mais notre copie
et un estampage sous les yeux, ne nous permettent pas de trouver place, après
le mot *libris*, à la huitième ligne, pour les lettres CO que l'on a cru lire, ou
pour le signe numéral ⌣ , équivalent de 1000 que l'on a proposé. Il ne s'y
trouve que l'espace d'une lettre, dont on reconnaît encore un segment arrondi
appartenant au côté droit de la partie supérieure, et cette lettre, selon toute
probabilité, était un D, peut être barré, signe numéral de 500. Chacune des deux
statues, dont il est question dans ce texte, a donc pu nécessiter cinq cents livres
d'argent, et ces deux statues, la sienne et celle de son fils, Annius Camars
dit se les être données lui-même. Plus convenablement il faut entendre, par
là, qu'elles auront été décernées par la *respublica* d'Arles, et qu'Annius
Camars, en reconnaissance de cet honneur, aura fourni gratuitement la matière première et fait remise de la façon. C'est d'après cette interprétation
que nous proposerons la restitution suivante :

```
     ob II statuaS · SIBI · ET · T · ANNIO
     f. decretas eX ARG·LIBRIs D D E D
     has ⌣ libr.QVAR · MANV· PRET
10   rei p. remislT  ITEM  HS N C̄C
     ut ex   usurIS·OMNIBVS·ANNIS
     populo  ludi ATHLETAR·AVT CIRCEN
        ses ederenTVR
     et doni ad meMEMORIAE·AETERNITAT
15   de suo.......            EXTRVXIT
```

[? A(ulus An]nius, [....f(ilius), Te]r(etina tribu), Camars, [(decem)vir stlit(ibus)]
jud(icandis), trib(unus) mil(itum) [leg(ionis)..., sevi]r eq(uitum) Rom(anorum)
turm(ae) [...., q(uaestor), trib(unus) p]leb(ei), praet(or), proco(n)s(ul) [pr(ovin-
ciae) ...., leg(atus) pr(o) pr(aetore) prov(inciae) A]fricae, [ob duas statuas] sibi et
T(ito) Annio, [f(ilio), decretas e]x arg(enti) libris quingentis, ded(it) [has mille
libr(as)] quar(um) manupret(ium) [rei p(ublicae) remis]it, item sestertium n(um-
mum) ducentos [ut ex usur]is omnibus annis [populo ludi] athletar(um) aut cir-
cen[ses ederen]tur. [Et doni ad me]moriae aeternitat(em) [de suo...] extruxit.

« Aulus (?) Annius Camars, fils de..., de la tribu Teretina, decemvir
stlitibus judicandis, tribun de la légion..., sévir de la ...turme des chevaliers
romains, questeur, tribun de la plèbe, préteur, proconsul de la province de...,
légat propréteur de la province d'Afrique, a, en reconnaissance de l'honneur
fait à lui même et à son fils Titus Annius, par le décret d'érection de deux
statues de 500 livres d'argent (chacune), donné ces 1000 livres et remis à la

respublica (d'Arles) le coût de la main d'œuvre et de plus, 200.000 sesterces afin que, du revenu de cette somme, soient donnés au peuple, tous les ans, des jeux d'athlètes ou du cirque. Et pour perpétuer à jamais la mémoire de cette libéralité, il a, de ses deniers, construit ce.... (1) ».

D'après une très vraisemblable conjecture de M. Mowat, le personnage, que mentionne l'inscription d'Arles, ne serait pas différent d'un *Aulus Annius Camars*, que l'on connaît par une inscription de Rome datée de l'an 83. Inscrit dans la tribu *Teretina*, qui était celle d'Arles, il était, selon toute apparence, originaire de cette ville. M. Mowat a même eu l'idée que toute la Camargue lui aurait appartenu (2) ; ce vaste territoire se serait alors appelé, du nom de son possesseur, *Camartiacum*, « domaine de Camars ».

Annius ne paraît pas s'être élevé au-dessus de la prèture et des fonctions qui se donnaient à d'anciens préteurs. Il était légat impérial de la province d'Afrique, mais il n'en était pas gouverneur. L'Afrique était une province sénatoriale consulaire, c'est-à-dire dont le gouvernement était confié à un sénateur ancien consul, du titre de proconsul, et pendant plus d'un demi-siècle, à partir du partage de l'an 27 avant Jésus-Christ, seul entre les autres gouverneurs des provinces sénatoriales, toutes dépourvues de troupe, le proconsul d'Afrique avait une armée sous ses ordres (3). Il n'en était plus de même au temps de Vespasien et de ses fils ; depuis Caligula, le commandement de l'armée d'Afrique, composée d'une seule légion, la troisième *Augusta*, renforcée de nombreux corps auxiliaires, au total environ 10.000 hommes, lui avait été retiré pour être attribué à un sénateur, ancien préteur, délégué impérial du titre de *legatus Augusti pro praetore provinciae Africae*, que l'inscription d'Arles donne précisément à Annius Camars (4).

La mutilation du texte ne permet pas de savoir de quelle province sénatoriale ce personnage avait eu le gouvernement avant son commandement d'Afrique. Mais s'il était originaire d'Arles, s'il avait de grands biens sur le territoire de cette cité, les honneurs qui lui furent décernés s'expliquent parfaitement, sans qu'il soit nécessaire de faire intervenir, ainsi qu'on l'a conjecturé, un proconsulat de la Narbonnaise.

1603 à 1605

Copies et renseignements de M. Henri DE FLAMARE, archiviste de la Nièvre, communiqués par M. HÉRON DE VILLEFOSSE, membre de l'Institut.

1603

Epitaphe

Entrains. — Stèle en pierre commune, découverte par un fermier, dans un champ, à Entrains (Nièvre), et acquise au mois de juin 1903, par M. Jeanneney, qui l'a fait transporter au château de Saint-Amand-en-Puisaye, où elle est conservée.

D M
C L E M E N
TIAE MAGNAe

L'inscription est dans un fronton triangulaire.
D(iis) M(anibus) *Clementiae Magna*[e].
« Aux dieux Mânes de Clementia Magna ».

---

(1) *C. I. L.*. VI, n° 449: *Laribus Aug(ustis) et Gani(i)s Caes(arum)... permissu A. Anni Camartis, tr(ib)(uni)(pleb)(is)...* Cette inscription est aujourd'hui au Musée de Vérone.
(2) *Bull. épigr.*, 1884, p. 53.
(3) Cf. G. Boissière, *L'Algérie romaine*, 1, p. 234; Cagnat, *L'armée romaine d'Afrique*, p. 112.
(4) Tacite, *Hist.*, IV, 4; — Cf. Léon Renier, *Bullet. du Comité de la langue et de l'histoire*, 2, 1854, p. 47; Halgan, *Essai sur l'administration des provinces sénatoriales sous l'Empire romain*, p. 259 et suiv.

1604

Epitaphe

Entrains. — Pierre commune en forme de linteau, découverte avec la stèle précédente et conservée au même lieu.

DAGOTOVTVS·DANNI F

Dagotoutus, Danni f(ilius).
« Dagotoutus, fils de Dannus ».
Dagotoutus et *Dannus* sont des noms gaulois. Le second seul est peut être connu par une inscription de Sarrelouis (*C. I. L.* XIII, 4228) ; mais *Toutus* est déjà un nom lui-même (cf., à ce sujet, ci-dessus, p. 1) et les lettres *Dago* se retrouvent au commencement de certaines appellations telle que *Dagomarus*, *Dagorix*, *Dagovassus*, etc.

1605

Epitaphe

Entrains. — Stèle brisée à droite, en pierre commune, découverte avec les épitaphes ci-dessus et conservée au même lieu.

QVINTAE·Ɔ

ROXTANORIGI s

VXORIƆ

MANSVETVS Rox

TANORIGIS f

DONAVIT

L'inscription est au-dessous du portrait de la défunte.

Quintae, Roxtanorigi[s] uxori ; Mansuetus, R[ox]tanorigis [f(ilius)], donavit.
« A Quinta, épouse de Roxtanorix ; Mansuetus, fils de Roxtanorix, a donné (ce tombeau) ».

Mansuetus était, à ce qu'il semble, le beau-fils de Quinta ; il avait dû naître d'un premier mariage de son père. Le nom gaulois *Roxtanorix* est nouveau.

REMARQUES ÉPIGRAPHIQUES

par M. Ant. HÉRON DE VILLEFOSSE

membre de l'Institut

(*Suite*) (1)

XVI. — Saint-Paulien (Haute-Loire)

Malgré les affirmations contraires, j'ai la conviction que la ville du Puy n'a jamais été une colonie romaine et que ses origines sont exclusivement chrétiennes.

Au premier siècle de notre ère aussi bien qu'au troisième, la capitale des Vellavi était *Ruessium* ou *Revessio*, devenu Saint-Paulien (2). Toutes les inscriptions et toutes les sculptures qu'on voit actuellement au Puy viennent

(1) Voir plus haut. IV, p. 152 à 155 ; V. 7 à 13 ; 51 à 62 ; 68 à 78 ; 86 à 90 ; 103 à 103.
(2) Sur cette question cf. *Corp. inscr. latin.*, XIII, p. 212-213 ; Allmer, *Rev. épigraphique du midi de la France*, II (1889), p. 452-456. Le *Corpus* a donné toute la bibliographie utile ; il faut cependant y ajouter l'ouvrage du R. P. Cathary, cité plus loin.

de Saint-Paulien. Ces inscriptions sans aucune exception (1), ces débris d'architecture, ces bas-reliefs sont placés depuis un temps immémorial dans les murs de la cathédrale ou de ses dépendances immédiates ; leur découverte primitive n'est pas constatée ; on n'a jamais recueilli aucun monument ou fragment analogue sur d'autres points de la ville ; jamais aucune fouille sérieuse n'a permis d'y retrouver le sol romain.

Quand on affirme que certaines inscriptions romaines du Puy ont été trouvées sur les lieux, on oublie toujours d'ajouter qu'elles ont été trouvées *encastrées dans les murs de la cathédrale ou dans le mur de l'ancienne chapelle baptismale de Saint-Jean.* C'est là l'exacte vérité ; on ne connaît pas d'autre origine à ces morceaux antiques. Il me paraît évident que les constructeurs de la cathédrale ou ceux de l'église primitive qu'elle a remplacée avaient été les chercher à Saint-Paulien. Qui sait si dans la pensée des premiers constructeurs le transport d'un débris païen ne fut pas une condition pieuse imposée aux chrétiens ? On serait tenté de le croire en constatant combien il est fréquent de retrouver dans les murs ou dans les fondations de nos vieux édifices religieux des textes épigraphiques importants. Saint-Paulien n'est séparé du Puy que par 13 kilomètres ; le transport était facile puisque la route descend constamment.

Un jésuite, le R. P. M.-C. Cathary, répondant aux assertions émises par M. Aymard dans les séances du premier Congrès scientifique tenu au Puy en 1855, a fait paraître en 1859 un volume intitulé : *Ruessium et l'antique acropole d'Anis ou les origines du Puy considérées au point de vue de la géographie, de l'histoire, de la tradition et de l'archéologie* (2), dont je recommande la lecture à ceux que la question intéresse. J'en dois la connaissance à M. Jacotin, archiviste départemental de la Haute-Loire. Ce livre est devenu fort rare, M. Aymard ayant fait détruire, dit-on, tous les exemplaires disponibles d'un ouvrage qui contrariait ses théories. Loin de moi la pensée de vouloir diminuer le mérite et les travaux de M. Aymard : je reconnais et j'apprécie les services qu'il a rendus à l'archéologie ; j'ai été heureux de les rappeler en rendant un hommage public à sa mémoire cette année, au Congrès du Puy, mais ses théories sur l'origine romaine du Puy sont plus ingénieuses que solides ; elles reposent sur une idée préconçue : en les exposant il déploie plus d'habileté que de sincérité ; les questions de clocher n'ont rien à voir avec l'érudition.

Pendant quelques heures passées à St-Paulien, dans le courant de l'été dernier, j'ai revu la plupart des inscriptions insérées au *Corp. inscr. lat.* XIII sous les n. 1589 à 1600.

Le n° 1592, que M. Hirschfeld n'a pas retrouvé, est encastré dans le mur de façade de l'hôtel Gagnaire, sur la route de Craponne au Puy, à l'angle de la maison, à 2 mètres de hauteur environ. Il ne paraît pas certain que ce fragment, comme le pensait Allmer, appartienne à une inscription en l'honneur d'Etruscille ; la forme des lettres est, en tout cas, bien meilleure que sur le n° 1591 ; les caractères sont mieux gravés. Je l'ai copiée ainsi :

....AVG · *Matri*

*caes.et.*CASTRO*rum*

*civitas·*VELLAV*orum*

libera

Haut. du fragment, 0,42 ; larg.. 0.47.

A la fin de la l. 1 ce n'est pas un N que j'ai vu, mais un M dont le dernier jambage se confond avec le bord de la cassure.

Le n° 1598 se trouve dans la maison Jean Oullion dit Marquis, formant le linteau d'une fenêtre au pignon oriental, à une hauteur assez considérable ; les lettres sont belles. Ma copie diffère un peu de celle de Delalande :

---

(1) *Corp. inscr. lat.,* XIII, 1575 à 1586.
(2) Le Puy, Marchessou, in-8° de 246 p. On y trouve, p. 134, un fac-simile du n° 1580 du *Corpus* et une copie du n. 1578 ; p. 173, copie du n. 1577.

\E
R I
I A
 A

L'inscription a été sciée dans sa hauteur.

A la l. 1 il y avait probablement A E ; les jambages de la l. 4 doivent être les restes d'un M. Il est possible que ces fins de lignes appartiennent à une inscription votive : La 1re ligne aurait renfermé le nom d'une divinité féminine : les l. 2 et 3, ceux de la femme qui avait fait la dédicace ; la l. 4 contenait peut-être la formule [*v. s. l.*] *m.*.

C'est dans le mur de la même maison, mais du côté du jardin, que l'inscription d'Etruscille, nº 1591, est encastrée.

Chez Madame Balme, restes d'une stèle funéraire avec un buste dans un encadrement ovale.

Dans le mur de l'église, outre le cippe aux trois têtes (nº 1600), on voit encore un autre cippe orné d'un buste d'homme barbu dans une niche ; l'inscription qui surmontait la niche est effacée.

Chez Madame Vidal, on remarque une très belle base de colonne en pierre, cannelée discrètement, ornée d'oves et de rinceaux de vignes. Quatre bases de colonnes complètement unies et de plus petites dimensions ont été trouvées au même endroit.

XVII. — *Daïr-el-Gamar (Liban).* — *Les naviculaires maritimes d'Arles*

Dans le fascicule 98 de la *Revue épigraphique* (juillet-septembre 1900, p. 113 à 119, nº 1351), le capitaine Espérandieu a consacré une très intéressante notice à une inscription sur bronze, découverte dans le Liban et particulièrement importante pour la ville d'Arles. Cette inscription ne nous est malheureusement pas parvenue dans toute son intégrité ; mais ce qui reste suffit à nous apprendre que, vraisemblablement au début du IIIe siècle de notre ère, les cinq corporations des naviculaires maritimes d'Arles qui convoyaient à Rome, sur des navires dont ils étaient propriétaires, les denrées, et en particulier les céréales fournies par la province de Narbonnaise, avaient adressé une plainte collective au procurateur impérial chargé du service de l'annone dans cette province (1). Il s'agissait d'aplanir les difficultés qui s'élevaient, sans cesse, entre les naviculaires et l'Administration de l'Annone, au moment de l'arrivée dans le port d'Ostie des bateaux d'Arles chargés de blé Ces difficultés portaient sur le poids du blé transporté par chaque navire : par suite de fraudes ou de circonstances difficiles à préciser ce poids n'était plus le même à l'arrivée qu'au départ. De là naissaient des contestations continuelles pour le règlement des comptes. D'autres armateurs qui subissaient des vexations analogues, s'adressèrent résolument au procurateur et lui annoncèrent qu'ils cesseraient leur service, qu'ils se mettraient en grève si on continuait à les molester.

Le procurateur fut ému : il demanda qu'on prît des mesures non seulement pour arriver à un règlement équitable des comptes, mais aussi pour assurer la sécurité des hommes faisant le service de l'Annone. Il ordonna, en outre, que sur les règles de fer fermant la soute du navire au départ d'Arles. on graverait à l'avenir une marque, indiquant probablement la quantité du blé embarqué. De plus des hommes d'escorte (*prosecutores*), dépendant du bureau provincial de l'Annone et désignés par le procurateur, devaient être placés à bord de chaque navire ; ils devenaient responsables du chargement et c'étaient eux qui en opéraient la livraison à l'arrivée, conformément aux indications acceptées de part et d'autre au départ.

Il est probable que des mesures du même genre furent prises dans tous les

---

(1) Ce procurateur avait dans son service la Narbonnaise et la Ligurie. Une inscription d'Arles l'appelle *procurator ad annonam provinciae Narbonensis et Liguriae.*

ports où il y avait une organisation semblable pour le transport du blé. Ces mesures furent calquées sur celles qui avaient été ordonnées à Arles à la suite de la réclamation du collège des *navicularii marini* (1).

C'est ce qui explique comment on a pu recueillir aux environs de Beyrouth (2). sur la côte de Syrie, un document épigraphique dans lequel est rappelée l'affaire des naviculaires d'Arles.

Une bienveillante communication du R. P. Ronzevalle, professeur à l'Université Saint-Joseph de Beyrouth, m'a appris au mois de décembre dernier (1903) que cette curieuse incription avait été envoyée à Paris ; des indications précises m'ont permis de la retrouver et j'ai aujourd'hui la très vive satisfaction d'annoncer aux lecteurs de la *Revue épigraphique* que l'Administration des Musées nationaux a pu l'acquérir pour le Musée du Louvre (3). J'adresse au R. P. Ronzevalle les remerciments de tous les archéologues français. Le document si important que nous avons conquis, grâce à son activité, à son dévouement et à ses précieux avis, intéresse à la fois l'histoire générale de l'Annone et l'histoire particulière de la ville d'Arles ; il nous apporte une preuve nouvelle de l'importance commerciale du port d'Arles sous l'empire romain.

La découverte de l'inscription de Daïr-el-Gamar a été annoncée à l'Académie des Inscriptions et Belles-Lettres en 1899, par M. Cagnat, qui a publié le texte de ce document d'après une photographie et d'après des renseignements fournis par le R. P. Ronzevalle (4). Les mêmes renseignements ont servi au capitaine Espérandieu pour écrire son article et pour mettre sous les yeux de ses lecteurs un dessin de la plaque de bronze (5). C'est aussi, d'après une photographie envoyée par le R. P. Ronzevalle, que les rédacteurs du Corpus latin ont établi leur copie (6). L'examen du bronze original permet aujourd'hui d'ajouter quelques remarques aux transcriptions publiées.

Le texte donné par M. Cagnat et celui du capitaine Espérandieu sont presque parfaits. Dans la première colonne cependant M. Cagnat a omis le mot SALVTEM, à la fin de la ligne 3. — Dans la seconde colonne il faut introduire les petites corrections suivantes :

> l. 1.. MAXIM... — Le I est complet et la première moitié
> du second M est certaine.
>
> l. 13.. EST VT
> l. 14.. CONTI

Le capitaine Espérandieu n'a pas omis le mot SALVTEM ; il a complété MAXI*m*, et il a bien vu le premier T de la ligne 13. Dans la première colonne, en revanche, à la ligne 2, le R du mot *mar*INIS n'existe plus, tandis que le T du mot ARELATENSIBVS est parfaitement conservé.

Aucun indice ne permet d'affirmer que, dans la seconde colonne, il y ait eu des lignes gravées vis à vis les six premières lignes de la première colonne, comme l'indique le capitaine Espérandieu. De plus, la ligne 1 de la seconde colonne, MAXIM.. est gravée sur la même ligne que les lettres E·E de la première colonne (l. 7). — Aux lignes 3 et 4, où le capitaine Espérandieu propose le complément ?*prosecu*TOREM, je préfère *procura*TOREM. A la ligne 14 je pense que le complément CONTI*git* est probable.

<hr>

(1) Une inscription d'Arles fournit une autre preuve de l'existence de ce collège. Les *naviculariorum marinorum Arelatensium corpora quinque* élèvent en effet à Arles, à frais communs, une statue au procurateur impérial *ad annonam provinciae Narbonensis et Liguriae* (*Corp. inscr. lat.*, XII, 672) dont ils dépendaient — Un de leurs patrons, duumvir à Arles, est mentionné dans une inscription de cette ville (*ibid.*, 692). — Enfin on a retrouvé à Arles la tombe d'un *navicularius Arelatensis* qui était en même temps *sevir Augustalis* de la colonie (*ibid.* 702).

(2) Le port de Beyrouth, *colonia Julia Augusta Berytus*, était sous l'Empire un des plus importants de la côte de Syrie. Le Musée du Louvre possède un plomb provenant de cette ville et timbré du nom d'un procurateur impérial. Je l'ai publié dans le *Bulletin des Antiquaires de France*, 1902, p. 341.

(3) La *Revue* a déjà annoncé cette heureuse acquisition ; cf. plus haut, V., p. 94-95.

(4) *Acad. des Inscr. et Belles-Lettres*, 1899, p. 353 et suiv.

(5) *Revue épigraphique*, fasc. 98, année 1900, p. 113 et suiv., n° 1351.

(6) *Corp. inscr. latin*, III, 14165,8. Pour compléter ce qui a été écrit sur cette inscription cf. Waltzing, *Étude historique sur les corporations professionnelles chez les Romains*, III, n° 1961 ; IV, *appendice*, n° 616-624 ; Barot, *Les naviculaires d'Arles*, dans la *Revue archéologique*, 4e série, t. v (1905), p. 262-273.

Le texte du *Corpus*, auquel on aura naturellement le plus souvent recours, est également bon. Dans la première colonne il n'y a pas à proprement parler d'inexactitudes. Il est utile toutefois de noter les petites observations suivantes :

1). — Aux l. 1 et 2, on remarque des restes minuscules de la base des lettres I et R.

2). — A la l. 3, la moitié inférieure du premier O de cORPORVM est visible. La lettre initiale du mot SALVTEM dépasse les autres lettres.

3). — A la l. 4 il ne reste rien du Q initial, si ce n'est un prolongement de la queue qui s'avance jusqu'au dessous du premier E. Tous les autres Q du texte sont ainsi munis d'un appendice caudal dont le développement s'étend jusqu'au dessous des deux, des trois, et même des quatre lettres qui suivent.

4). — A la l. 5 les noms d'un procurateur impérial ont été effacés à l'aide d'un ciseau ; on distingue cependant encore quelques traces de lettres, assez frustes du reste :

$$\boxed{\text{M.....S.VE.....O}}$$

On peut songer au surnom SeVEriano.

5). — A la l. 7, il y a un point très visible entre les deux lettres E·E.

6). — Aux lignes 11 et 17, les A qui suivent les L ne sont pas plus petits que les autres caractères ; ils doivent figurer sur le même alignement. Les queues des L, comme celles des Q, s'étendent outre mesure.

7) A la ligne 17, le C du mot CONSVLATVR ne dépasse pas les autres lettres.

Pour la seconde colonne, en voici la transcription d'après le bronze original :

MAXIM (la dernière lettre est un M)
VTIQVE   (S)
ETEA
TOREM   (M)
CIANV
NESPR
VICVLA
FECI
EIVSDEM
LEGIDECRET
TESHON   (M)
TIONES
EST VT'   (I)
CONTI
NON
SES
STI
RV   (V)

Les débris des lettres qui subsistent à la fin des lignes ne sont reconnaissables que sur le monument lui-même ; il est donc important de les indiquer soigneusement pour les reconstitutions ; c'est pourquoi j'ai jugé utile de reproduire entièrement le texte de cette seconde colonne.

La mutilation de cette curieuse inscription est profondément regrettable. Cependant c'est à cette mutilation qu'on doit la connaissance d'une partie du texte, car si la plaque primitive n'avait pas été transformée en couvercle de ciste, il est fort probable que tout aurait disparu à la fois. Heureusement on avait eu l'idée d'en faire un meuble utile : c'est ainsi que la partie du texte, cachée sous le couvercle, a échappé à la destruction.

Pour se rendre compte de cette transformation, il faut retourner la plaque qui, dans son état actuel, présente la forme d'un disque, dont le diamètre est exactement de 0.36. Du côté opposé à l'inscription apparaît une ornementation d'une époque postérieure. Elle se compose de plusieurs cercles concentriques en creux ou en relief, combinés d'une façon décorative autour d'un point central; sur les bords du disque, entre deux filets, court une frise représentant des poursuites d'animaux, sujet particulièrement cher aux décorateurs romains des bas-temps et que l'on retrouve souvent, soit sur les mosaïques, soit sur les vases d'argent. Ces animaux forment quatre groupes : un lévrier chassant une gazelle, une lionne poursuivant un lièvre, un ours saisissant par le train de derrière un sanglier en course, un lion dévorant une biche terrassée. Ce dernier groupe n'a pas été achevé, et c'est là une particularité intéressante, car elle permet de se rendre compte du procédé que le ciseleur a employé pour exécuter son travail.

Après avoir découpé le disque, préparé les cercles concentriques, diminué par place, suivant les besoins de son ornementation, l'épaisseur du bronze, le ciseleur a réservé autour du bord une bande de 0.035 de largeur. Sur cette bordure où l'épaisseur primitive de la plaque de bronze demeurait intacte, il a tracé à la pointe le sujet choisi, c'est-à-dire les poursuites d'animaux ; puis, avec un ciseau, il a enlevé sur le fond une certaine épaisseur de bronze autour de chacun des animaux esquissés. La silhouette de ces animaux se détache donc en relief, mais en relief plat, animé seulement par quelques traits à la pointe pour représenter les yeux ou les poils. Le quatrième groupe n'a pas été terminé : l'arrière-train du lion seulement est détaché du fond, le reste demeure simplement esquissé au trait. Une feuille également esquissée remplit le vide entre le dernier animal et le premier.— Un trou ménagé au centre du disque servait au passage d'une poignée mobile pour soulever le couvercle.

Du côté où l'inscription est gravée et à gauche de la première colonne, en face des lignes 8 à 19, on observe encore les traces très visibles de l'encadrement en relief qui entourait le texte tout entier. Cet encadrement a été enlevé au ciseau; les traces qui en subsistent permettent de constater que, depuis le bord intérieur de l'encadrement, jusqu'au milieu de l'espace vide, laissé entre les deux colonnes, il y a exactement 0.26. Si, comme je le crois, l'inscription dans son intégrité primitive n'avait pas plus de deux colonnes, ces deux colonnes couvraient donc sur la plaque de bronze, mesures prises à l'intérieur de l'encadrement, un espace correspondant à 0.52. En tenant compte des moulures de l'encadrement à droite et à gauche, ainsi que des marges, il faut ajouter à peu près 0.10 à 0.12, de sorte que la plaque aurait eu à l'origine environ 0.62 à 0.64 de largeur. Aucune donnée précise ne permet d'en évaluer la hauteur.

XVIII. — *Lambèse.* — *Commagenorum campi Alletei ?*

La célèbre allocution d'Hadrien aux troupes de l'armée d'Afrique renferme un passage dont l'obscurité n'est pas dissipée. C'est celui qui a été ainsi transcrit dans la dernière édition de cette inscription :

Congiar[i]um accipite viatoriam in Commagenorum campos Allete[os] (1).

En France aussi bien qu'à l'étranger les commentateurs interprètent ce passage comme renfermant l'annonce d'une gratification accordée aux soldats pour leur permettre de regagner leur pays d'origine. Puisqu'on leur donne un congiaire pour retourner aux champs de la Commagène ces soldats ne peuvent être que des Commagéniens. Dans les lignes suivantes l'empereur s'adresse en effet aux cavaliers de la VIe cohorte des Commagéniens : il paraît donc vraisemblable d'en conclure qu'il avait harangué d'abord les fantassins de la même cohorte, cohorte mixte évidemment, c'est-à-dire composée de fantassins et de cavaliers. En parlant aux troupes auxiliaires Hadrien devait suivre la

(1) *Corp. inscr. lat.*, VIII, n. 18042, p. 1727.

même méthode qu'en parlant aux légionnaires : son allocution aux légionnaires est divisée précisément en deux parties, l'une adressée aux fantassins, l'autre aux cavaliers de la légion. Sous l'influence de ce raisonnement le passage en question a toujours été mal compris et mal interprété.

L'explication proposée n'est donc pas satisfaisante ; elle n'est pas acceptable en ce qui concerne la mention géographique qu'on prétend y retrouver. Sous l'Empire les troupes auxiliaires recrutées en Commagène ou dans toute autre province perdaient promptement, une fois déplacées, leurs premiers éléments et, tout en conservant le nom du peuple où elles avaient été originairement levées, ces troupes se recrutaient par la suite dans d'autres contrées. Le plus souvent on trouve dans chaque *ala* ou dans chaque *cohors* des soldats d'origine fort diverse et, en particulier, des soldats tirés du pays où !a troupe est en garnison. Ces soldats des levées postérieures n'avaient donc aucun motif pour retourner au pays dont l'aile ou la cohorte portait encore le nom, mais dont eux, soldats, n'étaient plus originaires. D'ailleurs dans ce passage il n'est pas question de soldats congédiés. Ajoutons que les *campi Alletei* sont inconnus et que, si l'explication proposée pouvait être admise, il aurait suffi de mentionner la Commagène, sans préciser d'une manière aussi étroite le point de la province qu'il s'agissait de regagner.

Ces raisons devaient faire soupçonner la mauvaise interprétation du passage en question ; les découvertes de l'abbé Montagnon sont venues la démontrer avec la plus entière évidence.

L'abbé Montagnon a retrouvé à Lambèse un certain nombre de fragments nouveaux du discours impérial. Grâce à la haute bienveillance du Gouverneur général de l'Algérie, grâce aussi à l'intervention dévouée de MM. Cagnat, Gsell et Arripe, ces fragments sont maintenant conservés au Musée du Louvre à côté des autres plus anciennement découverts. Le plus important est un bloc de marbre inscrit sur deux faces et appartenant à l'assise la plus élevée de l'inscription. Sur la face principale on lit le préambule du document avec la date du jour où l'empereur a harangué la IIIe légion (1er juillet 128). Sur le retour de ce bloc à gauche une seconde face inscrite porte le début d'une autre allocution adressée par l'empereur, quelques jours plus tard, le 12 ou le 13 juillet, aux cavaliers de l'*ala Ia Pannoniorum* ; le lieu où cette allocution a été prononcée n'est pas indiqué (1). Le nouveau fragment découvert par l'abbé Montagnon se raccorde exactement avec le fragment sur lequel est gravé le passage dont je conteste l'explication ; la juxtaposition des deux morceaux prouve que les soldats auxquels l'empereur accorda une gratification n'appartenaient pas à une cohorte de Commagéniens mais à une aile de Pannoniens. Dès lors il ne reste plus l'ombre d'un prétexte pour les expédier en Commagène.

(A suivre).

MÉDAILLONS EN TERRE CUITE ORNÉS DE SUJETS AVEC ÉPIGRAPHES

par le commandant Robert MOWAT

L'étude de M. Héron de Villefosse sur les médaillons romains en terre cuite avec légendes explicatives (2) a ramené l'attention sur cette intéressante série en y faisant entrer vingt-sept nouveaux spécimens de la collection Chaumartin recueillis à Vienne ou aux environs. En vue de l'exécution éventuelle d'un recueil général des poteries rouges à reliefs, pouvant former une suite au *Corpus* des sculptures en bas-reliefs de la Gaule actuellement en cours d'impression (3), je viens à mon tour apporter à l'œuvre commune un petit contingent extrait de mon carnet de notes.

(1) Héron de Villefosse, *Nouveau fragment daté des allocutions d'Hadrien à l'armée de Numidie*, dans *Festschrift zu Otto Hirschfelds sechzisten Geburgstage*, 1903, p. 192-197.
(2) *Rev. épigr.* v. p. 51-62, 68-78, 86-87.
(3) On sait que par une décision ministérielle récente cet important travail a été confié au directeur de la *Revue épigraphique*.

Il s'agit de huit médaillons ou fragments de médaillons en terre cuite rougeâtre découverts à Orange et acquis en 1879 par MM. Rollin et Fenardent, chez qui je les ai examinés, m'attachant surtout à relever aussi exactement que possible les inscriptions accompagnant leurs bas-reliefs. C'est qu'en effet l'épigraphie céramique diffère de l'épigraphie lapidaire ou métallique par les procédés de sa technique spéciale qui la mettent dans un état d'infériorité marquée.

Dans l'opération de la *dépouille*, il est matériellement impossible de faire sortir l'œuvre modelée hors du moule sans que celui-ci appuie et presse latéralement en quelque point contre les arêtes molles des parties imprimées en relief ; en raison même de leur plasticité, elles obéissent à cette pression. si légère qu'elle soit ; il en résulte inévitablement une déformation plus ou moins sensible suivant le degré d'habileté du modeleur et affectant plus particulièrement les lettres des inscriptions qui apparaissent empâtées et émoussées. Même les empreintes sur cire à modeler de petits objets plats comme des monnaies ne seraient indemnes que s'il était possible d'opérer la séparation dans le sens mathématiquement inverse de celui de la compression. Or si l'on considère : 1· Que les moules à médaillons étaient eux-mêmes en terre cuite et soumis, par conséquent, à ces causes d'imperfection ; 2· Que les médaillons qu'ils imprimaient héritaient de ces défectuosités auxquelles se superposaient celles qui provenaient de leur propre sortie du moule, on comprend combien sont rares les épreuves pouvant rivaliser de netteté avec les inscriptions à arêtes vives, gravées par un instrument tranchant sur une matière dure et résistante. De là. l'incertitude du déchiffrement et subséquemment la divergence des interprétations proposées pour un même texte, même par les épigraphistes les plus expérimentés. On verra par la suite que cet avertissement préliminaire n'est pas dépourvu d'utilité. J'entre en matière.

1· Fragment de médaillon représentant un foudre devant lequel on aperçoit quatre lettres d'un mot mutilé par une cassure,

ᵖITI/

La première lettre est un *p* à boucle franchement ouverte ; à ce signe on reconnait que l'inscription peut être attribuée au dernier quart du premier siècle. Allmer a dessiné dans son *Atlas*, pl. 26-3, f. 205-9 un fragment de médaillon à bordure laurée qui est certainement un exemplaire pareil et plus complet. Le foudre y apparaît devant le visage de Jupiter profilé à droite et très reconnaissable à sa barbe bouclée et à sa physionomie typique, bien qu'il n'en subsiste plus que le nez, la bouche et le menton. Entre la bordure et les deux dards de droite du foudre on voit les lettres P T I V I desquelles Allmer a tiré la lecture restituée [*Jovem o*] PTI [*m*] VM[*maximum*]. Je l'adopte dans son ensemble, avec une légère modification, [*Jupiter o*] PTIM[*us maximus*], car je crois que ce qu'il a pris pour un V est le chevron d'un M dont les jambages extérieurs sont mal venus au moulage. Il est d'ailleurs vraisemblable que le nom du dieu était, non pas à l'accusatif, mais au nominatif, par analogie avec les médaillons sur lesquels on lit *Venus* et *Mercurius felix* (1). De ce dernier je vais parler, d'après un exemplaire inédit.

2· Médaillon représentant un buste de Mercure, profilé à gauche, coiffé d'un pétase à ailerons et portant une chlamyde retenue au cou, devant lui, dans le champ, un caducée ailé et une étoile à sept rayons : en légende circulaire.

/////ELIX NOBIS

[*Mercurius f*]e *ix nobis!* Cette lecture, absolument certaine, dissipe les doutes qui subsistaient après la publication des exemplaires au buste de Mercure tourné à droite, l'un découvert à Orange, bien complet mais anépigraphe, l'autre découvert à Vienne, incomplet et portant l'inscription :

/////RIVS FELIX N/////

(1) *Corp. inscr. lat.* XII, 5687, 10 et 11.

M. Otto Hirschfeld a suppléé ainsi : [*Mercu*]*rius felix n*[*egotiator*].

M. Frœhner (1) avait proposé la restitution [*Mercu*]*rius felix n*[*undinator*]. Ces deux lectures étaient également plausibles, car *Mercurius negotiator* est mentionné sur une inscription de Heddernheim, et *Mercurius nundinator* sur une inscription de Bierstadt. D'autre part, Allmer (2) s'appuyant sur l'exemple d'une inscription MERCVRIVS NVNTIVS qui accompagne l'image du dieu dans une peinture de la catacombe de Sainte Calixte, avait d'abord songé à une autre solution, [*Mercu*]*rius, felix n*[*untius*] ; puis, se sentant pris d'un scrupule subit, il avait terminé sa notice par les mots : « peut-être faut-il lire : *felix nobis !* » Cette fois, il était dans le vrai, et l'évènement lui a donné raison par la découverte du médaillon échu à MM. Rollin et Feuardent.

3º Fragment de médaillon représentant Ilia à droite, endormie près d'un arbre et surprise par Mars armé, qui accourt à gauche ; entre les deux personnages, leurs noms, MARS, dans le haut, et ILIA, dans le bas. C'est probablement l'exemplaire de la collection Girard, de Vienne, publié par Allmer (3) dont le dessin montre Mars sans cnémides, les jambes nues. Un médaillon pareil orne l'urceus à trois anses du Musée de Lyon (4) ;

4º Fragment de médaillon représentant Ilia et Mars ; ici, le dieu est debout, de face, casqué, cuirassé, armé de la lance, du bouclier et des cnémides ; près du bouclier l'inscription *///LIA* à compléter en [*I*]*lia* ; le long de la haste, MARS ; en exergue, FELICI*/////*, *felici*[*ter*] *!* Variante du sujet précédent, probablement inédite.

5•• Fragment de médaillon représentant un cheval au galop, à droite ; devant le poitrail.

FELICIT

ER

feliciter ! Ce fragment est peut-être le même que celui de la collection Dumas, de Sommières, qui a été publié par Roulez, et sur lequel il a reconnu les traces de la tête d'un autre cheval formant avec le premier l'attelage d'un bige (5) ;

6º Médaillon représentant un personnage debout, en vêtement de femme, tenant dans la main gauche un *volumen*, dans la droite une palme qu'il offre à un autre personnage. Celui-ci, costumé de même et de stature plus élevée, se retourne de son côté, tenant dans la main droite levée un masque scénique de femme, et dans la gauche un thyrse, entre eux une syrinx à sept tuyaux sur un coffret, ou plutôt, un *hydraulus*, jeu d'orgues posé sur la caisse à eau ; dans le champ, une inscription qui a perdu trois lettres par une cassure en son milieu

NICA PAR /////*/*NOPAEE

nica, Par[*the*]*nopaee !* C'est probablement encore le médaillon de la collection Emilien Dumas, publié par Roulez, qui y a reconnu une scène de pantomime, dans lequel l'acteur Parthenopaeus joue le rôle d'Agavé (6). Allmer (7) a publié le fragment d'un autre exemplaire sur lequel il ne reste que les lettres *///RTHENO////*.

Des variantes de cette scène de pantomime avec accompagnement d'orgue sont figurées au revers de quelques médaillons conterniates, notamment celui du Cabinet de France, nº 17235, avec la légende LAVRENTI NICA, et le nº 17236, anépigraphe (8).

7º Médaillon représentant un gladiateur avec une inscription faisant connaître son nom.

MALISIVS

(1) Frœhner, *Les Musées de France*, p. 54, pl. 16, f. 1.
(2) Allmer, *Inscriptions antiques de Vienne*, II. p. 438 ; *Atlas*, pl. 26-3, f. 205-10).
(3) Allmer, *Insc. ant. de Vienne*, II, p. 431, pl. 26 bis, f. 205-7.
(4) Alph. de Boissieu, *Insc. ant. de Lyon*, p. 464, gravure.
(5) *Gazette archéologique*, III, 1877, p. 71, pl. 12, f. 2
(6) *Ibid.* p. 72, pl. 12, f. 3.
(7) Allmer, *Insc. ant. de Vienne*, III, p. 76, pl. 26 ter, f. 205-14
(8) Sabatier, *Desc. des méd. contorn.*, pl. X, f. 7, 8.

Ce nom d'homme augmente la liste de ceux qui appartiennent à la gladiature et qui se rencontrent sur d'autres médaillons en terre cuite, *Aquileus*, *Rusticus* (1), *Saturnus* (2). Il est nouveau ; toutefois on pouvait en soupçonner l'existence d'après le dérivé *Maltsianus*, nom d'un *homo improbus* flétri par Martial (3) ; on peut aussi en rapprocher le nom de femme *Malisa* gravé sur une inscription chrétienne d'Aquilée (4).

8° Médaillon représentant un jeune couple sur un lit, jouant au badinage lascif attribué à Hector et à Andromaque (5) ; entre les deux personnages, une courte inscription :

EPEÇESINE

Epegesine. J'avais d'abord songé à expliquer ce mot insolite comme une transcription approximative de l'accusatif ἐπέγε(ρ)σιν, au sens du « réveil ». C'était peu satisfaisant ; aussi, me décidai-je à soumettre le cas à un helléniste professionnel et je m'adressai à Emile Egger que j'avais pour confrère à la Société des Antiquaires de France. Il me répondit par le billet suivant : « *Epegesine*; vous avez vu sur les cachets d'oculistes le mot *sperion* pour σφαιρίον. Le mot ci-dessus pourrait bien être, par une double altération orthographique, la transformation latine d'un substantif grec ἐφηγησύνη dérivé du verbe ἐφηγήσμαι qui donnerait le sens *introduction* ou *introductrice* ; comparez les substantifs analogues μνημοσύνη, ὑποθημοσύνη, εὐφροσύνη, δικαιοσύνη, etc. Il n'est pas difficile de rattacher ἐφηγησύνη au sens obscène de cette représentation ».

E. E.

Tout ce que j'aurais à dire de cette explication, sans toutefois me permettre de la recommander, c'est qu'elle paraît correspondre assez bien à l'inscription qui accompagne la représentation d'un sujet analogue sur une peinture à fresque de Pompéi, LENTE IMPELLE (6).

Peut-être aussi qu'en raison de l'absence d'un article, le mot *Epegesine* fait fonction de nom propre de femme, à la manière d'*Euphrosyne*, de *Mnémosyne*, parmi les exemples cités par Egger.

Qu'on n'objecte pas qu'une telle dénomination serait invraisemblable, en raison de son excessive crudité ; la femme de Cimon portait un nom physiologique qui choquait la délicatesse de Périclès (7), mais dont les Athéniens ne se scandalisaient pas, puisque leur nomenclature épigraphique nous en fait connaître un autre exemple (8).

Deux variantes de ce médaillon ornées d'épigraphes différentes ont été publiées il y a une trentaine d'années ; depuis lors on ignorait ce qu'ils étaient devenus, voici quelques éclaircissements à cet égard.

L'une d'elles a été signalée par M. Frœhner, dans les termes suivants :
« Derrière la tête d'un jeune homme couché sur un lit de repos on voit
« les deux lettres VA... ; le reste est brisé, mais les paroles prononcées par
« sa compagne ont été conservées intégralement ; elle dit :

VIDES QVAMBE
NECHA
LAS

---

(1) Allmer, *Insc. ant. de Vienne.* III, p. 82 ; *atlas,* pl. 26, 197.

(2) Allmer et Dissard, *Musée de Lyon,* IV, p. 453.

(3) Martial, *Epigr.* IV, 6.

(4) *Corp. insc. lat.,* V, 1714.

(5) Ovide, *Ars amatoria,* III, 775 : *Nunquam Thebais Hectoreo nupta resedit equo.* Martial, *Epigr.* XI, CV, 14 : *Hectoreo quoties sederat uxor equo.* Cf. Horace, *Sat* II, VII, 49 : *Clunibus aut agitavit equum lasciva supinum.* Pétrone, *Satyricon,* CXI. : *puellam quidem exoravit ut sederet supra.*

(6) *Corp. inscr. lat..* IV, 794, Famin, *Musée de Naples, Cabinet secret,* p. 103, pl. XXXIX.

(7) Frœhner, *Musées de France,* 1873, p. 67. XXV, XXVI.

(8) Plutarque, *Vic de Cimon,* 16 : καὶ τῶν γε παίδων τῶν διδύμων τὸν ἕτερον Λακεδαιμόνιον ᾽ωνόμασε, τὸν δ᾽ἕτερον ᾽Ηλεῖον ἐκ γυναικὸς αὐτῷ Κλειτορίας γενομένους, ὡς Στησίμβροτος ἱστορεῖ διό πολλάκις τὸν Περικλέα τὸ μητρῷον αὐτοῖς γένος ᾽ονειδίζειν.

(9) *Corp. Insc. Graec.,* I, 247 : ΤΟΠΟΝ ΕΔΩΚΕ ΚΛΕΙΤΟΡΙΣ.

vides quam bene chalas. Au-dessus du groupe est suspendu un *pinax* qui
« représente un quadrige galopant vers la droite et rappelant le revers des
« monnaies d'Agrigente ».

Au lieu des lettres VA... précitées, je crois avoir déchiffré NA et j'en fais
le reste du mot [*domi*]*na*, peut-être précédé de *vicisti* comme sur le médaillon dont je parlerai plus bas. Dans ce cas, ce serait la réplique de l'éphèbe
à sa compagne.

Le verbe *chalare* est employé par Vitruve dans le sens de tenir suspendu en
l'air. Il se trouve avec une acception érotique dans une inscription pariétaire
de Pompéi (1).

DIONYSIVS

QVA HORA VOLT

[*]ICIIT CHALARII

Il est curieux de constater que l'apostrophe *vides quam bene chalas* est pour
ainsi dire calquée sur celle que Lucien met dans la bouche de la servante
amoureuse Palestra, Ὦ διδάσκαλε, ὁρᾷς μὲν ὅπως εὐχερῶς καὶ εὐηκόως πεπάλαισταί
μοι (2).

Cet épisode a été transporté par Apulée dans ses *Métamorphoses* où il donne
à Palestra le nom de Fotis tout en conservant à Lucius le sien, à ce même
Lucius qui, plus tard changé en âne, est destiné à figurer, en plein théâtre,
dans un accouplement monstrueux. Ceci est l'indice que le dialogue de Lucius
avec Palestra-Fotis a pu être également transporté sur le théâtre et que le
médaillon représente cette scène érotique ou, du moins son simulacre, qui
n'était pas de nature à faire sourciller les spectateurs, d'après ce que nous
apprennent les sources les plus autorisées

L'autre variété du même sujet a été décrite par M. Froehner en ces termes :

« Sur un grand médaillon fragmenté, à vernis rouge, acheté à Orange
« par M. Charvet, on lit un reste de dialogue entre l'éphèbe et la femme.
« Cette dernière tient à la main droite une épée nue ; le jeune homme s'écrie:

vIcisti

DOMI

NA

« Un lampadaire se dresse au pied du lit. Quant à la signature de l'artiste
« il n'en subsiste que quelques lettres :

D...

CERA   »

M. Kuhn, receveur municipal à Marcillat (Allier), dont la *Revue épigraphique* a publié la belle collection d'estampilles de potiers, m'a communiqué
un fragment de terrine qu'il a acquis à Lyon et qui répond au signalement
précédent avec tant de précision que je n'hésite pas à l'identifier avec celui
que possédait Jules Charvet. J'ajoute que d'après la courbure la terrine pouvait avoir 20 centimètres de diamètre ; quant au diamètre du médaillon, il
a 16 centimètres. La tête de la femme a été emportée par une cassure ;
peut-être était-elle casquée, à en juger par l'épée qu'elle tient à la main
droite et qui fait ressembler ce groupe à celui de Mars et d'Ilia en manière
de contrefaçon burlesque, à moins que l'artiste n'ait voulu figurer les amours
de Mars et de Vénus Victrix.

Dans un précédent fascicule de cette *Revue*, p. 87, on a vu comment
l'inscription du médaillon de Xanten (3), *tu sola, nica,* fournit le moyen de
redresser non seulement le déchiffrement peu satisfaisant *tu soli nica* sur un

(1) Lucien, XLIII, 10, art. Λούκιος ἢ ὄνος.
(2) *Corp. inscr. lat.* IV, p. 214, *add.* ad 2021.
(3) Fiedler, *Erotische Bildwerke*, pl. V. Collection J. Gréau ; *Catalogue des bronzes antiques. etc.,*
appendice, 1885; cf, *Bulletin épigraphique*, V, 1885, p. 220.

médaillon d'Orange de la collection Chaumartin, mais aussi l'incompréhensible lecture *tu sogit nica* qu'Allmer avait proposée pour un médaillon de Sainte-Colombe (1). Je crois que c'est encore la même lecture TV SOLA | NICA qu'il faut restituer sur un fragment de médaillon publié par Allmer, sur lequel il ne reste que les lettres ...OLA (2). Il est aisé de s'en convaincre en confrontant son dessin avec celui du médaillon V publié par M. Héron de Villefosse (*supra, Rev. épig.* V, 1904, p. 71). Dans l'un et dans l'autre, les lettres OLA sont placées de la même manière, concentriquement à la bordure circulaire de feuillage. Le petit sanglier, dessiné par Allmer extérieurement à cette bordure, appartient à la décoration générale du vase et est étranger au sujet qui était figuré à l'intérieur du médaillon. La restitution purement conjecturale [*agric*]OLA, que l'on a proposée, doit donc céder la place à [*tu s*]OLA [*nica*], en sorte que l'on compte maintenant quatre exemples de cette inscription acclamative, dont trois sont devenus corrects et intelligibles grâce au médaillon de Xanten.

Je viens de passer en revue les erreurs de déchiffrement auxquelles elle a donné lieu. Je vais maintenant signaler les erreurs d'interprétation que le déchiffrement, même correct, n'a pu empêcher. Fiedler, son premier éditeur, croyait voir un nom propre de femme dans le mot *nica*, et lisait, *tu sola Nica* ! Adr. de Longpérier n'a pas manqué de relever cette bévue en comparant le médaillon de Xanten à un camée du Cabinet de France orné d'un sujet érotique analogue avec l'épigraphe grecque ΕΠΙΞΕΝΙ ΝΕΙΚΑC, mais il s'est lui-même trompé en lisant Ἐπίξενη, nom de femme, au lieu de Ἐπίξενι, vocatif du nom d'homme Ἐπίξενιος, et en l'attribuant à l'une des deux femmes qui forment le singulier attelage du char conduit par un personnage nu, ithyphallique, dans lequel il n'a pas craint de reconnaître l'empereur Elagabal en personne. C'est une supposition inadmissible, puisque l'aurige est formellement dénommé Ἐπίξενι.

A son tour, Franz, enregistrant l'inscription de ce camée dans le *Corpus inscriptionum graecarum*, IV, n° 7300 b, a composé un prétendu nom propre de femme par la réunion des mots *tu, sola*, et a gravement donné la lecture *Tusola, nica*.

On voit combien la discussion de ces curieux petits monuments est fertile en enseignements ; aussi, je ne regrette pas la longueur des développements que j'ai dû exposer.

Dans la série de ces médaillons à sujets érotiques, il en est un qui mérite d'être signalé, en raison de l'inscription dont il est orné (3).

A la partie supérieure on lit :

TE NE O

TE

teneo te ! C'est évidemment la femme qui parle. Par eux-mêmes ces mots n'offrent rien de particulièrement remarquable, mais ils prennent de l'intérêt quand on constate que le même bout de dialogue se trouve dans le *Satyricon* de Pétrone, CXXXIX : *teneo te, inquit, qualem speraveram ! tu desiderium meum, tu, voluptas mea, nunquam finies hunc ignem, nisi sanguine extinxeris.* C'est le langage que Chrysis tient à Polyaenos. De même Apulée, *Métamorphoses*, X, prête à la Pasiphaé asinaire ce propos : *teneo te, inquit, teneo meum palumbulum, meum passerem.* Le médaillon est donc la réminiscence figurative de quelque épisode littéraire jouissant d'une certaine vogue populaire et vraisemblablement transporté sur une scène théâtrale.

Cet aperçu projette un jour nouveau sur les sources où les céramistes ont puisé l'inspiration de leurs décorations artistiques. Dans un paragraphe pré-

(1) Allmer, *IIᵉ Supplément aux Inscriptions de Vienne*, 1878, p. 7, n. 2053 ; cf. *Corp. inscr. lat.* XII, 5687 (27).

(2) Allmer, *Insc. ant. de Vienne*, III, p. 79, n. 415, atlas, pl. 26.3, fig. 215.15 ; cf. *Corp. insc. lat.* XII, 5587 (31).

(3) Adr. de Longpérier, *Note sur un camée romain* (extr. de la *Rev. archéol.* II, 1845-1846, 1ʳᵉ partie, p. 19-24). Cfr. *Œuvres*, II, p. 136-142.

(4) Allmer, *Insc. ant. de Vienne*, IV, p. 476, n. 1979. *Corp. insc. lat.* cf. XII. 5687 (36).

cédent, j'ai eu l'occasion de les mettre en rapport avec les spectacles publics.
N'en ayant parlé qu'incidemment, j'y reviens.

Sur le médaillon n° 6 décrit ci-dessus, p. 140, un personnage offre de la
main droite une palme à un autre personnage qui tient dans la main droite
levée un masque scénique et l'acclame par les mots, *nica, Parthenopaee* !
Il s'agit évidemment d'une scène jouée, après laquelle l'acteur favori qui a
rempli le rôle d'Agavé se démasque pour recevoir de son partenaire la palme
au milieu des applaudissements du public. Sur un autre médaillon publié
par Roulez (1) et représentant un épisode du mythe de Cycnus, fils de Mars,
Hercule présente de la même façon une palme à ce dieu. Dans l'opinion de
l'intendant-général Ch. Robert, ce geste démontre surabondamment que le
tableau représente, non des personnages divins ou héroïques, mais les acteurs
qui en avaient pris le rôle. La même conclusion s'applique par extension à
tous les médaillons représentant un sujet mythologique ou épique, même en
l'absence des symboles caractéristiques du masque et de la palme. La remarque est très juste et elle a une importance capitale pour l'intelligence de la
signification qu'il faut attacher aux médaillons céramiques, aussi bien qu'aux
médaillons contorniates en bronze avec lesquels ils ont tant d'affinité par leur
forme circulaire, leurs dimensions égales et la nature de leur ornementation
accompagnée d'inscriptions en guise de légendes numismatiques. Sur les uns
et les autres les sujets sont relatifs aux jeux, aux courses de chars, aux
vénations, aux pantomimes et aux concours littéraires et lyriques. Or, c'est
par ces médaillons que la poterie de la vallée du Rhône se distingue essen-
tiellement de toutes les autres et qu'elle reflète des usages locaux. L'artiste
n'a fait que reproduire ce qui était pour lui et pour ses clients des scènes
réellement vues par eux, de véritables actualités. En composant ces petits
tableaux, il n'a donc pas eu, comme on l'a cru à tort jusqu'à présent, à faire
œuvre d'imagination et de fantaisie sur une donnée vague et imprécise.

Pour fixer les idées, je prends comme exemple le médaillon de l'ancienne
collection Oppermann (2), sur lequel est inscrit le mot PHILO CTE au
dessus de deux personnages. C'est à n'en pas douter l'apothéose finale du
Philoctète de Sophocle, dans laquelle Hercule apparait debout sur le bûcher
du mont Oeta, prescrivant à Philoctète de porter aux Grecs devant Troie le
secours de ses propres flèches. Le poète L. Attius, ou peut-être Accius, avait
fait en latin une adaptation de cette tragédie, dont quelques fragments nous
ont été textuellement conservés (3). Dans ma pensée, ce médaillon trouvé
à Orange atteste pour ainsi dire que la pièce a été jouée sur le théâtre même
de cette cité, et que c'est au sortir de la représentation que l'artiste, rentré
à son atelier, a fixé sur l'argile le dénouement de la tragédie qui avait frappé
ses yeux. Dans ce fragment de poterie il y a plus qu'une relique banale du
passé ; c'est comme le dernier feuillet du livret dramatique joué sur le même
théâtre antique dont nous ressuscitons les représentations après une relâche
forcée de quinze siècles ; *habent sua fata libelli.* De chétifs tessons peuvent
aussi avoir leur poésie, pour qui sait la découvrir et la goûter. Comme
conclusion de ma thèse, je crois avoir démontré que les décors de la céramique rhodanienne rattachent étroitement les ateliers d'Orange, de Vienne,
de Lyon, respectivement aux divers édifices spectaculaires de ces cités. Etant
donné l'état des mœurs publiques du temps, je n'en excepte pas ceux qui
sont qualifiés d'érotiques, à moins qu'on ne prouve qu'ils doivent être caté-
gorisés, par rapport aux médaillons contorniates, à la manière des tessères
spintriennes de bronze.

Em. ESPÉRANDIEU,

Correspondant de l'Institut.

(1) *Gazette archéologique*, III, 1877, p. 66 et suivantes, pl. 12; cf. Ch. Robert, *Etude sur les médaillons contorniates*, p. 7 (extr. de la *Revue belge de numismatique*, 1882).
(2) Froehner, *Musées de France*, p. 61, n XIII. pl. 14, f. 2. cf. *Corp. insc. lat.* XIII, 5587 (14):
(3) E. Egger, *Latini sermonis vetustioris reliquiae selectae*, p. 19-196.

Vienne, imp. Savigné — Ogeret et Martin, succ^{rs}. — Le Gérant: J.OGERET I.

REVUE
ÉPIGRAPHIQUE

N° 117. — Avril, Mai, Juin 1905

1606

Epitaphe

Notre copie.

Alise-Sainte-Reine. — Stèle en pierre commune, servant de margelle à un puits, dans le jardin de M. Jules Dampt, propriétaire à Alise-Sainte-Reine (Côte-d'Or). Elle a été retaillée dans le passé pour former le linteau d'une fenêtre. Hauteur, 0 m. 96 ; largeur, 0 m. 53 ; épaisseur 0 m. 19. Hauteur des lettres, 0 m. 08.

D I S

MANIBVS

MONIMENTVM

CAVDAE SABELLI

FILIA

Di(i)s Manibus ; monimentum Caudae, Sabelli filia(e).

« Aux dieux Mânes ; tombeau de Cauda, fille de Sabellus ».

Cette épitaphe, dont la dernière ligne nous a paru fautive, est remarquable par les surnoms qu'elle contient. L'un et l'autre cependant sont connus bien que très rares. On trouve notamment *Caudi* (au génitif) et *Sabellus* dans deux inscriptions d'Espagne. (*C. I. L*, II, 731 et 2041).

1607 à 1611

Renseignements du R. P. Camille DE LA CROIX. Nos copies dessinées.

1607

Epitaphe

Poitiers. — Fragments de stèle, en calcaire blanc, découverts à Poitiers, dans l'enceinte gallo-romaine. Au musée des Antiquaires de l'Ouest. Hauteur, 0 m. 64 ; largeur, 0 m. 45 ; épaisseur, 0 m. 15. Hauteur des lettres. 0 m. 04. (Voir la planche X).

D   M

ET ME.....

VENERI....

....

D(iis) M(anibus) et me[moriae] Vener[iae...

« Aux Dieux Mânes et à la mémoire de Veneria... ».

Dans la région de l'Ouest, le surnom *Veneria* a déjà été relevé sur une pierre tombale de Saintes dont la partie supérieure est décorée de même d'un croissant. Cet ornement, du reste, était des plus communs.

1608

Epitaphe

Poitiers. — Fragment de stèle, en calcaire blanc, de même provenance que les précédents. Au musée des Antiquaires de l'Ouest. Hauteur, 0 m 25 ; largeur, 0 m. 30 ; épaisseur, 0 m. 14. Hauteur des lettres, 0 m. 06.

```
. . . . . . .
LEN11. . .
FLORIN a
MARITO
```

A la seconde ligne, la lettre F, fortement pattée, a l'aspect d'un E.

[*D(iis) M(anibus)... Va*]*lenti[ni] ; Florin[a] marito.*

« Aux dieux Mânes de... Valentinus ; Florina, à son mari ».

Le surnom du défunt n'était peut être précédé d'aucun gentilice.

1609

Epitaphe

Poitiers. — Fragment de stèle, en calcaire blanc, découvert à Poitiers, dans l'enceinte gallo-romaine. Au musée des Antiquaires de l'Ouest. Hauteur, 0 m. 40 ; largeur, 0 m. 30 ; épaisseur, 0 m. 15. Hauteur des lettres, de 0 m. 10 à 0 m. 09. (Voir la planche X).

```
. . . . . . IBVS
. . SIAEC. . .
. . . NXV. . .
```

[*Di(i)s Man]ibus... siae C[...; vixit an]n(is) XV.....*

« Aux dieux Mânes de ...sia C... morte à l'âge de ... ans... ».

1610

Marque d'appareillage

Poitiers. — Bloc rectangulaire en pierre commune, découvert dans le square du Palais de Justice, à Poitiers, à l'occasion de travaux de restauration effectués en 1904-1905, par la Commission des monuments historiques et dirigés, pour la partie archéologique, par le R. P. Camille de la Croix. Hauteur, 0 m. 64 ; largeur, 1 m. 02 ; épaisseur probable, de 0 m. 70 à 0 m. 80. Hauteur des lettres, 0 m. 11.

```
C  P  A
```

C(aii) P(...) A(...).

« De Caius P... A... ».

L'inscription est gravée sur la face simplement épannelée de l'un des blocs des fondations du rempart gallo-romain dégagées et rendues accessibles par le R. P. Camille de la Croix. Il s'agit, selon toute probabilité, d'une marque d'appareillage.

Inscription d'Alise-Sainte-Reine

(Ci-dessus, p. 143).

1611

Formule funéraire

Poitiers. — Fragment de bloc, en pierre commune, découvert à Poitiers, dans le square du Palais de Justice, à l'occasion des travaux dont il vient d'être parlé. Hauteur, 0 m. 58 ; largeur, 0 m. 86 ; épaisseur, 0 m. 60. Hauteur des lettres, 0 m. 15.

V' P

. . . .

La pierre, brisée du côté droit et à la partie inférieure, est intacte des deux autres côtés. Elle est engagée, de même que la précédente, dans les fondations du rempart gallo-romain. Une moulure de 0 m. 21 de large, placée à 0 m. 15 du bord supérieur, surmonte les deux lettres.

V(ivus) p(osuit).....

Cette lecture n'est évidemment admissible que dans l'hypothèse d'un tombeau de proportions monumentales.

Le R. P. Camille de la Croix, au cours des fouilles qu'il a dirigées avec la science consommée qu'il sait apporter dans ce genre de travaux, a constaté que l'on avait dû traverser, pour établir les fondations de l'enceinte, une couche de cendres et de matériaux calcinés de 0 m. 20 d'épaisseur. Il en résulte que l'établissement de cette enceinte a été consécutif à un vaste incendie probablement allumé vers 275 par des Barbares contre les nouveaux ravages desquels on chercha par la suite à se prémunir en mettant en œuvre des matériaux de tous genres provenant d'édifices démolis dans ce but ou déjà ruinés.

1612

Dédicace à un empereur

Poitiers. — Fragment de bloc, en calcaire blanc, découvert à Poitiers, dans l'enceinte gallo-romaine. Au musée des Antiquaires de l'Ouest. Hauteur, 0 m. 14 ; largeur, 0 m. 18 ; épaisseur, 0 m. 12. Hauteur des lettres, 0 m. 06. (Voir la planche X).

. . . .

...FELA...

...‾CON...

. . . .

La pierre est brisée de tous les côtés. A la seconde ligne, avant le C, on distingue l'extrémité d'une barre horizontale surmontant un signe numéral qui a disparu.

*...pio], fel(ici), A[ug(usto), p(ontifici) m(aximo), tr(ibunicia) pot(estate)...
imp(eratori)... con[s(uli)...*

« ...pieux, heureux, Auguste, souverain pontife, revêtu pour la ...ᵉ fois de la puissance tribunicienne, *imperator ...* fois, consul ... ».

L'abréviation CONs du mot *consul* est une preuve que l'inscription se rapporte à un empereur de basse époque. La pierre n'étant pas arrondie, il est peu probable, d'autre part, qu'il s'agisse d'un débris de borne milliaire.

1613

|Cachet d'oculiste

Renseignements extraits des *Notizie degli scavi*, année 1904, fascicule 12, pp. 431 à 435. Empreintes communiquées par M. G. GHIRARDINI, conservateur du musée d'Este (Italie).

Este. — « Tavoletta di pietra di colore bigio-verdastro » découverte fortui-
tement, au mois de septembre 1904, « nella frazione di Motta d'Este, sulla riva
sinistra del canale d'Este e piu precisamente nella localita detta Ca'Barbaro, a
quattro chilometri circa di distanza dalla città, dalla parte orientale ». Longueur et largeur, de 0 m. 053 à 0 m. 054 ; épaisseur, 0 m. 012. La pierre est
« tagliata a margini retti, precisi e taglienti, condotta a pieno pulimento,
lucidissima alla superficie ».

EPAGATHI·DIASMYRNES𝒴 POST·IMPET LIPPITVD	(M et Y, N et E liés)
EPAGATHI𝒴DIAMYSOS AD ASPRITVDINES TOL	(T et H liés) (N et E liés)
EPAGATHI HORAEON CROC AD ASPRITVDINES	(T et H liés) (I, N et E liés)
EPAGATHI THEOCTISTon AD DIATHESIS TOLLE	(T et H, H et E liés)

Caractères très régulièrement gravés du Ier siècle.

1. — *Epagathi diasmyrnes post impet(um) lippitud(inis).*
2. — *Epagathi diamysus ad aspritudines tol(lendas).*
3. — *Epagathi horaeon croc(odes) ad aspritudines.*
4. — *Epagathi theoctiston ad diathesis tolle(ndas).*

1. — « Collyre à la myrrhe d'Epagathus à appliquer après la période aiguë
de l'ophthalmie ».
2. — « Collyre au misy d'Epagathus pour guérir les granulations ».
3. — « Collyre *horaeon* safrané d'Epagathus contre les granulations ».
4. — « Collyre *theoctiston* d'Epagathus pour guérir les diathèses ».

Le nom d'*Epagathus* est nouveau parmi ceux des médecins oculistes. Ainsi
que le fait observer M. G. Ghirardini, ce nom est d'origine grecque et témoigne de la condition servile primitive de celui qui le portait. Le collyre
diasmyrnes, connu par une foule d'exemples, est indiqué *post impetum lippitudinis* sur six cachets de toute provenance et notamment de Naix et de Cessey-
sur-Tille (*C. I. L.*, XIII, 10.020, 19, 50, 106, 112, 114, 172). D'autres cachets
le mentionnent *post impetum* (*ibid.* 43, 56, 133, 155, 162), *post impetum lippitudinis ex ovo* (*ibid.* 41, 146, 190), *post impetum primum* (?) *ex ovo* (*ibid.* 187),
post lippitudinem (*ibid.* 50), *post lippitudines ex ovo primum* (*ibid.* 158), *post
impetum primum* (?) *lippitudinis* (*ibid.* 147). Il n'apparait qu'exceptionnellement
pour d'autres usages, soit contre les granulations, soit d'une façon générale
ad vitia. Il ne semble pas que les anciens aient donné à la *lippitudo* un sens
médical bien défini. Le mot « chassie » par lequel le traduisent les interprètes

d'Horace (*Sat*. I, 5, 30) n'est pas suffisamment justifié. Il ne faut voir en ce mot, très probablement, qu'un terme générique, désignant l'ophthalmie sous différentes formes. (Cf. à ce sujet Héron de Villefosse et Thédenat, *Cachets d'oculistes*, I, p. 51).

Le collyre *diamysus* était aussi fort répandu et de nombreux cachets le mentionnent. On l'employait *ad aspritudines* (*ibid*. 25, 34, 60, 98, 120, 121, 144, 187, 192), mais préférablement peut-être, car les exemples en sont encore plus fréquents, *ad cicatrices* (*ibid*. 13, 20, 80, 219), et *ad veteres cicatrices* (*ibid*. 19, 21, 43, 78, 89, 95, 96, 117, 148, 171, et cachet inédit de Reimersheim ci-après), c'est-à-dire contre les ulcères que la maladie occasionnait sur la cornée ou les paupières. (Cf. Galien, édit. Kuhn, tome XIV, p. 775). Plus exceptionnellement on en faisait usage *ad diathesis* (*ibid*. 4, 104, 142, 151, 160) ou, comme le *theocliston* dont il va être parlé, *ad diathesis tollendas* (*ibid*. 110). Quant au sens du mot *aspritudo*, l'opinion de Sichel (*Nouveau recueil*, p. 13), qu'il s'agit des granulations palpébrales est généralement admise. Cette affection était de beaucoup celle qui était traitée par le plus grand nombre de remèdes.

Le collyre *horaeon crocodes* est nouveau. M. Ghirardini explique que l'oculiste, par l'épithète *horaeon*, « metteva in rilievo la peculiarità del suo specifico d'essere fatto nella più propizia stagione ». Le savant Conservateur du musée d'Este rapproche ce mot d'un passage d'Athénée (III, p. 116 et suiv.) « dove ὡραῖον è applicato ad una sorte di pesce messo a suo tempo in salamoia », et du chapitre où Pline (*Hist. nat.*, XI, 11) désigne par ce même terme le miel estival : « *Alterum genus est mellis aestivi quod ideo vocatur* ὡραῖον *a tempestivitate praecipua, ipso sirio exsplendescente post solstitium diebus tricenis fere* » (édit. Sillig, t. II, p. 262). Il se peut effectivement que le collyre *horaeon crocodes*, c'est-à-dire au safran, ait dû son nom à cette circonstance qu'il était fabriqué pendant l'été, bien que l'on n'aperçoive pas l'influence que le choix de cette saison pouvait avoir sur l'efficacité du remède. Il se peut aussi que ce collyre ait contenu de la saumure ou encore qu'il ait été fabriqué avec du fiel ou du sang de thon, les tranches de ce poisson, et vraisemblement, le poisson lui-même, ayant porté le nom d'*horaeon*, ainsi qu'en témoignent, en outre d'Athénée, cette phrase de Varron : « *Thynnus, cujus item partes Graecis vocabulis omnes, ut melandrya, atque horaeon* » (*Ling. lat.* IV, 12), et ce passage de Plaute : « *Pernam, atque ophthalmiam, horaeum, et scombrum, et trigonum, et cetum, et molleum caseum* » (*Captivi*, IV, 2, 71). Il faut d'ailleurs observer qu'il existe un collyre *trigonum* (*C. I. L.* XIII, 10.020, 68). Nous avons essayé, jadis, de rattacher ce mot au vocable *trigonium* désignant la verveine, mais il est fort possible qu'on doive le rapprocher du mot *trigonus*, dont on se servait, comme on le voit par le passage qui précède de Plaute, pour désigner un poisson dont la forme était triangulaire, et qui pourrait-être la raie ou la pastenague. Dans l'antiquité, le sang et surtout le fiel de nombreux animaux passaient pour très efficaces dans le traitement des maladies d'yeux. (Galien, édit. Kuhn, t. XII, p. 253 et suiv.). Le fiel des poissons ne faisait pas exception à cette règle et l'histoire de Tobie nous en fournit une preuve classique. L'*horaeon*, le *trigonum*, d'autres encore que la découverte de nouveaux cachets fera peut-être connaître, ont donc pu être des collyres qui passaient pour devoir leurs propriétés thérapeutiques au sang ou au fiel des poissons dont ils portaient les noms. Il ne faudrait pas, du reste, s'étonner de cette particularité du nom d'un animal désignant un remède. De nos jours encore, les spécialités de tout genre ne manquent pas, dans les appellations desquelles figurent des noms d'animaux qui, d'ailleurs, contrairement sans doute au cas qui nous occupe, sont le plus souvent sans le moindre rapport avec le produit qu'ils servent à désigner, et n'ont que la valeur d'une marque de fabrique. Le cognomen connu *Horaeus*, porté par un oculiste qui aurait donné son nom au collyre, n'est à rappeler que pour mémoire ; le remède, dans ce cas, se serait appelé *horaeanum*.

L'appellation *theocliston* est, elle aussi, fort singulière et nouvelle sous cette forme ; mais il existe un cachet, trouvé près de Nuits (Côte-d'Or), qui mentionne un collyre *theochist*(on) (*C. I. L.* XIII, 10.020, 22), et il est probable que les deux désignations s'appliquaient au même remède. Faut-il expliquer l'un et l'autre de ces termes par une faute de gravure et traduire *theochriston ?* Nous le pensons, mais nous ne saurions l'affirmer. De toute manière, les noms formés sur le mot θεός des remèdes *theochiston* et *theoctiston* étaient emphatiques et comparables aux noms de collyre : *ambrosium, amimetum, isotheon, isochryson, phos,* etc. Sur le cachet trouvé près de Nuits, le collyre est employé *ad epiphoras ex ovo ter.*

Les remèdes jusqu'ici connus contre les diathèses sont l'*anicetum* (C. I. L., 10.020, 160), l'*apalocrocodes* et le *crocodes* (*ibid.* 188 et 107), le *dialepidos* (*ibid.* 13). le *diamysus* (*ibid.* 4. 101, 110, 159, 160 et 169), le *dioxus* (*ibid.* 85), l'*eundes* (*ibid.* 105), l'*italicum* (*ibid.* 189), le *nardinum* (*ibid.* 86), le *paccianum* (*ibid.* 96), le *palladium* (*ibid.* 171), le *dialepidos crocodes* (*ibid.* 152) et le *crocodes diamysus* (*ibid.* 111). Quant aux diathèses elles-mêmes, ce que l'on en sait se réduit à peu de chose, encore que le mot *diathesis* soit fréquemment employé par les auteurs anciens. Sichel était d'avis qu'il s'agissait, lorsque le terme s'appliquait aux affections de l'œil, d'une maladie ayant un caractère général, et cette manière de voir a été admise, dans une certaine mesure, par MM. Héron de Villefosse et Thédenat (*Cachets d'oculistes,* I, p. 162 à 164). Desjardins, au contraire, amenait étymologiquement le sens du mot *diathesis* « à l'idée d'enflure ou de fluxion, de tumeur de l'œil », et n'était peut-être pas très éloigné de penser, avec le docteur Ch. Martin dont il cite l'opinion, que les diathèses sont à identifier avec les tumeurs trachômateuses. (*Monum. épigr. de Bavai,* p. 101).

M. G. Ghirardini rappelle, dans sa note, que la même région des environs d'Este, d'où provient la pierre, a déjà permis de découvrir, le 2 janvier 1884, dans la tombe d'un médecin, différents objets ou instruments de chirurgie et une petite boite de bronze contenant, entre autres résidus de substances médicales, des bâtonnets de différentes dimensions, semblables à ceux que l'on a trouvés à Reims, et sur deux desquels sont des empreintes produites, comme à Reims, par la tranche d'un cachet. Ces empreintes sont inédites.

REMARQUES ÉPIGRAPHIQUES

par M. Ant. Héron de Villefosse

membre de l'Institut

(Suite) (1)

XVIII. — *Lambèse.* — *Commagenorum campi Alletei ?* (Suite)

Il est donc nécessaire de chercher une autre explication. Avant tout il faut, pour trouver la solution de ce petit problème, interroger le monument original et en vérifier la transcription.

La première observation que suggère l'examen du marbre est relative à la présence certaine d'un point avant le mot CONGIAR[i]VM ; ce point est très net ; le mot VIATORIAM est également suivi d'un point, tandis qu'il n'y en a aucune trace ni avant, ni après ACCIPITE. Une telle ponctuation semble indiquer que les trois mots ainsi circonscrits par deux points forment une phrase indépendante, brève et courte, comme il convient à une phrase militaire :

'CONGIAR ¡ VM ACCIPITE VIATORIAM'

Il s'agit d'une indemnité de route, d'une indemnité de déplacement, probablement parce que les cavaliers Pannoniens étaient venus de très loin pour prendre part à la revue. Ce n'est donc pas auprès de leur campement ordinaire que l'empereur les a fait manœuvrer. Le passage dans lequel on a

---

(1) Voir plus haut, p. 132 à 138.

voulu voir une seule et même phrase en renferme deux, très brèves chacune.

La seconde observation suggérée par la révision du texte s'applique à la seconde phrase. On sait que les caractères sont assez serrés et rapprochés les uns des autres. Quand on examine attentivement le marbre on remarque qu'il existe, entre le mot CAMPO et la lettre S qui lui a toujours été attribuée, un espace plus grand qu'entre les lettres des mots complets précédents. Dès lors on se demande si cette lettre S ne doit pas être séparée du mot CAMPO et si elle n'est pas plutôt liée à la lettre A qui suit.

En adoptant cette manière de voir le sens de la phrase devient tout différent : au lieu des *Commagenorum campi* il s'agirait du *Commagenorum campus*. Or, le *campus* c'est le terrain spécial affecté aux exercices militaires, c'est le champ de manœuvres : on trouve ce mot dans trois autres phrases de l'inscription ; il est toujours employé avec cette même signification : *alia spatia campi. in campo justo, campum decursicnibus complestis*. Il ne peut être question ici que d'un champ de manœuvres spécial aux cavaliers de la cohorte des Commagéniens. A quel propos ce champ de manœuvres est-il mentionné ?

Pour le savoir il reste à expliquer le dernier mot de la phrase, celui dans lequel on a reconnu jusqu'ici une dénomination géographique. Il est bien entendu que le S, détaché du mot CAMPO, appartient à ce dernier mot.

En réalité, c'est un verbe indiquant ce que les cavaliers Pannoniens doivent faire dans le champ de manœuvres des Commagéniens ; ce verbe qui revient plusieurs fois dans le texte à propos des exercices de cavalerie est le verbe *salire*.

'IN COMMAGENORVM CAMPO SALIETI s '

Une lettre suivie d'un point suffit pour remplir le vide de la cassure à la fin de la ligne.

Salire désigne un exercice spécial auquel les soldats étaient rigoureusement astreints, la *salitio equorum*. Cet exercice consistait à sauter sur un cheval, soit à droite, soit à gauche, en tenant un glaive ou une lance, ou à en descendre de même. Au temps de Végèce, qui le décrit minutieusement, cet exercice fort ancien dans l'armée romaine, était encore pratiqué :

« Non tantum autem a tironibus sed etiam ab stipendiosis militibus salitio
« equorum districta est semper exacta. Quem usum usque ad hanc aetatem,
« licet jam cum dissimulatione, pervenisse manifestum est. Equi lignei hieme
« sub tecto, aestate ponebantur in campo; supra hos juniores primo inermes,
« dum consuetudo proficeret, deinde armati cogebantur ascendere. Tantaque
« cura erat, ut non solum a dextris sed etiam a sinistris partibus et insilire
« et desilire condiscerent, evaginatos etiam gladios vel contos tenentes. Hoc
« idem adsidua meditatione faciebant, scilicet ut in tumultu praelii sine mora
« ascenderent, qui tam studiose exercebantur in pace (1) ».

Il semble évident que les chevaux en bois dont parle Végèce, et qui pendant l'été étaient placés dans le champ de manœuvres, servaient seulement aux répétitions quotidiennes de l'exercice en question; dans les parades ou dans les revues ils devaient être remplacés par les chevaux de l'escadron. Les cavaliers Pannoniens avaient exécuté cet exercice pendant deux jours de suite devant l'empereur : le premier jour ils avaient sauté *velociter*, le second jour ils avaient sauté *agiliter*, sauts de vitesse et sauts d'agilité. Hadrien s'était intéressé particulièrement à cette voltige et il en avait témoigné sa satisfaction. Pour quelle raison voulait-il la faire exécuter par les Pannoniens dans le champ de manœuvres des Commagéniens ?

Ou bien il désirait fixer l'endroit où les Pannoniens pouvaient exécuter leur exercice quotidien, parce que ces cavaliers étaient appelés à séjourner quelque temps près du camp des Commagéniens ; ou bien, ce qui paraît plus probable, il voulait donner aux Pannoniens une satisfaction d'amour-propre et faire constater leur supériorité en présence des autres troupes avant la dislocation. Cette phrase arrive, en effet, après l'annonce de la gratification, à la fin de l'allocution ; à la récompense matérielle il ajoute une récompense morale

---

(1) Fl. Vegeti Renati *epitoma rei militaris*, I, xviii.

propre à flatter l'orgueil de ces cavaliers. Peut-être avait-il l'intention d'exciter aussi l'émulation des cavaliers Commagéniens qui pratiquaient le même exercice, mais auxquels il se contente de dire: *saluistis ubique expedite*, sans entrer dans le détail critique de l'exercice, comme il le fait pour les cavaliers Pannoniens.

Il résulte bien de ce passage que les Pannoniens ne se trouvaient pas au lieu de leur cantonnement ordinaire. L'empereur les inspecte le même jour que les Commagéniens, avec lesquels ils devaient être campés. Il s'adresse d'abord aux Pannoniens, parce que le *praefectus alae* était d'un rang supérieur à celui du *praefectus cohortis*.

Nous possédons maintenant au complet l'allocution de l'empereur à l'aile des Pannoniens. Les phrases y sont courtes, sans complications; le verbe est presque toujours rejeté à la fin. Sans doute on voudra bien reconnaître avec moi que la légende des *Commagenorum campi Alletei* n'est plus acceptable.

XIX. — *Drevant (Cher)*. — *Fragments d'inscriptions*

Dans ses *Notices pittoresques sur les antiquités et les monuments du Berri*, 1834, in-4º, Hazé a publié les plans des monuments antiques, temple, théâtre et thermes, explorés par ses soins à Drevant (Cher). Malheureusement cet archéologue estimable ne disposait pas de fonds assez considérables pour mener complètement à bien une pareille entreprise. Ses fouilles furent un peu superficielles; les plans qu'il a donnés excitent notre curiosité sans la satisfaire. En 1901, M. Gustave Mallard, avocat à St-Amand-Montrond, soutenu par la Section d'archéologie du Comité des Travaux historiques, par la Société des Antiquaires du Centre et par la Société française d'archéologie, a repris les fouilles du théâtre; il l'a fait avec un zèle et un dévouement que rien n'a pu lasser.

M. Ruprich-Robert, architecte des Monuments historiques, s'est vivement intéressé à son œuvre et a levé le plan de l'édifice; nous pouvons espérer qu'après le déblaiement complet du monument, un mémoire documenté sera le fruit de cette collaboration d'un archéologue avisé et d'un architecte de talent.

L'épigraphie de Drevant est pauvre; elle se réduit jusqu'ici à deux inscriptions que Hazé a signalées et publiées (1). La première (n. 1364) a été transportée au Musée de Bourges; la seconde (n. 1364 *bis*) est toujours à la même place, au-dessus de la porte de la maison de M. Baptiste Patureau, près de l'école communale; elle est en grès du pays; les lettres des lignes 1 et 2 ont environ 0,10 à 0,12 de hauteur.

Les auteurs qui ont parlé de cette inscription l'ont considérée comme complète; je ne partage pas ce sentiment. Les dernières lettres des deux premières lignes arrivent tout à fait sur le bord du bloc; il est clair que ces lignes sont incomplètes et qu'un second morceau de grès, de même dimension, appliqué à côté du premier, portait la suite du texte. Vraisemblablement ce second morceau présentait à chaque ligne le même nombre de lettres que le premier morceau. Quant aux lettres de la dernière ligne elles sont coupées par le milieu; ce qui en reste constitue la moitié supérieure d'un A et d'un L de dimensions plus grandes que les caractères des lignes précédentes. Il résulte de mes observations que le nº 1364 bis n'est qu'un fragment d'une inscription plus développée, gravée primitivement sur plusieurs morceaux de grès juxtaposés. On en a proposé la transcription :

Damonus D. T(itii) Sabini (servus) dica(t) ou *dica(v)i*,

Cette transcription ne me semble pas absolument juste.

Le T initial de la seconde ligne est certainement l'abréviation du prénom *T(itus)* et non celle du gentilice *T(itius)*. Dès lors SABINI est un gentilice et les lettres DIC qui suivent appartiennent au cognomen.

---

(1) *Corp. inscr. lat.*, XIII. 1364 et 1364 *bis*. Le Corpus a donné le même numéro 1364 à ces deux textes; il est évident qu'il faut les distinguer par un *bis*.

Il me semblerait donc préférable de proposer les compléments suivants :

<table>
<tr><td>DAΛONVS ' D</td><td>ispensator</td></tr>
<tr><td>TSABINI ' DIC</td><td>aei · servus</td></tr>
<tr><td>A L</td><td>v. s</td></tr>
</table>

Damonus d[ispensator] T(iti) Sabini(i) Dic[aei servus] a(nimo) l(ibente) [v(otum) s(olvit)].

Je me suis assuré, à l'aide d'une échelle, que la dernière lettre de la ligne 2 était bien un C et non un G, de sorte qu'il n'est pas possible de penser au cognomen *Dignus* qui, dans une inscription découverte à Rome en 1886, accompagne le gentilice *Sabinius* (1).

On pouvait espérer que M. Mallard trouverait quelque texte intéressant au milieu des terres et des décombres amoncelés dans l'intérieur du théâtre. Le déblaiement est maintenant terminé et malheureusement cet espoir ne s'est pas réalisé. Les découvertes épigraphiques sont réduites à bien peu de chose : deux débris de poteries estampillées. Sur le premier on lit :

NIIR

reste de la marque [*cob*]NIIR[*t. f.*] (2). Sur le second on lit :

MACC

reste des marques MACC[*ius*] ou MACC[*i. of*] (3).

Cependant il ne faut pas laisser dans l'ombre d'autres indications. Au mois de novembre 1904, j'ai passé une journée à Drevant : dans le théâtre antique, j'ai pu constater l'existence de caractères négligemment tracés et rappelant les caractères analogues, relevés à diverses époques à Paris sur des pierres trouvées dans les murs romains de la Cité ou dans les arènes (4). On a dit que ces pierres inscrites de Paris provenaient des gradins de l'amphithéâtre et qu'elles portaient les noms des titulaires des places, les noms de ceux qui pouvaient s'asseoir à l'endroit ainsi désigné. Toutefois il n'est pas toujours aisé de comprendre le sens de ces inscriptions parisiennes tracées les unes sur les autres : si on a relevé des noms propres sur quelques-unes, d'autres sont demeurées incompréhensibles. Le même cas se produit à Drevant : je n'ai pu jusqu'ici tirer aucun enseignement de ces caractères ; j'ai pensé néanmoins qu'il y avait intérêt à en signaler l'existence. Il convient d'ajouter qu'ils ont été relevés sur des morceaux encore engagés dans la maçonnerie antique et dont aucun n'a servi de gradin.

Le théâtre de Drevant présente une disposition assez particulière : les gradins ne descendent pas jusqu'au sol ; ils sont soutenus par un mur très bien conservé, qui mesure encore 2 m. 50 de hauteur et qui, dans l'antiquité, était surmonté d'une balustrade fixée devant les premiers gradins. Ce soubassement constitue un mur de *podium* ; il est construit en grand et en moyen appareil alternés ; il est percé de trois portes donnant accès chacune à deux escaliers qui conduisent à la première précinction. L'espace réservé à la scène est beaucoup plus étroit que dans les autres théâtres parce que le mur du podium, dépassant les limites de l'hémicycle ordinairement réservé à l'orchestre, vient étrangler la scène de chaque côté (5). Il devait être facile, à l'aide d'une clôture en bois posée devant la scène, de fermer complètement

---

(1) *D. M. Optato ser/vo) Sabini(i) Digni*, dans *Bullettino comunale di Roma*, XIV (1886), p. 153, n. 1184.

(2) Cf. *Corp. inscr. lat.*, XIII, 10010, 592.

(3) *Ibid.*, 10010, 1200.

(4) *Ibid.*, 3035.

(5) Un étranglement analogue existait au théâtre antique de Valognes si l'on peut se fier au plan publié par Montfaucon dans le t. III de *l'Antiquité expliquée*, d'après des renseignements fournis par l'intendant Foucault. Cf. Caumont, *Abécédaire d'archéologie ; ère gallo-romaine*, 2ᵉ éd. p. 318 ; voir aussi le plan du théâtre de Lillebonne, *Ibid.*, p. 314.

le mur du podium et de transformer l'orchestre en arène. Bien entendu l'espace ainsi circonscrit était trop restreint pour des courses de chars, mais on pouvait y donner des combats de gladiateurs ou de bêtes féroces. A la base du podium du côté de l'arène règne un petit trottoir de 0.34 de largeur dont chaque dalle porte d'énormes trous de scellement.

1° Dans la partie nord-ouest de ce trottoir sur la tranche de deux blocs juxtaposés, j'ai remarqué quatre lettres très apparentes, nettement gravées et mesurant 0.27 de hauteur. Ces lettres se présentent la tête en bas comme si elles avaient été déjà gravées au moment où la construction a été faite :

SV AA

Elles sont inégalement espacées. Entre V et A il y a un espace de 0.25 tandis que le vide entre A et S n'est que de 0.12.

2· Du même côté, mais sur le mur même du podium, j'ai aperçu des caractères assez frustes, moins grands et beaucoup moins nets que les précédents :

IAIvAn

3· Le 20 décembre, en examinant les pierres du podium une à une, M. Mallard a découvert, derrière la première porte à gauche, quatre lettres analogues comme gravure à celles que j'avais vues sur le trottoir:

ICEI

Ces lettres ont environ 0.18 de hauteur, sauf la quatrième qui a 0.21.

4· Enfin sur une pierre en grand appareil faisant partie du parement intérieur du mur du podium, à gauche de la porte centrale qui conduit à la première précinction, M. Mallard m'a fait remarquer trois lettres très élégamment indiquées à la pointe à l'aide d'un double trait léger :

KYO

Ces dernières lettres mesurent en hauteur 0.23 et 0,24.

(à suivre).

DIEUX DE LA GAULE
par Auguste ALLMER
I. — LES DIEUX DE LA GAULE CELTIQUE (suite).

1614 ·

Deus TELO

Gaule celtique. — Prov. d'Aquitaine prolongée (civitas des Pétrucores ; Vesunna, Périgueux).

1. — Fragment trouvé à Périgueux (Dordogne). — Au musée.

DEO TELON*i et dea stannae solo a. pomp. antiqui*
SILVANI · F · *bassus c. c. r. consaeptum omne*
cir*CA TEMPLV*m *et basilicas duas cum ceteris ornamentis*
ac munimentis dat

Notre copie dessinée; ci-dessus, I, p. 40 ; II, p. 338. — Espérandieu, *Inscript. ant. de Périgueux*, p. 38.

2. — Fragment trouvé à Périgueux. — Au musée.

deo teloni et dea stannae SOLO·A·POMP·ANTIQVI·PERI////
*silvani f. bassus c c.r. consaep*TVM·OMNE·CIRCA·TEMPLVM *et*
*basilicas duas cum ceteris or*NAMENTIS·AC·MVNIMENT*is dat*

Notre copie dessinée. — Espérandieu, *Inscript. ant. de Périgueux*, p. 39.

3. — Trouvée à Périgueux. — Perdue.

deo teloni et deae stannae SOLO·A·POMP·ANTI*qui*
per...ius silvani f. bassus c c.r CONSAEPTVM·OMNE·CIRC*a*
*templum et basilicas duas cu*M CETERIS·ORNAMENTIS·AC
munimentis dat

Espérandieu, *Inscript. ant. de Périgueux*, p. 39. — Gruter, 1159, 6.

4. — Fragment trouvé à Périgueux. — Au musée.

deo teloni ET·DEAE·STANNA*e solo a. pomp. antiqui per....ius*
*silvani f. ba*SSVS·C·C·R·CONSA*eptum omne circa templum et*
*basilicas du*AS·CVM·CETERIS·OR*namentis ac munimentis dat.*

Notre copie dessinée. — Espérandieu, *Inscript. ant. de Périgueux*, p. 40.

5. — Fragments trouvés à Périgueux. — Perdus.

*deo teloni et dea*E·STANNAE·SOLO·A·POMP·ANT*iqui*
per...ius silvani f·BASSVS·C·C·R·CONSAEPT*um omne*
circa templum et BASILICAS·DVAS·*cum* CET*eris ornamentis*·
ac munimentis dat.

Espérandieu, *Inscript. ant. de Périgueux*, p. 41. — Gruter, 171, 4.

6. — Fragment trouvé à Périgueux. — Au musée.

deo teloni et deae stannae SOLO *a. pomp. antiqui per...ius silvani f. bassus*
*c.c.r. consaeptum omne circa te*MPLV*m et basilicas duas cum ceteris ornamentis*
ac munimentis dat.

Deo Teloni et deae Stannae, solo A. Pompeii Antiqui, Per...ius, Silvani
filius, Bassus, curator civium Romanorum, consaeptum omne circa templum et
basilicas duas cum ceteris ornamentis ac munimentis dat.

« Au dieu Telo et à la déesse Stanna, et sur le sol privé d'Aulus Pompeius
Antiquus, Per...ius Bassus, fils de Silvanus, curateur des citoyens romains,
donne, de ses deniers, toute l'enceinte autour de ce temple et les deux basiliques, avec les autres ornements et accessoires ».

Le dieu Telo est la belle fontaine de Toulon, qui sort de terre à un quart
de lieue de Périgueux, et a, dès sa naissance, la puissance d'une rivière. La
déesse Stanna, dont le souvenir parait s'être perdu, était sans doute aussi
une déesse fontaine.

On pourrait supposer que Telo était la source même, et Stanna la rivière à
laquelle cette source donne naissance. C'est l'association du dieu et de la
déesse qui explique la présence de deux basiliques dues à l'opulente libéralité
du donateur.

Le nom, malheureusement incomplet, ne permet pas de savoir comment
s'appelait ce riche personnage; peut-être *Perennius*.

Voir ci-dessus (p. 122) une déesse Stanna, personnification des eaux du Mont
Dore d'Auvergne.

1615

Mars TOUTATES

1. — En Angleterre. — Rookywood, dans le comté d'Hertfordshire, sur
une lame de bronze trouvée dans une carrière de chaux. — Londres, au
British Museum.

Marti Toutati, Ti Claudius Primus, Attii liber(tus), v.s.l.m.

Hubner, *Corpus* VII, 84 : « lettres au pointillé et difficiles à lire ».

« A Mars Toutates, Tiberius Claudius Primus, affranchi d'Attius, avec
reconnaissance en accomplissement de son vœu ».

En même temps que la lame de bronze qui porte cette inscription dans un encadrement ansé, ont été trouvées une statuette de Mars en bronze et sept lamelles d'argent doré. Sur trois de celles-ci serait une image de Mars au milieu d'ornements divers ; sur deux autres, une image de Vulcain ; les trois restantes n'ont que des ornements.

2. — En Norique. — Autel trouvé à Sackau, l'ancienne Solva.

M A R T I

L A T O B I O

HARMOGIO

T I O V T A T I

SINATI·MOG

/ENIOC VAL

/ALERINVS

E X   V O T O

Mommsen, *Corpus* III, 5320 : « descripsi ad ectypa duo ; ipsam lapidem vidit Wilmanns excepitque diligenter » ; l'S de SINATI peu certaine.

Marti Latobio Harmogio Tioutati(?) Sinati Mog[...]enio, C. Va'erius Valerinus ex voto.

« A Mars Latobius Harmogius Tioutates (?) Sinas Mog...enius, Caius Valerius Valerinus en accomplissement de son vœu ».

Latobius, rappelé par trois autres dédicaces également en Norique (*C.* III, 5097, 5098 et 5321) : Harmogius, rappelé aussi par trois autres inscriptions, dont deux de la Pannonie supérieure (*ibid.* 4014 et suppl. 10844, cette dernière sous le nom de Marmogius), et une du Norique (*ibid.* 5672 et *Ephem. epigr.*, II, 988, sous cette même forme du nom commençant par un M).

Mog...enius, peut-être *Mog[t]enius*, à rapprocher du nom d'un dieu *Mogti* (au datif).

3. — En Italie. — Trouvée à Rome, à Saint-Jean-de-Latran, sur l'emplacement du camp des *equites singulares*.

PETIGANVS

PLACIDVS

T O V T A T I

MEDVRINI

VOTVM SOLVET ANNI

VERSARIVM

Henzen, *Ann. de l'Institut archéol.* 1885, p. 235. — Mommsen, *Korrespondenzbl.* de Trèves, 1886, p. 123 : « lettres de bonne forme ».

Petiganus, Placidus, Toutati Medurini votum solve(n)t anniversarium.

« Petiganus, Placidus, à Toutates Medurinis en accomplissement de leur vœu de l'année ».

Toutatès s'appelait, suivant la remarque de Mommsen, *Medurinis* ou *Meduris*.

La présence de ce dieu celtique à Rome s'explique facilement par ce fait que l'autel a été trouvé sur l'emplacement des casernes des *equites singulares*, originaires pour la plupart, de la basse Germanie et des contrées du Danube.

Le surnom, plus vraisemblablement une désignation topique qu'une déformation du nom de Mars.

Petiganus, à lire presque sûrement *Peticianus*.

Toutates, Tioutates (?) est le même dieu que le Teutates dont parlent Lucain (I, 445) : *Ex quibus immitis placatur sanguino diro — Teutates horrensque feris altaribus Esus*, et Lactance (I, 21): *Galli Esum atque Teutatem humano cruore placabant*.

Divers passages d'autres anciens auteurs (Tacite, *Germ.* 9 ; Tertullien, *adv Gnost.*, VII ; Minucius Felix, p. 295) qui attestent des sacrifices humains à Mercure dans la Gaule et dans la Germanie, avaient fait admettre l'identification de Teutates avec Mercure, et Borghesi, dans une célèbre dissertation sur une monnaie de la famille Titia, au revers de laquelle est représenté un personnage mythologique reconnu pour le Mercure celtique, avait conclu dans le même sens ; Esus aurait été Mars. Le témoignage de l'épigraphie vient opposer à cette opinion généralement acceptée un très formel démenti : sur deux des trois seules inscriptions où il soit nommé, Toutatès apparait identifié, non pas avec Mercure, mais avec Mars.

Tacite (*Germ.* 9) dit, en contradiction avec Lucain et Lactance, qu'en Germanie on sacrifiait des victimes humaines à Mercure, mais qu'on apaisait Hercule et Mars par des offrandes moins barbares, c'est-à-dire par des sacrifices d'animaux.

La vraie forme du nom serait *·Toutates*. Il est remarquable que ni l'une ni l'autre des trois inscriptions n'appartiennent à la Gaule.

1616

TRITTIA

1. — Prov. Narbonnaise (civitas des Oxybiens, peuple ligure ; colonia Pacensis ou Pacata Forum Julii, Fréjus).

Grande pierre trouvée à Carnoulès, canton de Cuers, dép. du Var, dans la vieille église dite Notre-Dame de l'Eyssia, sous la chaire.

Trittiae, L. Iulius, Certi f(ilius), Ma[r]tinus v. s. l. m.

Hirschfeld, *C.* XII. 255.

« A Trittia, Lucius Julius Martinus, fils de Certus, avec reconnaissance en accomplissement de son vœu ».

Une chapelle de Notre-Dame, probablement celle où a été trouvée l'inscription à la déesse Trittia, est encore aujourd'hui un lieu de pèlerinage. Or, un lieu de pèlerinage fait préjuger forcément le voisinage d'une source.

2. — Autel trouvé près de Pierrefeu, canton de Cuers, dép. du Var, dans une ferme, au quartier Saint-Jean. — Toulon, au musée.

Trittiae, M. Vibius Longus v. s. l. m.

Hirschfeld, *C.* XII, 316, d'après une copie de M. Héron de Villefosse.

« A Trittia, Marcus Vibius Longus avec reconnaissance en accomplissement de son vœu ».

La prétendue provenance primitive de cette inscription de l'église de Trets (Bouches-du-Rhône), « où l'on voit encore la place d'où elle a été extraite » (*Bullet. épigr.*, 1881, p. 166 et 281), parait n'être autre chose qu'une conjecture basée sur l'analogie des noms. (Voir la note du *Corpus*).

1617

Mars TRITULLUS

Gaule celtique. — Prov. d'Aquitaine prolongée (civitas des Gabales ; Anderitum, Javols).

Autel trouvé à Saint-Laurent-de-Trèves, canton de Florac, dép. de la Lozère. — Mende, au musée.

Ma(rti) Tritullo, consacrani v. s. l. m.

Ci dessus, I, p. 170 ; II, p. 338 ; d'après un estampage de G. Charvet. Durand et Allmer, *Hist. de Languedoc.* XV, 2020.

« A Mars Tritullus, les membres de la confrérie avec reconnaissance en accomplissement de leur vœu ».

Le nom de Saint-Laurent-de-Trèves n'est probablement pas un souvenir de celui de l'ancien dieu ; on y reconnaîtrait plutôt un carrefour résultant de l'aboutissement de trois chemins.

Remarquer la forme *consacrani* pour *consecrani*.

1618

TRIVIAE

Voir *Biviae*.

1619

TUTELA de Bordeaux

Gaule celtique. — Prov. d'Aquitaine prolongée (civitas des Bituriges Vivisques ; Burdigala, Bordeaux).

1. — Autel autrefois à Bordeaux ; transporté à Lauzun, dép. de la Gironde, par un évêque de la famille de Caumont.— A Lauzun, dans le parc du châ-teau.

Tutelae Aug(ustae) Lascivos, Canti l(ibertus), ex voto, l(oco) d(ato) ex d(ecreto) d(ecurionum).

Hirschfeld, *C.* XIII, 583. — Jullian, *Inscript. de Bordeaux*, nº 20 *bis*.

« A Tutèle Auguste, Lascivos, affranchi de Cantus, en accomplissement de son vœu, sur un emplacement concédé par décret des décurions ».

2. — Autel trouvé à Bordeaux, rue Neuve de l'Intendance, en 1828. — Bordeaux, au musée.

Tutelae Aug(ustae), C(aius) Octavius Vitalis ex voto posuit, l(oco) d(ato) ex d(ecreto) d(ecurionum), dedic(avit) X k(alendas) Iul(ias), Iuliano II et Crispino co(n)s(ulibus).

Hirschfeld, *C.* XIII, 584. — Jullian, *Inscript. de Bordeaux*, nº 20.

« A Tutèle Auguste, Caius Octavius Vitalis, en accomplissement de son vœu, sur un emplacement concédé par décret des décurions ; dédié le 10 des calendes de juillet, sous le consulat de Julianus, consul pour la seconde fois, et de Crispinus ».

L'inscription est de l'année 224.

3. — Autel trouvé à Bordeaux, rue Grani. — Bordeaux, au musée.

Tute[lae Aug(ustae), Vetu[rius?].....f. Flav[...ex v]o[to?...

Hirschfeld, *C.* XIII, 586. — Jullian, *Inscript. de Bordeaux*, II, p. 635.

« A Tutèle Auguste, Veturius.... en accomplissement de son vœu...».

4. — Autel extrait, en 1868, des murailles romaines, décoré d'un bas-relief représentant une déesse assise, tenant de la main gauche une corne d'abon-dance et, dans la main droite, un objet indistinct ; à sa gauche, un chien accroupi tourne sa tête vers elle ; à sa droite, un taureau monté des deux pieds de devant sur un autel. Une couronne murale qui forme sa coiffure indique en elle la personnification d'une ville et fait penser à la déesse Tutèle. L'ins-cription se compose de deux lignes séparées par la sculpture. — Bordeaux, au musée.

Lettres liées, E et T à la 1re ligne ; à la 2e ligne, l'N est dans l'O. Au commencement de la première ligne, il ne paraît y avoir eu place que pour quatre lettres.

Sansas, *Société archéol.*, VIII, p. 124. — Allmer, *Revue épigr.* II. p. 3, 28, 43 ; notre copie dessinée.— Jullian, *Inscript. de Bordeaux*, I, p. 77 et planche. — Hirschfeld, *C.*, XIII, 587.

[Tut(elae) A]ug(ustae), Lupus, Per[egrin]i f(ilius), et Montanus fil(ius), non(o) ca(lendas) n(ovembres) s(olverunt) v(otum) l(ibens).

[Tut(elae) A]ug(ustae), Lupus, Per[egrin]i f(ilius), et Mon-tanus fil(ius), non(o) ca(lendas) n(ovembres) s(olverunt) v(otum) l(ibens).

« A Tutèle Auguste, Lupus, fils de Peregrinus, et Montanus, son fils, ont dédié cet autel le 9 des calendes de novembre, avec reconnaissance en accomplissement de leur vœu ».

Les restitutions de la seconde ligne sont tout ce qu'il y a de plus incertaines. Il n'y est probablement pas question, comme on l'a cru, de la déesse *Onuava*. M. Jullian propose: *in ho(norem) Can(ii) Sul(lae)*, en se référant à quelques exemples d'inscriptions à la fois religieuses et funéraires qui se rencontrent, notamment à Aquilée, parmi les dédicaces au dieu Beleuus, mais sont très rares partout ailleurs. Jusqu'à présent, aucune inscription de ce genre n'a été signalée dans la Gaule ; les deux inscriptions citées comme étant de Vienne, chez les Allobroges sont d'Aquilée.

Burdigala, la ville des Bituriges Vivisques, était, comme la ville chef-lieu des Petrucores, sous la protection d'une déesse Tutèle qui lui était propre, mais dont le nom romain ne s'est jusqu'à présent pas montré accompagné d'un surnom local. Elle avait à Bordeaux un temple de grandes proportions et d'une riche architecture, mais peut-être plus fastueuse que correcte et réellement belle. La décoration extérieure consistait en une ordonnance de colonnes corinthiennes portant, outre une maigre architrave et une maigre corniche, une très haute frise percée d'un rang d'arcs occupant les entre-colonnements. Des parties considérables de ce temple, appelées « Piliers de Tutèle », sont restées debout jusque sous le règne de Louis XIV, qui, dans les dernières années du dix-septième siècle, les fit abattre. (Voir Jullian, *Inscript. de Bordeaux*, II, p. 556 et pl. X et XI).

1620

TUTELA de Lyon ?

Prov. Narbonnaise (civitas des Allobroges, puis des Viennenses, colonia Iulia Vienna).

Fragment de poterie trouvé à Vienne, dép. de l'Isère ; ancienne collection Artaud. — Lyon, au musée.

TVT — ELA

Le mot ainsi coupé en deux groupes de lettres par un buste féminin à coiffure murale avec portes et tourelles, une patère à sa droite, un sceptre à sa gauche, et renfermé dans une couronne qui soutient d'une main une Victoire ailée, la palme dans l'autre ; une autre Victoire disparue faisait sans doute face à celle-ci. En dehors, à droite, une tête de dieu, fluvial à ce qu'il semble, à laquelle devait répondre, à gauche, une tête analogue aujourd'hui manquante. Au dessous, le buste nu d'un personnage mythologique, barbu et couronné de laurier, tenant déployée en arc, au dessus de sa tête, une draperie. Le tout est inscrit dans un grand médaillon circulaire.

Allmer et Dissard, *Inscript. de Lyon*, IV, p. 449. — Comarmond, *Descript.*, n° 781.

Tutela. — « A Tutèle ».

D'après M. Dissard, la Tutèle de Lyon, à cause de la tête fluviale, qui serait celle du Rhône, répondant probablement à la tête disparue de la Saône, et en rapprochement avec le buste en bronze, trouvé a Lyon, d'une femme à coiffure tourellée entre deux cornes d'abondance, qui paraît être la Tutèle de Lyon.

Cependant le fragment de poterie ayant été découvert non à Lyon, mais à Vienne, on pourrait y voir tout aussi bien la Tutèle de Vienne. Mais beaucoup plus vraisemblablement, le lieu de fabrication, qui ne peut avoir été ni Lyon, ni Vienne, restant inconnu, et la poterie sigillée étant un article de commerce forain, la Tutèle ici représentée était celle de n'importe quelle ville située près d'un confluent, et il ne s'agit particulièrement ni de Vienne, ni de Lyon.

Les mots [*Apol*]*linaris cera*, « cire d'Apollinaris », au dessus du grand médaillon, étaient la signature de l'artiste compositeur du sujet. (*à suivre*).

BIBLIOGRAPHIE

ANTOINE JACOTIN, *Mémoires de Antoine-Alexis Duranson, ingénieur des Ponts et Chaussées sur le département de la Haute-Loire*, publié avec une introduction et des notes ; Le Puy, 1904, 63 p. — Duranson de la Bruyère, ingénieur des Ponts et Chaussées de la Haute-Loire, est mort au Puy le 21 août 1820. Au cours de sa carrière il avait maintes fois parcouru le département ; il avait interrogé d'un œil exercé les monuments et les inscriptions, il avait noté tout ce qui pouvait être utile aux archéologues et aux historiens. Ses notes manuscrites avaient été souvent consultées, mais moins souvent citées par ceux qui y trouvaient des éléments pour leurs études.

On y rencontre des renseignements épigraphiques : Milliaires de Sanssac l'Eglise, du pont de Chomalès, de Saint-Paulien (conservé dans le clos de M. de Soleilhac, où il fut porté en 1800, après avoir été découvert dans un champ), du ruisseau de Bourbouilloux.

Inscriptions reproduites au *Corpus inscr. lat.* XIII ; 1591, « à St-Paulien, sur un angle de la maison du sieur Jean-Pierre Troubat, où était jadis une église sous le vocable de Notre-Dame du Haut Solier » ; — 1593, « dans la basse cour de M. de Soleilhac, [et non pas Solignac, comme dit le *Corpus*, d'après Aymard], à l'un des angles de la maison, sur une portion de pierre » ; — 1595 ; — 1617 ; — 1618, ...ICAES ; — 1619, D M ‖ AELIA TVLIA CAESARIS ‖ ....TILIAE.

« Autour de la sacristie de la cathédrale du Puy on voit un reste de frise « assez bien conservé et de bon goût ; l'on y aperçoit deux pierres qui ont été « employées au hasard. On distingue sur celle *du côté de la place du Fort, des* « *lettres qui ont seize centimètres de hauteur*, ou six pouces, elles sont bien « conservées ; l'autre, en face de la maison de Saint Didier, porte les lettres « SPO ; elles sont de même grandeur que les précédentes.

M. Antoine Jacotin, archiviste départemental, a accompli une bonne œuvre et une œuvre de justice, en rappelant les services rendus par cet ingénieur et en publiant intégralement son manuscrit. Les dessins qui le complétaient ont malheureusement disparus.   A. HÉRON DE VILLEFOSSE.

CHRONIQUE

— Dans les *Bulletins* de la Société des Antiquaires de l'Ouest, 2e série, tome X, 2e trim. 1905, p. 368 à 373, M. E. Ernault a publié de *Nouvelles notes sur l'inscription du Vieux Poitiers* (C. I. L. XIII, 1171), qu'il rend ainsi : « *Frontu, fils de Tarbelsonos (ou Tarbelsū), a élevé le (ou la) ratis (ou la râti) des Brivates (peuple voisin d'un pont)* ».

— Le R. P. Camille de la Croix, Conservateur du musée des Antiquaires de l'Ouest, a bien voulu nous communiquer la copie suivante d'une inscription « trouvée à Bizerte, en 1887, par des dragueurs, dans le port antique », et donnée, en 1905, à la Société des Antiquaires de l'Ouest :

```
. . . . . . . . . . . . . . . . . . . .
. . . . leg.  III  AVG. . . . . . . . .
. . . hastis  pVRIS · CORONis. . . .
. . . . . . . IRI · PEQVI · SILON is.
. . . . . . IC · HIPPONE · TI. . . . .
. . · .?veNERI · EVPLOei ?. . . .
. . . . ? iO · CRETIco ? . . . . . . .
. . . . . . . III. . . . . . . . . . .
```

Cette inscription est gravée « sur une plaque de marbre gris veiné de brun, de 0 m. 017 d'épaisseur ». Il s'agit, ainsi qu'on le voit, de quelque officier de la légion III* *Augusta*, ayant reçu des récompenses militaires : *hastae purae* et couronnes, peut-être d'or. La quatrième ligne contient, à l'ablatif, l'ancien nom de Bizerte : *Hippo Diarrhytus*.

                    Em. ESPÉRANDIEU,
                    Correspondant de l'Institut.

Vienne, imp. Savigné — Ogeret et Martin, succr. — *Le Gérant :* J. OGERET ⦿ I.

REVUE
ÉPIGRAPHIQUE

N° 118. — Juillet 1905 à Juin 1906

1621

Autel aux Mères

Savoillans. — Fragment d'autel, en pierre commune, découvert à Savoillans (Vaucluse), dans un tas de pierres, au milieu d'un champ. Acquis, en 1887, par Ludovic Vallentin, de Montélimar, et conservé actuellement au même lieu, dans la collection lapidaire de M. Roger Vallentin du Cheylard. Hauteur 0 m. 31 ; largeur, 0 m. 19 ; épaisseur, 0 m. 15. Hauteur des lettres, 0 m. 045.

    *mat*RIBV*s*
   · · ·ANI· · ·
   · · ·SME· · ·
   · · ·ɪѕΓΙΙ· · ·

Les caractères, surtout à la dernière ligne, sont très effacés et de lecture peu certaine.

Il nous est impossible de donner, de ce fragment, une interprétation satisfaisante. Les lettres ANI, à la seconde ligne, ont appartenu, soit au nom du dédicant, soit préférablement, au surnom des Mères qui sont mentionnées à la première ligne. La ligne finale est à lire peut-être *v(otum) s(olvit) l(ibens) m(erito)*.

1622

Autel à Mercure

Vaison. — Autel, avec base et couronnement retaillé par devant, découvert à Vaison (Vaucluse), en même temps et sur le même point que l'autel à *Vasio* du numéro suivant. Acquis par M. Roger Vallentin du Cheylard, qui le possède à Montélimar, dans sa collection. Pierre commune ; on avait commencé à la creuser pour la transformer en cercueil, mais l'opération n'a pas été continuée. Hauteur, 1 m. 77 ; largeur du dé, 0 m. 49 ; épaisseur, 0 m. 37. Hauteur des lettres, 0 m. C65 à la première ligne ; 0 m. 045 aux trois lignes suivantes.

    MERCVRIO
     SACRVM
  SERANVS SERANI
    L   M

Lettres de forme ancienne.

Mercurio sacrum ; Seranus, Serani (filius), l(ibens) m(erito).

« Consacré à Mercure ; Serauus, fils de Seranus, avec reconnaissance ».

Le dédicant, dont la filiation est exprimée à la manière gauloise, n'était pas citoyen romain.

1623

Autel à Vasio

Vaison. — Autel, avec base et couronnement, découvert à Vaison (Vaucluse), dans un champ, près de la chapelle Saint-Quenin, et cédé, en 1902. par M. Hippolyte Pascal, à M. Roger Vallentin du Cheylard. Pierre commune creusée en forme de tombeau sur la face opposée à l'inscription. Hauteur, 1 m. 16 ; largeur du dé, 0 m. 52 ; épaisseur, 0 m. 35. Hauteur des lettres, 0 m. 09 à la première ligne, 0 m. 075 à la ligne suivante et à la quatrième, 0 m. 065 à la troisième ligne.

VASIONI

C BIRRIVS

FVSCVS

V·S·L·M

Lettres de forme ancienne.

Vasioni ; C(aius) Birrius Fuscus v(otum) s(olvit) l(ibens) m(erito).

« A la déesse *Vasio* ; Caius Birrius Fuscus, avec reconnaissance en accomplissement de son vœu ».

Suivant l'opinion de Florian Vallentin (*Divinités indigètes du Vocontium* p. 43), la déesse *Vasio* serait la personnification divinisée de la ville de Vaison. M. Hirschfeld y voit préférablement celle de la rivière d'Ouvèze, sur la rive droite de laquelle la ville était bâtie, au sommet d'une colline, dont l'élévation, encore que peu considérable, pourrait cependant justifier l'association de la déesse avec le dieu Mars dans une autre inscription de Vaison (*C. I. L.* XII, 1301). Il est à remarquer que des cinq dédicaces qui mentionnent cette déesse, quatre sont perdues. (*Ibid.* 1301, 1336, 1337 et 1338). La seule que nous possédions est celle qui fait l'objet de la présente note, et il est heureux que M. Roger Vallentin du Cheylard, en l'acquérant, en ait assuré la conservation.

Le gentilice *Birrius, Byrius, Byrrius* est connu, mais peu commun. La Narbonnaise en a déjà fourni quatre exemples, dont un à Die, un à Orange et deux à Nîmes. (*C. I. L.*, XII, 1267, 1562, 3129 et 3481).

1624

Épitaphe

Aps. — Partie supérieure d'un cippe, en calcaire blanc, naguère à Aps (Ardèche), au quartier Saint-Philippe, à l'angle d'une ferme. Acquise en 1903, du cultivateur Rieux, par M. Roger Vallentin du Cheylard. Hauteur (incomplète), 0 m. 53 ; largeur, 0 m. 41 ; épaisseur, 0 m. 27. — Hauteur des lettres, 0 m. 04.

D ❧ M

CONNIAE

AMATIAE

ATIAMOE

NVS❧ETCoN

HONORAT

FIL PIENT

issimae..........

Caractères de bonne forme, probablement du second siècle. Les cinq dernières lettres de la septième ligne sont réduites à leur partie supérieure par la cassure de la pierre.

*D(iis) M(anibus) Conniae Amatiae; Atiamoenus et con(iux) Honorat(a) fil(iae)
pient[issimae...*

« Aux dieux Mânes de Connia Amatia; Atiamoenus et Honorata, sa femme,
à leur fille bien aimée... ».

Le surnom, quelque peu bizarre, *Atiamoenus*, qui n'a jamais été, que nous
sachions, signalé en d'autres lieux, nous a paru de lecture certaine. Les abréviations des mots *coniux* et *Honorata* sont surprenantes, mais l'authenticité
de l'inscription ne fait pas de doute. *Amatia* est à lire, très probablement
Ama(n)tia.

1625

Marque de fabricant

Aps. — Bassin rectangulaire, en plomb, acheté à Aps. A Montélimar, chez
M. Roger Vallentin du Cheylard. Hauteur, 0 m. 15; longueur et largeur,
0 m. 35. Hauteur des lettres, 0 m. 02.

```
HERMIAS·F·F
```

L'inscription est en relief, nettement imprimée sur le milieu de chaque face
dans un encadrement formé par un filet.

Hermias F(....) f(ecit).
« Fait à F...., par Hermias ».

Des localités connues dont le nom commençait par un F, celle de *Forum
Segusiavorum*, aujourd'hui Feurs, était la plus voisine de la cité d'Aps où le
bassin qui nous occupe a été acheté et vraisemblablement découvert. Un
saumon de plomb, conservé au musée d'Avignon, semble d'ailleurs fournir le
témoignage, par l'estampille dont il est revêtu, qu'il existait des mines de
plomb chez les Ségusiaves (*Inscript. ant. du Musée Calvet*, p. 188). La plupart
des *plumbarii* dont on possède les marques étaient pourvus des trois noms et,
conséquemment, de condition libre. Hermias, qui n'est désigné que par un
surnom grec, était un esclave ou un affranchi.

1626

Epitaphe chrétienne

Saint-Thomé. — Fragment de stèle naguère « incrusté dans les cabinets »
d'une maison de St-Thomé (Ardèche). Acquis, en 1904, par M. Roger Vallentin du Cheylard. Calcaire dur, à grain fin. Hauteur, 0 m. 52; largeur, 0 m. 16;
épaisseur, 0 m. 10. Hauteur des lettres, de 0 m. 03 à 0 m. 015.

```
      hic R E q V ie S cit in pace
      bone MEMOR iae . . . . . . .
      . . . . . LEDAINO . . . . . .
      . . . . . IMENSMA . . . . . .
  5   . . pIETAS  DIE . . . . . . . .
      . . . SAPIENTI a . . . . . . .
      . . . SORDENATIO . . . . .
      . . . ELITAS INOm . . . . . .
      . . . . AM  SORORVm Conso
  10  ? la TIONE ABS condit ? . . .
      post COSVla TVM . . . . . . .
```

Caractères d'assez bonne forme, mais très effacés et de lecture difficile.

M et E à la seconde ligne et à la quatrième, N et E à l'avant dernière ligne,
V et M à la dernière forment des monogrammes.

Autant que l'on puisse en juger par les quelques mots que nous en possédons,
cette épitaphe serait .celle d'une religieuse dont elle vantait la piété et la
sagesse, et qui trépassa en mars ou en mai, préparée à la mort par les conso-
lations de ses sœurs, l'année d'un post-consulat, ce qui nous reporterait, au
plus tôt, au premier quart du sixième siècle.

1627

Dédicace d'un locus consacré à Jupiter

Copie et renseignements de M. le Marquis DE VOGUÉ, membre de l'Institut.

Sauveplantade. — Petit autel, en pierre commune, découvert par M. le
marquis de Vogüé, membre de l'Institut, à Sauveplantade, « au cours d'une
récente excursion dans la vallée de l'Ardèche », et déposé, par ses soins,
dans l'église du village, où il est conservé.

I'O'M'

LOCVM HVNC

L VALERIVS

m a R T I V *s*

co NST ITVIT

*con*SACRAVI T

I(ovi) op(timo) m(aximo); *locum hunc L(ucius) Valerius [Ma]rtiu[s co]nstituit
(et) [con]sacravit.*

« **A Jupiter très grand, très bon ; Lucius Valerius Martius a bâti et consacré
ce *locus* »**.

Il nous est difficile de dire ce qu'il faut entendre par le mot *locus* de ce
petit texte. Notre première idée a été celle d'un oratoire, comme le christianisme en possède en différents lieux, notamment dans les Alpes, où nous nous
souvenons d'en avoir rencontré qui remontent à une époque fort ancienne, et
dont quelques-uns nous donnent certainement la forme même des anciens édi-
cules du paganisme. Surmonté ou non d'une statuette du dieu, l'autel aurait
été placé dans une niche pratiquée dans l'édicule, à une certaine distance du
sol, et pourvue d'une grille qui en aurait garanti le contenu contre le rapt ou
la profanation. Mais nous ne connaissons pas d'exemple du mot *locus* employé
dans ce sens, et il nous paraît, par suite, plus probable qu'il s'agissait d'un
emplacement consacré, sur la nature duquel toutes les suppositions demeurent
permises.

L. Valerius Martius était citoyen romain.

1628

Épitaphe

Aigaliers. — Stèle en calcaire tendre, avec fronton triangulaire et acrotères, découverte à Marignac, commune d'Aigaliers (Gard) et acquise, il y a
quelques années, de M. Lafon, propriétaire, par M. Roger Vallentin du
Cheylard. Hauteur, 0 m. 77; largeur, 0 m. 45; épaisseur, 0 m. 12. Hauteur
des lettres, 0 m. 03.

D   M

T ' SOLI DVMN

IAE PRIVATI FIL

Caractères très effacés, d'assez bonne forme, dans un encadrement de
moulures.

D(iis) M(anibus) T(iti) Soli(i) Dumniae. Privati fil(ii).

« Aux dieux Mânes de Titus Solius Dumnias, fils de Privatus ».

Le surnom gaulois *Dumnias* est sans autre exemple.

1629

Epitaphe chrétienne

Photographie et renseignements de M. le docteur V. LEBLOND, conservateur du musée de Beauvais.

Catheux. — Fragment de tablette, en pierre d'un grain fort tendre, découvert, il y a quelque temps, par M. Vienne (de Boulier), « en explorant un cimetière mérovingien, à Catheux (Oise), entre Crèvecœur et Bonneleau, sur le bord de la voie ferrée de Beauvais à Amiens ». Offert au musée de Beauvais, sur la demande de M. le docteur V. Leblond. Hauteur, 0 m. 38 ; largeur, 0 m. 30 ; épaisseur, 0 m. 022. Hauteur des lettres, 0 m. 03. (Voir la planche XI)

> +IN HVC TOMOL   REQV*iescit bone memo*
>
> RIE BEREFRIDIS QV.. . . . .·
>
> QVOD FACIT MI. . . . .
>
> XX IN PACE TRAN*siit*

« Les caractères des deux premières lignes sont d'une lecture plus nette que celle des deux dernières ». Lecture et restitutions de M. le docteur Leblond :

In huc tom(o)l(o) requ[iescit bone memo]rie Beretridis qu[ae obiit ou defuncta est] quod facit me[nsis....dies] XX; in pace tran]siit].

« Dans ce tombeau repose de bonne mémoire Beretridis qui mourut quand (*tel mois*) atteignit son XXe jour ; elle a passé en paix ».

« Il faut remarquer dans cette épitaphe, nous écrit M. le docteur Leblond : la forme *in huc tomolo* ; le nom de la défunte *Beretridis*, qui n'est signalé ni par Le Blant (*Inscript. chrét. de la Gaule et Nouv. recueil*), ni par Hirschfeld (*Corpus inscript. latin.*) ; la formule employée pour dater le jour de la mort ; enfin, l'expression ; *in pace transiit*, peu commune à la fin de l'inscription.

« La formule *quod facit mensis....dies....* se trouve sous la 1re race de nos rois et au commencement de la seconde, dans les documents diplomatiques et sur les inscriptions funéraires ; Le Blant signale sa fréquence relative dans la région d'Amiens : elle se voit pourtant aussi à Poitiers, Périgueux, Bordeaux et sur les bords du Rhin. Un acte de donation de Childebert se termine ainsi : *datvm quod fecit mense decembre dies sex.*

« Peut-on préciser la date de cette épitaphe ? La petite croix précédant l'inscription, la forme losangique des O, la forme carrée des C, celle des Q, des E, P et R, la terminaison de ces lettres par des points et non par des *apices* (accents) ou des traits transversaux, les expressions *tomolo, bone memorie, quod facit mensis*, indiquent une époque de basse latinité, ou pour mieux préciser le VIIe siècle, d'après les exemples cités par Le Blant et Hirschfeld.

« Les inscriptions chrétiennes sont extrêmement rares dans le pays de Beauvais. Une seule y a été trouvée jusqu'à présent, à Hermes, en 1883, par M. l'abbé Hamard et par lui donnée au musée du Louvre : *In Christus hic requiscit Radogisilus fidelis.*

« Le musée d'Amiens renferme plusieurs de ces épitaphes du VIIe siècle (trouvées dans cette ville même ou aux environs), avec la formule *quod* ou *ubi fecit*. (Le Blant, *Inscr. chrét.*, I, nos 322, 324, 325 ; C. I. L., XIII, 3507, 3509, 3511, 3513) ».

1630 à 1633

Nos copies dessinées.

1630

Epitaphe

Bloc rectangulaire en calcaire grossier, brisé en deux parties, découvert à Paris au mois de juin 1906, dans le sous-sol du Marché-aux-Fleurs, en face de la porte du Tribunal de Commerce, parmi d'autres débris de l'époque gallo-romaine ayant servi pour la construction de deux murs parallèles et peu distants. Au Musée Carnavalet. Hauteur. 0 m. 28; largeur, 1 m. 37; épaisseur, 0 m. 46. Hauteur des lettres, 0 m. 053 aux deux premières lignes, 0 m. 065 à la ligne suivante.

<pre>
       D   M
MAIANAE·MAIORIS · FIL·ET·APR
ILIAE·MATRIS·IPSA·VIVA·INSTI
</pre>

Caractères anciens, probablement du 1er siècle. Points triangulaires. M et A dans le mot MAIORIS ; E et T ; AE dans le mot APRILIAE ; T et R ; T et I, forment des monogrammes. Les deux lettres de la première ligne et les deux premières lettres du mot IPSA ont quelque peu souffert; les autres sont très nettes.

D(iis) M(anibus) Maianae, Maioris fil(iae), et Apriliae matris; ipsa viva insti(tuit).

« Aux dieux Mânes de Maiana, fille de Maior, et d'Aprilia, sa mère; (tombeau) préparé par elle-même, de son vivant ».

La pierre sur laquelle ce texte est gravé a dû former le linteau de la porte du tombeau fait par l'une des deux femmes, probablement par Maiana, pour elle-même et pour sa compagne. On peut noter toutefois la rareté du surnom *Maiana* et l'emploi du verbe *instituere*. Ainsi que nous le fait remarquer M. Camille Jullian, ce surnom de *Maiana* et celui de *Aprilia* sort l'un et l'autre formés sur des noms de mois. Il en fut surtout ainsi à ce qu'il semble, entre les années 150 et 300. L'inscription est placée entre deux petits bas-reliefs symétriques, en lesquels on a vu des boucliers d'amazone, mais qui ne sont que des ornements, comparables aux ailerons des cartouches à queue d'aronde. Elle a été publiée, dès sa découverte, par plusieurs journaux : *Eclair* du 22 juin, *Temps*, *Gil-Blas* et *Humanité* du 23 juin, *Peuple français* du 25 juin, etc. M. Héron de Villefosse, membre de l'Institut, l'a communiquée, ainsi que celles qui vont suivre, à l'Académie des Inscriptions et Belles-Lettres et à la Société nationale des Antiquaires de France.

1631

Epitaphe avec noms gaulois

Bloc rectangulaire, en calcaire grossier, découvert à Paris, au mois de juin 1906, dans les mêmes circonstances que précédemment. Au musée Carnavalet. Hauteur, 0 m. 59; largeur, 1 m. 13 ; épaisseur, 0 m. 37. Hauteur des lettres, 0 m. 07.

Sur l'une des faces :

<pre>
LITVGENAE BILLICOVIAE
  LITVGENA   P   C
</pre>

Sur la face opposée :

<pre>
         SAE FIL
  LITVGENA   P   C
</pre>

Caractères de basse époque; les L sont à branche retombante; les F à branches montantes.

... *Litugenae, Billicoviae* (*filiae*) ; *Litugena* p(*onendum*) c(*uravit*).

.... *sae fil*(*iae*) ; *Litugena* p(*onendum*) c(*uravit*).

«... A Litugena, fille de Billicovia ; Litugena a fait construire (ce tombeau) ».

« A ...., fille de ....sa ; Litugena a fait construire (ce tombeau) ».

La seconde de ces deux inscriptions est manifestement incomplète ; mais un examen attentif de la pierre nous a persuadé qu'il n'avait disparu aucune lettre au commencement de la première des deux lignes dont elle se compose actuellement. Cette ligne courte est d'ailleurs disposée de telle sorte, que la suivante la déborde d'une même quantité de chaque côté. Il faut, par suite, en conclure que le bloc, provenant d'un tombeau, était juxtaposé verticalement à d'autres pierres qui ont disparu, et dont l'une contenait le début de l'épitaphe. Cette constatation nous conduit à supposer que la première des deux inscriptions peut aussi n'être pas complète, et que d'autres mots dont le nombre nous échappe, sont perdus.

Litugena, Billicovia sont des noms gaulois. Le premier est connu par de très nombreux exemples (Holder, *Alt-celtischer Sprachschatz*, II, col. 248) ; le second est nouveau, mais on possède quelques noms qui sont formés, comme celui-ci, sur la racine *Bilic* (*Ibid*. col. 419, 420). Nous ne saurions dire si l'auteur du tombeau est ou non la même personne que la fille de Billicovia que mentionne l'épitaphe. C'est probable ; ce n'est pas certain.

1632

Epitaphe

Fragment de bloc, en calcaire grossier, découvert à Paris, au mois de juin 1906, dans les mêmes conditions que précédemment. Au musée Carnavalet. Hauteur, 0 m. 23, largeur, 0 m. 34 ; épaisseur, 0 m. 36. Hauteur des lettres, 0 m. 05 à la première ligne, 0 m. 055 aux deux lignes suivantes.

```
          . . . . . . . . . . . .

          MATRIS·SE.....

          ET · CONDI.....

          HERED.......
```

La pierre a été retaillée de tous les côtés, sauf à gauche. Caractères du premier siècle. M et A à la première ligne, E et T à la ligne suivante forment des monogrammes.

A l'exception de la dernière ligne, où l'on a pu lire : *Hered*[*es ex tes*(*tamento*)] ou quelque formule du même genre, ce fragment est trop incomplet pour se prêter à une restitution certaine. Les lettres SE, à la première ligne, sont peut-être le commencement d'un surnom tel que *Severus* ; à la ligne suivante, le groupe CONDI est plutôt aussi le commencement d'un autre surnom, ceux de *Condillus* ou de *Conditus* par exemple, que le début du verbe *condiderunt*. La présence du mot *et* impliquerait, en effet, l'existence d'un autre verbe qui aurait terminé la ligne précédente, et il ne semble pas, si l'on en juge du moins par la dernière ligne, que la partie manquante ait pu contenir ce verbe et les deux noms au moins qui devraient le précéder pour justifier le pluriel *heredes*.

1633

Epitaphe d'un exarque

Partie supérieure d'un cippe en forme d'autel, en calcaire grossier, découverte à Paris au mois de juin 1906, dans les mêmes circonstances que précédemment. Au musée Carnavalet. Hauteur, 0 m. 67 ; largeur, 0 m. 65 ; épaisseur, 0 m. 34. Hauteur des léttres, 0 m. 05.

```
        AVRELI ꙮ ALBANI
        EXARCI QVI VIXIT
        ANN XXXXVI IVLI
        NICAE CONIVX
        CONIVGI PIEN
        TISSIMO ME ꙮ
          MORIAM fe C
```

Caractères soignés. L'inscription est dans un encadrement de moulures à l'exception des lettres D M, de la première ligne, contenues dans les acrotères ; il ne reste que des traces de la seconde de ces lettres. A la quatrième ligne, la lecture XXXXVI est incertaine ; il faut peut-être lire XXXXIIII.

D\(iis) M(anibus) Aureli Albani exarc(h)i, qui vixit ann(is) XXXXVI (?); iuli(a) Nicae, coniux, coniugi pientissimo memoriam [fe]c(it).

« Aux dieux Mânes d'Aurelius Albanus, exarque, mort à l'âge de 46 ans ; Julia Nicae (?) sa femme, a fait construire ce tombeau à son époux bien aimé ».

L'intérêt de cette épitaphe est surtout fait de ce qu'elle est relative à un exarque. On a cru, jusqu'ici, que l'institution de la charge militaire de ce nom ne remontait pas au-delà du quatrième siècle de notre ère ; encore qu'il soit difficile de dater une inscription par la forme de ses lettres, nous pensons que l'épitaphe d'Aurelius Albanus est plus ancienne et, probablement, de la seconde moitié du troisième siècle. Il est possible d'ailleurs, comme nous l'observe M. Camille Jullian, qu'il y ait eu des exarques dans la domesticité privée, et qu'il s'agisse de l'un d'eux.

Le lapicide a été gêné par le manque de place aux 2e, 3e et 4e lignes ; à la 1re ligne, l'I final, à la 3e ligne le T sont contre la moulure ; il en est de même de l'I qui termine la 4e ligne, et c'est sans doute à cette circonstance qu'il faut attribuer l'erreur de gravure *Iuli* pour *Iulia.* A la 5e ligne, il y a peut-être une transposition de lettres dans le mot *Nicae* pour *Nicea,* ou simplement l'omission d'un A final, ce qui donnerait *Nicaea.* Peut-être aussi faut-il lire *Nic:* ?

REMARQUES ÉPIGRAPHIQUES

par M. Ant. HÉRON DE VILLEFOSSE

membre de l'Institut

(Suite) (1)

XX. — *Orange (Vaucluse)*

Au mois de mai dernier, je me suis arrêté à Orange pour examiner la très curieuse inscription trouvée en 1904, et que le commandant Espérandieu a expliquée devant l'Académie des Inscriptions le 9 septembre de la même année (2). Elle a été publiée ensuite, par le même auteur, dans la *Revue épigraphique,* sous le n° 1581 (3).

Cette inscription, dont les morceaux ont été rapprochés, est conservée aujourd'hui à l'Hôtel-de-Ville d'Orange, dans le cabinet même du Maire. Elle se compose non pas de dix fragments, comme on l'a dit, mais de onze fragments actuellement réunis sur un fond de bois. Elle a été découverte rue Vieille Fusterie, dans les déblais nécessités pour la construction d'un égoût ; cette petite rue conduit de la place de la République au théâtre antique.

Le texte est très net, excepté à la dernière ligne où il ne subsiste plus que la partie supérieure des lettres.

Dans la transcription donnée par la *Revue épigraphique,* on a proposé de lire

(1) Voir plus haut, p. 132 à 138 ; 150 à 154.
(2) *Comptes-rendus de l'Académie des Inscriptions,* 1904, pp. 497-503.
(3) *Rev. épigr.,* t. V, année 1904, n. 114 ; la pl. VI en donne une phototypie.

Fragments d'inscriptions provenant de Poitiers et d'Orange

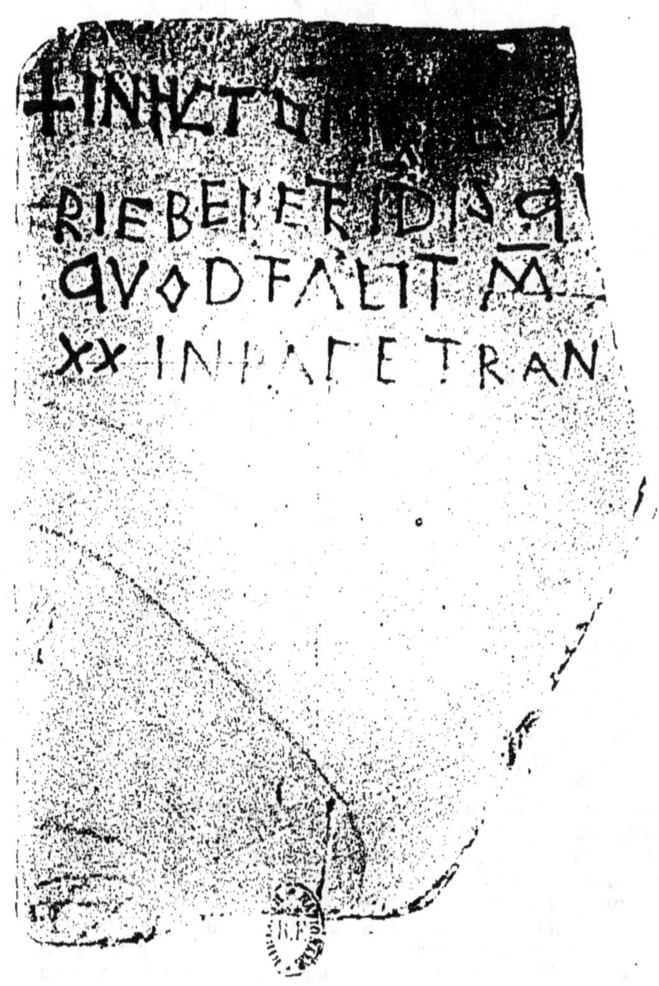

Inscription chrétienne à Catheux (Oise)

au commencement de cette ligne le mot MERCVR qui, joint au mot LVDVM, terminant la ligne précédente, faisait penser à un *ludus*, placé sous la protection de Mercure, soit le *ludus mercurialis*.

Un examen attentif de la pierre me permet d'affirmer que cette transcription n'est pas possible. Il y a au commencement de la dernière ligne le mot VERSVS ; qui n'est pas douteux. Je suis d'autant plus désireux de faire cette correction que j'ai le regret d'avoir causé l'erreur du commandant Espérandieu, en lui proposant de lire MERCVR sur une photographie qui m'avait été adressée par M. Digonnet, au moment de la découverte.

Le dernier paragraphe se présente ainsi, d'après ma copie :

MERIS·V·IN FRON/E·P·LVS·XC...

ET·MERIS·VI·AD·LVDV M

VERSVS·P·LXXV·ET·AV.E

Le bas des lettres de la dernière ligne est brisé, mais il ne peut y avoir doute de lecture que pour les quatre dernières lettres de cette ligne.

Les chiffres désignant les numéros des parcelles, c'est-à-dire les chiffres qui suivent le mot *meris*, chaque fois que ce mot se rencontre dans le texte, sont tous surmontés d'une barre horizontale, tandis que les chiffres indiquant les dimensions de ces parcelles, c'est-à-dire les chiffres placés après l'abréviation P =*p(edes)*, ne sont pas surmontés d'une barre.

Il faut donc transcrire :

....
et meris VI ad ludum
versus p(edes) LXXV et au.e

Je ne crois pas qu'il soit possible de retrouver à la fin de la dernière ligne les éléments de la formule *in annos singulos* ; il y avait plutôt là une nouvelle indication relative aux dimensions de la parcelle VI.

On remarquera que pour la parcelle VI le texte n'emploie pas, comme pour les autres parcelles, la formule ordinaire *in fronte*, suivie du nombre de pieds que le terrain présentait en bordure. C'est qu'il s'agit probablement d'un terrain d'angle, d'une parcelle située à l'intersection de deux voies. Le terrain avait alors deux faces : l'une, la principale, regardant le *ludus*, bordait la même voie que la face des autres parcelles ; l'autre face était placée en retour sur une voie secondaire qui venait aboutir sur la première voie. Malheureusement l'indication relative à cette seconde face ne nous est pas parvenue. Peut-être nous aurait elle fourni un intéressant détail sur la topographie d'Orange à l'époque romaine ? Nécessairement, en donnant les mesures de ces deux faces il fallait les distinguer l'une de l'autre par des indications topographiques plus précises que la formule *in fronte*.

Le mot *ludus*, sans une épithète désignant un exercice particulier auquel l'édifice en question aurait été réservé, doit s'appliquer à l'école primaire plutôt qu'à une école de gladiateurs.

Il est vraiment déplorable qu'une ville aussi célèbre par ses monuments antiques, une ville où les souvenirs de l'antiquité romaine sont aussi importants et reçoivent la visite de tant de touristes, ne possède même pas un petit musée municipal. Cela est à peine croyable ! Il devrait être pourtant facile, avec un peu de bonne volonté, de trouver un local pour y réunir les fragments qui sortent de terre dans la ville et dans son voisinage. La foule apprendrait ainsi à les respecter. Il est difficile de s'expliquer une pareille indifférence. Tout à disparu ! Et l'étranger qui s'arrête pour admirer le théâtre antique et l'arc de triomphe ne peut pas comprendre comment, à côté de ces deux grands monuments, il ne reste à Orange ni une poterie, ni une mosaïque, ni un bronze, ni aucun de ces petits témoins de la civilisation romaine si abondants dans les autres villes de la vallée du Rhône. Tout a été détruit ou transporté ailleurs. Comment la municipalité ne s'émeut-elle pas ? Comment ne sent-elle pas que son devoir est de sauver les débris du passé et qu'en les laissant périr ou disparaître elle laisse déchirer les pages les plus intéressantes de l'histoire de la vieille cité ?

Dans un coin du théâtre antique un amoncellement de débris de marbre constitue jusqu'ici la seule tentative faite pour former un musée lapidaire. Là, sont jetés pêle-mêle, les uns sur les autres, sans la moindre indication utile, non seulement les débris recueillis dans le théâtre et provenant de sa décoration architecturale, mais aussi d'autres fragments trouvés dans l'intérieur de la ville. Quand on les remue on y découvre quelques menus morceaux portant des lettres mutilées.

Il y a longtemps que ce dépôt existe et je ne garantirais pas qu'il a toujours été respecté par les visiteurs. On n'y retrouve plus certains fragments, copiés jadis par Caristie, Herzog et Saulcy, ni d'autres relevés plus récemment par M. Hirschfeld. Au milieu de ce fouillis le gardien m'a désigné trois fragments exhumés rue Vieille Fusterie, en avril 1904, en même temps que l'inscription publiée par le commandant Espérandieu.

1) Sur un fragment de marbre blanc ; les lettres ont 0.072 de hauteur (voir la planche XII).

LEG ' A

...*leg(atus)? A(ug(usti)]?*

Le morceau semble provenir d'une inscription gravée sur une seule ligne. Au dessous des lettres court une double baguette. Au dessous de la baguette la dalle de marbre est unie.

2) Sur un morceau de marbre blanc ayant appartenu à l'angle gauche d'une inscription (voir la planche XII) :

I
L ' GI

Hauteur du L, 0.048 ; hauteur du G, 0.039.

La lettre de la première ligne dont la partie supérieure n'existe plus, est probablement un I suivi d'un point. On peut songer à y voir l'abréviation du nom de Jupiter, *I(ovi)*, qui pouvait être suivi au moins de deux épithètes courantes, *o(ptimo) m(aximo)*. A la seconde ligne se trouvait le nom du dédicant, *L. Ge(minius)* ou *Ge(nucius)* ?

3) Sur un morceau de marbre blanc à veines grises ; les lettres mesurent 0.065 :

LIAI

C'est le reste d'un nom féminin, terminé en *liae*...

J'ai retrouvé dans ce tas de débris les nᵒˢ 1223, 1253, 1265, 1268 (1, 2, 7, 9, 10) (1) ; puis d'autres petits fragments que je donne ici, afin de les sauver de l'oubli (voir la planche XII) :

4)	IVLI	5)	MA	6)	...⌐RI
	MATER				*sor* O R I
	CTVᴅ				
	ιVΓ				

7)	IOE			8)	LIERO ' D
					' EX ' AERI

Le nᵒ 8 appartient à la partie inférieure d'un texte qui se terminait vraisemblablement, comme le nᵒ 1227, trouvé également à Orange, par la formule *ex aer[e multaticio]*.

XXI. — *Trion (Rhône). Médaillons à reliefs d'applique*

Le Musée Guimet possède un certain nombre d'objets, principalement des poteries, provenant des fouilles faites, il y a une vingtaine d'années, au quartier de Trion, dans la ville haute de Lyon. Ces fouilles, comme on le sait,

---

(1) Ces nᵒˢ se rapportent au *Corp. inscr. lat.*, XII, p. 152 à 160, inscr. latines d'Orange.

ont fourni au Musée de Lyon une importante série d'antiquités (1). M. Guimet a pu acquérir aussi une intéressante collection formée avec des objets sortis du même terrain. C'est mon confrère et ami, M. Adrien Blanchet, qui a bien voulu me la signaler, et je l'en remercie vivement, car on y trouve plusieurs médaillons à reliefs, analogues à ceux dont j'ai déjà parlé. Il me semble utile de les décrire pour compléter le recueil de ces médaillons dressé par M. Joseph Déchelette (2).

1. — Médaillon complet, d'une belle couleur rouge. (Musée Guimet, n° d'inventaire 5303).

Cybèle. La déesse est assise de côté sur un lion marchant vers la droite; de la main droite levée elle soutient un pli de son voile; son coude gauche est appuyé sur la crinière du lion. Devant le lion un grand vase arrondi est posé à terre.

C'est une seconde et bonne épreuve du n° 61 de Déchelette (II, p. 268).

2. — Partie gauche d'un médaillon (Musée Guimet, n° d'inventaire 5306).

Atalante et Hippomène. Le fragment est très petit, mais le relief en est fort net; la poterie est fine et soignée. On y voit une figure drapée, assise, dont la tête et la main gauche manquent, appuyant sa main droite sur le rocher qui lui sert de siège (fig. 1); elle est tournée vers la droite où se passe la scène. Le long de son bras droit on lit :

ATALAN[te]   (AN liés)

C'est vraisemblablement une variante du n° 80 de Déchelette (II, p 280), dont Frœhner avait signalé les deux premiers exemplaires et dont j'ai trouvé une troisième réplique dans la collection Louis Chaumartin, à Ste-Colombe-lez-Vienne (3).

Fig. 1   Il est facile de constater que, si le sujet est le même sur ce nouveau fragment, la composition devait cependant être un peu différente, car le nom d'Atalante n'occupe pas la même place que sur les trois médaillons déjà connus. L'inscription semble désigner la figure assise qui, pour cette raison, ne parait pas pouvoir être identifiée avec celle de Schœnée. L'exécution est d'ailleurs soignée et permet d'attribuer ce petit fragment à l'atelier de Félix.

3. — Médaillon avec une partie du vase sur lequel il était appliqué et avec le reste d'une anse. (Musée Guimet, n° d'inventaire 5297).

L'Arménie. Coiffée d'une tiare, vêtue d'anaxyrides et d'une veste bouffante, elle est assise à terre, les jambes à moitié allongées vers la gauche, tandis qu'elle tourne la tête en arrière vers la droite; sa main gauche touche la terre et son avant-bras droit porte sur son genou droit replié; elle semble être dans la position d'une personne qui se prépare à se relever. Au dessus de sa tête se développe une petite guirlande attachée à l'encadrement du médaillon; au dessous d'elle, à l'exergue, est déposé horizontalement un carquois rempli de flèches. A droite de la figure on lit en grosses et belles lettres :

AR

ME

NIA

C'est une seconde et bonne épreuve du n° 96 de Déchelette (II, p. 287).

4. — Fragment d'un médaillon de couleur rouge. (Musée Guimet, n° d'inventaire 5302).

Combat de gladiateurs. Il reste la partie droite avec une figure de gladiateur, debout, dont la tête manque. Près de sa jambe on lit son nom :

CELAD ·

IO ·

La figure et le nom de l'adversaire manquent.

Fig. 2

5. — Fragment d'un médaillon ; partie droite. (Musée Guimet, sans n° d'inventaire).

Combat de coqs. A droite un bateleur Syrien, entièrement nu, est accroupi, la jambe repliée au dessous du corps ; il a la tête rasée, à l'exception d'une mèche de cheveux réservée sur la nuque ; ses deux bras sont levés ; il tient dans la main droite un petit objet difficile à déterminer. Devant lui on voit un coq en position de combat, dont la queue est encore très visible ; il reste aussi la partie supérieure de la tête, avec l'œil et la crête de l'animal. Entre l'oiseau et son maître on remarque un objet, peut-être le sac (?) où le coq était enfermé avant la lutte (fig. 2).

La partie gauche brisée comportait un second coq et un second personnage. Ce sujet n'avait pas encore été rencontré sur nos médaillons (1).

6. — Fragment d'un médaillon. (Musée Guimet, n° d'inventaire 5298).

Scène de sacrifice (?). Un homme drapé, dont la tête manque, est debout devant un trépied (?); derrière lui s'avance un autre homme drapé, de plus haute stature, qui paraît porter un fardeau sur l'épaule, mais le médaillon est brisé au dessus de l'épaule (fig. 3).

Au dessous, à l'exergue, on lit un reste d'inscription appartenant au début de deux lignes :

QVA·TE.....

NIS.....

Fig. 3

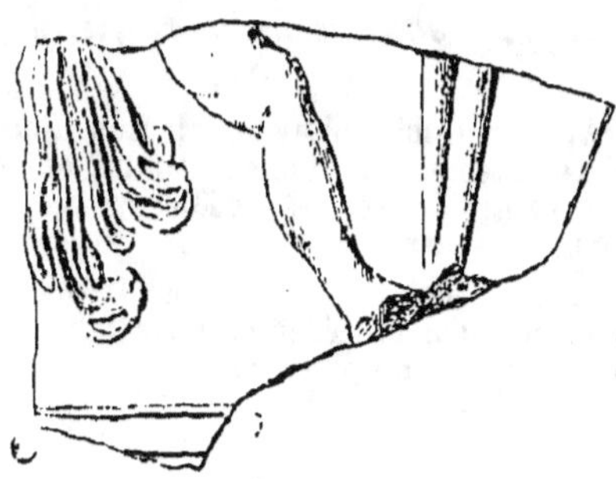

Fig. 4

7. — Fragment d'un médaillon. (Musée Guimet, sans n° d'inventaire).

Sujet indéterminé. On ne voit plus qu'un pan de draperie et une jambe humaine très vigoureuse, qui pourrait appartenir à un homme assis (fig. 4).

(A suivre).

(1) Cf. la mosaïque de Pompéi représentant un combat de coqs, reproduite par Saglio, *Dictionnaire des antiquités grecques et romaines*, fig. 213, v° *alektryonon agonos*.

DIEUX DE LA GAULE

par Auguste ALLMER

I. — LES DIEUX DE LA GAULE CELTIQUE (suite).

1634

TUTELA VESUNNA de Périgueux

1. — Prov. d'Aquitaine prolongée (civitas des Petrucores ; Vesunna, Périgueux).

Trouvée à Périgueux, dép. de la Dordogne, à la Cité. — Au Musée.

Numini ? A]ugusti [et Tutelae?] Augustae, Bell[us] et Bello, Primani (filii), Tutelae Vesunnae porticum ext[r]uendum et [exorna]nd[um de suo curaverunt].

Ci-dessus, 1 p. 42. — Espérandieu, *Insci ipt. de Perigueux*, p. 22.

« A la Divinité de l'empereur et à Tutèle Auguste, Bellus et Bello, fils de Primanus, ont, de leurs deniers, construit et décoré ce portique de Tutèle Vesunna ».

Vesunna, la personnification divinisée de la ville des Pétrucores et peut être en même temps d'une source appelée aujourd'hui Ste-Sabine. Un souvenir du nom antique subsiste encore dans celui d'une tour romaine dite la Tour de Vesonne, dont on ignore la destination primitive.

Remarquer l'orthographe *Vesunna* au lieu de *Vesonna* des anciens géographes, et l'erreur grammaticale qui donne à *porticum* un complément masculin.

2. — Périgueux. — Au musée.

Tutelae Au(gustae) Vesunnae, Secundus, Scotti l(ibertus), d(e) s(uo) d(at).

Espérandieu, *Inscript. de Périgueux*, p. 24.

« A Tutèle Auguste Vesunna, Secundus, affranchi de Scottus, donne de ses deniers (cet autel) ».

3. — Périgueux. — Au Musée.

Voir ci-dessus *Apollo Cobledulitavus* (tome, page).

[Tutelae Vesunnae] et deo Apollini Cobledulitavo, M. Pompeius.... qui templum dea[e] Tutelae et thermas publicas, utroq(ue) op[era] vestutate collab[sa], sua pecunia res[tituit], v. s. l. m.

« (A Tutèle Vesunna) et au dieu Apollon Cobledulitavus, Marcus Pompeius.... ayant réparé de ses deniers le temple de Tutèle Vesunna et les thermes publics, édifices tombés l'un et l'autre de vétusté, (dédie cet autel), avec reconnaissance en accomplissement de son vœu ».

L'inscription atteste expressément l'existence d'un temple de la déesse Tutèle à Périgueux, et l'une des deux inscriptions précédentes nous fait connaître, de plus, que ce temple était accompagné d'un portique.

1635

TUTELA du Mas-d'Agenais

Voir *Ussubius.*

1636

Matres UBELNAE

Prov. Narbonnaise (civitas des Salluves ; colonia Julia Augusta Aquae Sextiae(?), Aix).

Trouvée près d'Auriol, dép. des Bouches-du-Rhône, au lieu dit la Moricaude. — Portée à Marseille.

Matribus Ubelnabus v. s. l. m. Sex. Licinius Successus.

Hirschfeld. C. XII, 333 et add p. 809: litteris tertii saeculi fere ineuntis; VBELKABVS. — Jullian, *Bullet. épigr.* 1885, p. 75: VBELNABVS avec N et A liés. — Ci-dessus, II, p. 338.

« Aux Mères *Ubelnae*, Sextus Licinius Successus avec reconnaissance en accomplissement de son vœu ».

Il se voit clairement que les mères *Ubelnae* sont les déesses protectrices de la vallée parcourue par la petite rivière de l'Huveaune, leur homonyme, et que, si la lecture *Ubelkabus* du *Corpus* est exacte, c'est la gravure qui est fautive. *Ubelnabus* s'impose nécessairement.

1637

UCUETIS

Prov. Lyonnaise (civitas des Eduens ; Augustodunum, Autun).

Trouvée à Alise Sainte-Reine, canton de Flavigny, dép. de la Côte-d'Or, sur le plateau, au lieu dit « le Cimetière Saint-Pèrre ». L'inscription est renfermée dans un encadrement de moulures accosté d'oreillettes en queue d'aronde.

<pre>
MARTIALIS·DANNOT^A   ·   (O et T liés)
                   LI
IEVRV·VCVETE·SOSIN
CELICNON⌂ ETIC
GOBEDBI·DVGIIONTIIO
    ⌂   VCVETIN.   ⌂
IN [⌂]   ALISIIA
</pre>

Dictionn. archéol. de la Gaule, époque celtique, nº 7 des planches des inscriptions. On a constaté « que la lacune entre IN et ALISIIA ne contenait qu'une feuille séparative ». — Lejay, *Inscript. de la Côte-d'Or,* p. 19. — Mowat, *Inscript. des Lingons,* p. 6. — C. XIII, 2880 : « litteris bonis ». L'inscription paraît être du premier siècle.

Martialis, Dannotali (filius), ieuru Ucuete sosin celicnon etic gobedbi dugiiontiio Ucuetin in Alisiia.

« Martialis, fils de Dannotalus, a dédié à Ucuetis (?) ce ...afin que (?)... Ucuetis dans Alise ».

La déesse ou le dieu Ucuetis est à chercher dans quelque particularité locale d'Alise, probablement dans quelqu'une de ses sources dont les noms antiques ont disparu sous des noms modernes.

Le nom est *Ucuete* au datif et *Ucuetin* à l'accusatif, mais le nominatif n'est pas connu, et il n'y a pas de raison sûrement déterminante de préférer *Ucuetis* ou *Ucuete* à *Ucue.* Dans l'un comme dans l'autre, la déformation régulière amènerait sans difficulté les noms « Ouche » et « Oche », qui sont, en France, ceux d'un certain nombre de petits cours d'eau, et ne diffèrent peut-être que par une variante de prononciation de celui d'« Oze », dont se nomme une des deux petites rivières qui baignent le pied de la colline, l'actuel Mont-Auxois,

sur le sommet de laquelle la ville était assise. L'autre rivière s'appelle l'Oze-
rain, c'est-à-dire le petit ou la petite Oze. Sans doute l'antique fontaine
minérale Ucuétis ou Ucueté ou Ucué s'écoulait dans l'Oze et était considérée
comme une de ses sources.

Les explications présentées jusqu'à ce jour par les plus habiles pour les parties laissées ici sans traduction sont entre elles en de tels désaccords, que le
seul enseignement certain à en tirer est, d'après la remarque de M. Mowat,
que l'on n'est nullement en état de comprendre la plupart des inscriptions
celtiques. Si le mot gothique *Kelikn*, qui parait répondre assez bien au mot
Celicnon, signifie « une tour » dans Ulphilas, on penserait volontiers à une
construction circulaire, un temple par exemple, abritant une piscine de cette
forme. Quant aux autres mots, on en est réduit, puisque les étymologies n'apportent rien, à chercher par conjecture quel sens pourrait répondre de la manière
la plus naturelle et la plus simple au reste du texte. Ne pourrait-on proposer
à tout hasard sans doute ceci ou quelque chose d'approchant : « afin que [les
dons] glorifient Ucuetis dans Alise » ? Il s'agirait des dons ou actions de grâces
de personnes guéries par la vertu des eaux de la fontaine adorée à Alise sous
le nom d'*Ucuetis*, et rendue plus accessible par les améliorations de Martialis.
Ce n'est ni plus ni moins aventuré que tout ce qui a été imaginé déjà, mais
avec quelque chance cependant, en s'appuyant sur des particularités locales
connues, de s'approcher peut-être davantage de la vérité.

Quant à *Alisiia*, c'est indubitablement Alise-Sainte-Reine, l'*Alesia Mandu-
biorum* des Commentaires

(*A suivre*).

CHRONIQUE

Dans son numéro du 25 mai 1905, le journal *La Haute-Garonne* a publié
sous la signature de M. l'abbé Dufor, une inscription qui serait ainsi
conçue :

I . O . M.

T I T V L I V S

C I N I V C N A I I

F . E D V N X . MAT

E R . V . S . L . M

Sauf à la troisième ligne, probablement fautive, mais dont la véritable
lecture nous échappe, cette inscription peut être corrigée aisément, de cette
manière :

I(ovi) *o*(ptimo) *m*(aximo) ; *Titul*[*l*]*us*, *Cin*[*t*]*u*[*g*]*na*[*t*]*i f*(*ilius*), *Edunx* (?) *ma-
terv*(otum) *s*(olverunt) *l*(ibentes) *m*(erito).

L'autel a été trouvé « dans la villa gallo-romaine d'Arneps, à Valentine » ;
M. Cistac, antiquaire à Saint-Gaudens, en a fait l'acquisition.

BIBLIOGRAPHIE

Rapport de M. Hirschfeld, sur l'état d'avancement, au mois de février 1906,
du *Recueil des inscriptions latines*. (Extrait des publications de l'Académie de
Prusse).

Pour l'*Index auctorum* du tome VI (inscription de la ville de Rome), M.
Huelsen a complété et revisé la matière dans les bibliothèques de Rome, de
Paris, de Florence, de Milan, de Modène et de Turin. Les travaux prépara-
toires des autres *Indices* sont suffisamment avancés, sous la direction de M.
Dessau, pour que leur impression puisse commencer dès l'année prochaine.

L'impression des *Indices* du tome XI (Italie centrale) n'a pas fait beaucoup
de progrès. Les suppléments de ce tome ont été complétés par M. Bormann,
au cours de son voyage dans l'Italie centrale.

Les inscriptions de la Germanie inférieure (tome XIII, fasc. 2, 2ᵉ partie)
ont été en grande partie déjà mises sous presse par M. de Domaszewski ;
leur achèvement est proche. L'impression de l'*instrumentum* de Gaule et de

Germanie (tome XIII, 3ᵉ partie) est terminée, grâce au travail non interrompu de M. Bohn. La distribution du fascicule, dans lequel se trouvent les cachets d'oculistes, rédigés par M. Espérandieu, de Paris, aura lieu très prochainement (1). L'achèvement du tome XIII demandera, toutefois, encore quelque temps à cause de l'énorme quantité des estampilles sur briques fournies par la Germanie, et qu'il n'a pas été possible de classer plus tôt. Les travaux préparatoires ont été fait par M. Steiner, de concert avec la commission romano-germanique, sous la direction de M Dragendorff. On a commencé également à s'occuper des *Indices* et des cartes.

Il n'a pas été possible non plus, à M. Dressel, dans le courant de l'année écoulée, de continuer l'impression commencée de la 3ᵉ partie du tome XV (*instrumentum* de Rome). M. Dressel en fait espérer la reprise pour cette année.

M. Lommatzsch a fait imprimer la première partie, *inscriptiones antiquissimae*, de l'édition refondue des inscriptions de la République (tome I 2, fasc. 2). M. Huelsen s'est particulièrement appliqué à compléter la matière en mettant en œuvre de nombreux documents de l'Italie et de Paris.

L'impression des inscriptions de Pompéi (supplément au tome IV) n'a pas progressé. M. Mau espère que le volume sera terminé dans le courant de cette année.

Grâce à l'appui actif de confrères français, MM. Cagnat, Merlin, Gauckler et Gsell plus particulièrement, la matière pour les très volumineux suppléments aux inscriptions d'Afrique (tome VIII) a été classée et considérablement accrue. Pour la partie relative aux tablettes de dévotion, découvertes en grand nombre depuis peu, en Afrique, la collaboration de M. Audollent, de Clermont-Ferrand, qui s'est plus spécialement occupé de ces objets, nous a été acquise de par l'intermédiaire de M. Cagnat ; M. Wuensch, à Giessen, a promis aimablement de coopérer à la publication de cette partie. Les éditeurs des volumes supplémentaires, MM. Cagnat et Dessau, pensent qu'il leur sera possible de faire commencer, à bref délai, l'impression du 4ᵉ fascicule.

A NOS LECTEURS

Sept années se sont écoulées depuis la mort d'Allmer. Depuis deux ans, ses cendres sont à Vienne, dans un caveau que la reconnaissance municipale leur a fait bâtir, mais sur lequel n'est aucune épitaphe qui les signale à l'attention des passants.

Si les services éminents que le fondateur de cette *Revue* a rendus à la science, si l'impulsion qu'il a donnée à l'épigraphie latine et en particulier à celle de la Gaule, pendant plus d'un demi-siècle, garantissent sa mémoire contre l'oubli, il n'en serait pas moins nécessaire de donner une pierre écrite à celui qui se consacra si complètement aux pierres écrites, et d'assurer autant que possible la perpétuité de ses traits par l'érection d'un buste sur sa tombe.

Les amis d'Allmer, les admirateurs de son œuvre, ses disciples qui lui doivent tant, sont priés de se joindre à nous pour l'accomplissement de ce pieux projet. Nous leur serions reconnaissants de nous faire parvenir leur souscription, ou de l'adresser à MM. Ogeret et Martin, imprimeurs à Vienne. Leurs noms seront publiés.

Héron de Villefosse, membre de l'Institut.
Dissard, conservateur des Musées de Lyon.
Bizot, conservateur des Musées de Vienne.
Espérandieu, directeur de la *Revue épigraphique*.

Em. ESPÉRANDIEU,
Correspondant de l'Institut.

(1) Cette distribution est un fait accompli ; nous reparlerons de ce fascicule dans le prochain numéro de la *Revue*.

Vienne, imp. Savigné — Ogeret et Martin, succⁿˢ. — Le Gérant : J. OGERET Ⓘ I.

REVUE
ÉPIGRAPHIQUE

N° 120. — Octobre 1906 à Mars 1907

1664 à 1666

Photographie et renseignements de **M.** l'abbé **ARNAUD D'AGNEL**, correspondant du Ministère de l'Instruction publique, aumônier du lycée de Marseille.

1664

Epitaphe avec nom gaulois

Les Martigues. — Cippe en pierre de la Couronne, « découvert accidentellement, il y a plus de dix ans, sur le territoire de la commune des Martigues, au cours de travaux agricoles, dans un champ dont Pierre Bresson est aujourd'hui le propriétaire ». Cédé récemment au musée d'archéologie de Marseille. Hauteur, 1 m. 55 ; largeur, 0 m. 47 ; épaisseur, 0 m. 10. Hauteur des lettres, 0 m. 06.

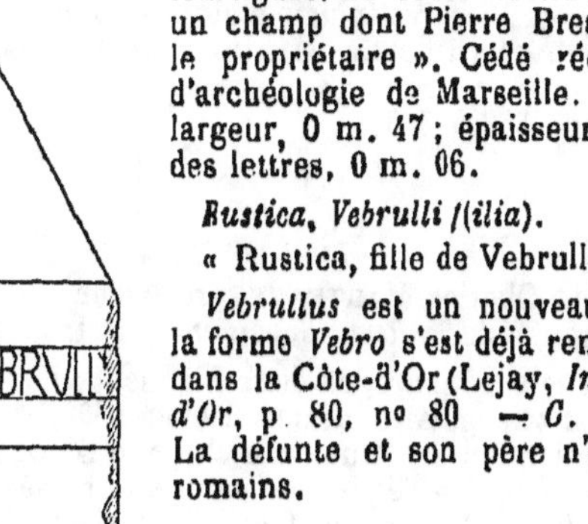

Rustica, Vebrulli f(ilia).

« Rustica, fille de Vebrullus ».

Vebrullus est un nouveau nom gaulois, mais la forme *Vebro* s'est déjà rencontrée, notamment dans la Côte-d'Or (Lejay, *Inscr. ant. de la Côte-d'Or*, p. 80, n° 80 — *C. I. L.*, XIII, 5576). La défunte et son père n'étaient pas citoyens romains.

1665

Autel à Tibère

Les Martigues. — Autel avec base et couronnement en calcaire de la Couronne, « mis au jour accidentellement sur le chemin vicinal qui relie St-Pierre de Martigues à la Couronne, à 150 mètres au sud de l'église du premier de ces deux villages ». Hauteur, 1 m. 05 ; largeur, 0 m. 59 ; épaisseur, 0 m. 44. Hauteur des lettres, 0 m.

13

067 à la première ligne; 0 m. 06 à la seconde; 0 m. 05 à la troisième;
0 m. 06 à la dernière.

TIBERIO AVGVSTO

SACRVM

SEX AELANIVS PISINVS

D   S   P   D

Tiberio Augusto sacrum. Sex(tus) Aelanius Pisinus d(e) s(ua) p(ecunia) d(edit).

« Consacré à Tibère Auguste. Sextus Aelanius Pisinus a, de ses deniers,
donné (cet autel) ».

Le culte impérial est rappelé par une foule d'inscriptions, mais les autels à
des empereurs non associés à d'autres dieux sont fort rares. Nous ne connaissons en Gaule que celui-ci et les deux autels d'Auguste dont nous avons
parlé déjà page 37. Le gentilice *Aelanius* est nouveau.

1666

Inscription rupestre

Les Martigues. — Table rocheuse, horizontale, de forme à peu près
rectangulaire, découverte par M. l'abbé Arnaud d'Agnel, près de Ventrous,
à mi-distance des Mart'gues et de Saint-Pierre, sur le sommet de Belair.
Hauteur de l'inscription, 0 m. 43; longueur des lignes, 0 m. 45 Hauteur des
lettres, de 0 m. 08 à 0 m. 12, sauf pour les O, qui n'ont que 0 m. 06 et pour
le B, qui est très allongé et atteint 0 m. 15.

O Y E

X T I N I

O C A Λ E

B I N O C

Caractères très irréguliers, grossièrement gravés.

Ουεχτινιος Αληθινος. — « Vectinius Albinus ».

Les noms de ce petit texte ne sont pas ceux, à ce qu'il semble, d'une
épitaphe. Nous les croyons gravés par quelque désœuvré des deux ou trois
premiers siècles. Le gentilice *Vectinius* n'était pas connu.

M. l'abbé Arnaud d'Agnel a publié cette inscription et les deux précédentes
dans les *Comptes-rendus des séances de l'Académie des Inscriptions et Belles-
Lettres*, année 1906, p. 358 à 363.

1667

Epitaphe

Photographie de M. Charles MARTEAUX, professeur au lycée d'Annecy.
Renseignements extraits de la *Revue Savoisienne*, 3e trimestre 1906.

Menthon. — Partie supérieure, en deux fragments ne se raccordant pas,
d'une stèle à sommet triangulaire découverte en 1906, à Menthon (Haute-
Savoie), « dans la démolition de l'ancienne chapelle Saint-Bernardin, située
sur la place, à l'est, et derrière l'église ». Donnée au musée d'Annecy. Pierre
commune. Hauteur, 0 m. 67 ; largeur, 0 m. 96; épaisseur, 0 m. 15. Hauteur
des lettres, 0 m. 07 à la première ligne, 0 m. 06 aux trois lignes suivantes,
0 m. 05 à la dernière ligne.

| I V L I A E |
| O P T A T Ac |
| M'IVL MARCia |

NVS PATer

Caractères du premier siècle. Les lignes 2, 3 et 4 sont contenues dans un encadrement de moulures. La cassure s'étant produite obliquement, de gauche à droite, il ne reste que des traces de l'I et de l'V de la première ligne, du P et du premier T de la seconde ligne ; de l'L, de l'M et de l'A de la ligne suivante ; du T de la cinquième ligne.

D(iis) M(anibus) Iuliae Optata[e]; M(arcus) Iul(ius) Marc[ia]nus, pat[er].
« Aux dieux Mânes de Julia Optata ; Marcus Julius Marcianus, son père ».

Deux épitaphes du musée de Genève paraissent donner les noms du même personnage, Marcus Julius Marcianus. L'une est celle de son frère, Marcus Connius Secundus ; l'autre se rapporte à son propre tombeau, fait aussi pour ses descendants. (*C. I. L.*, XII, 2621 et 2625).

1668 à 1669

Copies et renseignements de M. LOMBARD-DUMAS, correspondant du Minis-tère de l'Instruction publique, à Sommières (Gard).

1668

Autel à Minerve

Combas. — Autel en marbre blanc découvert à Combas (Gard), en 1906, « en baissant le niveau de la source qui alimente d'eau la commune ». Hau-teur, 0 m. 48 ; largeur, 0 m. 25 ; épaisseur, 0 m. 15. Hauteur des lettres, 0 m. 04.

MINERVAE

MVLI ERES

P

Minervae ; mulieres p(osuerunt).
« A Minerve ; les femmes (du lieu) ont élevé (cet autel). »

Minerve a dù être invoquée par les femmes de Combas, non point comme divinité poliade ou guerrière, mais au simple titre de divinité rustique et peut-être topique, non différente de la source d'où provient l'autel. Il est probable, de toute manière, que son culte avait, à Combas, une certaine importance, puisque les femmes de ce lieu se sont réunies, ou paraissent l'avoir fait, dans une pensée commune de piété. Les mœurs de la campagne ont changé consi-dérablement depuis quarante ans. Les *veillées* d'autrefois n'existent plus ou sont en train de disparaître ; mais on peut facilement se persuader que c'est au cours d'une *veillée*, du genre de celles que nous avons nous-même connues, que fut prise, il y a dix-huit siècles, la résolution dont témoigne le petit autel de Combas. Voir l'inscription suivante.

1669

Autel à Minerve

Combas. — Autel en marbre blanc, trouvé au même lieu, et dans les mêmes circonstances que l'autel précédemment décrit. Hauteur, 0 m. 25 ; largeur, 0 m. 15 ; épaisseur, 0 m. 10. Hauteur des lettres, 0 m. 03,

MINER

VAE

LIPIA

IVLLi

NA

Minervae ; Lipia Iull[i]na.
« A Minerve ; Lipia Iullina. »

. Le gentilice *Lipius*, qui serait nouveau, nous paraît fort peu probable ; peut-être faut-il lire *Libia*, ce qui nous donnerait une forme admissible du gentilice

Livius? Cette inscription vient à l'appui de la précédente pour attester l'importance du culte de Minerve à Combas.

On a découvert en même temps, et au même lieu, « une tête en marbre blanc ayant appartenu à une statuette de Faune. »

1670 à 1671

Renseignements extraits des *Procès-verbaux* des séances de la section d'archéologie du Comité des travaux historiques, novembre 1906, p. IX.

1670

Epitaphe

Narbonne. — Fragment de bloc, en pierre de grès, découvert à Narbonne, en octobre 1906, dans les substructions de l'ancien palais de la Vicomté (maison Bergé). Au musée de Narbonne. Hauteur, 0 m 59; largeur, 1 m. 12; épaisseur, 0 m 45. Hauteur des lettres, 0 m. 085 à la première ligne, 0 m. 07 à la ligne suivante; 0 m. 06 à la dernière ligne. L'inscription était dans un encadrement de moulures.

.....ARIS · L· CRYPIANI · LIBERT

....ſECIT · ET IVLIAE · STACTE · L

ET · AEGLE

[...*Iu(lius)...*]aris, *L(ucii)* (*Iulii*) *Cryp*[*h*]*iani libert*(*us*), *sibi vivus ſ*]*ecit, et Iuliae Stacte l*(*ibertae*), *et Aegle.*

« .. Julius... aris, affranchi de Lucius (Julius) Cryphianus, a fait (construire ce tombeau) pour lui même, pour Julia Stacte son affranchie, et pour Aegle (son esclave). »

Cette restitution a contre elle la façon anormale dont l'affranchissement serait exprimé à la première ligne ; mais nous n'en trouvons pas de meilleure. M. Héron de Villefosse a déjà fait remarquer la rareté du cognomen *Crypianus* pour *Cryphianus* régulièrement formé sur *Cryphius*. « La même remarque, dit-il, s'applique à *Aegle* ; dans Virgile. ce nom est celui d'une naiade *Aegle, Naiadum pulcherrima.* (*Eclog.*, VI, 21). Puisqu'il était porté à Narbonne, ce nom de femme pourrait se retrouver dans une inscription mutilée de cette ville, connue seulement par d'anciennes copies dont il serait possible de compléter ainsi la dernière ligne : *Fuficia Ae*[*gle*] (*C I. L.*, XII, 4821). Ces deux noms évoquent des idées bien différentes : *Crypianus*, celle de l'obscurité ; *Aegle*, celle de la lumière. »

1671

Epitaphe d'un marchand de lard

Narbonne. — Fragment de cippe, en calcaire grossier, découvert à Narbonne, en octobre 1906, dans les substructions de l'ancien Palais de la Vicomté (maison Bergé). Au musée de Narbonne. Hauteur, 1 m. 25 ; largeur, 0 m. 53 ; épaisseur, 0 m. 59. Hauteur des lettres, 0 m. 06.

. . . .

PRIMVS

LARDARIVS

. . . .

[*L(ucius) Nerfinius, Potiti l(ibertus)*], *Primus, lardarius,* [*sibi et...*

« Lucius Nerfinius Primus, marchand de lard, affranchi de Potitus, a fait construire ce tombeau pour lui-même et pour... »

Ainsi que M. Héron de Villefosse l'a déjà constaté, ce fragment semble provenir d'une réplique de l'épitaphe, qui existe au musée de Narbonne, d'un marchand de lard dont les noms sont ici restitués. « La pierre, dit M. Héron de Villefosse, est de même nature ; la hauteur des lettres est aussi la même. »

1672

Épitaphe

Estampage et renseignements communiqués par M. Bernard PALUSTRE, archiviste des Pyrénées-Orientales.

Castel-Roussillon. — Tablette de marbre découverte en 1906, à Castel-Roussillon (Pyrénées-Orientales), chez un propriétaire. Acquise par M. Laurent Campanaud, de Perpignan. Hauteur, 0 m. 24 ; largeur, 0 m. 23 ; épaisseur, 0 m. 02. Hauteur des lettres, environ 0 m. 035.

Caractères de bonne forme, paraissant du troisième siècle.

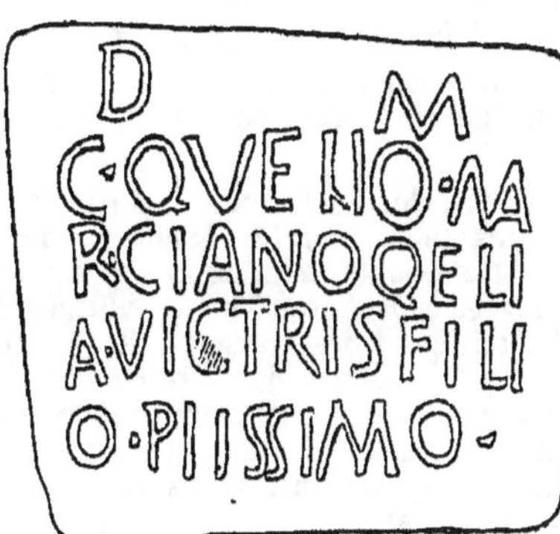

D(iis) *M(anibus)*. *C(aio)* *Quelio Marciano . Q(u)elia Victris filio piissimo.*

« Aux dieux Mânes. A Caius Quelius Marcianus ; Quelia Victris à son fils bien aimé ».

Ce petit texte a de l'intérêt en raison de sa provenance, l'ancienne *Ruscino* suppose-t-on, et aussi par suite du nombre infime d'inscriptions qui ont été découvertes dans le Roussillon. jusqu'à ce jour Le gentilice *Quelius* a dû être extrêmement rare ; les volumes du *Corpus,* que nous avons consultés, n'en fournissent aucun autre exemple. Le surnom *Victrix,* que portait la mère du défunt, a été, lui-même, peu répandu. Nous n'en connaissons, pour la Narbonnaise. qu'un seul exemple fourni par une inscription de Narbonne (*C. I. L.,* XII, 4926). Cette épitaphe présente quelques autres particularités : d'abord, l'omission d'une lettre dans le nom de la mère ; ensuite l'ortographe *Victris,* pour *Victrix,* et l'attribution de ce surnom à une femme ; enfin, un essai de division des mots en syllabe, aux 2e et 3e lignes. Il faut aussi noter que C. Quelius Marianus était, à ce qu'il semble, un fils naturel. On pourrait, il est vrai, supposer que le défunt et sa mère, dont il porte le nom, étaient les affranchis d'un même personnage ; mais cette hypothèse est peu vraisemblable, les surnoms *Marianus* et *Victrix* étant romains, et non grecs, comme il arrivait généralement pour ceux que l'on donnait aux esclaves.

1673

Épitaphe

Renseignements extraits du *Bulletin de la Société archéologique du Midi de la France,* nouvelle série, n° 36, p. 400.

Saint-Girons. — Cippe en forme d'autel, avec base et couronnement, brisé en deux parties, découvert en 1905, à Saint-Girons (Ariège), en faisant des travaux de terrassement pour la construction de la nouvelle gare. A Saint-Girons dans le parc du tribunal. Marbre de Saint-Béat. Hauteur 1 m. 22 ; largeur 0 m. 60. Caractères de bonne forme ; les barres des E et des F sont d'égale longueur ; les O sont bien en forme de cercle ; les Q également, et leurs queues, très longues, sont dirigées presque horizontalement vers la droite ». Sur les faces latérales : à droite, un préféricule ; à gauche, une patère.

<pre>
        D   M
     M E M O R I A E
     P O M P E I A E Q ⚭ F
     P R I M I L L A E Q P·
                          ᴼᴹ
 5   A V I T T V S ⚭ E T C O ₓ I
     N I A ⚭ L ⚭ F ⚭ P R I M I L L ᴀ
     P A R E N T E S F I L
     P I ⚭ I S S I M A E
</pre>

Les lettres E et I à la troisième ligne ; I et M à la quatrième ; N et I, I, M et I à la sixième, forment des monogrammes. A la cinquième ligne, l'M est inséré dans l'O. Le lapicide, gêné par le manque de place, a tassé les trois dernières lettres de la quatrième ligne

D(iis) M(anibus). Memoriae Pompeiae, Q(uinti) f(iliae), Primillae ; Q(uintus) Pomp(eius) Avitus et Cominia, L(ucii) f(ilia), Primilla, parentes, fi(liae) piissimae.

« Aux dieux Mânes. A la mémoire de Pompeia Primilla, fille de Quintus ; Pompeius Avitus et Cominia Primilla, fille de Lucius, ses parents, à leur fille bien aimée ».

Cette inscription, qui parait du premier siècle, n'offre que la particularité du surnom de la mère passé à la fille. Le gentilice *Pompeius* est aussi fréquent en Espagne et dans les Pyrénées, que l'est, en Gaule, celui de *Iulius*. L'un et l'autre sont dus, en grande partie aux mêmes causes initiales : des affranchissements nombreux et l'attribution du droit de cité à des indigènes, par les deux Pompée et par César, sur les territoires qui relevèrent de leurs commandements respectifs. Contrairement à ce que l'on a écrit, le gentilice *Cominius* n'a rien de celtique. Il fut porté, à Rome, par une famille, dont quelques membres nous sont connus par les fonctions publiques qu'ils exercèrent. (Cf. *Prosopogr. imp. rom.*, I, p. 434 et suivantes).

1674 à 1675

Renseignements extraits de *Fouilles de l'ésone (Compte-rendu de 1906)*, par Ch. DURAND, conseiller municipal, vice-président de la Société archéologique du Périgord.

1674

Autel commémoratif d'un taurobole

Périgueux. — Autel, avec base et couronnement mutilés, découvert en 1906, à Périgueux, dans le mur gallo-romain de la Cité, en ouvrant l'avenue de l'asile de Beaufort. Au musée de Périgueux. Pierre commune. Hauteur, 1 m. 52 ; largeur, 0 m. 74 ; épaisseur, 0 m. 65. Hauteur des lettres, environ 0 m. 06 à la première ligne, 0 m. 05 à la ligne suivante, 0 m. 045 aux autres lignes. (Voir les planches XIV, XV, XVI et XVII).

<pre>
     N V M I N I B A V G
     ET MAGNAE MATRI DEVM
     AVG·L·POMPON SEXT
     P O M P O N P A T E R N I
     SACERD ARENS FIL QVIR
     PATERNVS ARAM TAVROB
     POSVIT DEDICAVIT
          ⚭ QVE ⚭
</pre>

Nombreuses lettres liées. (Voir la planche XIV).

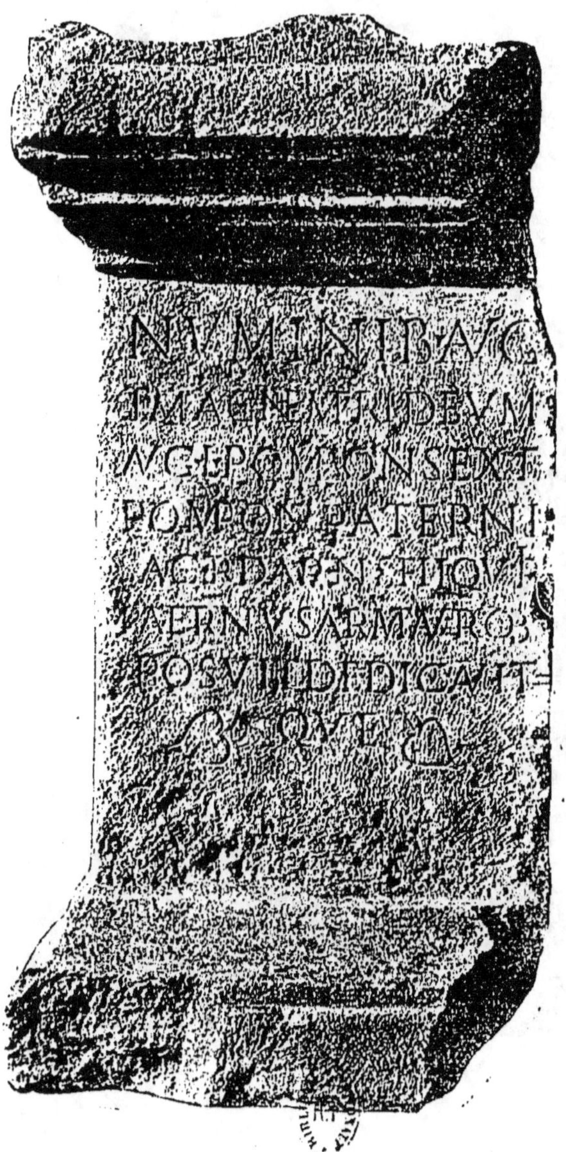

AUTEL TAUROBOLIQUE TROUVÉ A PÉRIGUEUX. — FACE ANTÉRIEURE

(Ci-dessus. p. 198)

AUTEL TAUROBOLIQUE TROUVÉ A PÉRIGUEUX. — FACE LATÉRALE GAUCHE

(Ci-dessus. p. 198.

AUTEL TAUROBOLIQUE TROUVÉ A PÉRIGUEUX. — FACE POSTÉRIEURE

(Ci-dessus. p. 198)

AUTEL TAUROBOLIQUE TROUVÉ A PÉRIGUEUX. — FACE LATÉRALE DROITE
(Ci-dessus, p. 198)

Numinib(us) Aug(ustorum) et 'Magnae Matri deum aug(ustae): L(ucius) Pompon(ius), Sext(i) Pompon(ii) Paterni, sacerd(otis) Arens(is), fil(ius), Quir(ina tribu), Paternus, aram taurob(olicam) posuit dedicavitque.

« Aux divinités des Augustes et à la Grande Mère des dieux Auguste : Lucius Pomponius Paternus, fils de Sextvs Pomponius Paternus, prêtre à l'autel (de Rome et d'Auguste), de la tribu Quirina, a érigé et dédié cet autel taurobolique ».

Des autels tauroboliques datés, trouvés en Gaule, et faits pour autrui, le plus ancien est de l'année 160, pour le salut d'Antonin le Pieux, de ses enfants, et pour le maintien de la colonie de Lyon (*C. I. L.*, XIII, 1751), le plus récent, de l'année 241, en faveur de Gordien III, de Sabinia Tranquillina, sa femme, et de la famille impériale (*Ibid.*, 511). Eu égard à la forme des lettres de l'inscription qu'il porte, le nouvel autel découvert à Périgueux est, à ce qu'il semble, d'une date assez rapprochée du milieu du second siècle. Comme d'autre part il s'agit au moins de deux empereurs, nous l'attriburions assez volontiers au règne simultané de Marc-Aurèle et de Vérus. Le *numen* impérial n'est associé à la Mère des dieux que sur un autre autel trouvé à Caderousse (*C. I. L.*, XII, 1222). Quant à la Mère des dieux elle-même, nous ne connaissons que deux inscriptions, l'une et l'autre de provenance africaine (*C. I. L.*, VIII, 2230), qui lui donnent le qualificatif *Augusta* et l'assimilent aux dieux Lares. Le dévôt qui a fait le sacrifice était fils d'un *sacerdos Arensis*, c'est-à-dire d'un prêtre des Trois Gaules à l'autel de Rome et d'Auguste, au confluent du Rhône et de la Saône. Déjà, une autre inscription découverte en 1820, à Périgueux (*C. I. L.*, XIII, 939), nous avait fait connaître les noms de deux autres Pétrucores, C. Pompeius Sanctus et M. Pompeius Libo, son fils, pareillement délégués par leur cité à l'assemblée des Trois Gaules, où ils furent l'un et l'autre investis de la prêtrise annuelle.

M. Ch. Durand, qui a publié l'inscription qui nous occupe, dans son *Compte-rendu de 1906 des Fouilles de Vésone*, a rappelé (page 16, note 1) qu'il existe au musée de Périgueux une épitaphe mentionnant le nom d'un *Paternus* dont le gentilice est abrégé par les lettres *Pomp.* « Ne conviendrait-il pas, dit M. Durand, à la suite de la découverte nouvelle, de rétablir cette épitaphe au nom de *Pomp(onius) Paternus.* et de rattacher ainsi, avec vraisemblance, deux inscriptions qui, se complétant, offriraient le plus vif intérêt en montrant qu'il y a eu, à Vésone, une riche famille portant ce nom ? ». Nous ne pensons point que ce rattachement soit possible Le cognomen *Paternus*, qui était des plus fréquents, est un argument bien fragile pour l'établir, et l'abréviation *Pomp.*, désignant le gentilice *Pompeius*, est, à Périgueux surtout, d'autant plus vraisemblable, que des *Pompeii*, dont le nom est exprimé en toutes lettres, y sont connus.

L'intérêt de l'autel taurobolique récemment trouvé à Périgueux est fait, pour une bonne part, des bas-reliefs finement sculptés qui en décorent les faces. A droite, au pied d'un pin auquel sont suspendus deux fouets, est un buste d'Attis, drapé, de face, posé, à ce qu'il semble, sur un autel décoré d'une étoffe frangée, placé, lui-même, sur un piédestal. A la droite de ce buste est un taureau, paraissant agenouillé, dont la partie postérieure est cachée par l'autel. Dans le champ sont une syrinx et un bonnet asiatique orné de broderies et de pièces d'étoffes paraissant rapportées. Nous ne croyons pas qu'il existe ailleurs un autre exemple plus soigné de la coiffure des prêtres de Cybèle. Un oiseau est perché sur l'une des branches de l'arbre. Des deux autres faces de l'autel, celle de gauche est décorée d'une tête de taureau parée de bandelettes de laine (*infulae*), du couteau de sacrifice appelé harpé, d'une aiguière et d'un petit vase, à long manche ; la face opposée à l'inscription porte une tête de bélier entre deux flûtes, et une paire de crotales. Les deux têtes, qui indiquent le sacrifice d'un taureau et d'un bélier, et les objets qui les accompagnent sont ceux que l'on rencontre communément sur les autels du même genre.

La formule *aram taurob(olicam) posuit dedicavitque* est nouvelle. On trouve : à Rome, *taurobolio criobolioque perfecto (confecto, percepto, repetito) aram dicavit* (*dedicavit, consacravit. sacravit*). (*C. I. L.*, VI. 498. 499, 501 à 503, 509, 510); en Algérie. *taʰroholium, aram, posuit, movi', fecit* (*Ibid.*, VIII 5524). Le sens de ces formules parait indiquer que le don d'un autel et sa dédicace constituaient le complément habituel de tout sacrifice taurobolique.

On doit encore noter la mention de la tribu *Quirina*, dans laquelle étaient inscrits les citoyens romains de *Vesunna*. Le même renseignement est contenu dans trois autres inscriptions du musée de Périgueux. Une dernière remarque se rapporte à la façon dont la filiation de L. Pomponius Paternus est exprimée. Du moins, à Périgueux, où l'on a d'autres exemples de cette particularité, il était fait usage des trois noms, au lieu du seul prénom, lorsque la fonction du père était rappelée dans l'inscription.

1675

Epitaphe

Périgueux. — Cippe, avec base et couronnement triangulaire, découvert. en 1906, à Périgueux, « dans le voisinage immédiat de l'autel ci-dessus décrit. » Au musée de Périgueux. Pierre commune. Hauteur, 0 m 975; largeur, 0 m. 575 : épaisseur, 0 m. 47. Hauteur des lettres, environ 0 m. 06. (Voir la planche XVIII).

D ˙ M ˙ ET M E

M O R I A E B A S

SIANIÆ VIBLINÆ

Caractères soignés du second siècle.

D(ʰis) M(anibus) et mʰmoriae Baʰsianiae Viblinae. »

« Aux dieux Mânes et à la mémoire de Bassiania Viblina. »

Le gentilice *Bassianius* et le surnom *Vibʰinus* sont peu communs, sinon tout à fait nouveaux. Ce gentilice, formé sur le surnom *Bassianus*, trahit l'origine servile de la famille qui le portait. Dans le fronton du cippe est un croissant surmonté d'une pomme de pin.

REMARQUES ÉPIGRAPHIQUES

par M. Ant. HÉRON DE VILLEFOSSE

membre de l'Institut

(*Suite*) (1)

XXIII. — *Barbaïra* (*Aude*). *Milliaire de Tétricus le jeune*

Au mois de mai 1906, pendant un petit séjour à Carcassonne à l'occasion du Congrès archéologique, j'ai vu la borne milliaire découverte à Barbaïra, dont j'avais dʰnné le texte en 1888 d'après une copie de M. Paul Raynaud, conservateur du musée de Carcassonne (2). Cette copie m'avait été transmise par M. Berthomieu. conservateur du Musée de Narbonne.

Le milliaire est actuellement déposé dans un magasin dépendant du musée, où sont entassés d'autres débris pour la plupart du Moyen-Age ; ils attendent là, le moment où il sera possible de les exposer aux yeux du public. Faisons des vœux pour que cette situation ne se prolonge pas trop longtemps et pour que la municipalité de Carcassonne accorde à ces précieux témoins du passé la petite place à laquelle ils ont droit.

Ce milliaire de Barbaïra est en grès de pays. La pierre dans sa plus grande longueur mesure 1 m. 60. La borne est presque carrée tout en ayant l'intention d'être ronde : sur le côté l'épaisseur est de 0 m. 60 environ ; la largeur de

---

(1) Voir plus haut. p. 132 à 138 ; 150 à 154 ; 162 à 168 ; 188 à 190.
(2) *Comptes-rendus de l'Acad. des Insc*, 1888, p. 355 ; cf. Allmer, *Rev. épigr. du midi*, 1888, p. 371.

INSCRIPTION DE PÉRIGUEUX

(Ci-dessus, p. 200)

la face inscrite est de 0 m. 45. L'inscription se compose de sept lignes qui
couvrent en hauteur une surface de 0 m. 75. La hauteur des lettres est
de 0 m. 07.

Le monument a été trouvé à 13 kilomètres à l'est de Carcassonne, à la limite
des communes de Barbaïra et de Capendu. Grâce à l'obligeance de M. Henry
Mullot, secrétaire-archiviste de la Chambre de Commerce, et avec son aide,
j'ai pu nettoyer la partie inscrite de la pierre et l'examiner attentivement. J'ai
constaté que le texte précédemment publié avait besoin d'une révision. Voici
en effet ce qu'on lit :

C·PIO· O

TETRIC·

NOBIL·C   (I et L liés)

IVVENT,

5   PRINCIP

I·COS

XICI/////

On remarquera que les noms du jeune prince, placés au début de l'inscription, ne sont pas précédés de la formule *imp(eratori) caes(ari)*, ni même comme
sur la borne de Béziers (1), de l'appelation *d(omino) n(ostr)o*. Les légendes de
presque toutes les monnaies frappées au nom de Tétricus le jeune débutent de
cette façon. Il est rare d'y constater la présence de l'abréviation IMP avant le
nom du prince (2).

Ma copie, on le voit de suite, diffère de celle de M. Raynaud par la présence
de plusieurs lettres qui apportent de nouveaux éléments de lecture.

L. 1. — Le O est séparé du mot qui le précède par un espace blanc assez
considérable ; il n'est pas tout à fait posé sur le même alignement que le reste
de la ligne. On voit que cette lettre a dû être ajoutée après la gravure totale
de l'inscription. Sa présence ne peut s'expliquer que d'une seule manière,
comme complément du mot *Tetric[o]* de la l. 2. Il n'y a pas lieu d'adopter la
restitution *Esuvio* proposée pour terminer la ligne ; ce mot n'a jamais été
gravé sur la pierre.

L. 2. — Le complément *aug. f.*, auquel Allmer avait songé, est inadmissible.

L. 3. — Le I et le L sont conjugués dans *nobil.*; le C, initiale de *c(aesari)*,
existe sans aucun doute.

L. 6. — On lit clairement la lettre I non signalée jusqu'ici ; elle est suivie
d'un point. Il semble assez difficile d'y voir le complément de *princip[i]*, plus
difficile encore d'y reconnaître une abréviation insolite du mot *i(mperatori)* ?
J'aimerais mieux m'arrêter à la première hypothèse.

L. 7. — Il est certain que le chiffre des distances a été détérioré ; il est
impossible de le relever d'une manière certaine.

Jusqu'ici on n'a retrouvé en Gaule que deux milliaires avec le nom de
Tétricus le jeune, celui de Barbaïra et celui de Béziers. En comparant les
deux inscriptions, on voit combien le texte du milliaire de Barbaïra, qui appartenait à la voie de Narbonne à Carcassonne, diffère de celui de Béziers, trouvé
sur le chemin de Bessan, c'est-à-dire sur la voie Domitia. Les noms des deux
Tetricus, père et fils, figurent sur ce dernier.

(*A suivre*).

____

(1) *Bulletin des Antiquaires de France*, 1890, p. 263.
(2) Cf. Baron de Witte, *Recherches sur les monnaies des empereurs qui ont régné dans les Gaules*,
n. 181-202. Sur 125 légendes monétaires différentes, relevées par l'auteur, 10 seulement (n. 8, 9, 66,
67, 82, 83, 91, 92, 93, 125) débutent par IMP.

ADDITION

P. S. — Un ouvrage magnifique, publié aux frais du richissime américain Pierpont-Morgan, et qui n'a pas été mis dans le commerce, mérite d'être signalé à ceux qui étudient les médaillons de la vallée du Rhône (1). Ils y trouveront la description et l'image en couleur de plusieurs de ces petits monuments recueillis autrefois par Julien Gréau. Voir p. 279, *Poterie sigillée de la vallée du Rhône* :

n. 135. Grand vase complet, trouvé à Orange. — Déchelette, n. 80.

n. 136. Prométhée et Hercule (HERCVLES).

n. 137. Aurige (LOGISMVS) vainqueur dans un quadrige. Cf. Déchelette, n. 122.

n. 138. Le gladiateur AQVILIVS RVSTI. Cf. Déchelette, n. 110 (AQVILIVS FAVSTI).

n. 139. Mercure à califourchon sur le bélier. Cf. Déchelette, n. 14.

n. 140. Apollon, nu, debout ; près de lui le corbeau posé sur le trépied.

n. 141. Tête colossale de Mars casqué.

n. 143. Masque d'Hercule.

n. 144. Cérès assise sur un trône et tenant deux épis (CERA...). Cf. Déchelette, n. 9.

n. 147. Sanctuaire avec deux divinités et deux adorants. Médaillon trouvé à Vienne. Cf. un sanctuaire analogue, de même provenance, reproduit dans la *Revue épigraphique*, V, p. 121, fig. 4.

Ces divers médaillons sont reproduits sur les planches CCCXLIV, CCCXLV, CCCXLVI (2). Ils sont maintenant passés en Amérique et perdus pour la France.

DIEUX DE LA GAULE

par Auguste ALLMER

I. — LES DIEUX DE LA GAULE CELTIQUE (suite).

1676

UROBROCAE

Prov. Narbonnaise (civitas des Mémines ; colonia Julia Carbantorate ou Carpentorate, Carpentras).

Trouvée à Carpentras, département de Vaucluse, près du nouvel aqueduc. — Perdue.

VROBRO
CIS

Calvet, ms. III, fol. 160 : « Caractères inégaux, mais non dépourvus d'élégance ». — Hirschfeld, C., XII, 1182.

« Aux Urobrocae ».

Déesses inconnues, probablement locales. *Urobrocis* ou *Urobrogis* pourrait être aussi un nom celtique d'homme, au génitif du singulier, lu sur un fragment.

1677

UROICAE

Prov. Narbonnaise (civitas des Salluves ; colonia Julia Paterna Arelate, Arles).

---

(1) *Collection Julien Gréau. Verrerie antique, émaillerie et poterie appartenant à M. John Pierpont-Morgan. Texte, rédigé par W. Froehner, ancien conservateur du Louvre, 310 p., in-4°; Recueil de 363 planches, in-f°.*

(2) Un exemplaire de ce bel ouvrage se trouve à la bibliothèque du Musée du Louvre.

Trouvée à Rognes, canton de Lambesc, dép. des Bouches-du-Rhône.— Au château de Beaulieu.

Verax, Antenoris f(ilius), et Potissuma, Ollunae f(ilia), Uroicis et Ald[e]me[....] sibus ? loc[o privato aedem fecerunt].

Ci-dessus, III, p. 51 : « Lettres de très bonne forme paraissant remonter au temps d'Auguste ».

« Verax, fils d'Antenor, et Potissuma, fille d'Olluna, ont élevé, sur leur terrain, cette chapelle aux *Uroicae* et aux *Aldeme... ses* ».

Les déesses *Uroicae*, jusqu'à présent inconnues et à rapprocher peut-être des *Urobrocae* d'un autel trouvé à Carpentras.

Voir *Aldeme...ses*.

1678

USSUBIUS

Prov. d'Aquitaine prolongée (civitas des Nitiobriges).

Trouvée au Mas d'Agenais, dép. de Lot-et-Garonne, et plus précisément à 3 kilomètres à l'ouest du Mas, au village de St-Martin-de-Lesque, commune de Caumont. L'inscription est gravée sur un balustre en marbre d'un mètre de haut. — Actuellement au Mas d'Agenais, dans l'église.

Tutelae Aug(ustae), Ussubio, labrum, Silvinus, Scipionis f(ilius), antistes, d(at).

Copie dessinée de M. Jullian, et note dans laquelle il atteste la bonne forme des lettres et l'authenticité de l'inscription.

Chaudruc, *Mém. de la Soc archéol. du Midi de la France*, 1832-33, page 252, avec figure inexacte. — Saint-Amans, *Ant.*, page 191. — Renier, *Itin. rom. de la Gaule*, p. 118. — Orelli-Henzen, 5926. — Jullian, *Inscr. de Bordeaux*. II, p. 221. — Bladé, *Epigr. de la Gascogne* p 188. — Tholin, *Revue de l'Agenais*, 1895, p. 521. d'après un manuscrit de l'abbé Mellingre, curé du Mas-d'Agenais, aux Arch. départ. du Lot-et-Garonne. — Nicolaï, *Le Mas d'Agenais*, p. 5-8 et fac-similé

« A Tutèle Auguste, à Ussubius, Silvinus fils de Scipion. prêtre, donne cette vasque ».

Ussubius figure sous ce nom (*Ussubium*) dans l'Itinéraire d'Antonin ; sous celui de *Vesubio* dans la Table de Peutinger, et dans l'un et l'autre des deux documents à vingt lieues gauloises, soit à 44 kilomètres et demi de la station précédente : *Sirio*, qu'on supposa être la traversée du Ciron.

Différentes identifications d'*Ussubium*. toutes très discordantes, ont été proposées : Hures, dans la Gironde. par d'Anville ; Uzeste, dans la Gironde également, mais beaucoup trop détournée, par Walkenaer ; Montpouillon, dans le Lot-et-Garonne, par M. Longnon ; Lamotte-Landeron, dans la Gironde, par Lapie, Sainte-Bazeille, par Desjardins et la Commission de la Carte des Gaules. « Il est étrange. remarque M. Tholin, que la découverte d'une inscription fixant l'emplacement d'*Ussubium* n'ait pas fait reconnaitre, depuis un demi siècle, la véritable attribution », et d'autant plus que la distance actuelle de 46 kilomètres de *Sirio* au Mas d'Agenais, et de 43 du même point de départ à Saint-Martin-de-Lesque, situé à 3 kilomètres seulement à l'ouest du Mas, est presque tout à fait exacte. puisqu'il n'y a, avec l'une ou l'autre des deux localités de provenance, que l'écart insigniﬁant d'un kilomètre et demi en trop pour le Mas, en moins pour Saint-Martin.

Pour M. Nicolaï (p. 12 de son mémoire), la question est loin encore d'être tranchée. *Ussubium* ne serait ni à Saint-Martin, ni même au Mas. Saint-Martin parait n'avoir été autrefois, d'après ses recherches. rien de plus qu'un cimetière, et il n'est nullement certain que l'inscription y ait été trouvée : le Mas, ou seulement un quartier de la ville, au témoignage d'un auteur anonyme qu'on croit avoir écrit au commencement du VI⁰ siècle, aurait été à cette époque un lieu fortifié, un *castrum* appelé le *castrum Vellanum*, non pas *Ussubium*.

Quoiqu'il en soit, *Ussubius*, identifié plutôt qu'associé avec la déesse Tutèle, était le Génie protecteur de l'endroit.

Le marbre en forme de balustre sur lequel est gravée l'inscription était très certainement le support de la vasque donnée par le prêtre païen Silvinus, et sans doute placée à l'entrée du temple qu'il desservait. Employé aujourd'hui comme support de bénitier dans l'église du Mas, il se trouve être revenu, par la vicissitude des choses, à sa destination primitive et peut-être à son ancienne place, car il est peu vraisemblable qu'il ait été apporté de loin. L'opinion de M. Tholin, nullement renversée par les objections qui lui sont opposées, paraît être encore la plus acceptable, justifiée qu'elle est par l'accord de la distance.

1679

Deus UXELLUS

1. — Prov. Narbonnaise (civitas des Salluves, peuple ligure; colonia Julia Paterna Arelate, Arles).

Trouvée à Hyères, dép. du Var, lieu dit la Font-des-Horts.

Uxello v. s. [l. m.] C. Propertius A[......].

Copie de M. Mowat, d'après un estampage. *Extrait des procès-verbaux de la Soc. des Ant. de France*, 1889. — Hirschfeld, C. XII, 387.

« A Uxellus, Caius Propertius A...., avec reconnaissance en accomplissement de son vœu ».

Nous croyons devoir lire *Uxellus* bien que le texte remplace la seconde L par un I. Outre qu'il ne manque pas d'exemples de semblables substitutions, l'inscription suivante justifie la correction proposée.

Le dieu Uxellus ne serait-il pas la fontaine à laquelle le lieu dit « La Font-des-Horts » doit son nom ?

2. — Provenance inconnue.

Tablette de bronze oblongue, gravée des deux côtés, recueillie au Cabinet des médailles.

Sur une des faces : *Aug(usto) sacr(um) deo* ;
Sur l'autre : *Uxello*.

Mowat, *Extrait des procès-verbaux de la Soc. des Ant. de France*, 1889.

« A Auguste, au dieu Uxellus ».

M. Mowat a pensé trouver la signification du mot *Uxellus* dans une inscription du Norique (C. III, 5145) dédiée *Iovi optimo maximo Uxellimo* par un décurion appelé *Ser(v)undius Verinus* *Uxellimus* serait le superlatif d'*uxellus* qui répondrait au latin *altus*.

Très séduisante pour l'inscription dédiée à Jupiter, cette explication n'est applicable ni à la dédicace d'Hyères, ni à la tablette du Cabinet des Antiques, sur lesquelles le mot *Uxello* est, non pas une épithète, mais le nom même du dieu.

On rencontre par centaines des dédicaces *Iovi optimo maximo*, mais jamais sous le simple énoncé d'*optimo* ou de *maximo* sans le mot *Iovi*.

1680

UXOVINUS

Prov. Narbonnaise (civitas des Vulgientes; colonia *Iulia Apta*, Apt).
Autel trouvé à Bonnieux, dép. de Vaucluse. — Saint-Remy, au musée.

Uxovino v. s. l. m. Q. Annius Bottus.

Notre copie dessinée. — Ci-dessus, II, p. 367. — Hirschfeld, C. XII, 1105; descripsi litteris malis. — Henzen, 5927. — Espérandieu, copie dessinée.

« A Uxovinus. Quintus Annius Bottus, avec reconnaissance en accomplissement de son vœu ».

Bottus, nom peut-être celtique.

1681

UXSACANUS

Prov. Narbonnaise (civitas des Mémines; colonia Julia Carbantorate ou Carpentorate, Carpentras).

Trouvée à Bédoin, canton de Mourmoiron, dép. de Vaucluse; recueillie dans une chapelle rurale dite de la Madeleine.

L. Eppius Leo Uxsacano v. s. l. m.

Ci-dessus, II, p. 117 et 367. — Hirschfeld, C. XII, 1178 et add. p. 823. Renseignements de M. Rochetin.

« Lucius Eppius Leo, à Uxsacanus avec reconnaissance en accomplissement de son vœu ».

La chapelle de la Madeleine, où est déposée l inscription, sans doute trouvée sur les lieux, est en partie construite de débris romains qui paraissent provenir d'un temple. Deux fontaines existent non loin de là ; l'une est plus abondante, mais ne prend naissance qu'à environ cinquante pas au dessous de la chapelle ; l'autre sort de terre à une vingtaine de pas au dessus et passe près du bâtiment. Les deux sources sont aujourd hui innomées. L'une d'elles doit avoir été le dieu Uxsacanus.

1682

VASIO

1. Prov. Narbonnaise (civitas des Voconces).
Trouvée à Vaison, dép. de Vaucluse. — Perdue.

Marti et Vasioni, Tacitus.

Hirschfeld, C. XII, 1301. — Bénédictins. *Voyage*, I, 293. — Fl. Vallentin, *Divinités indig.* p. 43. — Ci-dessus, II, p. 367.

« A Mars et à Vasio, Tacitus.

2. — Trouvée à Vaison. — Perdue.

Vasioni M. L..... Homulus l(ibens).

Hirschfeld, C. XII, 1336, d'après Suarès, ms. du Vatican 9141, f. 28, n° 1.

« Vasio, Marcus L..... Homullus, avec reconnaissance ».

M. Hirschfeld suppose une première ligne contenant peut-être les mots MARTI ET.

3. — Trouvée « *in podio Guiyonis* », au diocèse de Vaison. — Perdue.

VLAV

VASIONI

R IV I I I

Hirschfeld, C. XII, 1337, d'après Suarés, ms. du Vatican 9141, f. 12 et 30.

« ......à Vasio....».

Suarès suppose à la première ligne DVLOVIO.

4. — Trouvée à Mérindol, canton de Cadenet, dép. de Vaucluse. Perdue.

VASION

ESSIVS

Hirschfeld, C. XII, 1338, d'après Suarès, ms. du Vatican, 9141, f. 12.

« ...A Vasio.....essius.....».

Malgré la forte tentation qui pourrait sourire aux esprits supérieurs n'estimant dignes de leurs recherches que les grands aperçus, nous nous abstenons de présenter la déesse Vasio, bien qu'associée à Mars, comme une Bellone gauloise, formant, avec son parèdre, le couple des dieux nationaux de la guerre adorés par les Gaulois. Déjà se sont mises en possession de ce haut rôle quatre usurpatrices : Athubodua, Belisama, Dexsiva et Litavia, et y aspirent avec tout autant de droits, en raison de leur association à Mars, trois autres prétendantes, Duna, Nemetona et Naria Nousantea, sans compter Vasio du présent autel. Les attributions de chacune de ces déesses, non plus que celles de chacun des dieux Mars qui avaient une d'elles pour compagne, n'étaient ni si étendues, ni si importantes. Ces modestes groupes, nullement ambitieux du souci d'avoir à veiller par les armes sur la Gaule entière, restaient tranquillement confinés à l'étroit dans les humbles petits coins de territoire rural dont ils étaient les personnifications divinisées.

1683

VASSOCALETE

Voir Dumias.

1684

Matrae VATINEAE

Au musée de Langres. Fausse lecture d'une dédicace aux *Matrae* par un dévôt nommé Vatinius.

Creuly : « *Matrabus* VATINEIS ».

1685

Matronae VEDIANTIAE

Prov. Narbonnaise (civitas des Vediantes, peuple d'origine ligure ; Cemenelum, Cimiez).

1. — Trouvée à Tourrette-les-Nice, dép. des Alpes-Maritimes.

A Tourette, dans un jardin.

Matronis Vediantiabus, P. Enistalius, P. f. Cl(audia), Paternus, Cemenelensis, optio ad ordine(m) (centurionis) leg(ionis) XXII primigeniae piae fidelis, l. m.

Mommsen, C. V., 7872, d'après Spon. Miscell., p. 104 pour les premières lignes aujourd'hui manquantes. — Orelli, 2093. — Blanc, *Epigr. des Alpes Mar.*, II. p. 234. — Ci-dessus, II, p. 367.

« Aux Matrones *Vediantiae*, Publius Enistalius Paternus, fils de Publius. de la tribu *Claudia*, de Cemenelum, *optio* du centurion de la légion XXII *Primigenia pia fidelis*, avec reconnaissance ».

2. Autrefois dans une maison, avant d'arriver au Plan de Revel, du côté de Tourette. Perdue.

[In honorem Matronarum] Vediantiarum vot(um) lib(ens) la[etus] reddit L. Val(erius) Velox, mil(es) leg(ionis) XIIII Gem(inae) Mart(iae) Victricis, centuria Cla[udii R]epe(n)tini(?).

Mommsen, C. V. 7873, les deux premières lignes restituées par Renier.

r En l'honneur des Matrones *Vediantiae*, Lucius Valerius Velox, soldat de la légion XIII* *Gemina Martia Victrix*, de la centurie de Claudius Repentinus, avec reconnaissance et contentement en accomplissement de son vœu «.

Les Matrones *Vediantiae* apparaissent ici comme divinités régionales protectrices de toute la cité des *Vediantii*.

1686

Mercure VELLANNUS

Voir Magniacus.

1687

Gaule celtique. — Province de Belgique prolongée, puis de Germanie supérieure (civitas des Sequanes).
. Trouvée à Besançon.

Vesonti Coddacatus, Catulli f(ilius), v. s. l. m.

Orelli, 2064, non extra omne dubium positum est hoc marmor.

« A Vesontis, Coddacatus, fils de Catullus, avec reconnaissance en accomplissement de son vœu ».

Il s'agit d'un dieu éponyme de la ville de Besançon, connue sous les noms antiques de *Vesontio* et de *Vesontium*. Le nom divin étant au datif, le nominatif reste incertain. Il y a à hésiter entre *Vesons*, *Vesonte*, *Vesontes* et *Vesontis*. Nous ignorons également si nous avons affaire à un dieu ou à une déesse

Coddacatus, nom celtique. Il est remarquable que c'est le fils qui a le nom celtique et que c'est le père qui a le nom romain.

(A suivre).

CHRONIQUE

Le 45e Congrès des Sociétés savantes s'ouvrira à Montpellier, le mardi 2 avril 1907. Parmi les questions du programme d'archéologie romaine, nous relevons les suivantes, qui intéressent plus particulièrement l'épigraphie:

1o Etudier les divinités indigènes d'après les monuments figurés et les monuments épigraphiques. Signaler ceux de ces monuments qui seraient encore inédits ou imparfaitement publiés. Signaler en particulier les autels portant les images de plusieurs divinités et étudier leur groupement. Se référer pour les monuments figurés au *Catalogue des Bronzes de la Gaule romaine* et pour l'épigraphie à la liste donnée par M. Allmer dans la *Revue épigraphique du midi de la France* (III, p. 298 et suiv.), sous le titre de *Les Dieux de la Gaule*.

2o Faire connaître ce que les textes et les monuments antiques de tout genre peuvent apprendre sur l'industrie et le commerce des différentes régions de la Gaule méridionale a l'époque romaine,

3o Rechercher les centres de fabrication de la céramique dans le Sud de la Gaule aux époques romaine et préromaine; voir si les anciens établissements de potiers n'ont pas survécu à l'époque antique et persisté à travers le moyen-âge. — Dresser la liste des noms de potiers inscrits sur les vases ou fabricants de vases, lampes et statuettes conservés soit dans les musées, soit dans les collections privées. Se référer à l'ouvrage de M. J. Déchelette sur *Les vases ornés de la Gaule romaine* et, pour les noms de potiers, au tome XIII du *Corpus inscriptionum latinarum*.

4o Décrire les pièces de verrerie antique les plus importantes conservées dans les musées ou les collections particulières du midi de la France et en indiquer la provenance; relever les inscriptions qu'elles portent. — Se référer au tome XIII du *Corpus inscriptionum latinarum*.

5o Décrire les monuments grecs qui se trouvent dans les musées du midi de la France et en préciser la provenance. — Un grand nombre de nos musées provinciaux renferment des inscriptions, des bas-reliefs, des vases peints, des terres cuites que des voyageurs ont rapportées des pays helléniques: il serait très utile de faire connaître ces monuments.

6o Rechercher le tracé des voies romaines; étudier leur construction; signaler les bornes milliaires.

— M. Lombard-Dumas, de Sommières, nous a fait parvenir la copie suivante d'une inscription découverte à Combas, depuis une vingtaine d'années:

<table>
<tr><td>

```
    D   M
  ANTONIAE
  VIRILIS  F
  SEVERAE
```

</td><td>

```
    D   M
  L · TREXII
  EPAGAT·II
```

</td></tr>
</table>

L·TREXIVS·VALERIANVS·F

Elle apporte quelques corrections à la copie publiée par M. Hirschfeld, dans le *Corpus*, XII, 3413, où sa provenance exacte n'est pas indiquée. L'inscription est gravée sur une stèle à deux frontons décorés d'antéfixes en forme de palmettes.

BIBLIOGRAPHIE

Habitations gauloises et villas latines dans la cité des Médiomatrices, par Albert GRENIER, agrégé de l'Université, Paris, libr. Honoré Champion, 1906, in-8, 199 p., 12 planches. — Nos lecteurs n'ont pas oublié l'excellent résumé fait ici même, par M. Albert Grenier, du travail de M. Rudolf Weynand, sur la forme et la décoration des tombes romaines dans la région du Rhin au premier siècle de l'ère chrétienne (*Revue*, V, p. 27). Le volume que nous annonçons forme le 157e fascicule de la Bibliothèque de l'Ecole des Hautes-Etudes et constitue la thèse qui a valu à notre collaborateur le titre d'élève diplômé de la section d'histoire et de philologie de cette école. Après deux courts chapitres consacrés aux Médiomatrices et aux huttes gauloises, M. Albert Grenier étudie les *villae rusticae* et les *villae urbanae* du pays messin et leur répartition sur le territoire de la cité. Son livre, remarquablement ordonné, apporte une contribution importante à l'histoire du développement de la civilisation romaine.

Les origines chrétiennes dans la province romaine de Dalmatie, par Jacques Zeiller, professeur à l'Université de Fribourg, Paris, librairie Honoré Champion, 1906, in-8, 189 pages, 3 planches. — Comme le précédent, ce travail, considérablement développé depuis 1902, est une excellente thèse qui a valu, à cette époque, à son auteur, le titre d'élève diplômé de la section d'histoire et de philologie de l'Ecole pratique des Hautes-Etudes. L'épigraphie y tient une large place, surtout celle de Salone, si savamment étudiée par Mgr Bulic, dans le *Bullettino di archeologia e storia dalmata,* qu'il dirige.

MONUMENT CONSACRÉ A LA MÉMOIRE D'AUGUSTE ALLMER

La *Revue épigraphique* a reçu, pour le monument que les amis d'Auguste Allmer ont le désir de consacrer à sa mémoire, les souscriptions de :

MM. Aynard, député du Rhône, membre de l'Institut.
Héron de Villefosse, membre de l'Institut.
Lair, membre de l'Institut.
Haussoullier, membre de l'Institut.
Thédenat, membre de l'Institut.
Chatelain, membre de l'Institut.
Frœhner, ancien conservateur du musée du Louvre.
Bertrand, conservateur du musée de Moulins.
Bizot, conservateur du musée de Vienne.
Docteur Mazon.
De Terrebasse, de Lyon.

La souscription n'est pas close ; aussi continuons-nous à faire un pressant appel aux amis d'Auguste Allmer qui n'auraient pas encore été avisés de ce projet d'érection du monument. Pour ceux qui y ont déjà souscrit, qu'ils veuillent bien nous permettre de leur exprimer dès maintenant toute notre gratitude.

Les souscriptions, pour la région, sont ouvertes à Vienne, chez M. H. Martin, Imprimerie du *Journal de Vienne*.

Em. ESPÉRANDIEU
Correspondant de l'Institut

Vienne, imp. Savigné — Ogeret et Martin, succrs. — Le Gérant : H. Martin.

Reims.
HÉRON DE VILLEFOSSE. — Remarques épigraphiques (suite).
Chronique. — Bibliographie. — Monument consacré à la mémoire d'Allmer.

1668

Inscription peinte

Photographie de M. Georges BEAUSSERON; renseignements de M. Louis DEMAISON, archiviste municipal, à Reims, extraits du *Bulletin des Antiquaires de France*, 1907, p. 226.

Reims. — Vase à deux anses, en terre jaunâtre, trouvé dans un puits antique, au lieu dit *les Coutures*, et appartenant à M. Demitru, conducteur des travaux de la ville de Reims. Hauteur, 0 m. 25. L'inscription est tracée en noir, à l'aide d'un pinceau, sur la panse. (Voir la planche XIX).

AFR	OPI	
PXIXS	PIIIS	SIIS XVIIIS
IVL	SIS	

Afr(icanas) opi(mas). — P(ondo) XIX s(emissem). — P(ondo) III s(emissem). — Iul(ii) Sis(ennae?).

« (Figues) grasses d'Afrique. Poids (du vase plein), dix-neuf (livres) et demie; poids (du vase vide), trois (livres) et demie. (Produits) de Iulius Sisenna. »

Cette interprétation est due à M. Bohn; elle m'a été fort aimablement communiquée par M. Demaison. On peut hésiter sur la lecture de la première ligne et celle de la troisième; mais il n'est pas douteux que l'on doive trouver, à la seconde ligne, le poids du vase plein et l'indication de la tare, d'où se déduisait le poids net de la marchandise. Dix-neuf livres et demie et trois livres et demie correspondent à 6 kil. 382 gr. et 1 kil. 146 gr., le poids net (seize livres) serait, par suite, de 5 kil. 236 gr. Il y aurait quelque intérêt à s'assurer, d'abord que le poids du vase est bien celui qu'indique l'inscription; ensuite que ce vase plein de figues, disposées comme elles pouvaient l'être dans l'antiquité, pèse plus de six kilogrammes. Il est certain, que les figues d'Afrique avaient beaucoup de renommée. Pline nous a dit qu'elles étaient préférées à toutes les autres par certaines personnes (*Hist. nat.* XV, 18). D'un autre côté, nous savons également, par ce naturaliste, dont le témoignage est corroboré par les écrits de Festus (édit. Muller, p. 181) et de Palladius (*de re rust.*, IV, 10), qu'on conservait les figues d'Afrique dans des vases de terre : « *Ubi copia abundat*, dit-il, *implentur (ficis) orcae in Asia, cadi in Ruspina, Africae urbe* » (*Hist. nat.*, XV, 19). Une inscription du musée de Naples fait mention de figues contenues dans un récipient de cette sorte. (*C. I. L.*, IV, 2568). On pourrait du reste citer plusieurs exemples de fruits que l'on expédiait dans des poteries. Deux inscriptions peintes, l'une au musée de Saintes (*C. I. L.*, XIII, 10008-50), l'autre à celui de Mayence (*Ibid.*, 10004-12) se rapportent à des pommes ou à des raisins ; il est question d'olives dans un texte du musée de Naples (*C. I. L.*, IV, 2610), etc. À la dernière ligne de notre inscription ont pu se trouver les noms du marchand ; mais le doute, à égard, reste permis. En tout cas, la lecture *Sisenna*, du surnom de ce marchand, demeurerait hypothétique. Sur le vase qui nous occupe, les indications de poids sont répétées sur le côté et tracées, de haut en bas, en caractères plus grêles. M. Bohn suppose que cette réitération est une marque de contrôle. Le vase porte de plus, du côté opposé à l'inscription, les lettres M M V, où il faut voir, peut-être, les initiales des *tria nomina*, du destinataire.

1689

Dé à jouer

Renseignements de M. Louis DEMAISON, extraits du *Bulletin des Antiquaires de France*, 1907, p. 227.

Reims. — « Objet en os trouvé place Royale, à Reims ; en la possession de M. Demitru. C'est une sorte de dé à jouer, évidé, en forme de pyramide tronquée à quatre faces, dont les arêtes et la base sont chanfreinées. La hauteur est de o m. o18 ; la base, un rectangle de o m. o21 sur o m. o18 ; la partie supérieure a o m. o18 sur o m. o15. Une lettre est gravée sur chacune des faces ».

P ‖ A ‖ R ‖ T

« Caractères irréguliers, tracés grossièrement à la pointe comme des « graffites ».

M. Demaison ne propose aucune lecture, et M. Bohn, très conjecturalement, suppose qu'il pourrait s'agir d'un nom d'homme: *Partus*, connu par d'autres exemples (*C. I. L.*, III, 11578 XIII, 6235), des *tria nomina* d'un citoyen romain : *P(ublius) Ar(...) T(...)*, ou encore d'une dédicace : *A(...), R(emus), T(...) p(osuit)*. Je crois, pour ma part que l'objet trouvé à Reims est une *tessera lusoria*, et que chaque lettre avait une signification particulière se rapportant au jeu. Il faut d'ailleurs observer que le « tronc de pyramide » dont cet objet a la forme, n'est sans doute qu'un cube mal fait. L'évidement peut ne tenir qu'à la disparition d'un second os, occupant la place de la moelle du premier et formant comme une sorte de bouchon dont les extrémités, pourvues chacune d'une lettre, complétaient l'objet. On a des exemples de dés ordinaires, c'est-à-dire avec des points marqués de un à six, dont deux des faces sont formées de la sorte par un os rapporté.

REMARQUES ÉPIGRAPHIQUES

par M. Ant. HÉRON DE VILLEFOSSE

membre de l'Institut

(Suite [1])

XXIV *(rectification au n° XXIII). — Barbaïra (Aude). Milliaire de Tétricus le Jeune* (2)

Par suite d'une erreur d'imprimerie les lignes 4 et 5 de cette inscription ont été interverties. Le texte doit être ainsi rétabli :

---

(1) Voir plus haut, p. 132-138, 150-154, 168-172, 188-190, 200-201.
(2) Voir plus haut, p. 200-201.

C'PIO' O
TETRIC
NOBIL'C   (I et L liés)
PRINCIP
5   IVVENT
I'COS

XICI//////

En intervertissant ces deux lignes, l'imprimeur, sans doute, a voulu faire disparaitre la difficulté résultant de la présence d'un I isolé à la ligne 6. Je crois toujours que le moyen le plus simple d'expliquer cette lettre est d'en faire le complément du mot *princip[i]*; de même le O final de la première ligne est certainement le complément de *Tetric[o]*.

XXV. — *Inscription funéraire et borne milliaire de Maguelonne (Hérault)*

A). Le commandant Espérandieu a signalé en 1903 (1) plusieurs inscriptions inédites retrouvées par M. Fabrèges en refaisant le pavage de la vieille basilique de Maguelonne qu'il conserve avec tant d'amour et dont il a si bien restauré les ruines.

Dans cette note, le fac-similé du nº 1534 a été retourné par mégarde et se présente la tête en bas. Je crois que ce texte, très mutilé et difficile à lire, a besoin d'une révision. Il n'y a de certain que le mot VIVOS. D'après ma copie, les débris de lettres seraient ainsi disposés :

☍ I.L..IMANIVS·VIVOS/...I

Je ne pense pas qu'il soit possible de lire avec certitude *T. Romanius*, ainsi que le propose le commandant Espérandieu ; ce qui subsiste de la lettre placée entre A et I ferait plutôt songer à ...*marius* qu'à ...*manius*. Entre VIVOS et la lettre finale, il n'y a place que pour trois lettres ; probablement on doit transcrire *sibi*.

B). Au mois d'avril 1907, pendant que je visitais la cathédrale de Maguelonne avec les membres du Congrès des Sociétés savantes de Montpellier, mon confrère et ami, M. Labande, conservateur des Archives de la Principauté de Monaco, voulut bien me faire remarquer à l'intérieur de l'édifice, au-dessus de la porte d'entrée, une grande pierre longue, couchée en travers et servant de linteau, sur laquelle on apercevait des traces d'une inscription oblitérée. Il aurait fallu avoir une échelle sous la main, mouiller la pierre afin d'y retrouver les lettres évanouies et, disposer d'un certain temps pour examiner le monument. Mais les excursions de Congrès ne sont pas favorables aux examens de ce genre ; il faut marcher rapidement et suivre le mouvement des groupes sous peine de ne pas retrouver le moyen de transport avec lequel on est venu. Aussi il m'a été impossible d'examiner de très près ce texte. Je veux cependant en signaler l'existence.

En se plaçant au milieu de la nef de l'église et en regardant le linteau placé au-dessus de la porte, on distingue nettement deux lignes dont les lettres sont effacées, puis une troisième ligne portant de grands chiffres facilement reconnaissables :

//////////////
/////////////
XXXII

La pierre doit avoir été diminuée à gauche ou bien le premier chiffre est oblitéré.

(1) *Rev. épigraphique*, n. 1533-1535.

D'après sa forme et ses dimensions ce linteau doit être un milliaire carré, de la série des milliaires de Tibère, sur lequel l'indication des distances peut être ainsi complétée: *I XXXII*. Il devient donc assez facile d'en restituer le texte à l'aide des autres milliaires de la même série, déjà retrouvés le long de la voie Domitia et d'en déterminer la place primitive sur le parcours de la même voie.

Le texte peut être ainsi rétabli :

ti . caesar
divi aug. f. aug
pontif . max.
tribun . pot . xxiii
refecit et
restituit

I X X X I I

Pour déterminer le point de la voie antique d'où provient ce milliaire, il faut observer d'une part qu'un milliaire de Tibère, portant le chiffre LXXXVII, existait autrefois sur la route de Nîmes à Montpellier, entre St-Cézaire et Milhaud (1) et, d'autre part, que la présence d'un second milliaire du même empereur, portant le chiffre LXXXIIII, a été constatée à Teillan (2).

Dès lors il est permis de croire que le milliaire, utilisé comme linteau dans la cathédrale de Maguelonne, a été apporté, à une époque déjà fort lointaine, au moment de la construction de l'édifice, et avait été pris sur un point de la voie Domitia situé à peu de distance de Pont-Ambroix *(Ambrussum)*.

XXVI. — *Plaque de bronze de Pont-de-Metz (Somme)*

Dans le t. XIII du *Corp inscr. lat.*, sous le n. 3498, on remarque le texte d'une inscription latine, malheureusement très incomplète, gravée sur une plaque de bronze et découverte à Pont-de-Metz près d'Amiens. Ce texte a été établi, comme il l'a pu, par M. Seymour de Ricci, à l'aide d'une photographie.

Dans les derniers jours du mois de mai 1907, ayant eu l'occasion de me rendre à Amiens, j'ai eu cette plaque de bronze entre les mains pendant quelques secondes au moment où je me rendais à la gare pour prendre le train qui devait me ramener à Paris. J'ai dû cette faveur à une bienveillante communication de M. Collombier, membre de la Société des Antiquaires de Picardie, qui venait d'acquérir le monument pour le Musée d'Amiens. Le temps m'a manqué pour copier l'inscription, mais les lecteurs de la *Revue épigraphique* seront heureux d'apprendre que cette plaque est maintenant en lieu sûr, qu'il est facile de l'étudier et d'en contrôler le texte.

Cet examen a été déjà fait très minutieusement par le savant président de la Société des Antiquaires de Picardie, M. de Guyencourt : dans la séance du 10 novembre 1903, il en a communiqué une bonne copie à la Société des Antiquaires de Picardie ; cette Société en a inséré un fac-simile dans son Bulletin (3). On consultera avec profit ce fac-simile reproduit ici-même car le texte donné dans le Corpus comporte de nombreuses corrections.

La plaque a été découverte pendant l'hiver de 1894-1895. La note de M. de Guyencourt, dont je dois la communication à M. Paul Bordeaux, ne renferme aucune considération particulière, ni aucun essai de reconstitution, mais sa copie modifie tellement celle de M. de Ricci qu'il est nécessaire de la faire connaître.

Sur la plaque à gauche, au-dessous de *c*OS on remarque la présence de plusieurs lettres, appartenant à trois lignes différentes, vestiges certains d'une seconde colonne, non signalée par Ricci. La plaque étant tordue

<hr>

(1) *Corp inscr. lat.*, XII, n. 5628.
(2) *Ibid.* n. 5638.
(3) *Bulletin de la Société des Antiquaires de Picardie*, 1903, p. 616.

et repliée en cet endroit il est probable que cette partie de l'inscription ne devait pas être visible sur la photographie que Ricci a eu entre les mains.

Les différences qui existent entre les deux lectures sont faciles à établir en se reportant à la copie de M. de Guyencourt.

<pre>
                    QV
                    TEM
                    TEM·EIVSI.
                    TANQVAML
  oS   SISSETBONO?
                    EOCONTENTA
                    STITVITVTILI
                    DARENT
                         VII·K·SEPTEM
                    VM·EXBONIS·C·I\
  O   MONVMETO
  IN   ·   QVEDICESS
  /M   CEDERV
</pre>

Malheureusement il ne subsiste aucune trace des noms propres qui devaient précéder cOS, de sorte que la date du document reste inconnue. A la l. 8, le mot *contenta* semble autoriser à croire que la personne honorée était une femme. — L. 1-3, ...*qu[am ob praesen]tem [liberalita]tem eius*, ...ou bien [*acquita*]*tem*, [*humanita*]*tem*, ou tout autre mot analogue. — L. 5, [*promi*]*sisset*. — L. 7, [*con*]*stituit ut...darent*. — L. 9, VII *K(alendas) Septem[bres]*. — L. 10, *ex bonis C. Ju[lii]*.... — L. 12, *d[e]cessit*. — L. 13, *conc[i]derunt*. (Voir la planche XX).

On voit que les divergences de lecture portent presque sur toutes les lignes. Il y a lieu naturellement d'accorder plus de confiance à la copie de M. de Guyencourt qui a été faite d'après l'original, qu'à celle de M. de Ricci, qui a été péniblement tentée sur une photographie. Mon observation n'enlève rien d'ailleurs au mérite de ce dernier.

C'est certainement un décret en l'honneur d'une personne considérable dont on rappelait les mérites ou les bienfaits.

XXVII. — *Stèles funéraires de Saulieu (Saône-et-Loire)*

Le Corpus n'indique qu'une seule inscription trouvée à Saulieu (1). C'est une stèle ornée de cinq figures au-dessous desquelles on apercevait des caractères illisibles, ce qui lui avait fait donner le nom de « pierre écrite ». Ce monument a été signalé jadis par Courtépée.

Dans le cimetière de Saulieu, autour de l'église de Saint-Saturnin qui y sert de chapelle, on a réuni cinq ou six stèles funéraires romaines, trouvées sur place. Elles sont taillées dans un grès noirâtre, difficile à travailler ; à la partie supérieure elles sont ornées de figures humaines très grossières, dont on ne peut distinguer les contours qu'à certaines heures de la journée quand l'éclairage est favorable.

Il est difficile de dire si ces bustes grossiers sont tous accompagnés d'inscriptions; en tout cas les caractères ne sont plus visibles et les têtes doivent appartenir à la même famille que la « pierre écrite » illisible dont Courtépée signalait autrefois l'existence à Saulieu.

Cependant, sur une de ces stèles on distingue trois lignes, gravées en caractères assez nets. Le monument est rectangulaire par le bas et cintré par le haut. A la partie supérieure on reconnaît le buste d'un homme barbu, figuré de face; au-dessous, une sorte de ceinture est indiquée par un

---

(1) *Corp. inscr. lat.*, n. 2829.

double trait à peu près aux deux tiers de la hauteur de la stèle ; de chaque
côté de cette ceinture sort une des mains du défunt dont les deux pieds nus,
avec le bas des jambes, émergent au bas de la stèle et forment comme deux
supports sur lesquels repose l'ensemble du monument.

Au-dessous de la ceinture, à la hauteur du ventre de ce singulier bon-
homme (voir la planche XXI), on lit :

MO · M

IOTACABO

ALCPINNI   (NN liés)

Mo(*numentum*). Je ne saurais dire si la lettre M, placée à la fin de la
ligne et isolée des deux premières lettres par un point, appartient en réalité
au mot précédent. Je crois cependant que le nom du défunt est *Iotacabo* ;
cf. *Iocara, Iocatus, Iothurus*. A la 3ᵉ ligne apparait sans doute le nom du
père du défunt, *Alcpinni (filius)*. Toutefois la troisième lettre de la dernière
ligne m'a paru douteuse ; il est donc possible qu'il y ait sur la pierre *Ale-
pinni* ou même *Aletinni* ?

Je ne sais si ces stèles de Saulieu ont été indiquées ou signalées dans une
revue locale ; elles ne sont pas mentionnées au Corpus.

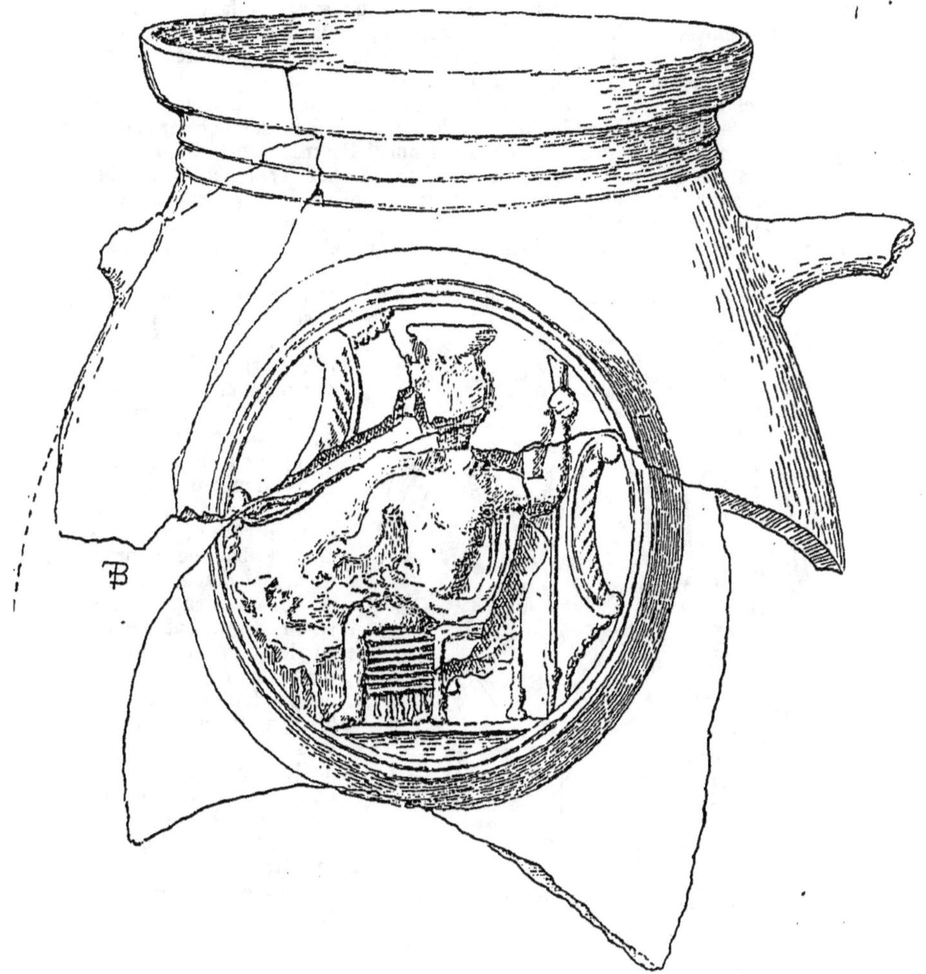

N. XXVIII, fig. 1. — Pluton assis tenant Cerbère enchaîné

XXVIII. — *Saint-Romain-en-Gal (Rhône)*
Médaillons à reliefs d'applique

Les nouveaux médaillons de la collection Louis Chaumartin que je signale aujourd'hui, n'ont aucun intérêt épigraphique. Mais puisque l'aimable directeur de cette Revue, avec sa bonne grâce habituelle, veut bien en reproduire les images, je m'empresse de les faire connaître, afin de ne pas les séparer des médaillons de la même collection qui ont déjà trouvé l'hospitalité dans ces colonnes. Ayant eu la bonne chance de publier ici une quarantaine de médaillons inédits provenant des collections Chaumartin et Bizot ou du Musée Guimet, j'ai pu ainsi constituer un supplément assez important au catalogue établi par Déchelette (1). Il serait donc très fâcheux d'isoler les nouveaux venus et de ne pas les réunir aux précédents.

1 et 2. — COLLECTION LOUIS CHAUMARTIN. — Sur une petite urne en partie brisée, à panse sphérique assez large, avec une ouverture sans goulot *(urceus)*, qui dans son état primitif était munie de trois anses et ornée de trois médaillons. Deux médaillons subsistent encore.

Le premier (fig. 1), nous offre un sujet déjà connu par un exemplaire de la collection Bizot (2). Pluton, la poitrine nue, est assis sur un siège carré ; une draperie posée sur son épaule retombe sur ses jambes ; de la main droite élevée il s'appuie sur un sceptre, de la main gauche il tient Cerbère enchaîné. Le visage du dieu ainsi que le chien à trois têtes sont fort endommagés sur l'exemplaire Chaumartin.

Dans le champ ce qui a été pris à tort pour « une entrave munie de « chaînes, destinée à rappeler que la demeure du dieu est une prison à « jamais fermée à tous ceux qui en ont franchi l'entrée » est simplement un ornement de forme arquée avec motif en torsade, ornement que nous retrouverons sur le médaillon suivant qui était appliqué sur le même vase et provenait par conséquent de la même fabrique. C'est une sorte de décor, particulier au fabricant qui se plaisait à le reproduire sur les médaillons sortis de son officine.

Le second médaillon (fig. 2), appliqué sur une autre partie de la panse du vase, nous montre les trois divinités du Capitole et rappelle par son arrangement le relief récemment découvert à Alise Sainte-Reine (3).

N. XXVIII, fig. 2. — Les trois divinités du Capitole

Jupiter à demi-nu est assis au milieu ; sa main droite élevée s'appuie sur un sceptre ; sa main gauche est abaissée ; le bras du même côté supporte un bout de draperie qui retombait probablement sur les jambes du dieu ; mais, comme cette partie du médaillon est très abîmée, on est réduit à le supposer. Le visage de Jupiter, comme celui de ses deux compagnes, est tourné de profil vers la gauche ; sa tête paraît-être diadémée ou laurée. A sa droite Minerve est debout, cas-

(1) *Vases céramiques ornés de la Gaule romaine*, p. 235 et sv.
(2) Déchelette, n. 11.
(3) S. Reinach, *Comptes-rend. de l'Acad.*, 1906, p. 402 ; Espérandieu, *Pro Alesia*, I, p. 39-40, pl. X

quée, armée d'une lance sur laquelle elle appuie la main droite tandis qu'elle abaisse la main gauche sur son bouclier posé à terre auprès d'elle ; elle est vêtue d'une tunique talaire et porte de longs cheveux bouclés. A sa gauche, Junon est également debout, drapée, probablement voilée et diadémée (le relief est assez indécis en cet endroit), la main droite appuyée sur un sceptre et tenant une patère (?) dans la main gauche avancée.

Dans le champ, au-dessus de la tête de Jupiter, sont disposées deux torsades arquées, analogues à celles qui apparaissent sur le premier médaillon. Comme l'a très bien remarqué le commandant Espérandieu, à propos des attitudes des trois divinités sur le bas-relief d'Alise, Jupiter seul est assis ; l'attitude des deux déesses témoigne de leur subordination au maître de l'Olympe.

Le troisième médaillon manque.

Les fragments de ce genre permettant de reconnaître la forme des vases sur lesquels les médaillons étaient appliqués sont assez rares ; les vases complets sont encore plus rares. Le Musée de Lyon, le Musée de l'Ermitage, la collection Pierpont-Morgan possèdent un vase complet ; le Musée de Vienne (Isère) et la collection Louis Chaumartin ont recueilli plusieurs fragments importants à l'aide desquels on peut reconnaître la forme de la panse et du goulot, déterminer la place des anses et des médaillons. Ces vases sont toujours du même type.

N. XXVIII, fig. 3. — Vénus et une compagne

3. — COLLECTION Louis CHAUMARTIN. — De ce médaillon il reste deux figures féminines drapées et assises (fig. 3). La première, assez plantureuse, paraît être une Vénus ; la seconde, moins forte, placée à la gauche de la première et tournant la tête de son côté, semble être en conversation assez animée avec la déesse, ainsi que l'indiquent la position du visage et le geste de la main.

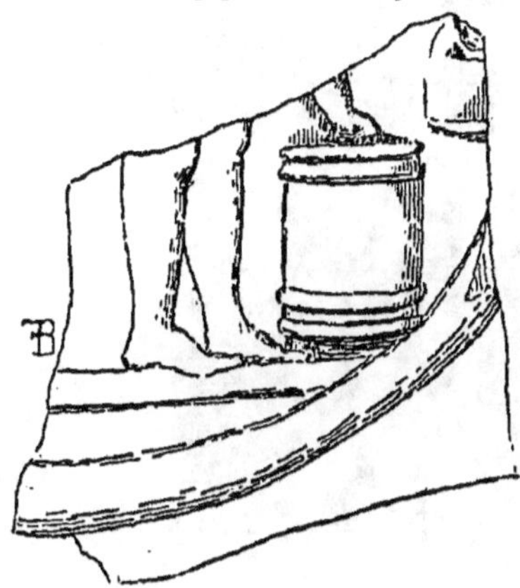

N. XXVIII, fig. 4. — Bateleur (?)

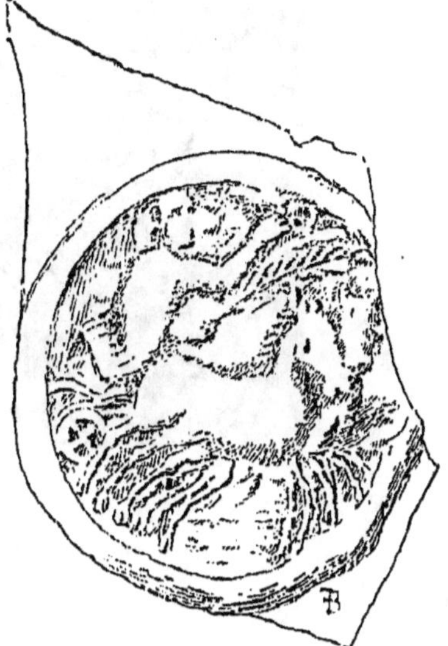

N. XXVIII, fig. 5. — Aurige vainqueur

4. — COLLECTION Louis CHAUMARTIN. — On voit sur ce fragment (fig. 4) deux grosses jambes nues aux genoux proéminents, avec une main gauche posée sur un objet cylindrique, sorte de petit baril cerclé à chacune de ses extrémités. Au second plan apparaît un autre objet difficile à déterminer, peut-être un sac (?). Le médaillon représentait vraisemblablement un faiseur de tours, un bateleur nu, comme celui qui préside à un combat de coqs sur le médaillon du Musée Guimet, publié plus haut.

Inscription peinte trouvée à Reims
(Voir à la page 209)

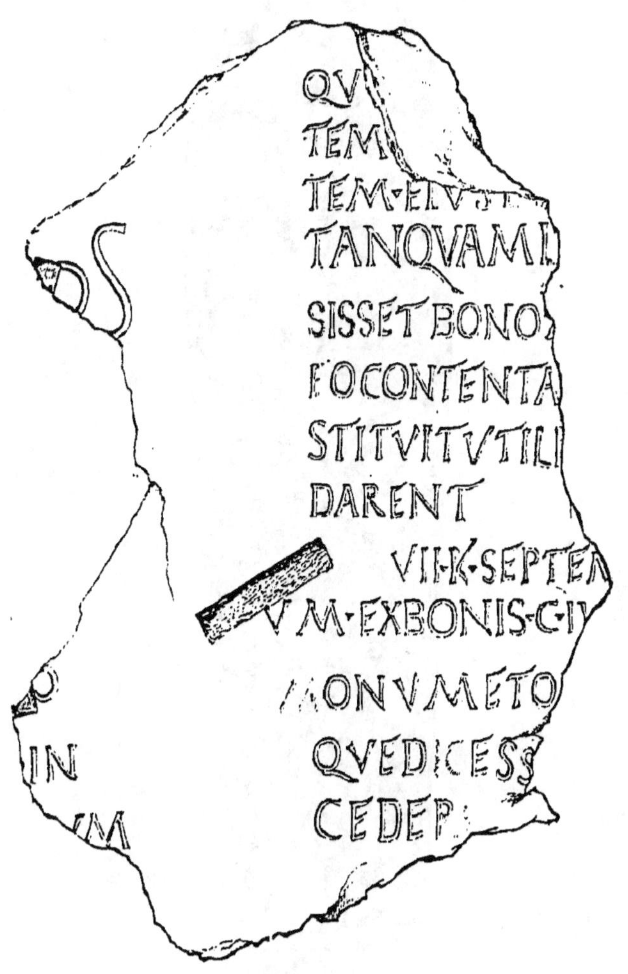

Plaque de bronze de Pont-de-Metz (Somme)
(Voir à la page 212)

Stèle funéraire de Seaulieu (Saône-et-Loire)
(D'après une photographie du Cte de Ghellinck; voir à la page 213)

5. — **Collection Louis Chaumartin**. — Ce cinquième médaillon représente un aurige vainqueur conduisant un quadrige lancée au galop (fig. 5) ; il porte une couronne dans la main droite et, dans la main gauche, il tient une palme en même temps que les rênes de son attelage (1).

A propos d'un médaillon trouvé à Vienne et conservé au Musée de Moulins, dont Déchelette a donné le dessin (2), il convient de remarquer que le relief reproduit le type des monnaies de Carthage, un cheval passant devant un palmier. On doit en conclure que ce cheval victorieux est un cheval africain. On sait d'ailleurs quels nombreux succès les chevaux africains remportaient dans les courses du cirque.

XXIX. — *Saint-Romain-en-Gal (Rhône)*
Marque de fabricant en relief sous le fond d'un vase noir

Cette marque appartient aussi à la collection Louis Chaumartin. Comme les médaillons précédents elle a été recueillie sur le territoire de St-Romain-en-Gal.

Marque extérieure sous le fond d'un vase en terre grisâtre ; les lettres sont en relief (fig. 6).

Le timbre doit être ainsi complété :

Q·VER*ri achilla*EI
MASCVRICVS FEC

L'inscription est circulaire autour de trois cercles concentriques. *Q. Verrius Achillaeus* est le maître de la fabrique, *Mascuricus* est son esclave ; il est en même temps le potier qui fabriquait les vases. Le nom du maître est inscrit à la première ligne en caractères plus gros.

Cette marque est déjà connue par un exemplaire complet du Musée de Vienne (3) et un second exemplaire complet du Musée d'Annecy (4). D'autres exemplaires incomplets ont été recueillis à Vienne, à Sainte-Colombe et aux Fins d'Annecy (5). L'exemplaire Chaumartin paraît complet mais l'empreinte n'est pas venue nettement pour toutes les lettres.

Cette marque (comme celle de SEVVO FEC qui se rencontre à Vienne,

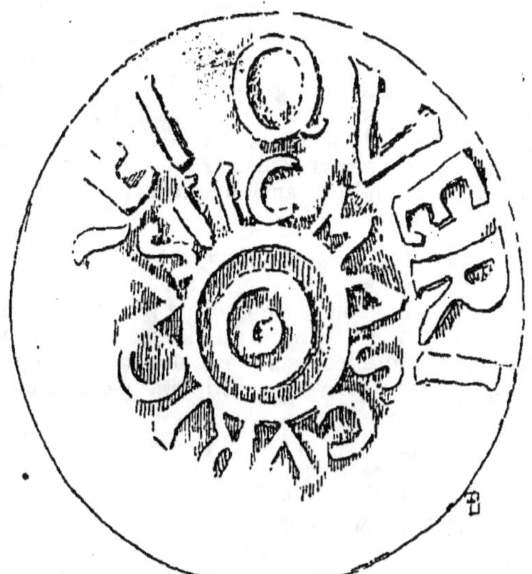

N. XXIX, fig. 6. — Marque de fabrique d'un vase noir

Orange, Bourgoin, les Fins d'Annecy, etc.), se trouve toujours sous le fond des vases gris ou noirs ; les lettres sont toujours en relief et l'inscription est circulaire.

(1) Cf. Déchelette, n. 122 à 125.
(2) Sous le n. 129.
(3) Allmer, *Inscr. de Vienne*, atlas, pl. 285, 42.
(4) Marteaux et Le Roux, *Catalogue descriptif du musée gallo-romain d'Annecy*, p. 82, n° 162.
(5) *Corp. inscr. lat.*, XII, 5686, 562 et 924.

XXX. — *Albieu, commune de Bussy-Albieu (Loire)*
Vase avec grafitte

M. Eleuthère Brassart appelait récemment l'attention de ses confrères de la Diana (1) sur un certain nombre de vases romains provenant de puits antiques, déblayés à Chalain-d'Uzore et à Bussy-Albieu.

Sur ce dernier territoire, à peu de distance d'Albieu, au lieu-dit *Charand*, un puits rond, profond de dix mètres environ, a rendu quelques vases ayant la forme d'une cruche à anse, dont un surtout parait digne d'attention à cause de l'inscription tracée à la pointe, après la cuisson, autour de son col.

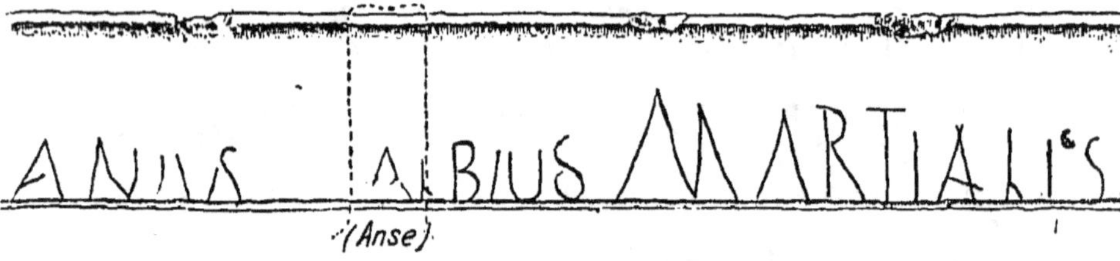

Des trois noms inscrits sur ce vase, celui qui attire tout de suite l'attention c'est *Albius*. En effet, comme le fait remarquer M. Brassart, il a été trouvé sur le domaine même d'un *Albius*, à Albieu, dont le nom moderne dérive du mot latin *Albiacum*. La découverte en question a donc un intérêt tout à fait particulier.

Le vase trouvé à Albieu est en terre rosée ; le col et le pied étaient décorés avec de la poussière de mica jaune or ; la panse était peinte en rouge vif. Toute cette décoration est très altérée par le temps et l'usage.

Le gentilice *Albius* était répandu en Gaule à l'époque romaine, car nous le retrouvons dans les inscriptions de toutes les grandes villes de la Narbonnaise, à Vienne, à Nîmes, à Arles, aux environs de Vaison, à Narbonne (2). Il a laissé des traces dans les noms de lieux actuels, Alby, Albiac, Albié, Albieu, dont l'origine remonte à la présence d'un *Albius*, propriétaire d'une villa ou d'un fonds de terre aux endroits ainsi désignés.

XXXI. — *Avallon (Yonne). — Inscription fausse*

Dans le courant de l'été 1907, on m'a montré un bloc de pierre blanche, de forme rectangulaire, retiré en 1906 des fouilles du cimetière du Vau-Donjon, commune de Montillot (Yonne) et conservé maintenant au Musée d'Avallon. Sur une des faces de ce bloc, une inscription a été gravée légèrement à l'aide d'une pointe. On y lit:

> **VIRGINVIZ**
> ILLOZ TVOZ MAXIMVZ
> CONZTINVIZ IMP ROM
> AN 440

Je regrette de ne pouvoir insérer ici un fac-simile donnant la forme exacte et l'aspect des lettres.

Ce texte est incompréhensible : on ne peut guère hésiter à y reconnaitre l'œuvre d'un faussaire ; cela ne me semble pas douteux. Je tiens à le dire malgré les protestations d'excellents confrères m'assurant formellement que la pierre a été découverte dans les fouilles du Vau-Donjon.

Le fait de la découverte peut d'ailleurs être exact, je ne le conteste pas ;

mais l'inscription n'est pas antique. Le faussaire, à ce qu'il semble, a voulu introduire, tout en l'estropiant, le nom de l'empereur Constantin sous cette forme... *maximus Constinuis imp(erator) rom(anorum)*! La mention qui termine le texte : *an(no) 440* est véritablement un comble !

L'argument tiré de la découverte pour soutenir l'authenticité d'une inscription n'a aucune valeur et ne tient pas debout. Il est évident que la première pensée d'un faussaire, qui a l'espoir de tromper les archéologues, est toujours de chercher à entourer sa fraude des meilleures apparences. Une inscription ne se ramassant pas d'ordinaire au bord d'une grande route, il se gardera bien de la déposer en plein air et il l'enterrera de préférence dans un endroit connu comme fournissant des antiquités. De cette façon, celui qui fait les fouilles de bonne foi et qui trouve un monument faux devient naturellement, au moins pour un instant et inconsciemment, le complice du faussaire. Sa première pensée est de soutenir l'authenticité du monument qu'il vient de découvrir, que sa propre pioche a fait sortir de terre.

Ici la supercherie est grossière ; l'ignorance du faussaire le trahit tout de suite. L'inscription d'Entrains conservée à Clamecy (1), les inscriptions de Neuvy-sur-Baranjeon (2) et bien d'autres ont été présentées comme trouvées dans ces localités : personne cependant ne songe à douter de leur fausseté.

XXXII. — *Besançon (Doubs).* — *Inscription funéraire*

La Bibliothèque Nationale a récemment acquis le manuscrit du voyage que fit Oberlin en France, à la fin du xviiie siècle. Ce manuscrit a pour titre : *Journal des remarques faites dans un voyage par la France en 1776*; il est inscrit au Cabinet des Manuscrits sous la cote : *Fr. nouv. acq. 10.040* (3).

Oberlin raconte, p. 12-13, que pendant son séjour à Besançon il fut admis à visiter le Cabinet du Premier Président Chifflet et que parmi les antiquités il y remarqua :

« Un druide en relief, dans une niche sépulcrale de pierre ; il tient d'une « main des ciseaux et de l'autre une bourse. Au haut il y a :

DIS MANI

BVS AGERONIM XXIN

« Il a 4 1/2 pieds de hauteur et a été trouvé dans le pays ».

Cette épitaphe paraît avoir échappé aux recherches des épigraphistes ; la description d'Oberlin ne renferme aucun détail qui puisse la rendre suspecte. Qu'est-elle devenue ? Elle renferme un nom qui semble pouvoir être rapproché de celui de la déesse *Agerona*, de celui de l'affranchi *Agerinus* (4) et du nom de potier AGER.... relevé à Vienne, à Nîmes, à Narbonne (5) et en Bretagne (6).

Faut-il lire *Ageronim(i)* ? ou bien *Agero [vix.a(nnis)] XXIV* ?

Nous n'avons pas le dessin du bas-relief, malheureusement : c'était une stèle funéraire avec laquelle les druides n'avaient rien à voir.

XXXIII. — *Ostie (Italie)*
Inscription conservée au Louvre

Six inscriptions grecques, qui vraisemblablement proviennent toutes de

---

(1) *Corp. inscr. lat.*, XIII, 307*.
(2) *Ibid.*, 130*-173*
(3) Sur ce voyage, cf. *Mémoires de la Soc. des Antiq. de Fr.*, LXVI (1906), p. 299 et sv. Ce manuscrit a été consulté par Th.-Fr. Winckler et renferme plusieurs notes de sa main.
(4) Tacite, *Ann.*, XIV, 6.
(5) *Corp. inscr. lat.*, XII, 5686, 23.
(6) *Ibid.*, VII, 1336, 26.

Porto (1), prouvent qu'il existait, sous l'empire, dans le port d'Ostie *(portus Ostiensis)*, un « Sarapeum » opulent, enrichi par les ex-votos et les dons des marchands grecs d'Alexandrie que les nécessités de leur commerce retenaient en Italie. Le grand prêtre de ce sanctuaire, comme celui du Sarapeum d'Alexandrie, portait le titre de ὁ νεωκόρος τοῦ μεγάλου Σαράπιδος. C'est ce qui a autorisé M. Dessau à revendiquer pour Ostie un fragment d'inscription funéraire, aujourd'hui conservé au Louvre et provenant de la collection Campana, sur lequel on remarque le même titre, *neocorus Jovis magni Sarapidis*, apparaissant pour la première fois dans une inscription latine (2). Comme les charges dont le défunt a été revêtu ne conviennent pas à un citoyen d'Alexandrie, il en résulte que le personnage ne peut avoir été néocore que du Sarapeum du port d'Ostie; le fragment en question, dont l'origine n'est pas connue, viendrait donc probablement de cet endroit, ce que M. Dessau expose avec une grande probabilité.

Le texte se lisait sur une plaque de marbre blanc; il était entouré d'un encadrement dont il ne reste que la partie basse; le tout mesurait en largeur plus de 1^m20. C'était une épitaphe importante dont les caractères, gravés avec soin, attiraient l'attention Malheureusement les noms du défunt ne sont pas parvenus jusqu'à nous; il semble même impossible de les restituer; nous ne connaissons que les noms de sa veuve *Fundania P. f. Priscilla*, qui avait fait élever le tombeau pour son mari et pour elle-même.

J'ai étudié avec un soin particulier la première ligne de ce fragment, la seule qui présente des difficultés de déchiffrement. Après le mot ITEM, sur lequel il n'y a pas à hésiter, on remarque des restes assez faibles de sept lettres mutilées, pour la lecture desquelles je ne suis pas d'accord avec M. Dessau qui les transcrit ainsi, les trois dernières lettres ne subsistant que par des traces très faibles :

ITEM·L·L· CIAI....

M. Dessau n'avait à sa disposition qu'un estampage. Plus heureux que lui, j'ai pu examiner le marbre à maintes reprises et avec des éclairages différents J'ai acquis la conviction qu'on pouvait obtenir un déchiffrement plus certain.

Tout d'abord les deux premiers caractères ne sont pas séparés par des points, mais il y avait un point après le troisième. Ce premier groupe de trois lettres doit certainement se lire LEG·, abréviation du mot *leg(ionis)*. Venait ensuite le numéro de la légion dont il ne subsiste que des traces infimes mais cependant indubitables : on reconnait clairement les bases de trois I assez rapprochés, constituant un second groupe III, suivi, après un léger écartement, d'une autre trace de lettre tout à fait semblable aux précédentes et qui ne peut appartenir comme elles qu'à un I. Cette dernière lettre est l'initiale du surnom de la légion. Il faut nécessairement penser à la *legio iii Italica* qui avait ses cantonnements en Rhétie et dont la création remonte au règne de Marc-Aurèle (166 à 170). Dès lors la première ligne doit, à mon avis, être transcrite ainsi :

ITEM·LEG·III *ital...*

Le défunt avait donc appartenu à une légion en qualité d'officier et même à deux légions dans lesquelles il avait exercé le même commandement, ainsi que le fait supposer le mot ITEM. Après avoir quitté l'armée il devint *scriba aedilium curulium*. Cela ne peut nous étonner puisque, parmi les scribes des édiles curules, nous en connaissons au moins deux autres qui, avant de remplir ces fonctions, étaient parvenus au tribunat légionnaire,

---

(1) H. Dessau, Iscrizione del Museo di Parigi, dans le Bullettino dell'Instituto, 1882; Corp. inscr. lat., XIV, n. 47.
(2) Corp. inscr. lat., XIV, n. 188 ; H. Dessau, Inscr. lat. selectae, 4403.

Q. Papirius Maximus, tribunus militum legionis V macedonicae (1) et *A. Alinius Paternus, tribunus militum legionis X fretensis* (2).

Il faut donc redresser ainsi le texte du fragment d'Ostie :

ITEM · LEG · III · Ital. scribae
AED·CVR·SACERD·BIDENTALI
NEOCORI·IOVIS·MAGNI·SARAP
FVNDANIA·P·F·PRISCILLA MARITO
OPTIMO· ET· SIBI· FECIT

Il reste bien entendu que les trois premières lettres, après le mot ITEM, sont à moitié brisées et que les quatre lettres suivantes n'existent plus que par une trace véritablement très faible.

XXXIV. — *Le Trésor de Ruffieux (Isère)*

Au mois de mars 1837, en faisant abattre un vieux chataignier, une pauvre veuve de Ruffieux près Bourgoin (Isère) découvrit un petit trésor d'argenterie, qui fut apporté à Lyon et acheté par le musée de cette ville. Il se composait de deux patères-casseroles en argent, munies de manches fort élégants, d'un gobelet également en argent, orné de ciselures représentant des plantes et des fleurs à haute tige, de six cuillers en argent à manche coudé (3), de cinq anneaux d'or et de quelques monnaies. Les dessins de ces objets ont été publiées par Comarmond (4).

Un excellent dessin d'une des patères a été donné par M. de Boissieu ; en l'examinant on se rend bien compte du goût et de l'originalité qui ont présidé à l'ornementation du manche. La partie centrale est semée de rosettes, de longues feuilles et de fleurs à calice disposées avec un art charmant. L'extrémité du manche se termine par deux têtes de cygnes adossées, séparées par une feuille et qui semblent sortir du manche en serrant leur long bec contre leur cou flexible. A l'autre bout, du côté où le manche vient se fixer autour de la cuvette de la patère, deux petites têtes de canard se glissent au-dessous de la dépouille de deux éléphants ; les becs des canards apparaissent sous la trompe légèrement recourbée de ces gros animaux comme si la vaste mâchoire des éléphants leur avait servi de demeure. En retournant l'objet on remarque au-dessous de la cuvette, une grande feuille de lierre *(hedera)*, tracée au pointillé ; sous le manche, on peut lire l'inscription suivante, également au pointillé :

C·DIDI·SECVNDI
MIL·LEG·II AVG
> MARI

G(ai) Didi(i) Secundi, mil(itis) le(gionis) secundae aug(ustae), centuria Mari(i) ou *Mari(ani)*.

Le fait qu'un simple soldat pouvait être possesseur de ce service prouve à quel point l'argenterie était répandue. Mais comment ce soldat de la *legio secunda Augusta* se trouvait-il en Gaule, aux environs de Lyon ? Dans quelles circonstances a-t-il été amené à cacher les objets d'argent dont il était possesseur ? C'est là un petit problème qui vaut la peine d'être examiné.

---

(1) *Corp. inscr. lat.*, VI, 1822.

(2) *Ibid.*, 1838.

(3) Une de ces cuillers fut distraite et donnée à l'un des curieux de la ville de Bourgoin, accouru sur les lieux à la nouvelle de la découverte.

(4) A l'exception des monnaies. — Comarmond, *Description des antiquités et objets d'art contenus dans les salles du Palais des Arts.* p. 487-488, n. 50-54 ; p. 494-496, n, 80-87 ; pl. 27.— A. de Boissieu, *Inscriptions antiques de Lyon*, p. 311 (dessin) ; Allmer et Dissard, *Inscriptions antiques de Lyon*, IV, p. 505 ; A. Steyert, *Histoire de Lyon*, I, p. 326-327 ; fig. 372-376 ; 459 ; *Corp. inscr. lat.*, XII, 2355 et 5697, 6.

La *legio secunda Augusta* appartenait à l'armée de Bretagne, elle n'a guère quitté cette province pendant toute la durée de l'Empire. On a dit et on peut répéter que sa vie fut celle de la Bretagne (1). Allmer a supposé que C. Didius Secundus était Viennois et qu'après avoir reçu l'*honesta missio* il était venu se fixer dans son pays natal, en apportant avec lui ce qu'il avait de plus précieux. Même en admettant cette explication un peu enfantine, on ne comprendait pas bien pourquoi cet ancien soldat avait enterré son argenterie au lieu de la laisser à ses héritiers. Il est évident que cet enfouissement a dû avoir lieu à la suite de circonstances tragiques dans lesquelles la vie de ce soldat était en jeu ; l'idée qui vient le plus naturellement à l'esprit est celle d'une bataille ou d'une déroute après la bataille.

M. Frœhner possède une note manuscrite du temps de Napoléon Ier où on lit ce qui suit : « Il y a quelques jours, un cultivateur de la commune de « Genas (Isère) a trouvé dans un lieu qui avait été creusé pour extraire de « la marne et qui est maintenant couvert d'eau, plusieurs milliers de pièces « d'argent à l'effigie de l'empereur Albin ». M. Frœhner suppose qu'il s'agit du contenu d'une caisse militaire. Le village où ce trésor a été trouvé est situé à la rive gauche du Rhône, au-dessous de Meyzieu ; une partie de l'armée d'Albin aura eu là ses cantonnements, pas trop loin de l'endroit où la bataille décisive entre Sévère et Albin paraît avoir eu lieu (2).

Cette découverte prouve qu'après la bataille de Lyon, une partie de l'armée d'Albin passa sur la rive gauche du Rhône. Il ne pouvait en être autrement. L'armée de Sévère arrivait du Nord-Est par la route de Langres ou par celle de Besançon ; ces deux routes se réunissaient à Châlon-sur-Saône. La bataille eut lieu entre la Saône et le Rhône ; les débris de l'armée d'Albin s'éloignèrent dans la direction du Sud-Est et franchirent le Rhône pendant que les légions de Sévère entraient à Lyon. Au cours de la déroute, les Albiniens enfouirent le numéraire de leur caisse militaire afin de le soustraire à l'avidité des soldats lancés à leur poursuite.

Comme nous l'avons déjà dit la *legio secunda Augusta*, à laquelle appartenait le soldat possesseur de l'argenterie de Ruffieux, était une des légions de Bretagne. Or, il n'y a guère de doute que les légions de Bretagne n'aient concouru, sinon entières au moins par d'importants détachements, à la formation de l'armée d'Albin.

D'après la situation de l'endroit où la découverte a été faite, ce soldat devait être parmi les fuyards et, pour enfouir son petit trésor particulier, il pouvait avoir les mêmes motifs que les officiers chargés de la caisse militaire, retrouvée au-dessous de Meyzieu. Didius Secundus s'était un peu écarté du gros de l'armée : il se trouvait aussi au sud de Lyon, mais sur la voie de Vienne à Milan (3). Une armée en déroute couvre généralement un espace fort étendu. Cependant Genas et Ruffieux ne sont pas des points séparés par une distance énorme ; ils appartiennent aujourd'hui au même département, l'un à l'arrondissement de Vienne, l'autre à celui de La Tour-du-Pin. Les deux découvertes semblent bien apporter deux témoignages de la déroute de l'armée d'Albin.

Une objection cependant se présente. Comarmond dit que · « ce militaire « vivait à l'époque de Gallien ou à peu près, à en juger par les médailles « qui étaient avec ce trésor ». — Il est très fâcheux que nous n'ayons aucune description de ces monnaies. Ni Comarmond, ni Boissieu, ni Allmer, ni Steyert, ni même un numismate distingué comme M. Dissard, ne nous fournissent des détails précis sur ces monnaies, de sorte qu'il est impossible de savoir sur quoi repose l'assertion assez vague de Comarmond. Jusqu'à preuve du contraire, je crois que le trésor de Ruffieux appartient aux dernières années du second siècle de notre ère plutôt qu'à la seconde

---

(1) Une tuile légionnaire (Mowat, *Bull. épigr. de la Gaule*, III, 225), fournit cependant la preuve qu'un détachement de cette légion, appartenant à l'armée de la Germanie supérieure, fut envoyé dans le camp de Mirebeau-sur-Bèze à une époque difficile à préciser, peut-être en 69 : cf. XIII, 5684.

(2) Otto Hirscheld, *Revue épigraphique*, IV, p. 28.

(3) *Itiner. Antonini*, 346. Bourgoin est à 42 kilomètres de Lyon.

moitié du troisième siècle. Je suis prêt d'ailleurs à m'incliner devant une démonstration numismatique quand elle se produira (1).

Au mois de janvier 1907 j'ai communiqué à la Société des Antiquaires de France plusieurs objets en bronze trouvés au cours des travaux de terrassement effectués près de La Tour-du-Pin (2), pour l'établissement du chemin de fer de Lyon à Grenoble. Parmi ces objets se trouve une statuette en bronze de Mars Ultor, barbu et portant le manteau en écharpe. On sait que cette image avait aux yeux de l'armée une importance exceptionnelle et il ne serait pas étonnant qu'elle provint d'un petit sanctuaire militaire. Il est difficile de dater cette trouvaille ; cependant les objets découverts paraissent remonter au haut Empire.

La présence de ces différents documents militaires le long de la voie de Vienne à Milan est intéressante à noter (3). On sait, par un passage d'Hérodien (4), que Sévère avait envoyé une armée pour occuper les défilés des Alpes et fermer aux troupes d'Albin l'accès de l'Italie. De son côté, Albin dut certainement faire garder les routes par lesquelles les partisans de Sévère pouvaient pénétrer d'Italie en Gaule et surtout celles qui, aboutissant au sud de Lyon, semblaient assurer une retraite à son armée.

(A suivre).

Chronique

— M. Héron de Villefosse, membre de l'Institut, a communiqué à la Société nationale des Antiquaires de France séance du 18 septembre 1907), de la part de M. l'abbé Chaillan, curé de Septèmes, une inscription latine conservée dans la chapelle du prieuré de Saint-Germain, commune de Simiane, entre Marseille et Aix. Cette inscription, gravée sur un cippe, est ainsi conçue :

D · M

*v*INICIO·EV

d R E P I T I

sibi   P O S

ter ISQ·SVIS

V·   V·   F

M. Héron de Villefosse observe que « le rare surnom *Eudrepites* se retrouve dans une inscription de Grenoble (*C. I. L.*, XII, 2250) ».

— Nous avons eu l'occasion de voir à Paris, en 1907, chez un antiquaire, et, quelques jours plus tard, à l'Hôtel des ventes, deux inscriptions trouvées à Rome et gravées sur des tablettes de marbre blanc provenant de *columbaria.* Voici nos copies de ces textes :

I.   A·CAEDICIO

ATTICO

L'inscription est dans un encadrement de moulures. La pierre, en quatre fragments, mesure 0 m. 15 de haut, sur 0 m. 27 de large et 0 m. 025 d'épaisseur. Les lettres de bonne forme (Ier siècle), ont 0 m. 025 à la première ligne et 0 m. 022 à la ligne suivante. Quatre trous, qui servaient à fixer la tablette, ont des traces d'oxyde de fer.

2.   Q·FVLVIO·Q·L

FELICI·V·A·XLV

*p*ATRONVS·DE·SVO

---

(1) Steyert prétend que le gobelet de Ruffieux porte le nom de *Pothin* et que l'une des casseroles porte celui de *Martin.* Ces pièces ont été examinées par des épigraphistes très clairvoyants qui n'ont rien vu de semblable.

(2). La Tour-du-Pin est à 57 kilomètres de Lyon.

(3) Bourgoin et La Tour-du-Pin ne sont éloignés l'un de l'autre que de 15 kilomètres.

(4) III, 20.

L'inscription était dans un cartouche dont l'aileron de gauche a disparu. Un trou dans chaque aileron servait à fixer la pierre. Hauteur, 0 m. 085 ; largeur, 0 m. 19 ; épaisseur, 0 m. 03. Lettres de 0 m. 015 aux deux premières lignes, 0 m. 010 à la ligne suivante. — Second siècle.

Bibliographie

Toutain (J.). *Le Cadastre de l'Afrique romaine, étude sur plusieurs inscriptions recueillies, par le capitaine Donau, dans la Tunisie méridionale.* Paris, 1907 ; in-4°, 46 pages, 2 cartes. — M. le capitaine Donau, commandant supérieur du Cercle de Kebilli, a recueilli dans le Chareb et le Bahira, un certain nombre d'inscriptions et de bornes, qui constituent une série jusqu'à présent unique, et dont M. R. Cagnat, a, le premier, signalé toute l'importance. (*Compte-rendu de l'Acad. des Inscr.*, 1906, p. 140 et 134). M. Toutain a savamment tiré, de ces documents, les indications techniques et historiques qu'ils renferment, et démontré que, « dès le premier siècle de l'ère chrétienne, Rome prit officiellement possession de tout le pays autour des chotts, que le cadastre en fut fait, qu'une carte en fut sans doute dressée et que toutes les mesures furent prises pour en assurer, dans un délai plus ou moins long, la mise en valeur. » L'inscription la plus complète, copiée par M. le capitaine Donau, est ainsi conçue :

L E G · III A ᵤg

L E I M I T A V I T

C VIBIO MARSO

PRO COS · III

D D L X X

V K C C L X X X

Leg(io) tertia A[ug(usta)] leimitavit C. Vibio Marso proco(n)s(ule) tertium. D(extra) d(ecumanum) LXX ; u(ltra) k(ardinem) CCLXXX.

La date se place entre juillet 29 et juillet 30.

Sauvage (docteur H.-E.). *Antiquités gallo-romaines recueillies dans le Boulonnais et récemment entrées au Musée de Boulogne-sur-Mer.* Boulogne, 1908 ; in-8, 38 pages. Nombreuses marques de potiers. Un appendice est consacré aux *vases en verre gallo-romains, avec inscription, trouvés dans le Boulonnais.*

Monument consacré a la mémoire d'Auguste Allmer

La *Revue épigraphique* a reçu pour le monument, que les amis d'Auguste Allmer ont le désir de consacrer à sa mémoire, les souscriptions de :

MM. Adrien Blanchet, bibliothécaire honoraire au département des médailles de la Bibliothèque nationale.

Salomon Reinach, membre de l'Institut, conservateur du musée de St-Germain-en-Laye.

V. Lieutaud, notaire à Volonne (Basses-Alpes).

Nous les en remercions vivement. Les souscriptions régionales continuent a être reçues, à Vienne, chez M. H. Martin, imprimeur du *Journal de Vienne* et de la *Revue épigraphique*.

Em. ESPÉRANDIEU,
Correspondant de l'Institut.

Vienne, imp. H. Martin. — Le Gérant : H. Martin.

REVUE
ÉPIGRAPHIQUE

FONDÉE PAR

AUGUSTE ALLMER

—

VINGT-SIXIÈME ANNÉE. — NUMÉRO CENT NEUF

TOME V

—

Avril, Mai, Juin 1903

<table>
<tr><td>VIENNE</td><td></td><td>PARIS</td></tr>
<tr><td>OGERET & MARTIN</td><td></td><td>ERNEST LEROUX</td></tr>
<tr><td>IMPRIMEURS</td><td></td><td>ÉDITEUR</td></tr>
<tr><td>12 et 12 bis, place du Palais</td><td></td><td>28, rue Bonaparte, 28</td></tr>
</table>

REVUE
ÉPIGRAPHIQUE

FONDÉE PAR

AUGUSTE ALLMER

VINGT-SIXIÈME ANNÉE. — NUMÉROS CENT DIX & CENT ONZE

TOME V

Juillet à Décembre 1903

VIENNE
OGERET & MARTIN
IMPRIMEURS
12 et 12 bis, *place du Palais*

PARIS
ERNEST LEROUX
ÉDITEUR
28, *rue Bonaparte*, 28

REVUE ÉPIGRAPHIQUE

Directeur : M. Espérandieu, 59, route de Clamart à Vanves (Seine).

Administrateurs : MM. Ogeret & Martin, imprimeurs, à Vienne (Isère).

Conditions de l'Abonnement :

La *Revue épigraphique*, fondée en 1878 par Auguste Allmer, est trimestrielle. L'abonnement est annuel et commence au 1er janvier.

Prix :

France et Etranger. . . . . 4 fr.
Un numéro . . . . 1 fr. 25

Collections de la *Revue*

Tome i. Années 1878 à 1883; du n° 1 au n° 26. Épuisé.
Tome ii. Années 1884 à 1889; du n° 27 au n° 55. Épuisé.
Tome iii. Années 1890 à 1898; du n° 56 au n° 91. Épuisé.
Les numéros 1 à 9, 12, 13, 17, 18, 23, 28, 31 à 33, 35, 59, 62, 64, 70, 71, 75, 76, 78 à 83 et 93 sont épuisés. La Direction de la *Revue* a l'honneur de faire connaître à ceux de ses Lecteurs qui les possèderaient et ne tiendraient pas à les conserver, qu'elle serait heureuse de les reprendre contre une prolongation d'abonnement de trois mois pour chaque numéro rendu.

Numéros 10, 11, 19, 28, 35, 56, 58, 60, 61, 62, 66, 67, 69, 73, 74, 77, 91, 96, 97 et 98, dont il nous reste deux exemplaires, 2 francs.

Autres numéros, 1 fr. 50.

Les livres ou mémoires dont on enverra un exemplaire au Directeur de la *Revue* seront annoncés ou analysés.

REVUE
ÉPIGRAPHIQUE

FONDÉE PAR

AUGUSTE ALLMER

VINGT-SEPTIÈME ANNÉE. — NUMÉRO CENT DOUZE

TOME V

Janvier, Février, Mars 1904

VIENNE
OGERET & MARTIN
IMPRIMEURS
12 et 12 bis, *place du Palais*

PARIS
ERNEST LEROUX
ÉDITEUR
28, *rue Bonaparte*, 28

REVUE
ÉPIGRAPHIQUE

FONDÉE PAR

AUGUSTE ALLMER

———

VINGT-SEPTIÈME ANNÉE. — N^{os} CENT TREIZE & CENT QUATORZE

TOME V

———

Avril à Septembre 1904

VIENNE | PARIS
OGERET & MARTIN | ERNEST LEROUX
IMPRIMEURS | ÉDITEUR
12 et 12 bis, *place du Palais* | 28, *rue Bonaparte*, 28

REVUE

ÉPIGRAPHIQUE

FONDÉE PAR

AUGUSTE ALLMER

VINGT-HUITIÈME ANNÉE. — N^{os} CENT QUINZE & CENT SEIZE

TOME V

Septembre 1904 à Mars 1905

VIENNE
OGERET & MARTIN
IMPRIMEURS
12 et 12 bis, *place du Palais*

PARIS
ERNEST LEROUX
ÉDITEUR
28, *rue Bonaparte*, 28

REVUE
ÉPIGRAPHIQUE

FONDÉE PAR

AUGUSTE ALLMER

VINGT-HUITIÈME ANNÉE. — Nᵒˢ CENT DIX-SEPT & CENT DIX-HUIT

TOME V

Avril 1905 à Juin 1906

VIENNE
OGERET & MARTIN
IMPRIMEURS
12 et 12 bis, *place du Palais*

PARIS
ERNEST LEROUX
ÉDITEUR
28, *rue Bonaparte*, 28

REVUE ÉPIGRAPHIQUE

FONDÉE PAR

AUGUSTE ALLMER

VINGT-HUITIÈME ANNÉE. — Nº CENT VINGT

TOME V

Octobre 1906 à Mars 1907

VIENNE
Henri MARTIN
IMPRIMEUR
12 et 12 bis, *place du Palais*

PARIS
ERNEST LEROUX
ÉDITEUR
28, *rue Bonaparte*, 28

REVUE
ÉPIGRAPHIQUE

FONDÉE PAR

AUGUSTE ALLMER

VINGT-NEUVIÈME ANNÉE. — N° CENT VINGT-ET-UN

TOME V

Avril 1907 à Mars 1908

<table>
<tr><td>VIENNE
Henri MARTIN
IMPRIMEUR
12 et 12 bis, place du Palais</td><td>PARIS
Ernest LEROUX
ÉDITEUR
28, rue Bonaparte, 28</td></tr>
</table>